反歧视法讲义

文本与案例

主 编 刘小楠

撰稿人（按撰写章节顺序）

郭晓飞　刘明辉　何霞　李成　李昊　卢杰锋

王彬　刘小楠　李子瑾　郝鲁怡

王春光

中国政法大学出版社

2021 · 北京

《反歧视法讲义》（2021 年版）序

在法学院，反歧视法是一门选修课，而且只部分法学院开。

于是，一个法学院的学生为什么要选这门课，是凑个学分，听学长说这个老师课讲得好，还是有过更多基于见闻、经历的思考？一个法学院的教师为什么要开这门课，只是介绍一种知识（我常听一些教师在讲到自己开设某一类课程时会说自己只是介绍一种知识），还是有过更多基于见闻、经历的思考？另外，一个人，如果仅是读者，又为什么会自己掏钱去买"反歧视"之类的书，这些，就仍是问题。

在中国，选择"反歧视"去做项目、做研究的人——这里指的，当然首先是有"教授"头衔的人——有两类：一是去欧美做过相关题目的访问学者、接受过培训的人；二是面对现实有所感触，有所思考的人。

当然，与反歧视相关的还有一类人，这就是行动者，做反歧视诉讼的人。但同样也有无法回避的问题：接一起具体的案件，是基于现实所唤起的一种责任，还是有着其他考虑？

我在近年常讲：李猛、李康、渠敬东等人在新译并发表自己的见解时，把韦伯的报告"以科学为职业"改译作"以科学为天职"在今天的意义[1]。

法律和法学，可以是一种职业。但自一个人选择了它时起，它也可以是一种天职。

---

[1]［德］马克斯·韦伯等著，李猛编：《科学作为天职：韦伯与我们时代的命运》，生活·读书·新知三联书店 2018 年版。

在中国的大学中，反歧视法是一门只在部分法学院开设的选修课，但反歧视在现代法律——这里指的是自二战后形成的人类社会主流的法律——中与法律的核心理念直接关联；在法律体系的层级、架构中和法学的理论框架和概念体系中，它处于与核心和根基相重叠的重要位置。

40年前，中国的改革开放之初，当时法学界的青年人提出：法律应是以权利为基本范畴，用以挑战旧有的以规范为基本范畴的法律。

在更大的时间跨度中，我们可以看到，20世纪30年代，当时主政的中国国民党提出了"国（家）—社（会）本位"的中心法理；而在半个多世纪后主政的中国共产党提出了"以人为本"，继而提出并促成了人权入宪。

正是在这之后，中国的多部法律和行政法规中开始写入了"反歧视"条款，人大和政府的法制机构也对制定专门反歧视法的建议做出了积极地回应。

一个人，如果认可人的权利，认为人与人之间应是平等的，那他会怎样看待现实存在的歧视现象，怎样看待导致歧视现象产生的原因？

作为一个研究者，会选择哪一类的歧视现象，作为自己的研究题目？

作为一个律师或具有律师资格的教学、研究人员，会代理哪一个反歧视案件？

我以为：具体的研究题目应是多样的，前提是学术自由。但如果一种研究和行动——如反歧视研究和行动——在整体上与关系着一个社会多数人的利益与愿望，影响着人类发展的重大问题不相重合，致使一些重大问题被忽视或者无视，则应该检讨一下原因是什么，怎样能够做得更好。

我们可以用以往蔡定剑主编的《中国就业歧视现状及反歧视对策》，刘小楠主编的《反歧视评论》及《反就业歧视的策略与方法》（法律出版社，2011）、《反就业歧视的理论与实践》《反就业歧视的机制与原理》为素材，来试做一项研究：分析20年来反歧视研究者们对当代——特别是中国当代的歧视现象及其原因的认知（通过调查报告的描述），及其与歧视相关研究项目的选题，与歧视相关案件代理的类别及个案的选择，以验证一种认知、解释、行动与现实情境中问题所涉人群数量众寡、发展关联轻重的契合程度。

我们也可以研究一下，这20年，中国的反歧视研究是怎样开启的，反歧视研究又是怎样构成的。目的在于使研究者能清醒地为自己规划今后的研究，使研究的品性能有所提升。

20年多前，当我和我的一些朋友走进清华，提出要"面对中国真问题"，提出要"选择影响中国发展的重大问题和前沿问题作为研究方向""倡导一种以问题为方向的研究途径和知识产生方法"，立意即在此。

另外，一场疫病的流行，使原本已经发生的国内和诸多国家的变化凸显了出来，这是否将是一个时代的结束与一个新的时代的来临？这将给反歧视教学和研究带来什么？如果只是重复在国内、国外课堂上学得的，如果只是依了旧有的"学术规范"去仿制一个又一个的"项目"，去出品一个又一个的"成果"，而不能正面回应现实给我们提出的问题，那么，于"科学"（这里，指的是前述韦伯"科学作为天职"的"科学"）是无意义的。

当新版的《反歧视法讲义》稿呈现在我面前时，百感交集。倏忽之间，原版的《反歧视法讲义》出版已5年，蔡定剑离我们而去已10年，蔡定剑在中国政法大学宪政研究所发起反歧视研究、李薇薇出版《禁止就业歧视国际标准化国内实践》已15年，周伟在挪威奥斯陆大学法学院做"中国西部劳动就业反歧视法律制度研究"已17年，我为国际劳工组织和原中国政府劳动部作《法律评估：就业职业歧视》报告（为中国加入国际劳工组织第111号公约做准备）已20年。

我无法再列出此前更多人的工作，但经验告诉我，我们这一代人时常不知在自己的前面（或旁边），别人做了什么。而唯一自觉尚可说道的是：我总是在不断地检讨，不断地矫正自己的认知、修正自己的主张。到了因年龄等缘故随时有可能结束自己的研究时，我想借此说：我是一个用法学和社会学的方法去做制度研究的人，我研究的重点是当代中国。反歧视只是我涉足极为有限的一个领域。在这个领域中，我为大家留下的是：《反歧视立法研究中的问题及我的主张》《代蔡定剑拟：推进就业机会平等倡议书》及前面提到《法律评估：就业职业歧视》。2018 年，我在第八届高校教师平等与非歧视培训研讨会上的讲话"反歧视：挑战了什么，又被什么挑战？——反歧视，在中国，在今天，制度背景、历史，理论框架及行动"，及 2020 年我在第十一届反歧视研究暨人权教育年会上的讲话"反歧视研究：面对中国真问题"，可见我自己对研究与行动的反思，而 2020 年底写的《蔡定剑辞世十年祭》，则可见我对 15 年来，由蔡定剑开启，刘小楠接续，为在中国促进反歧视立法而研究和行动筚路蓝缕的过程回顾。

最后，说一下我在《反歧视法讲义》第一版序中讲到的法学教育的学法与教法。我一直认为，无论做什么，教与学，做研究与做实务，方法都是重要的。照本宣科、标准答案的价值有限——特别是在大学中。

李　楯

2021 年 2 月 28 日

反歧视法教材序（第一版，2016 年）

拿到一种教材，首先要介绍的是开课的背景、教材的编写者，及教材的价值，在学科中的位置——是基础课、专业基础课，还是专业课；是必修课，还是选修课，以及怎样用这教材——学生怎样用，教师怎样用？但在这里，我要反过来谈，即先谈学与教的方法，再谈其他。

教与学的方法，及教与学所涉及的法律价值观

一个年轻人，考大学，何以选择法学专业，在法学专业中，何以选择反歧视法这门课？或者说，一个不是为学位、学分而要读些书的人，何以要选读《反歧视法讲义》这本教材？

同样，一个专业可能是法理学、法哲学、法社会学、宪法学、人权法学、劳动法学的法学者，或者是一个研究方向涉及性别问题、民族问题、残疾人问题、中国城乡问题的法学者，何以会选择要开设反歧视法这门课，何以会选用这本教材？

在法学院，或在法学界中，如果不是过于功利，就无可回避地要面对中国转型中与法相关问题。人人平等，是法的价值取向，人与人之间不平等，是这个世界（绝不只是中国）的现实存在；在中国，历史留给我们的城乡人因户籍身份不同而致的不平等、性别间的不平等，以及其他种种的不平等，要通过法律去促其改观，使社会日渐平等，就不得不瞩目与平等反向的歧视，就会考虑法律在歧视现象面前的态度和作为。

由于需要改革的远不只是政治、经济体制那些领域，教育本身也须改革。教育的主旨在于为一个个人的人生奠基，而不只在教授或者是学得谋生所须的知识和技能。由此，每一个学生在取得学分、学位的同时更应要求自己洞察世事，以成自己为人处世的准则和人生的规划；每一个教师则应讲出自己所知的事实，给出自己基于经历、经验的解释，启迪学生思考，以使学生得出自己的判断、解释，及在此后做出相应的行为选择。

我的建议是：作为学生，先把教材看一遍。找出自己面对这门课程的问题——问题意识的缺乏，在中国，已成通病，以至于人们连什么是"问题"，都不甚清楚。在大学，这可以从学位论文中看出，太多的学生面对的只是一个方向、一个领域，而不是一个或者几个问题。问题，是那些需要选择怎样解释或怎样应对的事。例行的、只须技术性操作的事；只有一种结果、必须如此应对的事，都不是问题。找出问题，给以解释，是做研究的人的工作；找出问题，予以处置，是做实务的人的工作。不管是对什么人，能够找出问题，工作就做完一半了。

在大学中，我们倡导一种"以问题为先导，不为学科所局限的研究途径和知识产生方法"，那么，在学反歧视法时，你所面对的问题是什么呢？

读教材后，自己作一个与反歧视法相关的书文及资料目录（有文字的，列入目录，耳闻眼见的，自己记录下来），包括：①规制，正式的与非正式的，成文的与不成文的；②哲学（伦理学）的和其他各学科理论的论述；③历史记述的与现实社会中存在的个案，以及结构与规制的演进过程——这里，特别是要能发现历史中或社会生活中"隐秘"的部分，要时刻警醒那些会非常容易被我们作为"社会中人"或者是"学科中人"视之不见的景象。

学习，要在使自己能如思想或学说的创立者那样，体验通过观察、倾听、讨论、思辨、证明，以最终达"明了"（悟得）境地的过程，而不在于记住了教师或学说创立者所说过的话（结论，或是答案）。

当然，学习还有另一个层面，就是通过演练以掌握技能。如果目标不只是一个纯粹的法理学家、法哲学家，还可能是一个法职业者的话，通过演练以掌握技能，是极其重要的。

作为教师，教材或者是给学生开出书单中的内容，大可不必再在课堂上复述。教师要给出自己所知道的事实和自己的主张，以启迪学生去独立思考。当然，也要使学生知道：真实和尽可能全面、完整的信息，是使独立思考的结论更恰当的前提。

看一看《论语》中《侍坐》一章，就知道好的教与学应是什么样式了。

至于法，我以为，当然不是仅指那些规定了就要遵守或是要做到的条文——法律可以是一种治理和管控的工具，也可以是一种价值目标和规则——由是，我认为：首先，人的基本权利是立法所不能剥夺的；其次，一切法律上的决定均须遵循预设的程序作出，非经正当过程作出的决定是无效的；最后，一切法律上的纷争最终可获独立的和中立的司法机关的裁判。离了这些，反歧视法就不可能存在。

试讲反歧视法

百虑一致，殊途同归。一门课，是可以有不同讲法的。在编写这部教材时，我曾建议：请几个人，各讲一遍，思路就打开了。现在，教材已编出，而我仍宁愿大家把它看作是一部板块式的教材，讲者是可以依了自己的意思去拼装的——课堂给了每个讲者以创造空间。

那么，给出我的授课思路，目的是使大家知道课还能有这样一种上法。

我上课一般会给学生印发一些材料（因为在中国，学生不是有了书目就能在图书馆借到书的。当然，给学生一个书文目，也是有必要的，只是书文目所列出的不会只局限于与一门课的考试成绩直接相关的那些内容）。我更会要求学生自己去发现材料。

当下，学生太少关注课堂和考试之外的书和问题。上一门课，总想从教材中找出自己必须"记住"的标准正确答案，却很少会从教材中找出可供思维操练的材料。思维是一种乐趣，思维和演练是法学院学生完成学业不可或缺的两个方面。

在课堂上，第一，我会讲"人人生而不平等的事实，与人人生而平等的价值追求"。生活在今天的人们已经习以为常地在概念上接受了权利平等，但权利平等是一个价值目标；另外，我们是真的愿意与他人平等吗？

第二，我会讲"歧视，在历史上、现实中及法律上"。教材的第五章到第十三章，列举了各种各样的歧视。由学生分述不同的歧视现象，看有无遗漏，试做概括与分类，讨论歧视在中国与别国有无不同，如有，不同何在？并留下一个问题：导致歧视产生的原因是什么？

第三，演练与分析之一。我会给学生以不同身份：作为党政官员，基于与歧视相关的群体性事件，或信访，或调查，给上级写一个报告；作为记者，基于与歧视相关的事件写一篇报道；作为自认是被歧视的当事人，给你所在的单位或党政机关写一个申诉。写完，和学生一起讨论分析。

第四，我会讲"结构与规制"。从"相对应的结构—规制"看其与发展的关系，是我用以研究（解释中国）的工具假设，并由此提出"制度文明质态"的概念。在这里，我会讲"整体与部分的关系"和"个体与联合体关系"，"工具性的法律（以规范为基本范畴的法律）"和"以权利为基本范畴的法律"。由此，把问题引向转型中的中国。中国不是发达国家，也不是一般发展中国家——一般发展中国家没有计划经济体制时期的经历和城乡分治的格局——认知中国独特的制度文明质态，是解释和应对中国问题的前提。

第五，把问题引回中国，"再析中国的反歧视"。在学生发现和收集材料的基础上，看歧视是怎样被社会感知的；从一个个自认为是被歧视了的人的诉说、抗争中，从与歧视相关的上访、仲裁、诉讼中，从与歧视相关的报道、调查、政策建议中，运用"过程—事件分析"的研究策略，将静态的结构规制转向由若干事件构成的动态过程，以解析其中的为我们所不知（视而不见）或者不能悉知的机理。

第六，演练与分析之二。我会给学生以特定的角色，进入事件，作为事件中的歧视者阐释"歧视者"的理由，和学生一起讨论分析。

第七，我会讲在中国，"歧视的原因与应对"。在中国当下，导致歧视发生的原因是"偏见""愚昧""集体无意识"，抑或是有待改进的既有制度遗存（用中共中央《关于全面深化改革若干重大问题的决定》中的用语，即：阻碍发展的"机制体制弊端"）？在中国当下，反歧视的动力和阻力各在何处？面对观念、主张上的歧视，行为上的歧视和因制度化结构而致的歧视，立法与司法于其应对中能起到何种作用？

第八，我会讲反歧视行动中的技能。这其实是"演练与分析"的第三阶段：和学生一起梳理、探寻政策倡导、立法公众参与、诉求表达、对话、谈判、斡旋调停、向政府提出诉请和行政复议、申请仲裁、诉讼，各有哪些技能？给出一个事例，在演练中尝试不同角色在程序进程中的不同回应策略及不同的技能运用。

在讲了第七、第八这两部分后，我要说的是：教材的第十四章和第十五章"歧视的法律责任和救济"、"平等委员会"，其实，有待我们以行动在中国去书写。

第九，关于方法和行为选择的讨论。平等与反歧视的主张，是西方的，还是人类的？在相关的课业中，是讲述、传授、学得"西方"关于权利的知识，还是启迪自身的权利的意识？在这些于法学教育和法职业者养成有重大意义的事项面前，我们能否面对真问题，采用新方法？这就是这一课程终结时，应由师生共同考虑的。教材的第一章到第三章的内容，应在课程结束时重新看一看。

讲课与教材编写，有两种方法，一是演绎，大一、二、三、四，小一、二、三、四；二是归纳，是一种经验的梳理。我的反歧视法课，事实梳理、思想操练、技能演练，各占三分之一。当然，这只是反歧视法课的一种上法，很可能是一种另类的上法吧。

我以为，不管是教师的授课，还是学生的作业，都不应只是为理论"做见证"，而应注重在一种过程中的体验与经验。

在这里，我要再次强调教与学中的思维操练——"思维是一种乐趣"，"思维和演练是法学院学生完成学业不可或缺的两个方面"。

人权、法治共识，与那些推进反歧视研究和行动的人们

今日中国，有两个难得的共识——对人权和法治的共识。1997 年，作为执政党的中国共产党提出"社会主义法治国家"的目标。2004 年，在作为执政党的中国共产党的倡导下"人权"入宪。由此，最起码，在社会的主流层面，人权、法治已成共识。这是反歧视法得以在法学院

开课的前提。

在人类数千年的文明史中，由国家和国家间的组织认可人权，只是二战之后短短的数十年。也只是在这短短的数十年中，法律上人的权利能力才完全地适用于每一个自然的（生物的）人。当然，这只是从理论上说，在现实中，反其道而行之的无视人权、侵犯人权的行为从来没有消失过——与平等反向的歧视即由此而生。

起自20世纪70年代的中国改革开放，使主体意识再度在一些人中萌生，相关的想法见诸行动。今日回过头来看，这些，是西方的呢，还是人类共通的呢？说是西方的，理由不外乎这些似乎是由西方人先提出，进而形成理论。说是人类的，则是说在20世纪70年代末、80年代初，国门将将打开，除国家领导人外，绝大多数人没有出过国，外国原版书进入和汉译本出版都少，不懂外语、没有真正接触过外部的人，何从接受西方影响呢？平等的要求，对美好生活的企望，并非来自世界何方何人诱导，乃人类共通的诉求——这，就是我的看法。

三十余年来，有自觉是被歧视者的诉说、抗争，有研究者的关注，有政策法律中不断写入"不得歧视"的规定，及诸多含反歧视内容的国际公约的中国加入。早期的研究不是书斋中的功课，而是一种"研究运动（行动）"，因为在当时是很难归入"学科"，较难算作"（学术）成果"的。如早期城乡研究中解析的城乡居民间的12项差异；如对20世纪90年代初地方政府限定"农民工"在城市就业领域规定的解析；如从呼之为"盲流"，到提出要引导"有序流动"，到提出要"善待"农民工，到提出要使进城谋生者"融入"城市的政策表达变化的学者解说；如确定男女平等为基本国策后的调查和研究报告，及早在此前10年即已开始了的对"男女平等"和"男女都一样"间差异的述评，及在就业、下岗、退休方面给男女以不同政策对待的论争；等等。

与这种"研究运动"并行的是呼吁立法和改进法律规定，以及一个又一个的涉歧视的诉讼，及传媒曾经功不可没的跟进。

与这部教材相关的是蔡定剑教授自2005年开始的"就业歧视调查与反歧视对策研究"，显现这一研究的成果是《中国就业歧视现状及反歧视对策》《海外反就业歧视制度与实践》和《反就业歧视法专家建议稿及海外经验》。与研究同时推进的是由蔡定剑教授倡导的法学院学生的反就业歧视宣传及行动。蔡定剑教授组织学生在2008年、2009年、2010年持续进行"当前大学生就业歧视现状"和"公务员招考中的就业歧视现状"调查，组织学生深入社会，在招聘会现场进行宣传。蔡定剑教授还推进了地方人大反歧视立法培训和记者反歧视报道培训。至2010年9月，蔡定剑教授已在重病之中，还召开了有全国人大常委会、国务院法制办、国务院妇儿工委、全国总工会、最高人民法院和大学、研究机构及民间组织参加的"推进就业机会平等经验和方法讨论会"，发布了《推进就业机会平等倡议书》。

蔡定剑教授是北京大学法学博士，曾就职于全国人大常委会，曾任北京大学法学院人民代表大会与议会研究中心执行主任和中国政法大学宪政研究所所长，他的一生主要在为推进中国的民主宪政中度过。

2010年蔡定剑教授去世后，作为蔡定剑教授的助手，刘小楠副教授坚守了蔡定剑教授建立的宪政研究所，继续修订《反就业歧视法（专家建议稿）》，通过人大代表在全国人大会议上持续提出《反就业歧视法》立法建议，并已得到全国人大财经委及人力资源与社会保障部的回应。

此外，刘小楠副教授坚持每年召开反歧视理论研讨会，每年举行"高校教师平等与非歧视培训研讨会"，编辑出版了《反歧视评论》第一辑、第二辑，她自己则出版了《港台地区性别平等立法及案例研究》《反就业歧视的案例与评析》和《20年，我们走了多远？——95世妇会后中国妇女权利发展状况研究》。

与这部教材相关的还有叶静漪（北京大学法学院教授，北京大学党委副书记）、张千帆（北京大学法学院教授）、焦洪昌（中国政法大学教授）、刘伯红（原全国妇联妇女研究所副所长）、刘明辉（中华女子学院教授，律师）、孙晓梅（中华女子学院教授，全国人大代表）、朱晓青（中国社科院法学所教授，性别与法律研究中心主任）、卜卫（中国社科院新闻研究所教授）、林燕玲（中国劳动关系学院教授）、冯同庆（中国劳动关系学院教授）、周伟（四川大学法学院教授）、何霞（西南财经大学法学院教授）、李薇薇（深圳大学法学院教授）、郭慧敏（西北工业大学人文与经济学院教授）、朱应平（华东政法大学教授）、李晓兵（南开大学法学院副教授）、刘练军（杭州师范大学沈钧儒法学院副教授）、王彬（上海交通大学凯原法学院副教授）、王春光（北京农学院人文社会科学学院副教授）、郭晓飞（中国政法大学副教授）、李昊（四川师范大学法学院副教授）、郝鲁怡（中国社科院国际法研究所副研究员）、李成（四川大学法学院讲师）、李子瑾（浙江理工大学法政学院讲师）、卢杰锋（对外经济贸易大学法学院讲师）、王慧（华南农业大学人文与法学学院讲师），以及郭建梅（原北京大学妇女法律援助中心主任）、吕孝权（北京众泽妇女法律咨询服务中心研究部主任、律师）、李莹（北京源众性别发展中心主任）、徐玢（同语负责人）、解岩（一加一［北京］残障人文化发展中心主任），以及张立（国务院妇女儿童工作委员会副主任）、武增（全国人大常委会法律工作委员会处长）、陈敏（中国应用法学研究所研究员）、王治江（中国残疾人联合会维权部法规处副处长）等在反歧视方面的研究与行动，及他们之中的一些人对教材编写的支持和参与。

最后，要说的是，参与这部教材编写的有：刘小楠、何霞、李成、卢杰锋、李昊、刘明辉、朱应平、李子瑾、王慧、郝鲁怡、郭晓飞、王彬和王春光。

我们认定了人权、法治的价值理念将有利于生活在这块土地上的人们的福祉，我们就将尽力而为。2000年，我受国际劳工组织北京局和当时的中国政府劳动部之请，为中国加入联合国国际劳工组织《消除就业和职业歧视公约》而作《法律评估：就业职业歧视》报告时，并没有想到过今日面对的局面。"在你开始努力的时候，大变革看起来几乎是不可能的，但当你结束的时候，它看起来则是不可避免的"。由是，我们只有努力。

李　楯

2016年7月12日

再版编者序

《反歧视法讲义：文本与案例》在出版五年后修订再版，至少从一个侧面展示了我国反歧视法研究和教学的逐步深化和发展。

教材的编写和出版是一个学科或研究领域发展的标志之一。在国外，反歧视法是一门在法学院广泛开设的课程。比如，美国排名前十的法学院基本都开设了多门反歧视法以及包含反歧视内容的课程。美国法学院的教授们也编写了多部反歧视方面的案例教材。

反歧视法的研究和教学在我国仍然处于起步阶段。我从 2010 年开始给中国政法大学的本科生开设反歧视法方面的选修课，那时就萌生了编写反歧视法教材的念头。这一计划搁置了好几年，因为我当时非常清楚反歧视法在国内尚属一个跨学科的新领域，相关的教学刚刚起步，编写第一本反歧视法教材的难度会非常大。

但是，我们没有坐等时机的成熟，而是身体力行推动反歧视的研究、教学、反歧视法律政策的发展。为了鼓励更多的高校教师从事反歧视方面的研究和教学，从 2011 年开始，我负责的中国政法大学宪政研究所每年举办"高校教师平等与非歧视培训研讨会"；为了加强反歧视研究，促进政府、学界、民间社会在反歧视领域的沟通交流，宪政研究所自 2010 年开始每年举办反歧视研究年会，邀请来自高校、科研机构的专家学者，来自妇联、残联、NGO 的代表，以及法官、律师、社会活动家等参加研讨会，就反歧视领域重大问题进行探讨；2011～2013 年，宪政研究所每年编写反歧视论文集；2014 年开始出版年刊《反歧视评论》，这是中国第一本专注于反歧视研究的集刊；组织起草、修改我国第一个《反就业歧视法（专家建议稿）》，通过全国人大代表、政协委员向两会提交法律议案和提案，2015 年全国人民代表大会财经委员会确认反就业歧视法确有立法必要，建议有关部门加强调研起草，待草案成熟时，争取补充列入全国人大常委会立法规划或今后的年度立法计划，安排审议。

历经五年的努力后，2014 年 12 月宪政研究所在北京举办了反歧视法教材编写启动会，20 多位学者参加了启动会，编写教材的计划终于付诸实施。我当时非常荣幸地请到郭慧敏教授（西北工业大学）、李楯教授（清华大学）、李薇薇教授（深圳大学）、叶静漪教授（北京大学）和周伟教授（四川大学）担任本教材的顾问。他们都是我国反歧视领域中最顶级的专家。我也非常幸运地邀请到 12 位来自全国 12 所不同高校和科研机构的学者参与教材的编写工作。这 12 位学者都对反歧视法有深入的研究，并对反歧视工作怀有深厚的感情，其中有几位也在其所在的高校开设了反歧视方面的课程。这 12 位作者为教材的写作投入了大量的时间和心血。从 2014 年冬教材编写正式启动，到 2016 年初夏书稿提交出版社的一年半时间里，作者们六易其稿，他们对我反复的、近乎苛刻的修改要求给予了最大限度的理解和支持。

在各位顾问和作者的共同努力下，2016 年 8 月《反歧视法讲义：文本与案例》由法律出版社出版。作为国内第一本反歧视法教材，尽管编者和作者花费很多心血，教材仍有诸多不尽人意之处。但是我们仍然很欣慰自己勇敢地跨出这一步，做了有益的尝试。

又一个五年过去，《反歧视法讲义：文本与案例》第一版已经售罄。这五年间，我国在平等与反歧视领域无论是理论研究、法律政策还是司法实践层面都取得了长足的发展，令许多反歧视理论研究者和实务工作者颇感惊喜。诸如 2020 年通过的《民法典》关于"机关、企业、学校等单位应当采取合理的预防、受理投诉、调查处置等措施，防止和制止利用职权、从属关系等实施性骚扰"的规定；2019 年中共中央办公厅、国务院办公厅印发《关于促进劳动力和人才社会性流动体制机制改革的意见》强调保障城乡劳动者享有平等的就业权利，依法纠正身份、性别等就业歧视现象；以及 2019 年人力资源与社会保障部等九部门印发《关于进一步规范招聘行为促进女性就业的通知》、2019 年和 2020 年全国总工会《促进工作场所性别平等指导手册》和《消除工作场所性骚扰》；等等——这些都是反歧视领域呼吁多年的法律政策。尽管上述法律政策仍有待进一步完善，其成效也有待观察和评估，但是反歧视进入国家议程本身就是阶段性的胜利。

五年来，反歧视的司法诉讼也取得了积极进展。2018 年底，最高人民法院增加了"平等就业权纠纷"和"性骚扰损害责任纠纷"两个新案由，从 2019 年 1 月 1 日开始适用。2019 年之后已有若干用两个新案由起诉并判决的案件。比如，珠海市香洲区人民法院于 2019 年 10 月作出一审判决的怀孕歧视案中[1]，法院认为，被告某物业公司因原告怀孕而将其辞退，属于在履行劳动合同过程中对原告的歧视性对待，构成对原告平等就业权的侵害。因此酌定被告向原告赔礼道歉并赔偿精神损失抚慰金 1 万元。再如，2019 年杭州的地域歧视案，一审和二审法院均认定浙江喜来登度假村有限公司在招聘中拒收河南人构成就业歧视，判决喜来登度假村有限公司赔偿闫某 1 万元，并在媒体上书面道歉。[2]同年判决的还有女社工诉刘某性骚扰损害责任纠纷案，尽管法院没有支持雇主承担连带赔偿责任，但是认定被告的行为"构成了对原告的性骚扰"，判决被告向原告当面赔礼道歉。[3]

五年来，反歧视法的理论研究中也涌现了诸如李子瑾的专著《禁止歧视：理念、制度和实践》、李满奎的译著《平等法》等一系列青年学者的优秀著述。

五年来，中国政法大学宪政研究所一如既往地推动反歧视的研究与教学，开展反歧视法律倡导工作，推动反歧视案件的发展。截至 2020 年，我们已经成功举办了 11 届反歧视研究年会，9 届高校教师平等与非歧视培训研讨会，4 届社会性别与人权高校师资研修班，编写出版了《社会性别与人权教程》，专门关注平等与反歧视主题的学术集刊《反

---

[1] (2019) 粤 0402 民初 6356 号。
[2] (2019) 浙 0192 民初 6405 号。
[3] (2019) 川 0107 民初 1407 号。

歧视评论》第8辑已经付梓。

随着反歧视法领域理论和实践不断发展，我们觉得是时候把反歧视法教材修订再版，以反映这些发展变化。修订再版教材这一动议得到2016年版反歧视法教材全部作者的积极响应，他们都从百忙中抽身欣然加入到教材的修订工作中来。本教材也保留了第一版教材的结构框架，分为基础理论、歧视类型、法律救济三编，共十三章。教材的结构及各章作者如下：

第一编　基础理论

第一章　反歧视法概述（何霞，西南财经大学法学院副教授）

第二章　禁止歧视的基础价值（李成，四川大学法学院副教授）

第三章　暂行特别措施（李昊，四川大学国际关系学院副教授）

第四章　反歧视法的渊源（卢杰锋，对外经济贸易大学法学院副教授）

第二编　禁止歧视的事由

第五章　种族歧视（李昊，四川大学国际关系学院副教授）

第六章　性别歧视（刘明辉，中华女子学院法学院教授；刘小楠，中国政法大学人权研究院教授）

第七章　残障歧视（李成，四川大学法学院副教授）

第八章　健康歧视（李子瑾，浙江理工大学法政学院副教授）

第九章　年龄歧视（郝鲁怡，中国社会科学院国际法研究所副研究员）

第十章　性倾向与性别认同歧视（郭晓飞，中国政法大学法学院副教授）

第十一章　其他类型的歧视（王彬，上海交通大学凯原法学院副教授）

第三编　法律救济

第十二章　歧视的法律责任和救济（卢杰锋，对外经济贸易大学法学院副教授）

第十三章　平等委员会（王春光，北京农学院文法与城乡发展学院

副教授)

本教材以我国反歧视法律理论和实践为主,兼顾国外经验;以基础性研究成果为主,兼顾研究热点和争议点;以反歧视理论和法律文本介绍为主,兼顾案例教学。为了方便学生的理解,教材也设计了具有引导性的案例导入,还提供了延伸阅读和资料摘录。我们希望这部教材,可以鼓励更多的高校教师关注歧视相关的研究和教学;可以培养学生的平等观念和宽容精神;可以让更多的人学会尊重他人,激励大家共同创造更加平等、多元的世界。

教材的再版工作得到瑞典隆德大学罗尔·瓦伦堡人权与人道法研究所的大力支持。也感谢中国政法大学宪政研究所龚新玲老师和中国政法大学出版社郭嘉珺编辑在书稿的编辑和校对过程中的大力协助。

刘小楠

2021 年 2 月

中华人民共和国法律文件全简称对照表

本书名称（缩略语）	规范性法律文件名称
《宪法》	《中华人民共和国宪法》
《劳动法》	《中华人民共和国劳动法》
《就业促进法》	《中华人民共和国就业促进法》
《妇女权益保障法》	《中华人民共和国妇女权益保障法》
《民法典》	《中华人民共和国民法典》
《残疾人保障法》	《中华人民共和国残疾人保障法》
《工会法》	《中华人民共和国工会法》
《教育法》	《中华人民共和国教育法》
《传染病防治法》	《中华人民共和国传染病防治法》
《残疾人就业条例》	《中华人民共和国残疾人就业条例》
《残疾人教育条例》	《中华人民共和国残疾人教育条例》
《女职工劳动保护特别规定》	《中华人民共和国女职工劳动保护特别规定》
《就业服务与就业管理规定》	《中华人民共和国就业服务与就业管理规定》
《民族区域自治法》	《中华人民共和国民族区域自治法》
《高等教育法》	《中华人民共和国高等教育法》
《义务教育法》	《中华人民共和国义务教育法》
《村民委员会组织法》	《中华人民共和国村民委员会组织法》
《刑法》	《中华人民共和国刑法》
《选举法》	《中华人民共和国选举法》

本书名称（缩略语）	规范性法律文件名称
《未成年人保护法》	《中华人民共和国未成年人保护法》
《宗教事务条例》	《中华人民共和国宗教事务条例》
《人民法院组织法》	《中华人民共和国人民法院组织法》
《国家安全法》	《中华人民共和国国家安全法》
《反恐怖主义法》	《中华人民共和国反恐怖主义法》
《刑事诉讼法》	《中华人民共和国刑事诉讼法》
《人民检察院组织法》	《中华人民共和国人民检察院组织法》
《城市居民委员会组织法》	《中华人民共和国城市居民委员会组织法》
《治安管理处罚法》	《中华人民共和国治安管理处罚法》
《精神卫生法》	《中华人民共和国精神卫生法》
《无障碍环境建设条例》	《中华人民共和国无障碍环境建设条例》
《残疾预防和残疾人康复条例》	《中华人民共和国残疾预防和残疾人康复条例》
《艾滋病防治条例》	《中华人民共和国艾滋病防治条例》
《户口登记条例》	《中华人民共和国户口登记条例》
《行政诉讼法》	《中华人民共和国行政诉讼法》
《公务员法》	《中华人民共和国公务员法》
《律师法》	《中华人民共和国律师法》
《劳动争议调解仲裁法》	《中华人民共和国劳动争议调解仲裁法》
《社会保险法》	《中华人民共和国社会保险法》
《法官法》	《中华人民共和国法官法》
《检察官法》	《中华人民共和国检察官法》
《教师法》	《中华人民共和国教师法》
《会计法》	《中华人民共和国会计法》
《侵权责任法》	《中华人民共和国侵权责任法》

国际公约和纲领性文件中英文对照表

国际公约	
《欧洲人权公约》	European Convention on Human Rights
《公民权利和政治权利国际公约》	International Covenant on Civil and Political Rights
《经济、社会、文化权利国际公约》	International Covenant on Economic, Social and Cultural Rights
《消除一切形式种族歧视国际公约》	International Convention on the Elimination of All Forms of Racial Discrimination
《消除对妇女一切形式歧视公约》	Convention on the Elimination of all Forms of Discrimination Against Women
《保护所有迁徙工人及其家庭成员权利国际公约》	International Convention on the Protection of the Rights of All Migrant Workers and Members of Their Families
《儿童权利公约》	Convention on the Rights of the Child
《残疾人权利公约》	Convention on the Rights of Persons with Disabilities
《男女工人同值同酬公约》（100 号公约）	Convention concerning Equal Remuneration for Men and Women Workers for Work of Equal Value
《1958 年消除就业和职业歧视公约》（111 号公约）	Discrimination〔Employment and Occupation〕Convention

《非法条件下的移民和促进移民工人机会及待遇平等公约》（143 号公约），简称《移民工人公约》	Convention concerning Migrations in Abusive Conditions and the Promotion of Equality of Opportunity and Treatment of Migrant Workers
《非全日制工作公约》（175 号公约）	Part-time Work Convention
《家庭工作公约》（177 号公约）	Home Work Convention
《消除劳动世界中暴力和骚扰公约》（190 号公约）	Convention Concerning the Elimination of Violence andHarassment in the World of Work
《取缔教育歧视公约》	Convention against Discrimination in Education
《防止及惩治灭绝种族罪公约》	Convention on the Prevention and Punishment of the Crime of Genocide
《矿山安全与卫生公约》（176 号公约）	Safety and Health in Mines Convention, 1995（No. 176）
《妇女井下作业公约》（45 号公约）	Underground Work（Women）Convention, 1935（No. 45）
《关于无国籍人地位的公约》	Convention relating to the Status of Stateless Persons
《人力资源开发公约》	Human Resources Development Convention
《关于难民地位的公约》	Convention Relating to the Status of Refugees
《人权与生物医学公约》	Convention on Human Rights and Biomedicine
《美洲消除一切形式对残障者歧视公约》	Inter-American Convention on the Elimination of All Forms of Discrimination Against Persons With Disabilities

纲领性文件	
欧盟《关于建立就业与职业平等待遇总体框架的指令》，简称《就业框架指令》	Establishing a General Framework for Equal Treatment in Employment and Occupation，2000/78/EC）
《联合国宪章》	Charter of the United Nations
《世界人权宣言》	Universal Declaration of Human Rights
《关于实行不同种族与民族出身的人之间平等待遇原则的第 2000/43/EC 号指令》	Council Directive 2000/43/ECof 29 June 2000 Implementing the Principle of Equal Treatment between Persons Irrespective of Racial or Ethnic Origin
《同值同酬指令》	EU Equal Remuneration Direction
《性别平等待遇指令》	EU Gender Equality Direction
《欧共体条约》	（Treaty Establishing the European Community）
《北美劳动合作协定》	North American Agreement on Labor Cooperation
《消除对妇女的暴力行为宣言》	Declaration on the Elimination of Violence against Women
《奥林匹克宪章》	Olympic Charter
《国际足联章程》	FIFA STATUTES
《非洲人权与民族权利宪章》	African Charter on Human and Peoples' Rights
《联合国老年人原则》	United Nations Principles for Older Persons
《积极老龄化：政策框架》	Active Ageing：A Policy Framework
《老年工人建议书》	Older Workers Recommendation

《日惹原则——将国际人权法适用于性倾向与性别认同的原则》	Yogyakarta Principles on the Application of International Human Rights Law in relation to Sexual Orientation and Gender Identity
《德黑兰宣言》	Proclamation of Teheran
《消除基于宗教或信仰原因的一切形式的不容忍和歧视宣言》	Declaration on the Elimination of All Forms of Intolerance and of Discrimination Based on Religion or Belief
《马德里政治宣言》	Madrid Political Declaration
《马德里老龄问题国际行动计划》	Madrid International Plan of Action on Ageing
《关于人类基因组和人权的普遍宣言》	Universal Declaration on Human Genome and Human Rights
《非全日制员工指令》	Framework Agreement on part-time work
《固定期限工作指令》	Framework Agreement on fixed-term work
《美洲人权公约补充议定书》	Additional Protocol tothe American Convention on Human Rights in the Area of Economic, Social and Cultural Rights

国际组织/机构/会议中英文对照表

欧盟法院	European Court of Justice
荷兰平等待遇委员会	Equal Treatment Commission
韩国国家人权委员会	National Human Rights Commission
美国平等就业机会委员会	Equal Employment Opportunity Commission, EEOC
法国宪法委员会	Constitutional Council
欧洲人权法院	European Court of Human Rights
联邦德国宪法法院	Federal Constitutional Court of Germany
世界卫生组织	World Health Organization
美国最高法院	Supreme Court of United States
联合国教科文组织	United Nations Educational, Scientific and Cultural Organization
瑞典平等监察专员	Equality Ombudsman
南非宪法法院	Constitutional Court of South Africa
法国平等机会和反歧视委员会	Opportunities and Anti-Discrimination Commission of French
德国联邦反歧视局	Federal Anti-Discrimination Agency (ADS) of German
英国平等和人权委员会	Equality and Human Rights Commission of UK
联合国经社理事会	United Nations Economic and Social Council

联合国儿童权利委员会	United Nations Committee on the Rights of the Child
联合国人权委员会	United Nations Commission on Human Rights
联合国人权事务高级专员办事处	Office of the High Commissioner for Human Rights
加拿大人权委员会	*Canadian Human Rights Commission*
英国劳动裁判所	Employment Tribunal
美国法院管理办公室	Administrative Office of the U. S. Courts
英国劳动上诉裁判所	Employment Appeal Tribunal

各国立法中英文对照表

《巴基斯坦宪法》	Constitution of the Islamic Republic of Pakistan
《菲律宾宪法》	Philippine Constitution
《加拿大权利与自由宪章》	Canadian Charter of Rights and Freedoms
《加拿大人权法》	Canadian Human Rights Act
《加拿大宪法》	The Canadian Constitution
《美国残障者法案》	Americans with Disabilities Act（ADA）
《印度宪法》	The constitution of India
瑞典《反歧视法案》	Discrimination Act
澳大利亚《残障歧视法》	Disability Discrimination Act 1992
澳大利亚《种族歧视法》	Racial Discrimination Act of 1975
德国《残障者平等机会法》	Act on Equal Opportunities for Persons with Disabilities
德国《雇员保护法》	Employee Protection Act
德国《基本法》	Basic Law for the Federal Republicof Germany
德国《兼职和固定期限工作法》	Part-time and fixed-term work Act
德国《解雇保护法》	Dismissal Protection Act
德国《劳动法庭法》	Labor Courts Act
德国《劳动关系法》	Labor and Employment Law

德国《劳动市场现代服务形式法》	Act on Modern Service Forms in the Labor Market
德国《联邦残障者平等法》	Federal Disability Equality Act
德国《联邦公务员法》	Federal Civil Service Act（BBG）
德国《联邦人事代理法》	Federal Personnel Agency Act
德国《联邦性别平等法》	Gender Equality Act
德国《民法典》	Civil Code
德国《企业委员会法》	Enterprise Council Act
德国《社会法典》	Social Code
德国《宪法》	Constitution
德国《一般平等待遇法》	General Act on Equal Treatment （AGG）
德国《人类基因检测法》	Human Genetic Examination Act
法国《机会平等法》	Equal Opportunity Act
法国《人权和公民权利宣言》	Declaration of the Rights of Man and of the Citizen
法国《刑法典》	Penal Code
韩国《残障者、老年人和孕妇便利促进法》	Act on Promotion of Convenience for the Disabled, Senior Citizens and Pregnant Women
韩国《残障者特殊教育法》	Act on Special Education for Persons with Disabilities
韩国《促进男女就业机会平等和支持工作与家庭平衡法案》	Act on Equal Employment and Support for Work-Family Reconciliation
韩国《国家人权委员会法》	National Human Rights Commission Act
韩国《交通弱势群体移动便利增进法》	Mobility Improvement for the Transportation Disadvantaged Act
韩国《禁止歧视残障者及补救法》	Anti-Discrimination against and Remedies for Persons with Disabilities Act

荷兰《残障或慢性疾病平等待遇法》	Equal Treatment on the Grounds of Disability or Chronic Illness Act
荷兰《平等待遇法》	Equal Treatment Act
荷兰《男女平等待遇法案》	Equal Treatment（Men and Women）Act
荷兰《民法典》	Civil Code
荷兰《医学检查法》	Medical Examinations Act
加拿大《就业平等法》	Employment Equity Act
马来西亚《联邦宪法》	Federal Constitution
美国《1964 年民权法案》	Civil Rights Act of 1964
美国《1991 年民权法案》	Civil Rights Act of 1991
美国《雇用年龄职业歧视法》	Age Discrimination in Employment Act of 1967
美国《国家劳工关系法》	the National Labor Relations Act，NLRA
美国《患者保护与平价医疗法案》	Patient Protection and Affordable Care Act
美国《就业年龄歧视法案》	Age Discrimination in Employment Act
美国《康复法案》	The Rehabilitation Act
美国《老年工作者福利保障法》	Older Workers Benefit Protection Act
美国《平等报酬法案》	The Equal Pay Act
美国《平等就业机会法》	Equal Employment Opportunity Act
美国《宪法》	Constitution
美国《职业年龄歧视法案》	Age Discrimination in Employment Act（ADEA）
美国《公平住房法案》	The Fair Housing Act
美国《反基因歧视法》	Genetic Information Nondiscrimination Act
《南非宪法》	Constitution of the Republic of South Africa
挪威《平等与反歧视法》	Equality and Anti-Discrimination Act

日本《残障者就业促进法》	Act for Promotion of Employment of Persons with Disabilities
日本《高龄者就业安定法》	Act on Stabilization of Employment of Elderly Persons
日本《雇用对策法》	Employment Measures Act
日本《兼职工作法》	Part-time Employment Act
日本《劳动基准法》	Labor Standards Act
日本《男女雇用机会平等法》	Act on Securing, Etc. of Equal Opportunity and Treatment between Men and Women in Employment
日本《宪法》	Constitution of Japan
日本《育儿介护休业法》	Child Care and Family Care Leave Act
瑞典《反歧视法案》	Discrimination Act
瑞典《男女平等机会法》	Act on Equality between Women and Men
瑞典《平等机会法》	Equal Opportunity Act
瑞典《刑法典》	Penal Code
瑞典《育儿假法》	Parental Leave Act
瑞士《宪法》	Federal Constitution of the Swiss Confederation
英国《残障歧视法》	Disability Discrimination Act
英国《固定期限工作行政规章》	Fixed-Term Employees Regulations 2002
英国《就业平等（性倾向）条例》	Employment Equality (Sexual Orientation) Regulations (Northern Ireland) 2003
英国《就业平等（宗教/信仰）条例》	Employment Equality (Religion and Belief) Regulations 2003
英国《兼职工作行政规章》	Part-time Workers Regulations 2000
英国《就业平等（年龄）条例》	Employment Equality (Age) Regulations 2006

英国《平等报酬法》	Equal Pay Act of 1970
英国《平等法》	Equality Act 2010
英国《人权法案》	Human Rights Act 1998
英国《性别歧视法》	Sex Discrimination Act of 1975
英国《种族关系法》	Race Relations Act of 1965
新加坡《宪法》	Constitution
法国《宪法》	Constitution
巴西《宪法》	Constitution
美国《移民限制法案》	Immigration Restriction Act

目　录

第一编　基础理论

第二编　禁止歧视的事由

第三编　法律救济

第一编　基础理论

第一章　反歧视法概述

[本章主题和课程目标]

本章介绍歧视的概念、分类和构成要件，不构成歧视的情形，歧视的成因与反歧视的社会意义以及反歧视法的发展。课程旨在帮助你掌握歧视的基本概念和理论，并能运用这些概念对歧视现象进行分析，培养对歧视现象的敏感性并消除认知中的偏见。

[案例导入]

某高校在招收外语专业小语种学生时，对女生设置了比男生更高的分数线。理由：首先，是为平衡该专业的男女生比例，因为现行的高考体制使女生更容易考出高分，高校校园"阴盛阳衰"。其次，是为提高专业的就业率，因为女生的就业压力更大。请尝试回答：①录取线基于性别对女生设置更高的分数线是否存在歧视？②高校的理由是否合理？

第一节　歧视的界定

一、歧视的概念

歧视（discrimination）是一种区别对待。从经济学的角度讲，歧视是一个不具有道德色彩的中性词，是一种为满足个人需求利益最大化而作出的选择。经济学上的歧视可分为理性的歧视和非理性的歧视。[1]

---

〔1〕 李薇薇：《反歧视法原理》，法律出版社 2012 年版，第 1 页。

　　而社会学、社会心理学、法学则强调歧视的不公正、不合理性。著名社会学家波普诺从社会学的角度定义歧视，认为歧视是"由于某些人或类属之成员而对他们施以不公平或不平等的待遇"[1]。社会心理学认为歧视是"直接对某一特定群体成员的消极或有害的行为。包括对他人的不公正的对待，这种对待不是基于他们的表现，而是基于他们属于什么样的群体"[2]。社会心理学致力于探寻歧视形成的社会心理原因，认为其主要建立在偏见（prejudice）这种预断性负面态度上，基于刻板印象（stereotype）的信念而形成。[3]

　　法律上的歧视概念是对歧视行为的否定性评价，目的在于禁止和规范。歧视是"被法律禁止的针对特定群体或个人实施的其效果或目的在于对基本权利进行区别、排斥、限制或优待的任何不合理措施"[4]。

　　在本书中，我们主要从法律的视角来学习歧视，将其定义为"不合理的区别对待"。

二、歧视的法律分类

　　各国的反歧视法律，将歧视根据其表现形式分为直接歧视、间接歧视、骚扰、报复性歧视、不提供合理便利的歧视等种类。法律上的分类不仅仅具有理论意义，还有制度上的功能——每个概念都对应相应的构成要件、举证规则和法律责任。

　　（一）直接歧视

　　直接歧视是指在法律规定或实践中，基于法律禁止的事由而给予个体或具有某些特征的群体差别对待。直接歧视的理论基础是形式上的平等，即相同的人应得到相同的对待。直接歧视不仅仅表现为发生在工作场所、学校、公共场所的行为性歧视，还可以表现为制度性歧视。

---

〔1〕〔美〕戴维·波普诺：《社会学》，李强等译，中国人民大学出版社1999年版，第306页。

〔2〕〔美〕托马斯·吉洛维奇等：《吉洛维奇社会心理学》，周晓红、秦晨等译，中国人民大学出版社2009年版，第279页。

〔3〕〔美〕戴维·迈尔斯：《社会心理学》，侯玉波等译，人民邮电出版社2006年版，第251页。

〔4〕周伟：《宪法基本权利：原理·规范·应用》，法律出版社2006年版，第74页。

例如，企业在招聘广告中规定只招男性或男性优先，而性别并不是履行该工作的内在要求，这样的行为就构成显性的直接歧视。又如，该企业虽然在招聘广告中没有明确的关于性别、民族、户籍等要求，但在实际操作中将女性、少数民族、外地户籍者排斥在外，这样的行为构成隐性的直接歧视。再如，某省将公务员的报考条件设定为必须具有该省的户籍，而如果这样的设定缺乏正当的理由，就构成制度性的直接歧视。

（二）间接歧视

间接歧视是指表面上中立的规定、措施、行为，导致具有特定性别、种族或信仰等特征的群体相比于其他人而言处于更为不利的地位，除非这些规定、措施、行为具有合法的目的和客观的理由，并且实现该目的的手段是必要的和适当的，否则便构成间接歧视。间接歧视产生的原因，往往是源于历史和社会结构。法律通过间接歧视制度进行的调整，是基于对实质正义的追求。

间接歧视的概念最早源于美国最高法院 1971 年审理的"格里格斯诉杜克电力公司案"（Griggs v. Duck Power Co.）[1]。基于此案，美国发展出"区别影响"（disparate impact）的歧视概念，与"区别对待"（disparate treatment）相对应。在该案中，被告电力公司录用雇员时要求申请人具有高中文凭，并需要通过一项书面考试。该公司位于美国南部的北卡罗来纳州，这里种族隔离的历史漫长且严重，非洲裔的美国人通常得不到良好的教育，没有高中文凭，没有资格申请好的工作。美国最高法院在该案中重点分析了该录用标准可能对某一种族/阶层整体的平等机会产生不利影响。法官一致认为，美国 1964 年通过的《民权法案》不仅禁止公然的歧视，而且也禁止形式上公平却导致歧视性后果的实践。要求高中文凭表面上公平正当，对所有申请者一律适用，与种族无关，但它将不成比例地排斥大多数非洲裔的美国人求职者；除非雇主可证明高中文凭与所从事的工作之间存在合理的职业必要，否则就构成

---

〔1〕　401 U. S. 424, 91 S Ct849（1971）.

了歧视。[1]

区别影响的概念传到欧洲后，被界定为间接歧视（indirect discrimination）。最开始的间接歧视案例主要针对非全日制员工（part-time worker）和全日制员工的同工不同酬现象。尽管非全日制员工和全日制员工的工作性质或内容相同，但所获的时薪差别较大。而非全日制员工绝大多数是女性，女性由于生育和主要承担家庭照顾责任无法从事全日制工作，或者由于生育中断职业后，很难再回到全日制的职业轨道上，因此主动选择或者被动从事非全日制临时性工作，而同工不同酬对非全日制员工的不利影响构成了间接的性别歧视。然而，雇主主张，对非全日制员工的报酬差别有合理的理由，尽管从事相同的工作，但其工作的机动性（mobility）和全日制员工无法比较，例如非全日制员工不加班，对雇主来讲机动性差，对企业的忠诚度也比全日制员工低，等等。在"丹佛斯案"（Danfoss）[2] 中，针对雇主提出的机动性的理由，欧盟法院作出如下裁决，"如果机动性被理解为包括雇员能适应变化的工作时间以及变化的工作地点，那么机动性这个标准本身就可能导致女性雇员的不利地位，因为女性雇员通常要承担家庭的照顾责任，她们不能像男性那样自由地安排时间。但是，如果雇主能证明机动性对雇员完成分配给其的某项特殊的工作任务非常重要，那么雇主就可以正当化工资的差距，而不必承担同工不同酬的责任。"[3] 针对雇主提出的非全日制工的工作表现、工作热情与积极性和全日制工不同，欧盟法院认为这样的主观标准缺乏透明性，很难被检测，因此容易被作为借口使用。1997 年

---

〔1〕 李薇薇：《反歧视法原理》，法律出版社 2012 年版，第 70 页。

〔2〕 Case 109/88 Handels-og Kontorfunktionærernes Forbund I Danmark v Dansk Arbejdsgiverforening, acting on behalf of Danfoss (1989) ECR I-3199.

〔3〕 The ECJ ruled that if the mobility is understood as covering the employee's adaptability to variable hours and varying places of work, the criterion of mobility may also work to the disadvantage of female employees, who, because of household and family duties for which they are frequently responsible, are not as able as men to organize their working time flexibly. However, the employer may justify the remuneration of such adaptability by showing (such adaptability) is of importance for the performance of the specific tasks entrusted to the employee. *Id.*, para 22.

欧盟委员会制定《非全日制员工指令》[1] 和《固定期限工作指令》[2]，将对非全日制员工和固定期限工人的同工不同酬作为直接歧视的表现而加以禁止。这两个指令通过明确规定禁止对非全日制工和固定期限工人的歧视，减轻了通过间接歧视进行救济的证明负担。

除了就业中的间接性别歧视，欧盟还在社会福利、税收等更广泛的领域和在种族、宗教、性倾向、年龄和残障[3]等更多歧视的种类上援用间接歧视。如荷兰平等待遇委员会认定，要求清洁工会说流利的荷兰语作为录用的条件，间接地构成了种族歧视；将某些福利与婚姻状况联系在一起，对同性恋者构成间接歧视。[4]

在日本，大量的企业将员工的职业生涯区分为综合职和事务职，由员工自行选择。选择综合职的员工，可以享受职位升迁，具有事业发展的可能性，但是必须接受加班、出差以及工作的调动等条件；而选择事务职的员工，从事的是辅助性的工作，如文秘等，这类工作不需要加班、调动，但是没有晋升和职业成长的空间。虽然企业给予员工自主选择的权利，但女性出于照顾孩子与家人的考虑，更多地倾向于事务职的选择。因此这种看似中立的职位区分可能造成对女性更为不利的影响。因此，在日本立法中，将企业区分工种的管理制度中对综合职的招募和采用以能在全国范围内调动工作为条件，认定为构成表面证据间接歧视的案件，举证责任转移至雇主。如果雇主不能证明其实施行为是履行该工作的必需，或者是企业经营管理的必需，或者有其他的合理理由，那么雇主的行为便构成间接歧视。

---

[1] Council Directive 97/81/EC of 15 December 1997 concerning the Framework Agreement on part-time work concluded by UNICE, CEEP and the ETUC, OJL 14, 20. 1. 1998, pp. 9~14.

[2] Council Directive 1999/70/EC of 28 June 1999 concerning the Framework Agreement on fixed-term work concluded by ETUC, UNICE and CEEP, OJ L 175, 10. 7. 1999, pp. 43~48.

[3] 对在心理、生理、人体结构上，某种组织、功能丧失或者不正常，全部或者部分丧失以正常方式从事某种活动能力人群的称谓，在我国经历了从"残废"到"残疾"再到"残障"的变迁。1982年《宪法》使用的是"残废"；1990年《残疾人保障法》则以"残疾"指称。目前学术界倾向于使用"残障"或"身心障碍"。除尊重国内立法、重要国际人权文献的翻译习惯以及直接引用其他学术文献之外，本书统一使用"残障"的表述。

[4] 李薇薇：《反歧视法原理》，法律出版社2012年版，第71页。

（三）骚扰

基于种族、民族、性别、性倾向、性别表达、宗教信仰、残障等而对他人进行侮辱、贬损、侵犯的行为构成骚扰。骚扰是直接针对受害者的不受欢迎的行为，或者是制造了恐吓性的，充满敌意、羞辱环境的行为，侵害他人尊严。

骚扰的概念从原来性骚扰的交换式性骚扰和敌意环境性骚扰逐步发展而来，所禁止的范围更宽，包括了基于种族、民族、性别、性倾向、性别表达、宗教信仰、残障等方面的骚扰，也更强调行为的不受欢迎性，以及对人的尊严的侵害。

针对工作场所的骚扰，法律规定雇主有义务设立相应机制予以预防、制止和救济，一旦未尽到相应义务，雇主将承担歧视的法律责任。

（四）报复性歧视

对提出歧视申诉的个人，或对在诉讼中提供证据和信息的个人实施不利对待或者威胁实施不利对待，就构成报复性歧视。如雇主因雇员提起性别歧视或者种族歧视投诉而将其解雇，这就构成相应的性别或种族的报复性歧视。以就业歧视为例，对报复性歧视的法律界定旨在遏制雇主对已经提起歧视之诉的雇员或在歧视诉讼过程中提供对雇主不利证据的雇员实施报复。

（五）不提供合理便利的歧视

不提供合理便利即构成歧视，其概念最初形成于残障歧视中。提供合理便利义务要求雇主或教育机构等应在特定情况下采取必需的适当措施以使残障者能够获得、参与或准备就业，或接受教育培训，合理便利以不强加给教育机构或雇主不相称的负担为前提。

残障歧视和其他种类的歧视有所不同。其他的群体本身的特质和社会参与并没有直接的相关性。而残障意味着存在客观的障碍，需要社会提供支持来克服障碍，以保障其平等参与社会的权利。保障残障人群平等的参与，不仅仅需要相关者履行消极的不歧视的义务，还要求其履行积极的义务，提供合理便利来支持残障人群克服障碍，平等接受教育、参与工作。

例如，在考试试卷的设计上，应当为视障人群设计盲文考卷，或者开设专门考场设专人读题。又如，教育行政机构在教师资格考试中，应当对希望担任手语教师的听力障碍和语言障碍人群提供合理便利，将试讲等考试环节变更为手语讲授等形式。

提供合理便利的义务逐步发展到民族、种族、宗教信仰等领域。如目前我国的高校和一些大型的用人单位设置专门的清真食堂，为穆斯林等人群提供用餐便利，满足其不同的饮食禁忌。教育机构或工作机构如暂时不具备条件开设专门的清真食堂，可以提供微波炉等设施供自行烹饪的学生和员工加热食物，这是普通的机构不需承担过重的成本就能完成的合理便利设施。

三、歧视的构成要件

歧视由区别对待、法律禁止的领域、法律禁止的事由、不利的后果、因果关系等五个要件构成。

（一）区别对待

区别、排斥或者优惠的立法、标准、措施、行为，这些都是区别对待的表现。这些区别对待可能体现在法律法规中，构成制度性歧视；也可能体现在具体的实践中，构成行为性歧视。立法中的歧视，如我国法律在人身伤亡赔偿中曾出现过的"同命不同价"——分城乡户口的赔偿标准。实践中的歧视，例如虽然我国法律明令禁止性别歧视，但在大量的招聘广告里仍出现男性优先或仅限男性的要求；而招募幼儿园老师、护士等仅限女性的招聘广告，看上去是对女性的优惠，但实质上形成一种职业隔离。它不仅是对男性自由选择机会的排斥，也是对社会刻板印象（偏见）的强化，如认为女性更细心，更适合于照顾性的岗位。

法律禁止的是行为，因此仅仅有偏好或者偏见，而没有以作为或者不作为的方式表达出来，对相对人产生影响，不属于法律禁止的范围。

在间接歧视里，也存在区别对待，但这种区别不是基于法律直接禁止的事由，之所以构成歧视，在于现行法不禁止的区别对待造成了法律所保护的某一个群体受到了不利影响。例如，将对男女同样适用的身高要求作为某项工作的从业要求，除非这个身高的要求是工作的必需，如空乘人员需要达到方便检查行李舱的高度；否则这样的以身高为区分的标准就可能构成间接的性别歧视，因为对平均身高低于男性的女性群体造成了更为不利的影响。

基于性别、种族、残障等特征的骚扰行为同样存在区别对待。骚扰是基于受害人法律所保护的特征而对其实施的区别对待，侵害了人的尊严，同时对工作场所、教育机构、公共场所的秩序造成损害。

（二）法律禁止的领域

对于涉及公共资源配置的就业、社会保障、公共教育、公共场所进入使用等领域，各国法律都比较一致地禁止歧视。因为这些领域涉及公共资源的配置，影响到公共利益，因此法律对意思自治的介入有着合法的拒绝理由。

对于婚姻领域里个人的种族、民族、身高、相貌等偏好，法律不以反歧视的方式进行干预，这也是各国立法者的共识。因为婚姻涉及个体的私人事务，幸福程度也以个体的感受为主，所以法律应当保持必要的谦抑性，留下当事人自治的空间。

但对于商品和服务合同领域，法律是否应以强制性的反歧视方式介入来进行禁止和纠正，在各国立法中出现了不同。欧盟法对商品消费和服务领域（包括房屋出租）进行了干预，例如出现了房主因为不愿将房屋出租给某个族群的人构成歧视、并且受到刑罚制裁的案例。欧盟这样的规定，与其实现市场的统一，规定人、财产、商品、资本流动自由性的规定是相符合的。《加拿大人权法》也同样规定了拒绝提供货物、服务、设施或便利，拒绝提供商业场所或住宅的做法构成歧视[1]。美国的《公平住房法案》也规定房主不得因种族、宗教信仰、肤色、国籍、残障、性别与年龄等方面原因而对承租人进行歧视。

（三）法律禁止歧视的事由

《公民权利和政治权利国际公约》与《经济、社会、文化权利国际公约》两大核心国际人权公约规定了普遍性的禁止歧视事由，包括了

---

〔1〕 周伟：《反歧视法研究：立法、理论与案例》，法律出版社 2008 年版，第 234 页。

"种族、肤色、性别、语言、宗教、政治或其他见解、国籍或社会出身、财产、出生或其他身分"。但上述国际法的规定更多的是一种平等权利宣示，设置了人权保障上各国努力的目标和方向。联合国国际劳工组织《1958 年消除就业和职业歧视公约》规定了在就业和职业领域里的 7 种禁止歧视事由，包括种族、肤色、性别、宗教、政治见解、民族血统或社会出身。

在区域国际立法和国内法的层面上，目前对受保护的歧视理由的界定存在着三种模式。第一种模式为对歧视理由进行穷尽式列举。基于何种理由的歧视应当被禁止，完全取决于政治进程、宪法或条约的规定，法官对此不享有任何的自由裁量权。只有通过立法或者修改宪法或条约才能增加或删除相应的歧视理由。英国和欧盟的反歧视立法都采用了这种"固定类别"模式。第二种模式规定了广泛性、开放式的平等保障体系，只规定法律面前人人平等，而没有具体指明任何特定的歧视理由。《美国宪法》正是此种模式的典型代表。第三种模式介于前面两种模式之间，它既明确列举了具体的歧视理由，又使用了"诸如……理由"或者"其他情形"等措辞，这表明所列举出的理由没有穷尽。《欧洲人权公约》《加拿大权利与自由宪章》和《南非宪法》采取的此种模式。这种模式赋予了法官部分的自由裁量权。[1]

在国内法中，各国基于自己面临的主要问题、国内的力量博弈以及发展阶段的不同，对禁止歧视的事由作出了相应的规定。这些立法规定具有一些共性，如禁止歧视事由主要包括了人天生的不可改变的特征，如种族、肤色、性别、社会出身等，或者是"必须付出不可接受的代价才能改变的个人身份特征，或者政府缺乏合法利益，希望我们为获得法律层面的平等待遇而自己做出改变的那些特征"[2]，如性倾向、国籍、宗教和政治见解等。

禁止歧视事由考量的第二个因素是，该群体在政治进程中被边缘化

---

〔1〕 〔南非〕桑德拉·弗里德曼：《反歧视法》，杨雅云译，中国法制出版社 2019 年版，第 104 页。

〔2〕 Corbiere v. Canada（Minister of Indian and Northern Affairs）（1999）2 SCR 203.

的程度。这种考量的背后存在一种基本假设，即平等法律制度的目标是救济"多数决"民主所导致的不平衡问题。[1] 例如残障、健康状况作为禁止歧视事由。禁止歧视事由考量的第三个因素是尊严，第四个因素为某个群体历来所处的劣势。

我国《就业促进法》禁止 7 种事由的就业歧视，包括了性别、民族、种族、宗教信仰、残障、传染病病原携带、农村进城务工。美国《1964 年民权法案》第七章、《就业年龄歧视法案》《美国残障者法案》禁止基于种族、肤色、性别、宗教信仰、源生国、年龄、残障的歧视。《加拿大人权法》禁止的歧视理由包括种族、国籍或民族、宗教、年龄、性别、性倾向、婚姻状况、家庭状况、残障和已赦免的罪行。韩国《国家人权委员会法》明文规定的禁止歧视事由目前在世界范围内最广，有 19 种，包括了性别，信仰，残障，年龄，社会身份，出生地域（包括出生地、原籍、未成年之前所在主要居住区），国籍，民族，容貌等身体条件，已婚、未婚、分居、离异、丧偶和事实婚姻等婚姻状况，怀孕或是生育，家庭形态或者是家族状况，人种，肤色，思想或是政见，有效刑期已满的犯罪记录，性倾向，学历，病史等。[2]

（四）不利的后果

歧视的构成，还需区别对待的行为给受害者造成不利的后果，例如在教育、就业、接受公共服务等方面机会的丧失、权利的减损，以及精神损害。例如，高校在招收外语专业小语种学生的时候，对女生设置的分数线高于男生的分数线，这就对女性的教育平等权产生了不利的后果。有些高校以平衡性别比例为由，试图对区别对待行为进行合理化，但在男生人数占绝对多数的其他专业并没有设置相应的对女性的优惠措施。

立法的发展，不仅仅将不利后果界定为已经发生的后果，还包括将

---

〔1〕 ［南非］桑德拉·弗里德曼：《反歧视法》，杨雅云译，中国法制出版社 2019 年版，第 126 页。

〔2〕 林燕玲、刘小楠、何霞：《反就业歧视的案例与评析——来自亚洲若干国家和地区的启示》，社会科学文献出版社 2013 年版，第 251 页。

来可能发生的后果。如欧盟《就业框架指令》[1] 里规定的，在可比情况下，基于性别、种族或民族出身、性倾向、年龄，个人相比他人已受到、受到或将受到不利待遇的情况应视为直接歧视的发生。

在间接歧视里，不利后果往往需要借助统计数据来证明法律保护的某一群体受到了更为不利的影响。例如，工资的差距，需要两个群体工资的百分比差来确定是否构成非正常的歧视。

（五）因果关系

因果关系是指不利后果是由区别对待的行为所导致。而雇主常常会主张求职者没有获得某项特定的工作，不是因为他/她的性别、种族、性倾向、宗教信仰、残障等，而仅仅是因为他/她不符合录用条件，或者是有其他候选人更加符合条件等。因果关系的证明责任通常是配置给提起歧视诉讼或申诉的受害者，这构成了反歧视法举证中的一个难点。

同时，因果关系的证明在责任的认定上具有重要的意义。例如美国的混合动机歧视规定，在即使没有歧视、受害人也不能得到相应的工作机会的情形下，具有歧视动机的雇主仍可能会受到惩罚，但受害者不得因此要求恢复工作。

第二节　不构成歧视的情形：合理的区别对待

法律在禁止歧视的同时列出了合理的区别对待作为不构成歧视的情形。

在就业与职业歧视的认定中，国际劳工组织《1958 年消除就业和职业歧视公约》列举了三种不构成歧视的情形。

一、基于特定工作的内在需要而实施的区别对待

例如，基于角色需要对演员性别的要求，这是基于工作真正的需要的区别对待，因而合理合法不构成歧视。又如从事政党党务工作，要求

---

[1]　COUNCIL DIRECTIVE 2000/78/EC of 27 November 2000, Establishing a General Framework for Equal Treatment in Employment and Occupation, OJ L 303, 2.12.2000, p.16~22.

具有特定的党员身份，这也是基于工作内在需要的区别对待。又如宗教的传教职位，需要信仰该宗教的教徒担任，这也是基于工作的内在需要。

但对此区分需要谨慎，不能把对某些群体的整体印象当作适用于每个个体的客观事实。如招聘中餐大厨时仅限男性，是因为认为女性体力较弱，不能胜任该工作，[1] 这样的区别就不能构成合理的区别对待。因为男性和女性中都有体力强弱不同的个体，不能把群体特征强加于每个个体身上。

事实上，有些整体印象本身就是基于偏见。例如认为"女性在数学和科学领域鲜有成功"，甚至基于该偏见在上述领域中限制或排斥女性，这样的行为构成性别歧视而非合理的区别对待。目前，在数学和科学领域里男性从业人数和成果数量都多于女性，但这并不能当然地证明女性不适合从事上述领域，也很容易找出反驳该印象的例证。因为女性在上述领域中的弱势是结果而不是原因，是历史上女性长期在教育机会上被排斥，并且在被培养的过程中不断地被输入上述观念，进行自我设限的结果。正如同我国历史上的诗人大多为男性，是否能基于此事实推导出男性更擅长感性思维？当然不能，古代女性诗人少并不是女性更不擅长形象思维，而是女性更缺乏受教育的机会和创作、表达的机会。

二、保护或援助的特殊措施

亚里士多德提出的平等定律，一是相同的人被相同对待，这是形式上的平等；二是不同的人被成比例地不同对待，在这种情形下，区别对待构成了实质平等的要求而非歧视。例如女性由于怀孕和生产所需要的孕期保护和产假保护，负有家庭责任的员工需要适当调整的安排（时间、工作地点等），残障人士需要提供合理便利以协助其克服障碍去接受教育、实现就业。还有一些群体由于历史上的歧视或者由于主客观原因造成的发展程度不同，需要暂行特别措施予以支持，使其能和其他群体站到平等的起跑线上。

---

〔1〕 吴笋林："应聘厨房学徒遭拒绝　女孩告酒楼性别歧视"，载《南方都市报》2016年9月23日第GA08版。

（一）保护性措施

对女性在孕期、产假期间、哺乳期的保护性措施，包括禁止雇主雇佣其从事某些有毒有害工作，或产假的规定等，为各国的立法所认可。因为此时的女性处于特殊的生理时期，以及基于对胎儿的保护，需要得到与其需求相应的不同对待。

但是，对以保护的名义将女性整体排斥在某个行业之外的行为，目前的立法趋势是对这种行为进行谨慎审查。

例如，对于夜班劳动，国际劳工组织立法最开始基于保护初衷，禁止女性从事夜班劳动。但实证研究发现夜班劳动对健康的不利影响并不因性别而有所不同，换言之没有证据证明夜班劳动对女性身体健康的损害大于对男性的损害。因此，以禁止或限制的方式排斥女性从事夜班工作实际上会对女性的工作机会造成减损。国际劳工组织对禁止女性上夜班的规定进行了更改。禁止女性从事夜班工作的另一个重要原因是，女性员工在下夜班回家途中，遇到的危险（如抢劫、强奸）的可能性会更大些。国际劳工组织的态度是加强雇主（用人单位）的安全保障义务，要求雇主采取的措施应普遍适用于男性和女性，如增加路灯、班车等。

在这里，立法思想发生改变——将原来的排斥女性于危险或不利于健康的工作环境的立法倾向，改变为改善劳动条件，创造一个有利于男性和女性健康的工作环境，使劳动者能更有尊严地工作和生活，实现体面劳动。这样的改变是将女性的问题变为人的问题，从保护女性变为为所有人创造安全体面的工作环境议题。

又如欧盟法院 2005 年判决的"欧盟委员会诉奥地利案"（Commission of the European Communities v Republic of Austria）[1] 也同样体现了对排斥性保护措施的限制。奥地利立法禁止女性从事矿山井下劳动和潜水工作，此规定的本意是保护女性，但欧盟委员会认为该规定违反了欧盟指令中关于男女平等就业机会的规定，因此将奥地利诉至欧盟法院。

---

[1] Case C-203/03 *Commission of the European Communities v Republic of Austria*（2005）ECR I-00935.

在答辩中，奥地利政府声明，此规定是针对女性的生理特征而给予女性的特殊保护，不是对女性的排斥；因为女性在体力上普遍弱于男性，对危险的抵御能力也普遍弱于男性，而这几项工作对体力有较高要求并且也具有危险性；此外该项立法也是履行国际劳工组织公约的义务。

法院在审理过程中提出：第一，此种排斥性的立法是将女性作为一个整体排斥在所诉工作之外，虽然作为一个整体，女性在体力上不及男性，但作为个体的女性，不乏有符合这些工作条件并且愿意从事上述工作的人。既然男性中也有体力不符合从事这些危险性工作要求的个体，而法律并没有立法将其排斥在这些工作机会之外，那么为何将所有的女性，包括符合工作要求也有工作欲望的女性个体排除在外？如果这个规定是建立在一种假设上，即男性有足够的理性对自己的身体状况和选择做出决定，而女性缺乏这种选择的理性因此需要国家的保护，那么这个假设本身就是对女性的一种歧视。

第二，奥地利政府没有证据证明这三项工作对女性的危害大于对男性的危害，既然对男性和女性都有危险，问题的关键是政府和雇主要努力改善工作环境使其更加安全，而不是将女性排斥在外。换言之，对以排斥女性整体的工作机会作为保护女性的立法思路应当为提高工作条件的立法思路所取代，形成"在更高水平上的男女平等"。

第三，针对奥地利所提出的签署国际劳工组织公约的义务的理由，欧盟法院提出，首先在针对矿山井下劳动的立法上，国际劳工组织的立场也在发生变化，对公约也进行了修订；且根据欧盟法，成员国有义务对其签署的和欧盟法所不一致的国际公约在到期的时候退出。所以，奥地利政府应当适时退出，并且修改国内立法以符合欧盟指令的规定。

（二）暂行特别措施

一些群体由于历史上的歧视或客观原因造成的发展程度不同，需要特别措施予以支持，使其能和其他群体站到平等的起跑线上。国际劳工组织《1958年消除就业和职业歧视公约》规定，"国际劳工大会通过的其他公约和建议书规定的保护或援助的特殊措施不应视为歧视"。在《消除对妇女一切形式歧视公约》中将上述"援助的特殊措施"称为

"暂行特别措施"（special measures）。在美国的立法例将其称为"肯定性行动"或"平权行动"（affirmative action），欧洲学者通常使用"积极行动"（positive action）。

该措施的内容和形式多种多样，既包括了对雇主强制性的义务如配额制，要求雇主必须雇佣、提升、培训和提高一定比例的被保护群体成员。例如我国《残疾人就业条例》规定，用人单位安排残疾人就业的比例不得低于本单位在职职工总数的 1.5%，否则应当缴纳相应的残疾人就业保障金。也包括了一些软法性质的措施，如政府部门为负有家庭责任的员工提供更多的育儿设施等。

三、基于国家安全的区别对待

国际劳工组织《1958 年消除就业和职业歧视公约》还规定了"针对有正当理由被怀疑为或证实参与了有损国家安全活动的个人所采取的任何措施，不应视为歧视，只是有关个人应有权向按照国家实践建立的主管机构提出申诉"。规定了基于国家安全的因素，可以实施合理的区别对待，但必须有程序保障利益受损者有权提起申诉或者得到公正的审判，并且国家安全不能作为一个借口，而应当是有切实的证据证明不实施区别、排斥、优惠等行为会对国家安全造成威胁。

在一些国家的国内法里，还规定了除上述事由外的不构成歧视的区别对待。如德国《一般平等待遇法》第 8 条对基于宗教和世界观的区别对待作了特别规定，各类宗教团体可以在自治权范围内基于自我认识对劳动者就业施以区别对待，并可以强迫劳动者在工作中履行忠诚、正直的义务。虽然宗教团体施以区别对待时原则上也要满足"重要的职业需要"，但是与一般私人雇主相比，立法者明显弱化了对宗教雇主抗辩事由的审查。[1]

---

〔1〕 娄宇："德国法上就业歧视的抗辩事由——兼论对我国的启示"，载《清华法学》2014 年第 4 期。

第三节　歧视的成因与反歧视的社会意义

一、歧视的成因

（一）认知原因

人类通过归纳的思维方式，对异同进行区分，从而把握事物的共同规律来节省对新事物认知的成本。当遇到未知的新事物时，人的思维迅速将其定位于现有的某个种类，然后采用演绎的方式，将该类别的特征适用于新的事物。归纳和演绎的思维方式是人的理性思维的体现，但这种思维方式的缺陷在于人类认知的有限性。有限的理性面对无限的宇宙如同盲人摸象，可能认识的只是事物的某个方面而把片面当作整体，总结的规律并不正确。而在演绎时，又忽略了个体的独特性，将整体特征运用于个体，从而对个体做出不正确的判断。

从社会心理学的视角解释这种认知偏差，我们可以看到，当我们越是熟悉某一社会群体，就会越多看到其多样性；越是不熟悉，我们的刻板印象就越严重。同样，一个群体规模越小、力量越弱，我们对他们的关注就越少，我们的刻板印象也就越严重。[1]

作为人的个体具有情感，有好恶之心。这种好恶的来源也许仅仅是某次不愉快的经历，或者是长期被输入的观念，或者来自于未知形成的恐惧，而这种基于偏见形成的对某个群体的印象，在行为上进行区别、排斥或者优惠，便构成歧视。

（二）制度性原因

有些歧视是制度性的、结构性的歧视，同时个体的观念也被制度建构，彼此影响。例如，性别分工使得女性更多地承担了对子女的养育和对家庭成员照顾的职责，而这样的"男主外女主内"的分工对女性又构成一种重塑的文化。不符合这种社会塑造的女性便得到了"女强人"

---

〔1〕　［美］戴维·迈尔斯：《社会心理学》，侯玉波等译，人民邮电出版社 2006 年版，第264 页。

"女汉子"的称号，而男性如果更多地承担家庭职责，则可能被冠以"煮夫""家庭妇男"等具有否定性评价的称号。这种分工也直接影响了企业的雇佣策略。如果国家没有通过社会保障制度由社会分担生育成本，那么企业会出于追求利润最大化的考虑，避免录用女性员工。同时，职场中的女性面临的是职业人和生活照顾者的双重责任，在时间、精力的分配上不能像一个有妻子支持、可以在工作上全力以赴的男性。如果作为社会权利保障者的政府不能够倡导一种男性女性平等承担家庭责任的文化，不能通过税收、表彰、制裁等制度化的手段在企业推行对家庭友好的企业文化和规章制度，那么性别分工将会在现有的性别薪酬差距下被强化，更多的妻子愿意承担家庭事务，因为丈夫能为家庭带来更大的收益。因此需要改变社会结构来彻底改变个体歧视性的行为。

二、反歧视的社会意义

（一）个人层面：对个人尊严的保障

反歧视首先是对个人尊严的保障，这是人类社会发展的基础和目标。人不应作为工具而存在，而应是目的性的存在，成为社会发展的目标。人类社会的发展遵循的不是达尔文的进化论，优胜劣汰、适者生存，或是丛林法则、野蛮生长。人类文明的发展要求保障人的基本权利，让每个生命都能有尊严地生存与生活。

对人的歧视会对人的尊严造成损害，会毁损人自我成就的动力。歧视损害了个体的人格尊严，给他们带来羞辱、愤怒等情感伤害。而区别对待、排斥带给个体的机会减损，使得其通过努力改变社会阶层、实现社会流动的积极性造成打击，从而进一步影响到其后代的流动。

而歧视也会破坏世界的多元性，在强制同一的制度文化中会失去个性。人类社会如同一个大花园，正是因为花园里的花五彩缤纷、姿态各异，花园才展现出丰盛的美丽；人类社会也如同一首乐曲，正是有着音调的不同才构成了旋律。因此，差异性是人类社会的客观规律，反歧视也是对差异性的尊重，是对人类自大的抑制，防止某个拥有话语权的群体借助同一来排斥异己，造成专制。

（二）企业层面：人力资源的优化配置

当个人的能力、天赋因为她/他的群体性特征如性别、年龄、种族、民族、肤色、宗教信仰、健康和残障状况等，得不到公正的对待，也是社会资源的浪费。而企业通过使岗位要求与技能、知识和工作经验需求更好匹配，而不考虑性别、身份或种族因素，能帮助雇主更好地利用并留住人才；有助于促进员工的发展，提高他们的士气和责任感，提高员工对企业的忠诚度；不管对客户还是未来员工，为实现机会均等和待遇平等的持续努力可以提高品牌价值和企业的美誉度；能减少劳动争议的风险，从而减少费用高昂的法律诉讼。[1]

（三）宏观经济层面：经济长期可持续发展

经济长期可持续发展的动力是人的创造性得以充分的发挥，因此制度的优劣标准在于是否能充分释放人的潜能。人类社会制度建立在对人性的正确认识基础上，人的尊严和自由被充分尊重和保障的时候，才能释放出最大的潜力。

尽管经济学家对于采用法律的强制性手段反歧视是否符合效率原则有所争议，但对于歧视影响资源配置效率的认同是一致的，也是统计学数据所证明的。有些经济学家主张通过市场的自我调节反对歧视，认为只要有足够长的时间就可以让市场来完成调整。但这足够长的时间里，有许多人得为之付出代价，这也是为什么不能完全通过市场的自主调节来消除歧视。因为每个人，包括现在的人和未来的人的权利都是应受到保护的。就如同不能以牺牲环境来换取经济的发展一样，也不能以人的权利受损来换取一种有经济效率的治理方式。经济学家所考虑的成本是可用货币来衡量的经济成本，不包括人的尊严受损带来的社会成本，如一些报复社会的行为[2]，以及受害者的精神痛苦，这些都是无法用货币来衡量的。

（四）社会层面：社会正义和社会凝聚力

一个国家的凝聚力不仅建立在发达的经济基础上，还在于它的文化。古人有云，"己所不欲，勿施于人"，亦云"老吾老，以及人之老；

---

〔1〕 国际劳工组织：《工作中的平等和无歧视（中国）：培训手册》，2010年版，第33页。

〔2〕 如浙江大学毕业生周某超因乙肝携带受歧视继而愤怒杀人。

幼吾幼，以及人之幼"。同理心，是人向善的基础。而每个人都有可能变成被歧视的对象。只有每个人都能得到尊重和保障的时候，个人才可能有安全感，才对社会有归属感，而不是短期的掠夺式的开发。"有恒产者有恒心"，同样的，个人对社会有归属感，社会才会形成凝聚力，才会在多元并存情形下，形成包容的文化氛围。

第四节　反歧视法的发展

1948 年《世界人权宣言》发布，宣示了人人有资格享有平等的权利，并明文规定了禁止歧视。同样的规定在《公民权利和政治权利国际公约》和《经济、社会、文化权利国际公约》中有所强调。《消除一切形式种族歧视国际公约》和《消除对妇女一切形式歧视公约》旨在消除针对种族和妇女的歧视。在核心人权条约中也从被保护群体的角度重申了非歧视的原则，如《保护所有迁徙工人及其家庭成员权利国际公约》《残疾人权利公约》《儿童权利公约》等。国际人权法对反歧视的规定，经历了从原则性的宣示发展到禁止针对特定群体的歧视的变化。在国内法层面，反歧视法的发展也表现出以下五个特征。

一、反歧视法的发展和社会变革密切关联

美国《1964 年民权法案》颁行的背景是种族歧视和风起云涌的民权运动。民权运动包括女权运动，使当时社会中存在的种族、性别歧视进入公众视野被看见，进入公众话题被讨论，这是形成共识的前提。虽然《1964 年民权法案》的顺利通过具有一定的偶然性，马丁·路德·金博士及肯尼迪总统的遇刺成了法案出台的催化剂，如同在立法文件中所记载的，继任总统约翰逊对参议员们发表演讲，要完成肯尼迪总统的夙愿，推动法案的通过；但是这种偶然性后面的必然性是社会的变革。

欧盟的反歧视法的制定最初与自由市场的形成密不可分。自由市场的形成需要人、资本和商品的自由流动。欧盟法最初禁止性别歧视是因为在煤钢共同体国家中，只有法国在国内法中禁止男女同工不同酬，它

担心其他国家利用廉价的女性劳动力在竞争中对法国的企业不利，因此极力主张在公约中规定禁止男女同工不同酬。后来欧盟逐步从成立之初的经济共同体发展到在政治、外交、安全、司法等方面的共同体时，反歧视的意义不仅仅停留在经济共同体的形成和发展，还涉及社会的融合以及对共同价值观保障人权的促进，因此反歧视法的实施领域和禁止歧视的范围也逐步拓展。

瑞典在 20 世纪初期落后贫困，生育率极低，每年只有 8500 人出生。到第二次世界大战之前，移民到国外的人数达到 100 万人，并且失业率极高。为了解决就业问题，政治家提出已婚妇女不要参加工作，要承担家庭责任生儿育女，法律明文规定：已婚妇女就业应被解雇。同许多国家一样，妇女就业从第二次世界大战开始发生变化。虽然瑞典没有直接参战，但瑞典的青年男性到他国参战，使得就业的性别格局戏剧性地发生了改变，妇女（包括已婚妇女）开始大量就业，进入曾经被视为男性"专属"的工作领域中。瑞典法律原有的规定到 1938 年被取消。第二次世界大战后，对妇女的就业问题展开了大规模的公众讨论。对妇女就业的影响，除了固有的偏见、教育程度外，妇女所承担的照顾家庭成员职责成为妇女市场就业的重大阻碍。1950~1960 年，妇女问题讨论演变成性别讨论，人们发现妇女角色与男性角色是相辅相成的，要改变妇女角色也需相应改变男性角色。女性要参与社会工作，男性就需要承担相应的家庭责任。于是公共政策沿着两条思路进行调整，一条思路是鼓励妇女就业，将妇女的一部分家庭责任转移给政府，政府通过税收转移为公共服务的方式建立收费低廉、服务优质的托儿所，从而保障并积极鼓励已婚妇女从事有酬就业；另外一条思路是将妇女家庭责任转移一部分给男性，让男性共同承担家庭责任，改变性别分工。父母育儿假的法定化便是这一思路的具体体现。[1]

日本的歧视与以健康的全职男性员工为基础的终身雇佣制度密不可分，而少子化、老龄化、劳动形式多样化的社会现实促使其发展反歧视

---

[1] 李慧英："性别平等是一种生活方式"，载李慧英、刘澄主编：《社会性别与公共政策（之二）》，中国社会科学出版社 2014 年版，第 433 页。

法以回应社会需求。日本在 20 世纪 90 年代初期泡沫经济破灭后，经历了被称为"失去的二十年"的经济衰退。在此之后，日本企业在不同程度上对原有的终身雇佣制进行了改革，雇佣形式逐渐呈现多元化。除全日制、终身制的雇佣形式外，还出现了短时间劳动、固定合同期限劳动、派遣以及退休后延长劳动或返聘等多样化的劳动形式，在人事管理上也逐步地引进了绩效工资制度。而经济增长的减缓、退休保障的减少也促使更多的女性和老年人进入劳动力市场。但当今的日本社会，终身雇佣制度仍然是作为确定劳动关系的主要形式，其对非正规劳动者的排斥仍然存在。随着其他形式劳动者逐渐增多，争取平等权利的呼声也越来越高，以及对刺激经济发展的需求，日本逐步形成了以宪法为引导，反对以种族、信仰、性别、年龄、身体残障、社会身份等为理由进行歧视的法律框架。人口问题的压力，政府对人权保障的承诺，以及女性作为个体或群体的维权活动使得日本政府加强了反性别歧视立法，以促进劳动者在家庭生活和工作之间取得平衡。

韩国与反歧视相关的法律基本是在 1987 年重返民主化后得以制定和施行。反歧视立法的发展镶嵌于韩国民主政治的形成、经济的高速发展、领导人对人权保障的促进、韩国社会对人权保障形成共识，以及社会运动蓬勃开展的背景中。韩国自 1948 年建国后，在美国的帮助下制定的第一部宪法建立了民主的政权体制，确认了对人权的保障。尽管韩国此后经历了李承晚政府的独裁，以及朴正熙、全斗焕通过军事政变建立的威权政治对人权的压制，但民主制度的框架始终存在。统治者无法彻底抛弃民主的价值观及制度框架，而民主制度和价值观的力量使得独裁者在国际社会和国内民众的压力下重新回到选举，重新对国民作出并实践保障人权的承诺。已经建立的民主制度和价值观本身具有内在力量，它构成对专制政权合法性的强烈质疑以及赋予抗争活动以道德优势。

经济高速发展使得韩国人民在生活方式、思想观念和权利意识上也发生了改变，在包括反歧视在内的人权问题上逐步形成了共识。国家领导人对人权保障的认识对反歧视法的发展有着重要的推动作用。金大中政府（1998～2003 年）和卢武铉政府（2003～2008 年）对韩国反歧视法有着重大的推进。国家人权委员会在金大中先生任期建立，而反歧视的主要法律也是在这两任政府期间得以颁行。韩国反歧视法的发展，公民团体的社会运动起到了非常大的作用。

二、反歧视法的发展经历了一个禁止歧视范围扩大的过程

虽然由于面临的主要问题以及国内力量博弈的不同，各国禁止事由不尽相同，但都出现了扩展的趋势，而司法裁决在其中起了重要的作用。从最开始的种族、肤色、性别、宗教信仰，逐步发展到残障、性倾向、地域、社会出身、前科等。如美国的《1964 年民权法案》仅仅禁止五种事由，种族、肤色、宗教信仰、性别和来源国。而后通过司法判例和成文法扩展到怀孕、年龄、残障、性倾向等。而欧盟最开始禁止的歧视与自由市场相关，禁止基于国籍与性别的歧视，后扩展到种族、民族、宗教信仰、残障、年龄和性取向。同时，禁止歧视的种类也从禁止直接歧视、发展到同时禁止间接歧视、骚扰、报复性歧视等。

三、反歧视法从单一的禁止歧视发展到积极促进平等

早期的反歧视立法强调法律面前人人平等，即形式平等，因此禁止对相同者的不同对待。但人从出生起就处于不平等的起跑线上，某些人群由于健康状况、家庭的经济状况、可能获得的教育资源等，无法参与平等的竞争。因此通过措施将在竞争的起点阶段处于后发或弱势的群体予以提升，以保障其公平的竞争机会就成了平权行动的一个理论支撑。

西方国家三十多年来的反歧视立法和实践仍没能有效地改变根深蒂固的社会不平等结构，它们开始重新评价和思考平等原则在反歧视法中的定位，推动平等的历史进程从形式平等走向实质平等。反歧视法的制定是实现平等的必然要求；而平等原则内涵的不断丰富推动了反歧视法的发展，使反歧视法的目标和价值正在实现从形式平等向实质平等的转变[1]。

反歧视法所推行的积极行动也逐渐从刚性的配额制发展到形式更多

---

[1] 李薇薇："平等原则在反歧视法中的适用和发展——兼谈我国的反歧视立法"，载《政法论坛》2009 年第 1 期。

样的支持性措施。例如要求雇主公布企业的男女性别比例以及不同性别的工资比，通过信息的公开透明来减少证明同工不同酬的成本，同时促进企业主动地变革。又如在规划中要求大型的超市前必须要有公共交通设施站台，以及公共交通设施上必须方便婴儿车的放置，通过这样的措施来减轻负有家庭义务的人的重担，对其生活和家庭的平衡提供基础。再如我国的妇女发展纲要通过要求地方各级政府对医疗卫生、教育、经济、政治参与等方面指标性任务的完成，促使性别平等的发展。这样的措施更注重通过公共财政的投入、保障体系的完善，力争使每个人都能站在同等的起跑线上。

四、反歧视法从零散分布趋向统一立法

从分散在单行立法中的禁止不同领域内的歧视和禁止针对特定人群的歧视，逐渐发展到制定统一的反歧视法，也是近年来反歧视法的发展趋势。例如，英国 2010 年《平等法》取代了原来分散的 1970 年《平等报酬法》、1975 年和 1986 年《性别歧视法》、1976 年《种族关系法》、1995 年《残障歧视法》。

瑞典于 1991 年颁布了《男女平等机会法》（SFS 1991：433）。2008 年制定，2009 年实施的统一的瑞典《反歧视法案》取代并废止了《男女平等机会法》。瑞典《反歧视法案》整合了过去分散的反歧视立法，禁止基于性别、跨性别的身份认同或性别表达、种族、宗教或其他信仰、残障、性倾向和年龄的歧视，并且将禁止歧视的调整范围扩展至职业、教育、商业、组织成员身份获得、货物、服务和住房、医疗保健和社会服务、社会保障、兵役和替代役等诸多领域。

五、反歧视法趋向设置专门的实施机构

各国通过设置人权委员会、平等机会委员会、平等就业机会委员会或平等监察专员等机构来专门负责反歧视法的实施。这些机构承担着宣传倡导、处理投诉，解决就业歧视争端、调查、调解与裁决、支持起诉与独立诉讼以及进行调查、研究与评估、完成工作报告与建议、实施法律监督的职能。

例如，韩国国家人权委员会成立于 2001 年，是主要的受理和处理

歧视纠纷的机构。与解决纠纷的司法诉讼相比，韩国国家人权委员会更注重以政策为导向的救济方式，最终目的是改变现有的歧视性政策和文化。国家人权委员会的救济程序简便，周期较短，对受害人的举证责任要求远不如司法那么高，更注重委员会自身依职权进行调查取证，这样节省了受害者维护权利的时间精力成本，也使很多因为证据原因不能进入法院的案件得以解决。除了解决纠纷外，人权委员会还积极进行尊重人权、反歧视的法律推进和政策倡导，通过教育合作等方式来从根本上改变歧视和侵犯人权的制度环境和观念土壤。这也是消除歧视的最重要方式。

韩国国家人权委员会是在金大中总统任职期间，依据《国家人权委员会法》成立的独立的人权保障机构。国家人权委员会由11名委员组成，其中包括委员会主席1名，常务委员3名。委员的提名和任命程序为议会提名4人并由总统任命，总统提名4名，最高法院大法官提名3人，总统从上述11名委员中再提名1人担任委员会主席。委员享受国家公务员待遇。11名委员中至少应有4名女性委员。国家人权委员会具有四大主要职能：调查研究有关人权的法律、法律草案、政策、司法制度等；接受所有歧视和违反人权的申诉并进行调查和处理；人权和反歧视教育；与国内或者国际人权机构或者非政府组织合作。

国家人权委员会下设4个工作委员会，其中两个与反歧视密切相关，分别为歧视纠正委员会和残疾歧视委员会。国家人权委员会有权依据《国家人权委员会法》等三部法律的规定对申诉进行调查、调解和作出劝告决定。

受害者向国家人权委员会提出申诉，人权委员会受理后，主动进行调查，对双方当事人进行调解，在无法达成一致时，人权委员会可作出劝告决定，要求侵害雇主或国家机构更正其歧视行为。对残疾歧视和年龄歧视，人权委员会还有权作出罚款决定。

[练习和思考题]

1. 高校国防生招生中仅限男生的行为是否构成歧视？

2. 公务员招募中对身高、健康状况、性别、户籍、婚姻状况的要求是否构成歧视?

3. 请举一个现实生活中间接歧视的例子。

4. 招聘大学毕业生时,用人单位基于学生党员通常比较优秀而提出中共党员优先的要求,是否构成合理的区别对待?为什么?

5. 我国对少数民族地区少数民族学生的高考加分措施,是否构成合理的区别对待?为什么?

6. 企业是以营利为目的的组织,经营自主权是企业活力的保障,因此有人主张反歧视是政府对企业用人自主权的不当干预,你怎么看?

7. 我国反歧视立法和司法实践的发展与哪些经济、社会、文化因素相关?

[延伸阅读]

1. 李薇薇:《反歧视法原理》,法律出版社 2012 年版,第 1~4 章。

2. 国际劳工组织:《工作中的平等和无歧视(中国):培训手册》,2010 年版,第 1~3 节。

3. 周伟:《禁止歧视:法理与立法》,法律出版社 2020 年版,第 1 编。

4. 刘小楠主编:《社会性别与人权教程》,中国政法大学出版社 2019 年版,第 2 章。

5. 周伟、李成、李昊等编著:《法庭上的宪法:平等、自由与反歧视的公益诉讼》,山东人民出版社 2011 年版。

6. 林燕玲、刘小楠、何霞:《反就业歧视的案例与评析——来自亚洲若干国家和地区的启示》,社会科学文献出版社 2013 年版。

7. 刘小楠主编:《反就业歧视的理论与实践》,法律出版社 2012 年版。

8. [美]加里·贝克尔:《歧视经济学》,于占杰译,商务印书馆 2014 年版。

9. [美]戴维·迈尔斯:《社会心理学》,侯玉波等译,人民邮电出版社 2006 年版,第 9 章。

10. [美]谢丽尔·桑德伯格:《向前一步:女性、工作及领导意志》，颜筝等译，中信出版社 2014 年版。

11. ［南非］桑德拉·弗里德曼：《反歧视法》，杨雅云译，中国法制出版社 2019 年版。

第二章　禁止歧视的基础价值

[本章主题和课程目标]

本章将介绍禁止歧视的基础价值——平等、人的尊严、平衡自然抽签、市场理性和社会融入。通过本章的学习，你可以了解到基础价值在禁止歧视法律体系中扮演的角色和发挥的作用，五个基础价值各自的具体内容和在反歧视立法及司法实践中的体现。

[案例导入]

请阅读以下案例并思考：

1. 某网络公司拟招聘项目经理一名，要求应聘者须具备海外名校计算机专业博士学位，3年以上相关工作经验，年龄在35岁以下。

问：该网络公司设置的项目经理招聘条件是否构成歧视？

2. 某大型零售连锁企业在新闻媒体上发布的招聘广告中宣称，为践行企业社会责任，拟在导购员、收银员等职位中优先录用有残障的劳动者、女性劳动者和年龄在35岁以上的大龄劳动者。

问：该企业优先录用上述劳动者的做法是否构成歧视？

3. 某市在公共图书馆的建设中没有配备坡道等无障碍设施，导致残障人群无法使用图书馆提供的各项服务。

问：公共图书馆未配备无障碍设施的做法是否构成歧视？

4. 某私立学校在年度健康体检中发现某学生系乙肝病毒携带者，学校遂为其安排了单独的寝室、单独的餐具和就餐区域以及单独的课桌。

问：学校的上述做法是否构成歧视？

5. 某银行为存款额在 50 万以上的储户开辟专门的 VIP 窗口，提供"零等待"业务办理服务、专门的客服经理和其他一系列优惠措施。

问：该银行根据存款额多寡提供差别服务的做法是否构成歧视？

第一节 基础价值的意义和作用

禁止歧视的基础价值是禁止歧视法律体系旨在维护的核心价值，是立法者希望通过禁止歧视实现的根本目的，亦即为什么要禁止歧视。禁止歧视的基础价值决定了反歧视法准备保护的对象群体、需要禁止的行为形式和不同价值碰撞冲突时的协调与取舍。

反歧视法经历了两个主要发展阶段。在发展初期，伴随着近代资本主义国家的建立，资本主义国家宪法对平等权的确认，以及法院依据宪法规定监督国家是否存在侵害公民平等权的行为，这构成了反歧视法的制度雏形。实现宪法中的平等原则必然需要反歧视，反歧视可以彰显宪法对平等的承诺。因此，反歧视法必然立基于平等价值之上。而在第二次世界大战之后，人的尊严在多数国家宪法上得到重视。歧视也被认为是通过在人群间制造差异、区别高下，损害了人的尊严。因此，维护宪法上人的尊严也离不开反歧视；相应地，反歧视法也融入了保障人的尊严的价值追求。

需要指出的是，歧视并非仅见于"国家—公民"二元关系当中。在就业、教育、公共服务等领域中，法律地位平等的主体之间同样存在歧视现象。如果反歧视仅仅依托于宪法，势必面临适用范围上的限制——在现代宪法理论和宪法实施中，一般只将政府机关与公共部门作为违宪主体，而私主体一般不能成为违宪主体。由此，以消除平等主体之间的歧视为宗旨，反歧视法发展进入第二个阶段。各国通过制定反歧视法律赋予反歧视法以独立的部门法的地位，在延续保障平等与尊严的同时，将平衡自然抽签、维护市场理性和推动社会融入等基础价值倾注其中。

一、基础价值决定禁止歧视的广度

基础价值首先决定禁止歧视保护对象群体的广度。本书第一章已经指出，歧视是由"区别对待""法律禁止的领域""法律禁止歧视的事由""不利的后果"和"因果关系"构成。这其中，"法律禁止的领域"和"法律禁止歧视的事由"包含了法律需要在哪些领域中、对哪些人群提供不受歧视的保护。如何选择应被法律禁止的领域和事由就是相应的基础价值具体应用到立法和司法过程中的结果。例如，在介入领域的问题上，法律一般不会以禁止歧视的名义插手与公共领域无涉的私人事务——个人可以根据其对种族、身高、年龄、出身、宗教信仰、经济收入、残障状况、受教育程度等的喜好自由选择配偶、建立婚姻关系，但法律不会允许公共领域中教育机构基于个人的种族、性别等因素决定教育资源的分配。

同样，基础价值也会引导法律在诸多具体事由中有所取舍，选择需要重点保护的类别予以"明令禁止"。事由的实质是从不同角度将人群进行归类、区分的标准。归类事由不可胜数，但世界主要国家和地区禁止歧视的法律，尤其是作为部门法的反歧视法律通常只会列举诸如个人的民族、种族、性别、年龄、性倾向、宗教信仰、基因携带状况等有限的事由。在部分国家，如美国、英国、德国、澳大利亚等，这种列举在立法上是封闭的，法律没有赋予执法部门和法院在实践中拓展禁止歧视事由的空间；在部分国家，如我国，这种列举是半开放的——法律在列举禁止的核心事由的同时以"等"结尾，留下有限的拓展空间。[1] 但即使是这样，法院基本上也会保持克制与谦抑，很少在法律列举之外通过判例增加新的禁止歧视的事由。这意味着基于法律列举以外的事由实施的区别对待等行为可能不会构成歧视。例如，在"吴某明诉上海花旗银行储蓄合同纠纷案"[2] 中，针对吴某明有关花旗银行对存款额低于5000美元的小额储户必须接受银行提供的个人理财服务并缴纳相应服

---

〔1〕《就业促进法》第3条第2款规定：劳动者就业，不因民族、种族、性别、宗教信仰等不同而受歧视。

〔2〕《中华人民共和国最高人民法院公报》2005年第9期。

务费的做法构成对小额储户歧视的主张，受诉法院认为，外资金融机构向小额储户收取账户管理费的行为，没有违反法律、法规的禁止性规定，不构成违法。易言之，存款额度并非法律禁止之事由，故在金融服务中，法律不干预基于该事由的区别对待行为。

二、基础价值决定禁止歧视的深度

基础价值决定禁止歧视的深度，这体现在歧视构成要件中"区别对待"的深化和拓展。正如本书第一章所述的，反歧视法已经超越了将"歧视"等同于区别对待，即直接歧视的阶段，逐步将间接歧视等行为也纳入到构成歧视的违法行为范畴中。

违法行为外延的每一次拓展都意味着行为人将承担更多的不歧视义务。不难看出，禁止直接歧视仅仅要求行为人不得公然或隐秘地实施区别对待，而禁止间接歧视则要求行为人在制定形式中立的、普遍适用的规则的时候要尽到审慎注意义务，防止规则在实施中可能对特定群体产生不成比例的不利影响；禁止骚扰将规制的对象从行为延展到言论，要求行为人注意自己的言行可能产生的歧视效果；禁止报复相关行为人，要求行为人（尤其是用人单位、教育机构等）能够容忍他人对其行为的质疑和反抗；而要求提供合理便利则完全转变了要求行为人履行不歧视的消极义务的思路，直接课予行为人积极行动的义务，从而将禁止歧视推上一个新的高度。引导、推动违法行为外延不断拓展的动力正是为了实现禁止歧视的基础价值。

三、基础价值决定禁止歧视的高度

反歧视法的基础价值也意味着，当不同价值发生碰撞冲突时，需要在实现优先顺位中进行价值排序和取舍。例如，反歧视法的实施在就业领域必然伴随着用人单位享有的雇佣自由的克减，亦即雇佣自由需要向禁止歧视的基础价值做出一定程度的妥协。反过来，在特定场景中，禁止歧视的基础价值也需要让位于其他更重要的价值，后者通常包括公共安全、国家安全、公序良俗，或者公民个人的生命权或健康权。例如，食品生产企业拒绝雇佣携带可以通过消化道传播的传染病病原的个人——这种行为虽然是基于传染病病原携带状况的区别对待，但并不会被视为构成歧视。[1] 在这种情形中，维护公共安全作为更重要的价值获得了优先实现。此外，旨在通过优待女性、少数族裔、残障人群等历史上因遭受歧视而处于边缘境地群体，快速改善其社会地位的暂行特别措施亦面临着构成"反向歧视"的问题，[2] 但国际人权公约和大多数国家的法律仍然选择承认暂行特别措施的正当性，这同样是不同价值之间博弈的结果。

第二节　源自宪法的价值

一、平等

平等是禁止歧视承继至宪法的基础价值。平等的诞生本就指向人类社会的沉疴痼疾——歧视。平等的思想源泉可以进一步追溯至古希腊亚里士多德、斯多葛学派等的哲学思想，并在启蒙运动中与"自由、博爱"等相提并论成为与封建主义作斗争的有力武器。平等与公平、公正、正义等彰显了人类共同的价值追求，指引着社会发展，作为人类社会的主题一直延续到现在。[3]

时至今日，无论各国社会制度、发展程度如何，平等条款几乎可见于每一个国家的宪法。例如，新加坡《宪法》第 12 条规定：法律面前人人平等并且享有法律的平等保护。法国《宪法》第 1 条规定：国家应保证法律面前人人平等，不因其出生、种族或宗教信仰而有所区别。巴西《宪法》第 5 条规定：法律面前人人平等。巴西公民和居住于巴

---

〔1〕 随着对病毒性肝炎认识的深入，乙肝的传播途径被明确为血液、母婴和无保护的性行为。2009 年《食品安全法》和《食品安全法实施条例》已将乙肝从消化道传染病名录中排除。

〔2〕 女性、少数族裔和残障人群等是传统意义上的被歧视对象，但暂行特别措施使前述人群转而成为被优待的对象。相反，男性、白人、非残障人群等长期享受歧视"红利"的对象因暂行特别措施沦为被"歧视"的对象，即歧视的对象发生了逆转，故暂行特别措施也被称为"反向歧视"。有反对观点即认为，除对象有所不同外，暂行特别措施和历史上的种族、性别、残障歧视等没有实质区别，也应当构成歧视。

〔3〕 韩大元主编：《宪法学》，高等教育出版社 2006 年版，第 193 页。

西的外国人的生命权、自由权、平等权、安全权和财产权不受侵犯。我国《宪法》第33条第2款同样规定：中华人民共和国公民在法律面前一律平等。

平等的实现必然需要消除歧视。在宪法上，平等由形式平等和实质平等构成。两种类型平等的侧重点各有不同，体现在禁止歧视中亦相应地有所区别。

（一）形式平等：禁止区别对待

宪法平等在诞生之初就直接指向封建等级制度，意在打破身份的桎梏。因此，早期的宪法平等诉诸抽象意义上人性的同质性，选择忽略现实中人与人之间的差异。早期宪法平等发轫于这样一种观念："本来，人在人种、性别、出生、天资以及能力等方面可能客观地存在着某些先天性的差别，要消灭这些差别，实现人的绝对均质化，在事实上是不可能的；尽管这样，任何人都具有人格的尊严，在自由人格的形成这一点上必须享有平等的权利。换言之，人作为具体的人，必然在种族、性别、门第、天资、能力等方面存在着天然的差别，但作为抽象的人或曰一般意义上的人，即作为独立、自由的人格主体，则应该在法律上是一律平等的。"[1] 这种平等亦被称为"形式上的平等"或者"机会平等"，在宪法上通常表述为"法律面前人人平等"或者"在法律上一律平等"。宪法形式平等"在终极的意义上追求的乃是宪法对各个人所保障的、各自在其人格的形成和实现过程中的机会上的平等"[2]。

形式平等要求国家消极地不歧视，在本质上属于消极的宪法权利。落实宪法形式平等的主要手段是禁止基于民族、种族、性别等事由的歧视。换言之，国家不得在没有正当理由的情况下对属于特定民族、种族、性别等的个人实施旨在克减、限制或剥夺其权利的区别对待措施。

美国最高法院哈兰大法官（Harlan）在"普莱西诉弗格森案"

---

[1] 林来梵：《从宪法规范到规范宪法：规范宪法学的一种前言》，法律出版社2001年版，第105~106页。

[2] 林来梵：《从宪法规范到规范宪法：规范宪法学的一种前言》，法律出版社2001年版，第106页。

(Plessy v. Ferguson)[1] 反对意见中直陈"我们的宪法是色盲,不知道也不会容许公民有高低贵贱之分。就公民权利而言,法律面前人人平等。最卑微者与最有权势者一视同仁。法律视人为人,在保障其由这片土地上最高法律赋予的权利之时,全然不考虑他的外在条件或者肤色"。哈兰大法官的"色盲论"可以被视为形式平等最经典的表述。

(二) 实质平等:积极消除歧视

宪法形式平等依托抽象的"人",在特定时期对打破封建制度下的身份特权发挥了重大的历史作用,但另一方面,对现实中客观差异的忽视也成为形式平等难以克服的缺陷。个体之间的差异是天生的、客观的、不可避免的,环境的力量始终倾向于破坏平等。"要想造成不平等,我们只须听任事情的自然发展即可。"[2] 宪法形式平等仅仅废除封建身份特权制度,要求社会中的人参加自由竞争。形式平等保障人们在各种社会活动起点上的平等,并不过问站在起点上的各个具体的"人"是否真正具有相似的实力等前提条件,更不问自由竞争之后的结果是否可能达到平等。[3] 因此,放任自由竞争的后果是财富和机会向少数人的集中,加剧现实社会中业已存在的事实上的不平等。正如日本宪法学的泰斗芦部信喜教授指出的那样:"如果无视人的事实上的差异而将平等推向极端,人的自由与自律的发展就会受到破坏;反之,如果无抑制地

---

〔1〕 163 U.S. 537 (1896). 该案的基本事实是:路易斯安那州于 1890 年通过《车厢隔离法》(第 111 号),要求该州铁路公司在客运服务中为白人乘客和有色人种乘客提供平等但隔离的服务,即要么配备两节以上的车厢,要么隔开座椅以确保隔离。该法同时要求列车员负责根据乘客所属种族安排座位,禁止乘客自行挑选与其种族身份不符的座位。如果乘客拒绝按照种族身份就座的,列车员有权拒绝承运,铁路公司亦不承担法律责任。拒绝按照种族身份就座的乘客还可能面临罚款、直接被监禁等法律后果。普莱西是路易斯安那州的居民,有 7/8 的白人血统和 1/8 的非洲裔血统。1892 年 6 月 7 日,普莱西购买了东路易斯安那铁路公司从该州新奥尔良 (New Orleans) 市到卡温顿市 (Covington) 的火车票。上车后,普莱西在白人专属车厢就座。列车员要求普莱西前往有色人种专属车厢,否则将被强制带离并被监禁。在拒绝后,普莱西被强制带离车厢并被羁押于新奥尔良监狱。

〔2〕 [美] 乔万尼·萨托利:《民主新论》,冯克利、阎克文译,上海人民出版社 2009 年版,第 370 页。

〔3〕 林来梵:《从宪法规范到规范宪法:规范宪法学的一种前言》,法律出版社 2001 年版,第 106 页。

肯认自由，则又会导致少数政治上或经济上的强者在牺牲多数弱者的基础上增大其权力与财富，出现不当的不平等。"[1]

为了更好地保护处于不利境地的弱者，在形式平等的基础上诞生出实质平等。实质平等课予国家为保障公民能够平等地享有形式上的平等而创造必要前提条件的道德和法律义务。"一些人才德较差、贡献较少从而享有较低的非基本权利，往往是因为他们缺乏发展才德、做出贡献的机会；反之，另一些人才德较高、贡献较大从而享有较多非基本权利，则往往是因为他们充分享有发展才德、做出贡献的机会。可见，机会平等分为两类：一类是竞争非基本权利的机会平等，它是形式的、表层的机会平等；另一类则是发展才德、做出贡献的机会平等，它是实质的、深层的机会平等。"[2] 形式平等关注的是前者，机会平等的深层次平等正是宪法实质平等意欲实现的目的。

实质平等课予国家采取积极措施促进平等实现的义务，因为仅仅停留在不歧视的层面，无法消除个人真实享有形式平等的客观障碍。国家除了负有不歧视的消极义务以外，必须以积极作为的姿态，来矫正社会当中因为歧视而导致的不平等问题。最典型的即是，国家需要基于不同群体之间的差异对因为各种原因处于弱势地位的特定群体采取积极行动，改善该群体的社会处境，帮助其获得享有形式平等的基本条件。例如，为了保障残障人群能够充分融入社会，在事实上平等享受社会发展的成果，国家需要投入人力与物力，积极构建无障碍环境，消除残障人群融入面临的各种物质和信息障碍。又比如，为了提升非洲裔等少数族裔的社会地位，美国于 20 世纪 60 年代开始实行"肯定性行动"（Affirmative Action）[3]，在就业和职业、高等教育等领域为有色人种（主要是非洲裔）保留专门席位或者提供特定形式的优待。类似地，为了消

---

〔1〕 [日] 芦部信喜：《宪法》，有斐阁 1998 年版，第 5 页。转引自林来梵：《从宪法规范到规范宪法：规范宪法学的一种前言》，法律出版社 2001 年版，第 106~107 页。

〔2〕 王海明："平等新论"，载《中国社会科学》1998 年第 5 期。

〔3〕 针对历史上受歧视人群的优待措施在美国被称为"肯定性行动"（Affirmative Action）。在《消除对妇女一切形式歧视公约》等国际人权公约中，此类措施被称为"暂行特别措施"（Temporary Special Measure）。

除种姓制度造成的社会不公,《印度宪法》在确认形式平等的同时,亦明确要求政府采取"补偿性歧视"措施（Compensatory Discrimination）,提升"表列种姓"（Scheduled Caste）、"表列部族"（Scheduled Tribe）和"其他落后阶层"（Other Backward Class）三类群体在就业和职业、教育等方面的福祉。[1]

　　当然,实质平等在实践当中也存在很多争议。对特定民族、种族、性别等的积极措施被指为"反向歧视",违背法律面前人人平等的宪法基本原则。"加州大学董事会诉巴基案"（Regents of the University of California v. Bakke）[2] 即是 20 世纪 70 年代美国高等教育领域通过肯定性行动推进族裔间实质平等而引发白人群体强烈反弹的典型案例。涉案的加州大学戴维斯分校医学院为申请者设计了普通和特殊两套录取程序。在普通程序中,申请者本科 GPA 一旦低于 2.5 分（满分 4 分）即会被直接拒绝。通常情况下,每 6 名普通程序申请者中只有 1 人能够获得面试资格。在面试中,负责面试的委员会对面试者打分（每位委员100 分,总共 500 分/1973 年或者 600 分/1974 年）。录取委员会会根据申请人的面试得分和其他情况作出是否录取的最终决定。此外,一个主要由少数族裔委员组成的独立委员会则专门负责特殊录取程序工作。在1973 年和 1974 年戴维斯分校医学院的申请表中均有询问候选人是否愿意被归为"经济和/或教育上处于不利地位的"申请者和"少数族裔"群体（非洲裔、墨西哥裔、亚裔、美国印第安人）的选项。如果少数族裔申请者被认定处于不利地位,即可不受 GPA 不得低于 2.5 分的限制,并且也无需与普通程序申请者竞争录取名额。每 5 个特殊程序申请者中即有 1 人能获得面试机会。在几年间,共有 63 名少数族裔学生通过特殊程序进入戴维斯分校医学院;有 44 名少数族裔学生通过一般程

---

　　[1]《印度宪法》第 14、15、17 条和第 46 条。截至 20 世纪 90 年代,印度在政府部门、公共领域、国有银行等中间为表列种姓、表列部族以及"其他落后阶层"三类长期被排斥的群体保留约 49.5% 的工作岗位。George H. Gadbois, Jr., "International Insight: Mandal and the Other Backward Classes: Affirmative Action in India in the 1990s", 1 *Journal of Law & Social Challenges*, 71（1997）.

　　[2]　438 U.S. 265（1978）.

序被录取。处于不利地位的白人申请者则无一通过特殊程序被录取。巴基本人是一名白人男性，1973 年得 468 分，因相差 2 分未能被录取；1974 年巴基再次提出申请，得 549 分，第二次被拒绝。得分比巴基低很多的申请人则通过特殊程序被录取。巴基随后向法院提起诉讼，主张戴维斯分校医学院设置的特殊录取程序构成基于种族的区别对待，违反美国宪法第十四修正案平等保护条款。值得注意的是，自 20 世纪 70 年代以来，美国围绕肯定性行动的争议始终未曾平息。最近一次在"费舍尔诉德克萨斯大学奥斯汀分校案"（Fisher v. University of Texas at Austin)[1] 中，美国最高法院再次确认了肯定性行动的合宪性。[2]

由此，如何划定实质平等的边界，处理好实质平等与形式平等的关系始终是禁止歧视的一大难题。因而在现阶段，以及在可以预见的将来，实质平等仍然只是对形式平等原理的补足，并没有完全取代形式上的平等。

---

〔1〕 579 U. S. (2016). 该案的基本事实是：白人女性阿比盖尔·费舍尔（Abigail Fisher）申请入读德克萨斯大学，但遭到拒绝。她未达到德克萨斯"百分之十计划"条件，该计划允许直接录取该州每个高中前 10% 的应届毕业生。其余名额的录取则需要考虑包括种族在内的诸多因素。费舍尔起诉称，在录取中考虑种族因素违反了第 14 条修正案的平等保护条款规定。地区法院认为，德克萨斯大学的录取程序符合宪法。第五巡回上诉法院维持了一审判决。美国最高法院认为，上诉法院未对德克萨斯大学招生政策适用严格审查基准存在错误，遂将案件退回。上诉法院审理后再次维持了地区法院的判决，认为德克萨斯大学在招生过程中将种族作为考虑因素有足够的针对性，其目的是为了促进教育多元化这一合法利益，可以通过严格审查。美国最高法院审理后以 4∶3 的结果判决德克萨斯大学在录取中考虑种族因素不违反平等保护条款。其理由亦在于德克萨斯大学在录取中考虑种族因素是量身定做地服务于特定国家利益的实现。详见 https：//www. oyez. org/cases/2015/14-981?_escaped_fragment_=#!，最后访问时间：2020 年 12 月 2 日。

〔2〕 美国最新一起关于肯定性行动的诉讼是"公平录取学生组织诉哈佛大学案"（Students for Fair Admissions, Inc. v. President and Fellows of Harvard College）。2020 年 11 月 12 日，美国第一巡回上诉法院判决哈佛大学在本科招生中考虑种族因素不违反《1964 年民权法案》。详见 https：//news. justia. com/first-circuit-court-of-appeals-sides-with-harvard-university- in - affirmative - action - lawsuit/#：~：text = First% 20Circuit% 20Court% 20of% 20Appeals% 20Sides% 20With% 20Harvard，Inc. % 20v. % 20President% 20and% 20Fellows% 20of% 20Harvard% 20College，最后访问时间：2020 年 12 月 5 日。

二、人的尊严

(一) 尊严话语的兴起

第二次世界大战后，国际社会对"二战"期间恣意践踏人格尊严的做法进行了深刻反思，对人格尊严的倡导和保护被提到全新高度。1948 年联合国《世界人权宣言》在序言部分开宗明义地提出："对人类家庭所有成员的固有尊严及其平等的和不移的权利的承认，乃是世界自由、正义与和平的基础"；第 1 条也规定：人人生而自由，在尊严和权利上一律平等。他们赋有理性和良心，并应以兄弟关系的精神相对待。

在很多国家的宪法中，人格尊严被作为公民享有的重要基本权利而予以强调。欧洲大陆反歧视的意识最早大概来源于对纳粹时期的种族歧视和文化歧视的反思。比如，德国《基本法》第 1 条有关"人格尊严不可侵犯，尊重和保护该尊严是所有国家机关的义务"等规定正是基于此背景而产生。[1] 此外，南非《宪法》第 10 条规定：人人享有固有尊严，该尊严应予尊重和保护。瑞士《宪法》第 7 条规定：人的尊严应予尊重和保护。我国《宪法》第 38 条同样规定："中华人民共和国公民的人格尊严不受侵犯。禁止用任何方法对公民进行侮辱、诽谤和诬告陷害。"

"人的尊严"包括两层含义：首先，作为一项基本原则，人的尊严是指人作为人的主体地位不能否定，人只能成为目的，而不能将人客体化、工具化；其次，作为一项基本权利，人的尊严是指人作为人的主体地位不受侵犯，禁止非人待遇，强调不能贬低人的尊严，不得对任何人包括被剥夺自由的人施加侮辱性的对待和惩罚。[2]

(二) 禁止歧视中的人的尊严

人的尊严依赖于人之为人而与生俱来享有无差别的道德价值这一判断。道德价值的无差别性决定了人人皆有受到尊敬的固有尊严。并且，

---

〔1〕 娄宇："德国法上就业歧视的抗辩事由——兼论对我国的启示"，载《清华法学》2014 年第 4 期。

〔2〕 上官丕亮："论宪法上的人格尊严"，载《江苏社会科学》2008 年第 2 期。

该固有尊严不因个人彼此间身份特征的不同而有所区别。[1]

相应的，歧视通过羞辱的方式否定个人道德价值。因此，"如果一种区别对待贬低了个人的价值，促成、加重或延续了一种观点，认为某人或某群体不值得在法律上受到承认和保护，或不值得得到关怀和尊重，那么这种区别对待就是一种歧视"[2]。基于性别、种族等的区别、排斥之所以应当为法律所禁止，正是缘于这些做法散发出的对女性、有色人种等的轻蔑和漠视，是对其尊严的侮辱。在本章的"案例导入"中，某私立学校为携带乙肝病毒的学生安排单独的寝室、单独的餐具、单独的就餐区域和单独的课桌的做法，虽然单独提供的学习生活条件并不较其他同学更差，甚至可能更好，但"隔离措施"却通过区别对待否定携带乙肝病毒的学生的尊严，应当构成歧视。

尊严在禁止歧视中的作用体现在三个方面：其一，人的尊严构筑了平等原则的底线。以尊严为底线，那种以同等恶劣地对待或者剥夺强势群体权益、实现"向下平等"的做法不可能满足平等的要求——因为尊严要求改善而非贬低个人的境况。其二，人的尊严可以引导反歧视法律拓展保障人群的边界。尤其是在开放性的禁止事由的法律规范中，基于未列举事由的区别对待是否构成歧视可以根据此项行为是否损害人的尊严作为判断标准。其三，在无法找到恰当的比较对象证明存在违背"等者等之"情形之时，可以借由人的尊严判断歧视行为成立与否，这在处理性骚扰案件中尤为便利。[3]

事实上，一些国家和地区的反歧视立法和司法实践中，是否侵犯人的尊严已经成为判断歧视成立与否的重要标准。例如，欧盟《就业框架指令》《种族平等指令》均将损害人的尊严与否作为判断是否构成歧视的标准。两个指令第 2 条第 3 款均规定：当基于本指令第 1 款所列事由做出的不受欢迎的行为，该行为旨在或者其效果是损害个人尊严和制造

---

〔1〕 Deborah Hellman, *When is Discrimination Wrong*? Harvard University Press, 2008, p. 6.

〔2〕 李薇薇："平等原则在反歧视法中的适用和发展——兼谈我国的反歧视立法"，载《政法论坛》2009 年第 1 期。

〔3〕 Sandra Fredman, *Discrimination Law*, Oxford University Press, 2011, pp. 21~22.

一个胁迫的、敌意的、羞辱的或者攻击性的环境，则骚扰应被视为歧视的一种形式。英国 2010 年《平等法》第 26 条在定义"骚扰"时同样采取了侵犯人的尊严的标准。

在加拿大、南非等国家禁止歧视的司法实践中，人的尊严则被法院直接用作歧视成立与否的价值判断标准。例如，加拿大联邦最高法院在"伊根诉加拿大案"（Egan v. Canada）[1] 中即指出："如果不承认人之为人的无差别的平等价值，《加拿大权利和自由宪章》视为基本人权的平等即毫无意义。平等意味着我们的社会不能容忍法律将某些公民贬为二等，毫无理由地否定他们的能力，或者损害他们的尊严。"[2] 在"罗诉加拿大案"（Law v. Canada）[3] 中，加拿大联邦最高法院亦指出，《加拿大权利和自由宪章》第 15 条禁止歧视的规定就是旨在保护人格尊严，"基于个人特征或境况的与个人需求、能力或功绩无关的不公正对待会损害人的尊严"[4]。南非宪法法院同样在"达乌德诉内政

---

〔1〕 [1995] 2 S. C. R. 513.

〔2〕 [1995] 2 S. C. R. 513. 该案的基本事实是：詹姆士·伊根（James Egan）和约翰·诺里斯·内斯比特（John Norris Nesbit）系同性恋者，两人自 1948 年开始同居。1986 年，伊根年满 65 岁，根据《老龄保障法》（Old Age Security Act）的规定，伊根开始享受老龄金（Old Age Security）和入息保证补助金（Guaranteed Income Supplement）。在届满 60 周岁后，内斯比特亦根据该法第 19 条规定申请配偶津贴（Spousal Allowance）。此项津贴授予总收入在某一固定水平以下的年龄在 60~65 岁间的配偶。但内斯比特的申请遭到拒绝，因为伊根与其之间的关系并不符合加拿大法律对婚姻的定义（男女两性共同居住，或者至少同居一年以上，公开以夫妻名义共同生活）。两人认为法律有关婚姻的定义违反《加拿大权利和自由宪章》第 15 条之规定，构成基于性倾向的歧视。

〔3〕 [1999] 1 S. C. R. 497. 该案的基本事实是：南希·罗（Nancy Law）女士时年 30 岁，丧偶。因其未满 45 周岁且既无残障也无子女需要抚养，故依据《加拿大退休金计划》（Canadian Pension Plan）第 44 条第（1）款第 d 项以及第 58 条规定，无法领取遗属抚恤金。罗遂以受到年龄歧视，违反《加拿大权利和自由宪章》第 15 条规定为由向法院提起诉讼。在审理过程中，加拿大联邦最高法院指出，适用《加拿大权利和自由宪章》第 15 条判断《退休金计划》规定是否构成歧视取决于三个因素：首先，法律是否包含了区别对待的规定；其次，该区别对待是否基于法律禁止使用的归类事由或类似事由；最后，法律是否存在歧视的目的或效果。随即，美国联邦最高法院进一步指出，《加拿大权利和自由宪章》第 15 条的目的就是为了防止不利影响、刻板印象、政治或社会偏见等对人格尊严和基本自由的侵犯，保障所有人之为人、之为加拿大的一员，均能获得法律的平等承认，平等获得关心和尊重。

〔4〕 [1999] 1 S. C. R. 497.

部案"（Dawood v. Minister of Home Affairs）[1] 中强调尊严是该国宪法中不容置疑的价值，对解释诸如平等权在内的一系列权利具有重要意义。

第三节 反歧视法的独特价值

在从宪法承继平等、人的尊严等价值的同时，反歧视法律体系也发展出自身独有的基础价值以支撑消除歧视的深入推进。这些价值很少见于各类国际人权公约和各国宪法的字里行间，但却在反歧视法中扮演着重要角色。

一、平衡自然抽签

平衡自然抽签源自"任何人不因自己无法控制的原因受到惩罚"的古老观念。歧视的后果是对个人机会的克减和剥夺，本质上无异于对个人施以惩罚。因此，如果个人受到歧视的原因乃是其无法控制的因素，那么，歧视的发生将不具备任何正当性基础。

在"法律禁止的事由"中，诸多事由是起因于自然，人力难以掌控的。例如，民族、种族、肤色、年龄、性别、基因携带状况等。前述

---

[1] Case CCT 35/99. 该案的基本事实是：达乌德（Dawood）夫妇于 1997 年 10 月结婚，育有一女。达乌德先生是南非居民，而达乌德夫人则是泰国人。1997 年达乌德夫人入境南非。1997 年 12 月，在两人婚后不久，达乌德夫妇获得移民申请表格。一旦申请获批，达乌德夫人即可获得南非的永久居留权。为申请之故，达乌德夫人需提供泰国方面出具的无犯罪记录证明。1998 年 6 月，当达乌德夫人办好无犯罪记录证明回到南非后，内政部告知其应当在 1998 年 6 月 30 日前提交全套申请材料，否则需要依法缴纳 7750 兰特。达乌德夫人无法在规定时间内提交全部材料。在申请免除费用被拒绝后，达乌德夫妇向法院起诉，主张要求其缴纳 7750 兰特的法律规定有违宪法第 9 条、第 10 条、第 21 条第（3）款以及第 28 条规定。在判决中，南非宪法法院指出，对诸如身体完整权、平等权、免于遭受奴役等权利的违反都可以归结为对人格尊严的侵害。

事由在反歧视法上也被称为"先赋事由"。[1] 由于先赋事由的获得完全是自然随机分配的结果，因而通过"上帝之手"获得的幸运不应成为个人在资源竞争中占得先机的道德基础。作为对自然抽签造成的差异结果的平衡，法律需要禁止根据先赋因素决定个人机会和待遇的做法。因为根据先赋因素对个人机会和待遇平等实施限制，既不合理，也从根本上违背了正义的一般原则，是极不道德的做法。[2] 鉴于此，任何机构原则上不能基于种族、肤色、性别等先赋事由遴选个人，否则即构成歧视。

　　反歧视法最初的兴起大约是为了回应基于先赋事由，尤其是基于种族、性别等先赋事由的歧视。由于先赋事由的取得不在个人掌控当中，也无法通过后天努力改变，因而基于先赋事由发生的歧视危害尤甚。从国际社会和各国禁止歧视的立法情况来看，种族、性别等先赋事由是规制的起点和重点。在国际人权法层面，联合国于 1965 年和 1979 年分别通过《消除一切形式种族歧视国际公约》和《消除对妇女一切形式歧视公约》。在国内法层面，英国于 1965 年通过了《种族关系法》，禁止基于肤色、种族、原籍国等的歧视；1970 年和 1975 年分别通过《平等报酬法》和《性别歧视法》，禁止基于性别的歧视；美国《1964 年民权法案》第七章禁止的五类事由中，先赋事由占据四类（即种族、肤色、原籍国、性别）。1967 年，美国通过《雇用年龄职业歧视法》，禁止基于年龄（40 周岁以上）的歧视。此外，澳大利亚也在 1975 年制定了《种族歧视法》。与之形成鲜明对比的是，直到现在，基于个人学历、工作经验、专业方向等"自获事由"的区别对待，依然很少为各国反歧视立法所禁止。

---

　　〔1〕　与"先赋事由"相对的是"自获事由"，即可以在后天的社会生活中习得和改变的事由。常见的自获事由如个人的受教育背景、工作履历等。详见许建宇、王怀章："就业歧视立法规制初探"，载《中国劳动》2004 年第 2 期。此外，介于两者之间的还有一类"准先赋事由"。这类事由可能因出生而获得，也可能是在后天的社会生活中发生的，但一旦获得即相对稳定，较难改变。常见的"准先赋事由"如个人的残障状况、宗教信仰状况。

　　〔2〕　李雄："论平等就业权的界定"，载《河北法学》2008 年第 6 期。

二、市场理性

市场理性作为禁止歧视的基础价值，其强调作为遴选手段的归类事由和特定机构所应具备的市场理性间的契合程度。其思想渊源可以追溯到 18 世纪后半叶的法国。法国大革命时期通过的《人权和公民权利宣言》第 5 条提出："在法律面前，所有的公民都是平等的，故他们都能平等地按其能力担任一切官职、公共职位和职务，除德行和才能上的差别外不得有其他差别。"

在"市场理性"的框架中，诸如用人单位等特定机构被视为市场经济中的理性主体。机构的一切决策，包括遴选成员在内，均旨在实现其自身利益的最大化。因此，一方面，为了控制交易成本，机构可以通过设置相应的标准以简化评估潜在成员能力的过程；另一方面，标准的设置又不能逾越市场理性的底线。其评判标准即是相应事由能在多大程度上反映个人服务机构利益最大化目标的能力，是否是出于工作真实、客观的需要等。当特定机构把不能反映个人能力或者与完成工作内容缺乏联系的标准作为遴选标准时，即是恣意的、非理性的。违反市场理性的行为将构成歧视而为法律所禁止。例如，在本章"案例导入"中提到的某网络公司拟招聘项目经理一名，要求应聘者须具备海外名校计算机专业博士学位，3 年以上相关工作经验，年龄在 35 岁以下等条件。一般认为，受教育背景和工作经历与个人能力有较为密切的关联，用人单位据此择人符合市场理性。但年龄通常被认为与个人能力无关，因而基于年龄的区别对待可能构成歧视。

在蔡定剑教授主持起草的《反就业歧视法（专家建议稿）》对"就业歧视"的定义中可以看到明显的维护市场理性的逻辑。[1] 此外，诸如对《公务员法》第 11 条第 5 项有关"公务员应当具有正常履行职责的身体条件"的理解也可以视为是从市场理性的角度展开的——

---

[1] 《反就业歧视法（专家建议稿）》第 2 条第 1 款规定：本法所称就业歧视，是指国家机关、企事业单位、社会团体、个体经济组织、民办非企业单位等组织（以下统称用人单位）基于劳动者与职业能力和职业的内在客观需要不相关的因素，在就业机会或职业待遇上做出任何区别对待，从而取消或损害劳动者平等就业权利的行为。详见蔡定剑、刘小楠主编：《反就业歧视法专家建议稿及海外经验》，社会科学文献出版社 2010 年版，第 11 页。

"中国人大网"公布的有关《公务员法》的法律释义和解答将"具有正常履行职责的身体条件"解释为是"相对职位的要求而言的，不能够对公务员的身体条件提出超出职位身体条件要求的高标准甚至不合理的标准。例如，一个简单的抄写职位的身体条件要求就可以放宽，哪怕是一个残疾人也可以胜任。要坚决制止与杜绝不合理的甚至是歧视的身体条件要求"[1]。此例也可以说明，中国的立法者具有"市场理性"的精神，并且倾向于从"市场理性"角度去务实性地认识歧视与反歧视。

维护市场理性强调手段和目的之间具备合理关联，这在司法实践中往往被具象化为比例原则。这意味着手段不仅要有助于目的的实现，而且手段与目的之间还要合乎比例。例如，在"洛雷达娜·那不勒斯诉司法部案"（Loredana Napoli v. Ministero della Giustizia）[2]中，意大利法律规定担任狱警须接受为期 12 个月的实训，缺席训练 30 天以上不得参加狱警任职考试资格。那不勒斯女士因生产需依法休强制产假 3 个月而被终止训练资格。欧洲法院在判决中指出，为公共安全之故，法律确可依法拒绝未完成全部训练课程的个人参加狱警任职考试，女性因生产可能无法完成全部训练也是事实。但在为期 12 个月的训练中，对因生产强制休产假 3 个月的女性而言，法律既不考虑女性因生产而未能完成的是哪一阶段的训练，也不考虑其已经接受过的训练，而一概剥夺女性参加任职考试的资格。换言之，采取的手段与所欲实现的目的之间不成比例，不能通过比例原则的检视。

三、社会融入

正如国家通过立法防范公司企业对市场竞争产生排除、限制影响的垄断行为，禁止歧视可以理顺机会分配机制，推动边缘群体融入主流社会，进而预防和修复阶层流动性，降低诱发的社会分裂与对立。

歧视在本质上是社会强势群体对弱势群体的单边行动——男性、主体族群、健全人群等强势群体通过歧视排斥女性、少数族裔、残障人群

〔1〕 "《中华人民共和国公务员法》释义"，http://www.zj.gov.cn/art/2013/5/22/art_13042_87145.html，最后访问时间：2021 年 2 月 5 日。

〔2〕 Case C-595/12.

等弱势群体，剥夺其受教育、就业等的平等权利，从而将其驱赶到报酬偏低、工作环境恶劣、晋升空间狭促的低端岗位中，甚至将其隔绝在劳动力市场之外，最终实现对社会资源和财富的独占。凯斯·桑斯坦（Cass R. Sunstein）教授指出："与其质问与白人或男性情况类似的黑人或妇女是否遭受区别对待，我们更应该关心，法律或具体做法是否延续着黑人或妇女二等公民或者劣等阶层的地位？"[1] 因此，禁止歧视当然被赋予了消除参与障碍，确保所有人均可平等地融入社会的价值追求。

第一，各国禁止歧视的保护对象大都是该国正在或者可能遭受排斥的群体及其关联人群。[2] 以世界各国禁止的性别歧视为例，各国立法中虽大都使用"性别"这一中性表述，但法律实际保护的主要是劳动力市场中面临普遍排斥的女性。世界银行在《世界发展报告》中曾指出："男性和女性从事的职业差异甚大……在世界范围内，妇女集中于低生产力、低工资的工种当中。她们在小型农场上班，经营小型企业，她们中的大多数劳而无酬，在非正规部门就业，她们极少晋升至实权职位。"[3] 国际劳工组织公布的调查结果同样显示，世界范围内就业/人口比的性别差距高达 24.6%，劳动参与率的性别差距更是达到26.1%。[4]

第二，违法行为外延的拓展有助于更好地推动被排斥的边缘群体融入主流社会。法律禁止的违法歧视行为经历了从最初的禁止直接歧视向禁止表面公平、实质不平等的间接歧视的深化，再到在消极的不歧视义务之外延伸出提供合理便利等积极义务的阶段。推动社会融入是促使违法行为外延不断拓展的重要动力。事实上，美国最高法院在 1971 年确认间接歧视的"格里格斯诉杜克电力公司案"（Griggs v. Duke Power

---

〔1〕　Cass R. Sunstein, "The Anticaste Principle", 92 *Michigan Law Review*, 2410 (1994).

〔2〕　这实际上与平衡自然抽签有重合之处。因为先赋事由个人无法改变，因此基于先赋事由的歧视最具排斥效果，当然也会成为推动社会融入首先需要解决的问题。

〔3〕　World Bank, *World Development Report* 2012：*Gender Equality and Development*, World Bank Publications, 2011, p. 198.

〔4〕　International Labour Office, *Global employment trends for women*, International Labour Office, 2012, pp. 6~7.

Co.）〔1〕中即指出："任何表面上中立的做法、程序或者测评，即使意图中立，如果其实施效果乃是'冻结'既有职业歧视的现状，也不应继续存在"，表达出了强烈的打破阶层固化，推动社会融入的意图。

第三，反歧视案件司法救济模式的转型也受到推动社会融入的影响。例如，多重歧视（multiple discrimination）被准许进入司法实践。〔2〕英国2010年通过的《平等法》在世界范围内首先授权劳动者基于多重归类事由提起针对多重歧视的诉讼，〔3〕为推动最边缘化的群体充分融入社会奠定法律基础。此外，"实际受害者规则"也开始出现松动迹象。〔4〕例如，2008年，欧洲法院在"机会均等和反种族主义中心诉费伦公司案"（Centrum voor gelijkheid van kansen en voor racismebestrijding v. Firma Feryn NV）〔5〕的判决中即指出，如果《种族平等指令》只能适用于因为申请职位未获成功，认为自己是直接歧视受害者而提起诉讼的案件，那么《种族平等指令》建立包容的劳动力市场的目标势必难以实现。因此，用人单位公开宣称不雇佣特定族群或种族的劳动者的行为，具有强烈地阻遏这些群体成员提出职位申请的效果，阻碍其进

---

〔1〕　401 U. S. 424（1971）.

〔2〕　多重歧视包括三种具体形式：其一，累积型多重歧视。劳动者因具备复数归类事由受到歧视，但前述歧视分别发生于不同场合；其二，附加型多重歧视。劳动者因具备复数归类事由受到歧视且前述歧视发生于同一时间但互相之间没有关联。例如女同性恋者可能同时因为性取向和性别受到多重歧视；其三，交互型多重歧视。劳动者因具备复数归类事由受到歧视，并且，复数归类事由互相交织，不可分割，共同导致了歧视的发生。例如针对黑人女性的歧视。详见 Iyiola Solanke, Infusing the Silos in the Equality Act 2010 with Synergy, 40 *Industrial Law Journal*（2011）。在实践中，受到多重歧视的人群相对于其他受歧视人群往往处于更不利、更脆弱的境地，因此，允许针对多重歧视提起诉讼将有助于帮助最边缘的人群融入主流社会。

〔3〕　详见英国《平等法》第14条规定。很多国家的反歧视立法只允许个人主张基于某一类事由，如种族、性别、残障等受到歧视，不能主张受到多重歧视。

〔4〕　该规则要求反歧视诉讼的原告应当是真实存在的，实际遭到职业歧视的个人。

〔5〕　Centrum voor gelijkheid van kansen en voor racismebestrijding v. Firma Feryn NV, Case C-54/07. 本案原告"机会均等和反种族主义中心"（Centrum voor gelijkheid van kansen en voor racismebestrijding）是根据比利时议会授权成立的平等机构，该国法律授权中心得提起反歧视之诉。该案被告费伦公司以顾客不愿接受移民雇员进入其私宅安装公司产品为由，公开宣称不会雇佣任何移民。由于公司声明发布后没有移民提出求职申请，也即没有实际的受害者，比利时布鲁塞尔劳动法院一度驳回原告有关费伦公司雇佣政策构成歧视的主张。

人劳动力市场，因而构成直接歧视。这种直接歧视的构成不依赖于一个明确的、声称自己是受害者的原告。[1]

从社会融入的角度来看，本章"案例导入"中某大型零售连锁企业拟在导购员、收银员等职位中优先录用有残障的劳动者、女性劳动者和年龄在35岁以上大龄劳动者的做法显然不宜视为歧视。因为这些人群大都因歧视而受到排斥，处于社会边缘。在就业中给予其适当的优待，不仅没有延续、加重既有的排斥，反而有助于消除他们重新回归社会主流面临的障碍。[2]

[练习和思考题]

1. 各基础价值之间是否可能有冲突？如果没有冲突，各价值之间是"一主多辅"的差序格局还是同等重要的均衡局面？

2. 形式平等和实质平等共存于平等价值之中，但什么情况下应当优先保证形式平等，什么情况下需要优先实现实质平等？

3. 不同个体、不同文化对尊严的理解可能截然不同，如何避免特定行为在某个地方因侵害人格尊严而构成歧视为法律禁止，但在其他地方不被认为有损人格尊严不构成歧视的局面出现？此外，既然人的尊严无差别地平等，那么如何解释国际社会在消除歧视过程中实施的基于种族、性别等暂行特别措施的正当性？

4. 是否所有基于先赋因素的区别、排斥等都应当被视为歧视？如用人单位基于血型、星座、属相、姓氏（如"裴"与"赔"谐音、"梅"与"霉"谐音而可能不被用人单位接受）等遴选劳动者，反歧视法律是否有必要对此做出回应？此外，是否所有基于自获事由的区别、排斥都不构成歧视？

5. 市场理性是否存在统一的评价标准？假设某公司拟招聘打字员一名，有甲、乙两人竞争。甲每分钟可以录入200字，乙每分钟可以录入120字。但甲为人脾气古怪，很难与同事和睦相处；而乙为人风趣幽

---

[1] Case C-54/07.

[2] 针对历史上受到歧视而处于边缘境地的人群给予优待实际上已经属于暂行特别措施的范畴。有关暂行特别措施的内容详见本书第三章。

默，能够活跃气氛，调动同事的工作积极性。对这家公司而言，如何决策更具市场理性？对市场理性的遵守——做出理性的、成本最优的决策能否成为特定机构不可违背的法定义务？性别、残障、种族等用人单位偏好的归类事由是否与个人能力之间确实不存在任何"合理"关联？

6. 如果社会融入作为反歧视的基础价值，应该如何评价特定群体的融入水平？

[延伸阅读]

1. 周伟："论禁止歧视"，载《现代法学》2006 年第 5 期。

2. 喻术红："反就业歧视法律问题之比较研究"，载《中国法学》2005 年第 1 期。

3. 阎天："反就业歧视法的一般理论——中美两国的建构与反思"，载《环球法律评论》2014 年第 6 期。

4. 李成："社会融入：禁止职业歧视的价值基础重构"，载《中外法学》2015 年第 5 期。

5. 李薇薇：《反歧视法原理》，法律出版社 2012 年版。

6. 陆海娜：《我国对平等就业权的国家保护——以国际法为视角》，法律出版社 2015 年版。

7. ［英］鲍勃·赫普尔：《平等法》，李满奎译，法律出版社 2020 年版。

8. S. Moreau, *What Is Discrimination?*, 38 Philosophy & Public Affairs (2010).

9. H. Collins, *Discrimination, Equality and Social Inclusion*, 66 The Modern Law Review (2003).

10. J. Fishkin, *Bottlenecks: A New Theory of Equal Opportunity*, Oxford University Press, 2014.

11. N. M. Smith, *Basic Equality and Discrimination*, Ashgate, 2011.

12. D. Hellman, *When Is Discrimination Wrong?*, Harvard University Press, 2008.

第三章　暂行特别措施

[本章主题和课程目标]

本章介绍暂行特别措施的概念、方法和理论基础，并选择就业领域和教育领域的暂行特别措施，详细介绍暂行特别措施在国内外的法律实践。通过积极阅读并参与课堂讨论，你将会了解暂行特别措施的法律制度、历史脉络、理论思辨，并学会评判政策得失。

[案例导入]

1. 某公司在招聘中优先录用残障者，要保证公司中残障员工人数不低于公司在职员工总数的1.5%。

2. 前几年，我国高等教育招生过程中出现过这样的现象，一些大学尤其是师范类学校、文科专业居多的大学，在招生录取时为男生降低分数录取，理由是校园里或某些专业男女学生比例失调。

请先尝试分析以上案例并思考：①什么是法律上的暂行特别措施？②上述做法是否符合暂行特别措施的原理？③如何区分暂行特别措施与歧视行为？

第一节　暂行特别措施的界定

一、暂行特别措施的概念

暂行特别措施是指政府为了加速实现平等，在一定时期内针对特定弱势群体实施的优惠照顾措施。暂行特别措施在不同国家、不同法律文件中称谓有所不同，如联合国《消除对妇女一切形式歧视公约》中称为暂行特别措施。《〈经济、社会、文化权利国际公约〉实施工作中遇到的实质性问题（第16号一般性意见）》中表述为"临时特别措施"，该意见认为"平等和不歧视原则本身并不始终足以保证真正的平等。有时还需要采取临时特别措施，以便使处于不利地位或受到排挤的个人或群体提升到与他人实际相同的地位"。美国法律实践中称为肯定性行动、纠偏行动或平权行动，欧洲理论和实务与实践中称为"积极行动"（positive action），我国法律实践中称为"优惠照顾"等。

实施暂行特别措施可能是为了弥补弱势群体在历史上所遭受的较为严重的制度性歧视和普遍的行为性歧视，也可能是为了帮助弱势群体克服现实中存在的社会结构性权利障碍，这些障碍具有社会性和群体性因素，难以通过个人努力加以克服。暂行特别措施所保护的弱势群体主要是少数种族、民族、妇女、残障人士等。

从法律功能上看，暂行特别措施是保障和实现宪法平等原则的重要法律方法。在现代法治国家中，政府运用法治手段来保障不同社会群体的权益，其主要采取的法律机制有两种："禁止歧视"和"暂行特别措施"，其中"禁止歧视"源于平等对待的形式平等原则，是现代法治社会实现权利平等的一般性法律机制；"暂行特别措施"则是一种补救性法律制度，其不仅要求政府、社会对不同群体形式上的不歧视，而且要求其承担更多的积极义务去消除不平等的根源，其法律作用在于以适当的优惠措施纠正实质上的不平等。我国的"少数民族就业、教育优惠照顾"制度就属于暂行特别措施。

二、暂行特别措施的实施方法

在世界范围内，各国在暂行特别措施的实践中形成了多种法律方法，下文主要介绍几种较为普遍的做法。

第一，设定目标与任务。这里的目标既包括时间上的目标，也包括程度上的目标，即列明提高受益群体在教育、就业等特定领域中的代表性的目标和时间表，并明确实现预定目标的具体计划。如美国1965年9月约翰逊总统签署的第11246号总统行政法令规定，所有拥有50名员工和 5 万美元合同金额的联邦合同承包商，必须提交"目标与任务"纠偏计划，计划应当列明在未来的 5 年内企业雇用适格的少数族裔的数量目标与具体的执行方案，雇用目标必须是具有实际意义的、可实现的，以及明确和详尽的，承包商如果在规定的时间内未能达到雇用目标，则必须承担合同终止、撤销、返还已付合同款以及取消未来投标资格的责任。[1]

第二，实施配额制度。配额指的是特定的个人或群体在总量中所享有的份额。[2] 作为暂行特别措施的配额制是一种保护性的比例措施，指的是将就业、教育、公共服务等社会资源中的特定份额保留给受保护群体的做法，其目的是使弱势群体获得生存发展所需的公平机会与基本份额。如美国 20 世纪 60 年代，联邦国会立法和联邦行政法令为了在教育领域实现族群平等，规定了高校录取少数族裔的最低比例，以提高少数族裔在高校中的代表性，有效地矫正了以往歧视历史的后果；又如我国新疆维吾尔自治区为促进就业困难群体就业，规定"包括央企在内的所有驻新疆企业新增用工需保障当地劳动力占比不低于七成。驻疆企业吸纳本地少数民族就业比例需达到 25%以上"[3]。

第三，资源调配。资源调配是指政府参与进行一定的调控，即在分配资源时，政府预留部分资源，在分配时对资源进行有效的分配和调控，从而在一定程度上实现纠偏的目的。资源调配分为宏观和微观两个方面。宏观调配主要是政府制定特殊的区域发展规划和投资计划，通过发展特定地区的经济、社会、文化事业，使居住在这一地区的特定族群在总体上受惠。平等与公正是我国社会主义核心价值观的重要组成部分，国家担负着重要的宏观调控职责，通过制定法律、法规、规范性文件以及做出具体行政行为的方式，以资源调配促进不同群体、不同地区

---

〔1〕 Wayne F. Cascio, *Managing Human Resources: Productivity, Quality of Work Life, Profits*, Boston: Irwin McGraw-Hill, 1998, p. 56.

〔2〕 J. A. Beckman, *Affirmative Action: An Encyclopedia*, London: Greenwood Press, 2004.

〔3〕 阿依努尔："新疆出新规：驻疆企业新增用工当地人不低于 7 成"，载中国新闻网，https://www.chinanews.com/gn/2014/05-31/6234309.shtml，最后访问时间：2021 年 1 月 27 日。

之间的实质平等。比如我国为实现不同地区的国民平等共享发展成果，帮助广阔的西部地区克服在自然、地理、气候、环境、市场等方面的相对不利处境，持续实施西部大开发战略，国家调集巨大资源投入西部地区的发展，惠及西部地区的各族群众。再如我国针对贫困人口和贫困地区，实施了规模宏大的脱贫攻坚行动，在改善贫困人口的生存、发展与尊严等诸多领域，取得了举世瞩目的成就。以平等为归宿的资源宏观调控也是国际社会的普遍做法，比如美国为了改善黑人社区经济、社会发展，在 20 世纪 60 年代开始实施的北费城计划；微观的资源调配则是指政府为了直接增加少数群体的就业、教育机会采取的特殊资源分配政策。例如，美国联邦政府要求在政府采购领域为少数族裔企业保留特定的份额，也会要求承担联邦政府合同的企业雇佣少数族裔员工达到一定的比例。微观资源调配是政府参与资源分配中比较常见的一种机制。

第二节　暂行特别措施的理论

暂行特别措施涉及对特定群体实施特别的优惠照顾政策，涉及不同社会群体之间进行利益再分配，涉及对市场自由和经济自主的某种限制，与传统反歧视措施所依赖的形式平等理论、禁止歧视理论、市场竞争理论存在一定的差别。实际上，暂行特别措施需要在传统反歧视理论基础上，建构出自己特殊的理论基础。实质平等理论、结构性歧视理论、市场缺陷理论、统计歧视理论共同构成了暂行特别措施的理论体系。

一、实质平等理论

作为国家和社会中核心价值标准的权威表达，平等同样是法律的核心议题。法律上的平等包括形式平等和实质平等两个方面。形式平等指的是任何人都具有法律上的人格和尊严，在自由人格的形成上必须享有平等的权利。形式平等原则是资产阶级革命时期所确立的宪法理念，其主要功能在于防范等级特权、法律恣意或故意歧视行为。形式平等的规范内涵表现为法律应当"相同情况相同对待"，或法律禁止"不合理的差别对待"。保障形式平等的法律方法在于禁止歧视，如禁止以种族、民族、性别等与劳动生产率无关的因素剥夺劳动者的劳动就业机会。具体到我国法治实践，现行《宪法》的平等原则并非仅仅要求形式平等，而是在形式平等基础上追求实质平等。在现实生活中，人们在自然生理或社会经济方面存在着明显的差异，以上差异不仅难以通过个人的努力加以克服，并且从根本上决定着社会竞争的成败，如果法律无视这些差异，进而将所有人视为抽象的和无差别的人格主体，并赋予相同的权利义务，最终将加剧社会阶层与民族群体之间的不公平。[1] 为了克服形式平等的缺陷，包括我国在内的现代法治国家均不同程度践行了实质平等的宪法原则，即根据特定群体的特殊情况而规定必要的和合理的差别待遇，以便满足社会不利群体基本的生存与发展需要。我国的法治实践充分证明了实质平等的宪法理念，宪法对于妇女、未成年人、少数民族、老年人、伤残公民等群体给予了广泛的关照，将上述群体视为法律上的特殊保障群体。其中，我国现行的民族政策、残障人士保护制度、妇女保护制度等，如果从法律渊源和理论依据上追根溯源，都与实质平等有着密切的关系。

二、结构性歧视理论

结构性歧视指的是虽然法律宣告了公民享有平等的法律地位，社会政策表面上是客观中立的，但是由于少数群体在语言文化结构、区域经济结构、人口家庭结构、社会分工结构、社会机会结构等领域面临诸多社会结构性障碍，最终导致弱势群体在社会竞争中处于整体的不利地位。比如，我国西部少数民族地区地理位置闭塞，区域经济发展滞后，产业结构不合理，语言文化差异明显，这些不利的结构性因素是制约广大西部少数民族群众整体发展情况的不利条件，法律与社会公共政策应当矫正这种结构性障碍。结构性歧视理论的支持者认为在不平等的社会经济结构中，表面上平等的、貌似中立的社会政策最终使得弱势群体处

---

〔1〕 ［英〕弗里德利希·冯·哈耶克：《自由秩序原理》，邓正来译，生活·读书·新知三联书店1997年版，第105页。

于不利的竞争地位。事实上，在平等权已经普遍获得宪法和法律确认的现代社会，弱势群体面临的主要是社会结构性歧视。而暂行特别措施就是以承认弱势群体面临的结构性障碍和整体性不利地位为前提，通过法律上暂时的优惠措施克服这种来自社会结构的障碍，消除歧视背后的社会支配关系与社会不平等结构，是实现平等的有效方式。

三、市场缺陷理论

自由竞争的市场机制难以纠正歧视行为，必须通过暂行特别措施弥补市场缺陷。按照传统的经济学理论，雇主歧视少数民族、妇女、残障人士等群体是出于主观的偏好，背离了利益最大化的经济理性标准，持有这种非理性的歧视行为的企业将在充分竞争的市场环境中失败。然而，市场竞争将自动消除歧视的假设不仅在理论上，而且在实践中都存在缺陷。首先，在很多情况下市场竞争并不充分。比如，由于少数民族地区较低的工业化与城市化水平，以及基础教育水平低下和人力资本投资不足，导致该民族多数成员并不具有基本的现代劳动技能，从而使得少数民族整体性地被隔离于就业市场之外，极少数进入劳动市场的少数民族成员不足以影响市场竞争；其次，劳动力市场竞争有可能是无序的。比如我国西部大开发在促进西部经济发展的同时，也极大地改变了少数民族地区的人口结构与就业市场的民族成分。与数量极为有限的合格的当地少数民族劳动者相比，外来劳动力的供给非常大，少数民族劳动者难以通过较低的工资水平来增强就业竞争能力。因而，自由市场在消除歧视方面具有内在缺陷，无法寄希望于通过完全的市场自发秩序，自动消除歧视。

四、统计歧视理论

对弱势群体的歧视行为能给歧视者带来经济上的好处，法律需要通过暂行特别措施来矫正雇主的统计歧视后果。"在就业市场中，怎样准确判断求职者的劳动生产率，怎样获得其劳动生产率的信息，是雇主面临的一个难题。"[1] 对求职者进行分类的最简单的标准就是民族、性

---

[1] Burman, George, "The Impact of Public Policy", Ph. D. dissertation, University of Chicago, 1973.

别、残障等特征，雇主多采用身份标准来判断不同群体的劳动能力。"如果有经验证据和统计数据证明女性劳动者的平均劳动生产率低于男性劳动者，或者少数民族的劳动生产率总体上低于其他民族，则雇主的就业歧视行为就符合经济上的理性，并能使其获得经济利益的最大化。"[1] 统计歧视现象对于雇主而言具有经济上的好处，却使弱势群体劳动者整体性地处于被排斥的地位，这种整体性的排斥很难通过弱势群体劳动者的个人努力加以改变，为此，应当对遭受统计歧视排斥的主要弱势群体实施一定程度的就业暂行特别措施援助。[2]

五、暂行特别措施的理论争议

由于暂行特别措施往往涉及广阔区域与众多人群的重大利益调整，世界各国在实施暂行特别措施的过程中，也面临着一些理论与社会争议，这些争议集中体现为：以优惠照顾为主要形式的暂行特别措施本身是不是一种歧视行为，会不会造成事实上的歧视后果，暂行特别措施会不会成为新的特权等。

总体而言，暂行特别措施的理论挑战主要来自于自由主义市场理论与形式平等法律原则。自由主义市场理论认为充分的市场竞争可以通过充分配置生产资源进而消除歧视行为，如残障人士、女性、少数民族劳动者可以通过低工资、低福利或个人努力提高竞争力，最终通过降低企业生产成本的方式淘汰具有偏见的企业。形式平等法律原则要求法律制度、公共政策及企业规章完全同等对待所有群体的劳动者，做到一视同仁，既不得歧视，也不许优惠——性别中立、身体状况中立、肤色中立的法律制度与雇佣规则就是公正的。

在劳动就业领域，自由主义市场理论与形式平等法律原则提倡通过劳动力市场的充分竞争提高效率，在经济发展的过程中自动消除就业歧视，其宗旨是"以充分就业来实现公平就业"。为此，法律往往将歧视定义为社会个体之间因偏见而实施的个体性歧视行为，这种法律思维强

---

〔1〕 Paul Burstein, "Equal Employment Opportunity Legislation and the Income of Women and Nonwhites", *American Sociological Review*, 1979, Vol. 44（June）：367~391.

〔2〕 李昊："完善民族就业优惠制度的法律对策"，载《政法论丛》2015 年第 4 期。

调故意歧视的主观恶性，以及歧视对象的偶然性与个体性，否认就业歧视的群体性与普遍性。此时，法律追求的是形式上的平等机会而非事实上的平等结果。这种类型的反歧视法往往以"简单不歧视原则"为标准，认为市场竞争和中立政策是防止就业歧视的最佳方式，反对在就业领域实施任何有违自由竞争的对特定群体的优惠措施。"简单不歧视原则"在立法中常常以"禁止歧视"或"不得歧视"的形式出现，构成了现代反歧视法的基础性制度，并被包括我国在内的多数国家普遍采用。以反歧视法律制度较为完备的美国为例，美国《1964年民权法案》最初主要体现了这种自由主义的歧视观。在《民权法案》制定和通过的过程中，共和党自由派坚持认为，反歧视的措施应当受到严格限制，针对个人的简单的不歧视原则和间接的教育优惠措施就足以解决就业歧视问题。如果超越以上界限进而挑战美国自由主义的政治、经济理论，他们将阻止《民权法案》的通过。作为广泛的政治妥协的产物，《民权法案》所采取的自由主义的立场，并不足以应对美国社会严重的种族歧视现实。

第三节　暂行特别措施的立法与实践

一、国际人权法中的暂行特别措施

暂行特别措施有助于有效保障并加速实现弱势群体的平等机会。通过适当的优惠照顾措施，克服少数种族、妇女和残障人士面临的多种障碍，暂行特别措施得到了国际法的承认。比如，国际劳工组织《1958年消除就业和职业歧视公约》第5条确认了就业领域的暂行特别措施。"一、国际劳工大会通过的其他公约和建议书规定的保护或援助的特殊措施不应视为歧视。二、凡会员国经与有代表性的雇主组织和工人组织（如存在此种组织）协商，得确定为适合某些人员特殊需要而制订的其他专门措施应不被视为歧视，这些人员由于诸如性别、年龄、残疾、家庭负担，或社会或文化地位等原因而一般被认为需要特殊保护或援助。"

第一，国际公约中明确规定可以对妇女实施暂行特别措施，并在一定程度上转化为国家义务与社会责任。《消除对妇女一切形式歧视公约》第4条第1款明确要求缔约国得采取暂行特别措施，以保障妇女享有与男性相同的实质平等权利："缔约各国为加速实现男女事实上的平等而采取的暂行特别措施，不得视为本公约所指的歧视，亦不得因此导致维持不平等或分别的标准；这些措施应在男女机会和待遇平等的目的达到之后，停止采用。"该条款规定了暂行特别措施的合法地位、主要目的、滥用禁止、存继时效等内容。对妇女的暂行特别措施不应被视为歧视，属于合法的差别对待措施。对妇女的暂行特别措施的目的应以加速实现男女平等以及事实上男女平等为目的，任何迟滞男女平等或无助于事实上男女平等的措施不应被视为暂行特别措施。对妇女的暂行特别措施应当排除滥用，缔约国不得以此为借口采取差别措施将女性排除于特定工作岗位之外，如为保护妇女而禁止女性从事重体力、风险性行业。对妇女的暂行特别措施不是一成不变的政策，更不是僵化的性别特权，其目的是加速实现男女事实上的平等，当男女之间多维度的平等地位已经基本实现，且有充分证据表明男女平等将会成为稳定、持续的社会状态时，暂行特别措施将会逐步废止。此外，《〈经济、社会、文化权利国际公约〉实施工作中遇到的实质性问题（第16号一般性意见）》第15段规定："临时特别措施的目的是不仅要实现男女在法律上或正式的平等，而且还要实现实际上的或实质上的平等。但是，实施平等原则有时候要求缔约国采取优惠妇女的措施，以便削弱或消除维持歧视的状况。只要这些措施对于消除实际上的歧视是有必要的，而且在实际平等得以实现之后不复采用，这种不同待遇就是合情合理的。"本规定也表明了暂行特别措施的边界，即以实质平等为导向，用以消除克服歧视，暂时措施而非永久措施。

第二，国际公约中明确规定可以对残障人士实施暂行特别措施。《残疾人权利公约》第5条第4款载明："为加速或实现残疾人事实上的平等而必须采取的具体措施，不得视为本公约所指的歧视。"为保障残障人士事实上的平等权利，缔约国及相关主体应当在就业机会、合理便利、无障碍设施等领域采取多种优惠照顾措施，以帮助残障人士克服就业等社会参与障碍。

第三，国际公约中明确规定可以对少数种族、民族实施暂行特别措施。《消除一切形式种族歧视国际公约》第1条第4款规定："专为使若干须予必要保护的种族或民族团体或个人获得充分进展而采取的特别措施以期确保此等团体或个人同等享受或行使人权及基本自由者，不得视为种族歧视，但此等措施的后果须不致在不同种族团体间保持各别行使的权利，且此等措施不得于所定目的达成后继续实行。"

二、国外暂行特别措施的实践

从国际上暂行特别措施的产生、发展、演变来看，针对少数种族的就业暂行特别措施堪称现代暂行特别措施的发源地和主战场，其时代跨度较大，社会背景复杂，制度演进完整，理论思辨多元，司法判例丰富，成为世界范围内分析暂行特别措施法律制度的主要样本。因此这里重点选取就业领域中针对特定族群的暂时特别措施，来讨论国外暂行特别措施的立法与实践问题。

保障公民的平等就业权利是法治国家的责任。主要国家在劳动就业权利领域普遍经历了"禁止歧视"向"暂行特别措施"的法治转型，以暂行特别措施纠正弱势族群的就业障碍已经成为国际社会的成功法治经验。根据法律方法、拘束对象的不同，就业领域中的暂行特别措施大体可以分为两种类型。

第一，以美国为代表的行政与司法引导型的就业纠偏措施。这种暂行特别措施并不依靠法律明文规定的配额制度，而是体现在完善的诉讼制度与灵活的行政手段中，如"差别效果诉讼""设定目标与任务"等实现就业均衡的法律措施。这种暂行特别措施可以引导广大私营企业的雇佣行为，且可以通过司法判例灵活调整具体的纠偏政策。加拿大、英国、南非、北爱尔兰等国家和地区的就业暂行特别措施也属于这种类型。[1]

---

〔1〕 Harish C. Jain, Employment Equity and Affirmative Action: An International Comparison, M. E. Sharpe, 2003, p. 4~40.

第二，以印度与印度尼西亚为代表的立法强制型的暂行特别措施。其法律方法往往表现为通过宪法性法律明文规定民族就业配额，法律拘束对象一般只针对政府公共职位，这种纠偏机制刚性较强，可以有效保证配额所规定的最低就业比例，但无法管辖广大的私营企业雇主，可以调整的就业关系的范围较为狭窄，且难以随民族关系的改变而及时调整。

以较早实施反歧视法的美国为例，美国实现种族平等的法治历程生动地反映了就业暂行特别措施的必要性。在 20 世纪 60 年代之前，美国主要通过制定宪法平等保护规则，完善违宪审查制度来消除制度性的种族歧视。由于宪法第十四修正案的拘束对象是政府，宪法平等保护条款难以约束广大的私人雇主的歧视行为。为此，制定专门和广泛的反歧视法成为了实现种族平等的必需。《1964 年民权法案》（以下简称《民权法案》）是美国反歧视法治实践中的里程碑，它不仅彻底宣告了制度性歧视的违法性，而且将个人因种族偏见而故意实施的个体性就业歧视行为纳入禁止范围。然而，作为政治妥协的产物，《民权法案》主要体现了自由主义的立场，认为民族与种族中立政策是制止就业歧视的最佳方式，反对在就业领域实施任何有违自由竞争原则的就业优惠措施。该法所采取的自由主义的立场，不足以应对美国社会严重的种族歧视现实。黑人群体很快发现，个人公开实施的种族歧视消失了，但黑人在经济地位、机会结构和资源分配中的整体性不利地位却未有根本性的变化。《民权法案》的直接作用是打破了社会隔离，却未为广泛的社会经济平等做好准备，因而，《民权法案》加剧了族群冲突而非增强了社会和谐。

为弥补《民权法案》的缺陷，联邦法院和联邦政府在随后的法治实践中运用广义解释的方法，将就业不平等的理论基础从个体性歧视更新为社会结构性障碍，建立起了较为完善的就业暂行特别措施法律制度，力图以司法与行政手段保障族群实质平等。美国就业暂行特别措施具体包括反歧视共同诉讼、歧视效果诉讼和政府肯定行动三个方面。首先，反歧视共同诉讼的出现意味着联邦法院初步认识到了就业不平等的社会结构根源。在"霍尔诉韦尔丹包公司案"（Hall v. Werthan Bag Company）中[1]，联邦地区法院首次将联邦诉讼程序规则 Rule23（A）运用到了歧视之诉中，认可了基于《民权法案》第七章的共同诉讼。法院在裁决中指出：种族歧视当然属于群体歧视。从 1966 年开始，就业歧视领域内里程碑式的案件多以共同诉讼的形式出现。其次，歧视效果诉讼理论的出现标志着反歧视法理论与方法的全面更新，歧视效果理论以实质平等为理论基础，重在考查以往系统性的社会就业实践对于少数群体就业造成的不利影响，但并不要求证明这些系统性的就业歧视具有故意的动机；在方法更新方面，社会学统计方法开始大量运用于反歧视诉讼，统计数据可以单独构成不利效果的初步证据，统计方法的科学性直接决定了证据的有效性和雇佣政策的合法性。[2] 最后，联邦政府的肯定行动是一种更为积极主动地干预制度性歧视的策略，根据 11246 号总统行政法令的规定，政府开始大规模干预传统的商业习惯和企业的社会责任。联邦政府就业暂行特别措施覆盖 25 万个企业、涉及 2700 万雇员和 1000 亿美元的合同金额。虽然美国的自由主义政治哲学使得就业暂行特别措施一度遭遇反向歧视诉讼与宪法严格审查，但是 20 世纪恰值美国调整种族关系的关键历史时期，健全而高效的暂行特别措施法律制度最终促成了种族就业平等的实现。[3]

　　加拿大、南非、北爱尔兰也经历了与美国相似的法治历程，在反歧视法的基础上逐渐增加了就业暂行特别措施的法律制度，暂行特别措施的受益群体主要涉及少数民族、妇女、残障人士等，暂行特别措施的拘束对象不仅包括政府雇主，而且涉及广泛的私营企业，暂行特别措施主要采用"设定目标与任务"的法律方法。

　　总体而言，英国《种族关系法》采取了相对中立的立场，主要是把优惠界定为更加积极的禁止歧视措施，而非单纯依赖群体身份的优惠

---

〔1〕　Hall v. Werthan Bag Company，251F. Supp. 1（1966）.

〔2〕　差别效果诉讼始于 Griggs v. Duke Power Co. 一案。

〔3〕　Cascio, F. Wayne, *Managing Human Resources：Productivity，Quality of Work Life，Profits*. Boston：Irwin McGraw-Hill, 1998, p. 56.

照顾。根据英国相关法律的规定，就业领域的优惠措施主要限定在就业培训领域，并允许专门制定就业培训计划，用以帮助不利处境中的受保护群体。

印度社会在历史上曾经深受种族歧视的困扰，1947年印度独立之后通过宪法禁止基于信仰、种族、种姓、性别、出生地、居住地的歧视行为，并以宪法修正案的方式规定了就业暂行特别措施，宪法授权议会制定严格的就业配额制度来保障代表性不足的群体担任公职的机会，1990年印度政府宣布实施"曼达尔方案"，为"表列种姓"（Scheduled Castes）和"表列部落"（Scheduled Tribes）实施优惠照顾措施，如在政府和公共企业中保留27%的职位。[1]

三、我国暂行特别措施的立法与实践

（一）我国就业领域中的暂行特别措施

我国政府高度重视保护少数民族、妇女、残障等群体的平等的劳动就业权利，建立起了较为完整的就业暂行特别措施法律与政策体系。现行《宪法》将少数民族、妇女、残障人士作为特殊权利主体予以特别保护。

第一，采取暂行特别措施保障少数民族的平等权利。民族平等在我国宪法平等规范体系中处于重要位置。《宪法》总纲中载明："国家保障各少数民族的合法的权利和利益，维护和发展各民族的平等、团结、互助关系。""国家根据各少数民族的特点和需要，帮助各少数民族地区加速经济和文化的发展。"《宪法》第122条规定："国家从财政、物资、技术等方面帮助各少数民族加速发展经济建设和文化建设事业。国家帮助民族自治地方从当地民族中大量培养各级干部、各种专业人才和技术工人。"民族经济利益的背后是少数民族公民的法律权利，民族经济平等的本质是对劳动就业权利的积极保障，无论是"国家促进共同繁荣""国家帮助加速经济发展"，还是"培养少数民族人才"，以上宪法规范表明了国家负有帮助少数民族发展经济和社会事业的积极作为义务，经

---

〔1〕 H. C. Jain, and C. S. V. Ratnam, 1994, "Affirmative Action in Employment for the Scheduled Castes and the Scheduled Tribes in India", *International Journal of Manpower* 15（7）：6~25.

济发展的成果最终需要借助平等的劳动就业权利才能为少数民族公民所分享，离开了就业机会上的实质平等，民族地区的经济与社会发展将会扩大民族之间的不平等。

　　除了宪法性法律的权利宣告之外，我国劳动就业领域的部门法，如《民族区域自治法》《就业促进法》《公务员法》亦规定了少数民族就业暂行特别措施。比如，《民族区域自治法》第 67 条第 1 款规定："上级国家机关隶属的在民族自治地方的企业、事业单位依照国家规定招收人员时，优先招收当地少数民族人员。"《公务员法》第 23 条规定："录用担任一级主任科员以下及其他相当职级层次的公务员，采取公开考试、严格考察、平等竞争、择优录取的办法。民族自治地方依照前款规定录用公务员时，依照法律和有关规定对少数民族报考者予以适当照顾。"《就业促进法》第 28 条规定："各民族劳动者享有平等的劳动权利。用人单位招用人员，应当依法对少数民族劳动者给予适当照顾。"

　　在法律实施层面，我国建立了较为丰富的就业暂行特别措施政策体系和具体方法，比如新疆等民族自治地方规定了机关、企事业单位雇佣本地群众的比例要求。又比如对少数民族群众开展劳动技能培训计划，发展民族企业吸纳少数民族就业的产业扶持政策，促进少数民族群众就业转移安置的各项措施等。具体而言，2011 年颁布的《新疆维吾尔自治区实施〈中华人民共和国就业促进法〉办法》第 18 条规定："各级人民政府应当重视和积极促进少数民族劳动者就业工作。国家机关和事业单位招录、招聘人员，应当依照法律和自治区有关规定对少数民族报考者予以照顾。各类企业应当吸纳当地劳动者就业，并优先招用少数民族劳动者。企业招用当地劳动者就业的，按照自治区有关规定享受各项就业扶持政策。"在实践中，当地拟定了《关于进一步促进企业吸纳新疆当地劳动者就业的通知》，"从企业按规定比例吸纳当地劳动者、落实企业吸纳就业扶持政策等方面提出了具体措施"[1]。

---

　　[1]　张丽霞："新疆打出'组合拳'促企业多用本地劳动力"，载国务院新闻办公室网，http：//www.scio.gov.cn/zhzc/8/2/document/1382786/1382786.htm，最后访问时间：2021 年 1 月 27 日。

第二，采取暂行特别措施保障妇女的平等权利。《宪法》第 48 条第 1 款规定："中华人民共和国妇女在政治的、经济的、文化的、社会的和家庭的生活等各方面享有同男子平等的权利。"《妇女权益保障法》第 12 条规定："国家积极培养和选拔女干部。国家机关、社会团体、企业事业单位培养、选择和任用干部，必须坚持男女平等的原则，并有适当数量的妇女担任领导成员。国家重视培养和选拔少数民族女干部。"第 13 条第 2 款规定："各级妇女联合会及其团体会员，可以向国家机关、社会团体、企业事业单位推荐女干部。"第 18 条第 3 款规定："政府、社会、学校应当采取有效措施，解决适龄女性儿童少年就学存在的实际困难，并创造条件，保证贫困、残疾和流动人口中的适龄女性儿童少年完成义务教育。"

第三，采取暂行特别措施保障残障人士的平等权利。《宪法》第 45 条第 3 款规定："国家和社会帮助安排盲、聋、哑和其他有残疾的公民的劳动、生活和教育。"《残疾人保障法》则通过实施暂行特别措施落实宪法精神。《残疾人保障法》具体规定了国家保障残疾人就业的政府法定责任、兴办残疾人福利企业的义务，国家实行按比例安排残疾人就业制度等优惠照顾措施。该法第 33 条第 2 款还规定："国家机关、社会团体、企业事业单位、民办非企业单位应当按照规定的比例安排残疾人就业，并为其选择适当的工种和岗位。达不到规定比例的，按照国家有关规定履行保障残疾人就业义务。国家鼓励用人单位超过规定比例安排残疾人就业。"就业领域也是暂行特别措施实施的重点领域。《就业促进法》第 17 条规定："国家鼓励企业增加就业岗位，扶持失业人员和残疾人就业，对下列企业、人员依法给予税收优惠：①吸纳符合国家规定条件的失业人员达到规定要求的企业；②失业人员创办的中小企业；③安置残疾人员达到规定比例或者集中使用残疾人的企业；④从事个体经营的符合国家规定条件的失业人员；⑤从事个体经营的残疾人；⑥国务院规定给予税收优惠的其他企业、人员。"《就业促进法》第 29 条第 1、2 款规定："国家保障残疾人的劳动权利。各级人民政府应当对残疾人就业统筹规划，为残疾人创造就业条件。"《残疾人就业条例》（中华人民共和国国务院令第 488 号）第 8 条规定："用人单位应当按照一定的比例安排残疾人就业，并为其提供适当的工种、岗位。用人单位安排残疾人就业的比例不得低于本单位在职职工总数的 1.5%。具体比例由省、自治区、直辖市人民政府根据本地区的实际情况规定。"

第四，采取暂行特别措施保障就业困难群体平等就业权利。《就业促进法》第 25 条规定："各级人民政府创造公平就业的环境，消除就业歧视，制定政策并采取措施对就业困难人员给予扶持和援助。"《就业促进法》第 52 条第 1 款规定："各级人民政府建立健全就业援助制度，采取税费减免、贷款贴息、社会保险补贴、岗位补贴等办法，通过公益性岗位安置等途径，对就业困难人员实行优先扶持和重点帮助。"《就业促进法》第 53 条规定："政府投资开发的公益性岗位，应当优先安排符合岗位要求的就业困难人员。被安排在公益性岗位工作的，按照国家规定给予岗位补贴。"

（二）我国教育领域中的暂行特别措施

教育领域的暂行特别措施指的是在基础教育或高等教育领域，针对少数族群等弱势群体实施的优惠照顾措施，其目的在于使弱势群体能获得更多的接受教育的机会。事实上，教育暂行特别措施构成了就业平等的重要一翼，主要原因体现在以下两个方面：一方面，教育是就业的基础环节。由于教育是主要的人力资本投资形式，对就业机会具有至关重要的作用，因而，在国际反歧视法治实践中，教育暂行特别措施常常被作为就业暂行特别措施的基础性环节。另一方面，通过教育暂行特别措施促进就业的社会争议较小。在劳动就业领域，劳动关系主体多元、劳动关系复杂多样、暂行特别措施手段丰富、暂行特别措施理论争议激烈，但在教育领域，暂行特别措施涉及的主体、手段较为简单，社会争议较为缓和。

我国是统一的多民族国家，国家高度重视民族平等工作，将教育机会公平作为巩固和发展平等、团结、互助、和谐的社会主义民族关系的重要方面。国家对民族地区实施特别的教育和就业援助政策，对少数民族群体、民族地方、连片贫困地区实施特殊的招生优惠照顾政策，采取发展西部少数民族地区双语教育、实施西部少数民族地区"内高班""预科班""高考加分""9+3 免费职业中等教育"等多种教育优惠措施，以保证不同民族、不同地区的适龄公民克服各种障碍，享有公平的受教育机会。教育优惠照顾措施的核心问题涉及有限教育资源在群体和地区之间的分配问题，事实上，我国在制度设计上较好地解决了教育配额的公正公平性。虽然我国基于历史的和现实的复杂原因，不同民族群体的教育机会尚未实现事实上的完全平等，但我国教育暂行特别措施在宪法、法律和政策层面是受到充分重视的。我国教育领域暂行特别措施力度较大，成绩显著，首先是由于我国《宪法》采取了较为先进的立宪技术，其次是因为我国社会主义公平正义理念为教育暂行特别措施提供了思想基础，最后也得益于我国持续健康快速发展的国民经济与教育事业。由于我国民族领域教育暂行特别措施发展较为平稳，社会认同较高，群体争议较小。

（三）我国暂行特别措施存在的问题

1. 偏重于禁止就业歧视，就业暂行特别措施的权重尚需加强。我国的规范性法律文件在述及少数民族劳动就业权利时，多采取禁止性规范，较少采取授权性规范，普遍强调国家对于就业歧视的消极禁止义务，对于国家实施少数民族就业纠偏的法律责任规定并不充分。以《就业促进法》为例，第三章"公平就业"部分共有 7 个法律条文，其中 6 个条文 8 次提到"禁止"或"不得"歧视。《就业促进法》第 62 条明确规定了就业歧视行为的法律责任："违反本法规定，实施就业歧视的，劳动者可以向人民法院提起诉讼。"关于少数民族就业优惠，仅在第 28 条中作了原则性规定："各民族劳动者享有平等的劳动权利。用人单位招用人员，应当依法对少数民族劳动者给予适当照顾。"作为调整少数民族劳动就业关系的主要法律依据，从立法技术上看，本条法律规则存在着逻辑结构不完整、内容确定性较差的立法缺陷，难以有效实施。少数民族就业暂行特别措施的立法缺陷同样存在于其他法律法规之中，法律规则确定性较差、法律后果不明确、法律救济手段缺失等问题，使得就业暂行特别措施难以有效落实。[1]

相对于禁止歧视，暂行特别措施是一项更为复杂的法律任务，需要国家承担更为积极的法律作为义务，进行更为完善的制度设计，调配更多地经济资源与法律手段。我国现行法律在禁止歧视与暂行特别措施上的差异性规定表明，暂行特别措施更多地是一项道德义务而非法律责任，难以应对严重的结构性就业歧视现象。

2. 暂行特别措施侧重于选举和担任公职等政治权利，轻视社会经济权利中的劳动就业平等问题。我国现行少数民族平等权利保障机制较为重视政治权利，在选举权和担任公职权利领域建立起了相对健全的民族优惠制度。然而，政府领导职务与管理岗位毕竟数量有限，社会中的就业问题主要还是通过劳动就业来实现的。我国的劳动就业涉及以市场机制为基础，通过雇佣合同形成的雇佣关系，在法律性质上属于社会经济权利中的劳动权利。在具体的实践中，实际上少数民族就业主要是被动地依赖就业市场调节，政府扩大和促进就业的积极法律义务并未得到充分体现。《就业促进法》未规定如何解决少数民族就业困难，如何落实少数民族就业保障责任，该法第六章列举了具体的"就业援助"措施，其中并未对少数民族就业优惠政策作出任何专门规定。在劳动与社会保障部制定的部门规章《就业服务与就业管理规定》中，具体的就业保障职能被委任给县级以上人民政府的劳动部门："县级以上劳动保障行政部门依法开展本行政区域内的就业服务和就业管理工作。"该规章没有规定专门的少数民族就业援助措施。具体到各民族自治地方，就业暂行特别措施政策往往表述为"各民族群众"，针对就业困难少数民族群众的专项政策还不完善、不充分，难以对用人单位实施有效引导和干预，未能通过积极的就业暂行特别措施矫正严重的结构性就业困境。

3. 重视教育培训和政府指导等间接就业促进手段，雇主激励与民族配额等直接暂行特别措施尚处于探索之中。在国际民族关系实践中，

---

[1]　李昊："少数民族就业纠偏行动：宪法平等原则的实施机制"，载《法学论坛》2015年第2期。

少数民族就业暂行特别措施主要分为三个层次：其一，各种间接的就业优惠措施。如少数民族职业培训和少数民族教育优惠，通过增加少数民族的人力资本投资来提高少数民族的职业竞争能力。其二，政府通过雇主激励政策引导或迫使雇主自愿实施各种灵活的雇佣数量目标，如"设定任务与目标""报告、监督及采取措施"。其三，严格的和强制性的雇佣数量标准要求，如民族就业配额制度。[1] 在以上三种就业优惠措施中，我国比较重视间接就业促进手段，如少数民族教育和职业培训优惠，雇主激励政策并不健全，而民族配额等直接就业纠偏措施则基本属于空白。[2]

4. 妇女领域的暂行特别措施有待进一步加强。我国高度重视妇女的平等权利保障，不仅将其作为宪法基本权利的特别保护主体，而且通过立法和政策对其采取多种优惠照顾措施。但是，由于复杂的社会历史原因，在暂行特别措施的法律实践中也依然存在诸多问题。其一，有些保护性措施的科学性和合理性存在疑问。我国强调通过优惠照顾保护妇女的合法权益，如在就业领域为保护妇女的身体健康而规定禁止女性从事某些危险、繁重工作岗位。再比如，为了体现对女性的优惠照顾，长期以来规定女干部比男干部提前退休5年，女工人比男工人提前退休5年。从我国立法的目的看，以上两项措施，其立法目的是为了保护女性，但并非暂行特别措施，而且由于时代的发展进步，以及女性参与立法决策和政策制定的程度不足，这些优惠照顾措施的科学性与合理性存在不足，与女性根据自己意愿自主实现劳动就业的权利形成了冲突，导致女性劳动者质疑上述优惠照顾措施的合法性。上述做法已经与国际社会对于性别平等与暂行特别措施的最新理解并不完全一致。其二，暂行特别措施的强制性和操作性较弱。在立法实践与法律实施过程中，对女性的暂行特别措施存在原则性强，操作性差的问题，客观上影响了暂行

---

[1] Robert J. Weiss, "We want jobs", *Garland Publishing* 1997, p. x.

[2] 李昊："少数民族就业纠偏行动：宪法平等原则的实施机制"，载《法学论坛》2015年第2期。

特别措施的实际效果。妇女就业领域的暂行特别措施缺乏目标明确、可执行、可监督的法律实施方法，未履行暂行特别措施的法律责任不明确，且不具有可诉性，尤其是没有引入保障暂行特别措施的诉讼制度与证据规则。暂行特别措施是反歧视理论研究与制度实践中的前沿问题，也是帮助弱势群体克服多种平等障碍的重要法律方法，通过合理差别的方式保障少数族群、妇女、残障人士等群体享有事实上的平等地位。暂行特别措施主要涉及政治权利、经济权利、社会和文化权利等多个领域，其中，就业是暂行特别措施的主要领域，教育是暂行特别措施的辅助环节，而少数民族是暂行特别措施的重点救济对象。暂行特别措施的理论基础涉及实质平等理论、结构性歧视理论、统计歧视理论等多维度的哲学、社会学、经济学问题，引发过最激烈的理论争议与诉讼纠纷。我国基于社会主义民主法治与公平正义观念，暂行特别措施是我国《宪法》的重要制度，对于保障我国平等、团结、互助的社会主义民族关系，保障我国男女平等宪法原则，保障我国残障人士等特定群体平等权利具有重要意义，这一制度将在我国全面建设法治国家的过程中不断完善和发展。

［练习和思考题］

1. 暂行特别措施的定义是什么？

2. 暂行特别措施的主要理论学说有哪些？

3. 暂行特别措施的主要社会争议有哪些？

4. 尝试总结重要多民族国家暂行特别措施的不同经验与路径。

［延伸阅读］

1.《消除对妇女一切形式歧视公约》。

2.［英］弗里德利希·冯·哈耶克:《自由秩序原理》，邓正来译，生活·读书·新知三联书店 1997 年版。

3. 张千帆:《西方宪政体系》，中国政法大学出版社 2004 年版。

4. 李薇薇:《禁止就业歧视：国际标准和国内实践》，法律出版社 2006 年版。

5. 李昊:《就业优惠制度的法律实践与法理思辨：域外反思与比较

借鉴》，法律出版社 2020 年版。

6. 李昊："少数民族就业纠偏行动：宪法平等原则的实施机制"，载《法学论坛》2015 年第 2 期。

第四章　反歧视法的渊源

[本章主题和课程目标]

本章主要介绍和分析反歧视法的渊源问题，包括反歧视法的国际法渊源以及国内法渊源。课程旨在帮助你掌握反歧视法渊源的具体形式以及反歧视法律的制定机关等。通过本章的学习，你可以进一步了解国内外禁止歧视的主要立法概况，初步具备运用反歧视法律对涉及歧视的案件进行具体分析的能力。

[案例导入]

1. 在沈某（劳动者）与广东某股份有限公司（用人单位）劳动争议纠纷案中，用人单位以劳动者对广州方言不熟悉，导致沟通不通畅，影响了正常的工作为由解除了与沈某的劳动合同。沈某认为用人单位的上述行为是就业歧视，其解除劳动合同的行为违法。[1]

请你尝试回答：

（1）用人单位以劳动者不熟悉广州方言为由解除劳动合同是就业歧视行为吗？

（2）我国目前现有的法律法规是否禁止用人单位基于不懂方言而对劳动者进行区别对待？

2. 据浙江新闻网报道，[2] 2019 年 12 月 3 日上午，杭州市滨江法院公开开庭审理了一起跨性别平等就业权纠纷案。原告小蓝（化名）

————————

〔1〕　案件详情可参见（2011）穗中法民一终字第 4942 号。

〔2〕　钱祎："变性后被公司解雇杭州一起跨性别平等就业权案开庭审理"，浙江新闻网，https：//zj. zjol. com. cn/news. html？id＝1340314，最后访问时间：2020 年 1 月 21 日。

今年30岁，2015年10月，他入职杭州某某文化创意有限公司，担任助理一职。2018年10月，小蓝做了一场手术，重置了性别，从"他"变成了"她"。手术期间，小蓝一直处于停薪留职状态，2018年12月下旬，小蓝返回公司上班。但上班不到一个月，公司就以小蓝严重违反公司规章制度为由解除了与其的劳动关系。多次协商无果后，小蓝决定将公司告上法庭。庭审中，原被告双方就公司是否对小蓝"同等对待"、公司解雇小蓝的行为是否"构成歧视"展开激烈争论。被告公司诉称，公司平等对待所有员工，且依法解除与原告的劳动合同，无不合理的区别对待和跨性别身份歧视的侵权事实。解除劳动合同的根本原因是小蓝多次迟到严重违反公司的规章制度。原告小蓝并不认同公司给出的理由。小蓝认为被告解除劳动合同的行为完全是基于小蓝的性别转换，属于基于性别的差别对待，这种差别对待损害了小蓝的公平就业权和劳动权。

请你尝试回答：

（1）基于跨性别身份的差别对待是否合理？原告就此提起诉讼是否有法律依据？

（2）基于跨性别身份的差别对待是否属于基于性别的歧视？

法律的渊源（sources of law）一词的含义，从狭义上讲，指法律的效力来源，包括法的创造方式和表现形式。[1] 从广义上讲，除了法律的效力来源外，还包括：法律的历史渊源、法律的理论或哲学渊源、法律的正式渊源或形式渊源、法律的文献渊源以及法律的文化渊源等。[2] 本章所讨论的反歧视法的渊源，主要从狭义的角度，着眼于反歧视法的效力来源，梳理各种立法机关制定的反歧视法律规范的具体表现形式。

按照表现形式和适用方式的不同，反歧视法的渊源可以分为国际法渊源和国内法渊源。其中，国际法渊源包括涉及反歧视规则的基本国际文件、专门公约以及区域性国际组织的法律等。国内法渊源，根据各国

〔1〕 魏振瀛主编：《民法》，北京大学出版社、高等教育出版社2014年版，第14页。
〔2〕 薛波主编：《元照英美法词典》，法律出版社2003年版，第1273页。

不同的司法制度，包括成文法渊源和判例法渊源。

第一节　国际法渊源

反歧视法的国际法渊源是指以国际法形式表现出来的包含反歧视制度的法律规范。目前，反歧视制度在联合国一般性国际公约和文件、专门公约以及区域性国际组织的有关法律中均有体现。

一、一般性国际公约和文件

涉及反歧视制度的基本国际文件主要包括：1945 年的《联合国宪章》、1948 年的《世界人权宣言》、1966 年的《经济、社会、文化权利国际公约》和《公民权利和政治权利国际公约》等。基本国际文件中的不歧视规则是基于个人受到歧视性待遇不符合平等原则这样一个理念而产生的。但是，在 1945 年以前，反歧视的内容只在关于保护少数者权利的条约中才有所体现。直到 1945 年《联合国宪章》制定，适用于每一个人的不歧视原则才成为普遍承认的国际法。[1] 《联合国宪章》第 1 条开宗明义地指出联合国的宗旨是促成国际合作，以解决国际属于经济、社会、文化及人类福利性质之国际问题，且不分种族、性别、语言或宗教，增进并激励对于全体人类之人权及基本自由之尊重。第 13 条规定应促进经济、社会、文化、教育及卫生各部门之国际合作，且不分种族、性别、语言或宗教，助成全体人类之人权及基本自由之实现。由于制定《联合国宪章》的主要目的在于建立和维护第二次世界大战后人类和平的国际环境和秩序，而非专门的人权保障的国际条约，因此其在宣告对平等权的保护方面显得较为笼统和抽象，所列的保护范围也比较有限。[2]

---

〔1〕 李薇薇、Lisa Stearns 主编：《禁止就业歧视：国际标准和国内实践》，法律出版社 2006 年版，第 111~112 页。

〔2〕 蔡定剑主编：《中国就业歧视现状及反歧视对策》，中国社会科学出版社 2007 年版，第 31 页。

1948 年联合国大会通过的《世界人权宣言》对平等和反歧视进行了较为全面的阐述，在 30 个条文中将近有一半的条文直接或间接地提出了对平等权利的保护问题。《世界人权宣言》第 1 条提出人人生而自由，在尊严和权利上一律平等。第 2 条规定，人人有资格享受本宣言所载的一切权利和自由，不分种族、肤色、性别、语言、宗教、政治或其他见解、国籍或社会出身、财产、出生或其他身分等任何区别。第 7 条重申在法律面前人人平等，并有权享受法律的平等保护，不受任何歧视。第 23 条规定了在就业和工作领域人人有同值同酬的权利，不受任何歧视。第 24 条规定了人人有享受休息和闲暇的权利，包括工作时间有合理限制和定期给薪休假的权利。第 25 条强调一切儿童，无论婚生或非婚生，都应享受同样的社会保护。可见，《世界人权宣言》对平等和反歧视的保护不仅范围较广，而且也较为具体和明确。

1966 年制定的《公民权利和政治权利国际公约》和《经济、社会、文化权利国际公约》是在《联合国宪章》和《世界人权宣言》之后产生的两个重要的综合性人权公约，统称"人权两公约"，与《世界人权宣言》合称"国际人权宪章"，是国际人权领域最重要的法律文件。

《公民权利和政治权利国际公约》由序言和六个部分组成，共 53 条。在涉及平等保护和反歧视方面，该公约的特点体现在以下方面：①平等权的普遍保护：公约规定，本公约每一缔约国承担尊重和保证在其领土内和受其管辖的一切个人享有本公约所承认的权利，不分种族、肤色、性别、语言、宗教、政治或其他见解、国籍或社会出身、财产、出生或其他身份等任何区别。②平等权的法律保护：公约规定，所有的人在法律面前一律平等，并有权受法律的平等保护，无所歧视。法律应禁止任何歧视并保证所有的人得到平等的和有效的保护，以免受基于种族、肤色、性别、语言、宗教、政治或其他见解、国籍或社会出身、财产、出生或其他身分等任何理由的歧视。③平等权的法律救济：公约规定，缔约国保证任何一个被侵犯了本公约所承认的权利或自由的人，能得到有效的补救；保证任何要求此种补救的人能由合格的司法、行政或立法当局或由国家法律制度规定的任何其他合格当局裁定其在这方面的权利；并发展司法补救的可能性。

《经济、社会、文化权利国际公约》包括序言和五个部分，共 31 条。在涉及平等保护和反歧视方面，该公约的特点体现在：①公约通过原则性条文，要求缔约各国承担保证本公约所宣布的权利得以普遍行使，不因种族、肤色、性别、语言、宗教、政治或其他见解、国籍或社会出身、财产、出生或其他身份等做出区分。②公约强调性别平等，规定缔约各国承担保证男子和妇女在本公约所载一切经济、社会及文化权利方面有平等的权利。③公约重视儿童和少年的保护，规定应为一切儿童和少年采取特殊的保护和协助措施，不得因出身或其他条件而有任何歧视。④对就业和工作的平等权作出了具体规定，包括平等的工作权，即公约规定缔约各国承认工作权，包括人人应有机会凭其自由选择和接受的工作来谋生的权利，并将采取适当步骤来保障这一权利；[1] 同值同酬的权利，即公平的工资和同值工作同酬（equal remuneration for work of equal value）而没有任何歧视，特别是保证妇女享受不差于男子所享受的工作条件，并享受同值同酬；平等的晋升机会，即人人在其行业中适当的提级的同等机会，除资历和能力的考虑外，不受其他考虑的限制；平等享受社会保障，即公约规定缔约各国承认人人有权享受社会保障，包括社会保险。

二、专门性国际公约和文件

涉及反歧视制度的专门公约数量较多，有些由联合国大会通过，较大一部分由国际劳工组织制定，此外联合国教科文组织也制定了禁止教育歧视方面的专门公约。

主要的涉及反歧视制度的专门公约包括：

（一）联合国大会通过的专门公约

1.《消除一切形式种族歧视国际公约》[2]。1965 年的《消除一切形式种族歧视国际公约》包括序言和三个部分，共 25 条。该公约要求成员国促进各种族之间的相互理解，使人人在法律上平等并有权享受法

---

〔1〕　《经济、社会、文化权利国际公约》第 7 条。
〔2〕　中国政府于 1981 年 11 月 26 日正式批准了《消除一切形式种族歧视国际公约》。

律的平等保护，以防止任何歧视及任何煽动歧视的行为，从而消除一切形式的种族歧视。根据该公约第 1 条的规定，"种族歧视"是指"基于种族、肤色、世系或民族或人种的任何区别、排斥、限制或优惠，其目的或效果为取消或损害政治、经济、社会、文化或公共生活任何其他方面人权及基本自由在平等地位上的承认、享受或行使。"值得注意的是，该公约第 5 条要求缔约国承诺禁止并消除一切形式种族歧视，特别是在涉及司法裁判，政治权利，公民权利，经济、社会及文化权利，公共服务等方面。其中，在就业领域应保证自由选择职业、享受公平优裕的工作条件、免于失业的保障、同值同酬、获得公平优裕报酬的权利等。根据该公约，联合国设立了负责监测缔约国履行该公约义务的情况的专门机构，即消除种族歧视委员会。

2.《消除对妇女一切形式歧视公约》[1]。该公约于 1979 年 12 月 18 日由联合国大会决议通过，于 1981 年 9 月 3 日生效，是第一个旨在消除对妇女一切形式的性歧视和性别歧视的具有全面法律约束力的国际公约。该公约包括序言和六个部分，共 30 条。根据该公约第 1 条的规定，"对妇女的歧视"指"基于性别而作的任何区别、排斥或限制，其影响或其目的均足以妨碍或否认妇女不论已婚未婚在男女平等的基础上认识、享有或行使在政治、经济、社会、文化、公民或任何其他方面的人权和基本自由"。这一定义包括在公共生活和私人生活的所有方面对妇女在法律上或实践中有意或无意的直接和间接歧视。公约保障在政治、经济、社会、文化、家庭等领域妇女享有的平等权利。同时，公约为消除对妇女的歧视提供了法律依据，要求缔约国必须采取法律措施禁止歧视妇女，将男女平等原则写入国家宪法，或者制定男女平等法；缔约国不得提出与公约目的相抵触的保留。值得注意的是，该公约第 11 条明确规定了在就业和劳动权利平等方面，妇女应平等享有工作权利这一基本人权，并列出了缔约国所应当承担的多项义务，以确保妇女就业权利能得到充分和有效地实现。具体包括：其一，缔约国必须保障妇女

---

〔1〕 中国政府于 1980 年 7 月 17 日签署《消除对妇女一切形式歧视公约》，同年 11 月 4 日交存批准书，12 月 4 日该公约对中国生效。

与男子享有相同的就业权利和机会。第二，妇女有权自由选择职业，不得把她们自动地输送到传统的"妇女岗位"上。其三，缔约国必须保障妇女同值同酬，以及在评价工作质量方面受到相等待遇；保障妇女享受到带薪假期以及与退休、失业、疾病和老年有关的福利。其四，不得基于婚姻或者孕产状况对参加工作的妇女进行歧视。

此外，《残疾人权利公约》《儿童权利公约》等一系列国际人权公约中也都包含大量的平等非歧视方面的规定。

（二）国际劳工组织的专门公约

自1919年成立至今，国际劳工组织一直重视维护弱势劳工群体的权益，在涉及移民工人、家庭工人、非全日制工人、男女同值同酬、残障工人、最低就业年龄等方面制定了大量的公约和建议书。国际劳工组织认为，弱势群体之所以权益容易受到损害，是因为其容易遭受基于性别、种族、年龄、国籍、健康等不同因素的歧视，造成其在就业机会和报酬待遇等方面的不平等。

1.《男女工人同值同酬公约》[1]。国际劳工组织1951年的《男女工人同值同酬公约》（第100号公约）共由14个条文组成。该公约第1条首先对"男女工人同值同酬"（equal remuneration for men and women workers for work of equal value）作了界定，指出报酬率的定制，不得有性别上的歧视，且每一成员国都应保证男女工人同值同酬的原则对一切工人适用。该公约第2条规定了同值同酬原则实施的方式包括：国家的法律或规章、依法设立或在法律上得到承认的工资决定机构、雇主与工人间的集体协议等。该公约第3条指出，在行动有助于实施公约规定的情况下，应采取措施去促进在实际工作的基础上对各种职位进行客观评价；评价的方法可由负责决定报酬率的当局决定；工人间报酬率的差异，如果是基于客观评价所确定的实际工作的差异，而与性别无关，则不应视为违反男女工人同值同酬的原则。该公约第4条强调，每一成员国应斟酌情形与有关的雇主组织和工人组织合作，以实施公约的规定。

---

〔1〕 中国政府于1990年9月7日批准了《男女工人同值同酬公约》，同年11月2日该公约对中国正式生效。

该公约第 12 条规定国际劳工局理事会应于它认为必要时，向大会提出关于公约实施情况的报告。

2.《1958 年消除就业和职业歧视公约》[1]。国际劳工组织《1958 年消除就业和职业歧视公约》（第 111 号公约）由 14 个条文组成。该公约首先对就业和职业领域的歧视进行了界定，即基于种族、肤色、性别、宗教、政治见解、民族血统或社会出身等原因，具有取消或损害就业或职业机会均等或待遇平等作用的任何区别、排斥或优惠。其次，公约规定了不构成歧视的差别对待情形。包括三种情况，一是"对一项特定职业基于其内在需要的任何区别、排斥或优惠不应视为歧视"；二是"针对有正当理由被怀疑为或证实参与了有损国家安全活动的个人所采取的任何措施，不应视为歧视，只是有关个人应有权向按照国家实践建立的主管机构提出申诉"；三是"国际劳工大会通过的其他公约和建议书规定的保护或援助的特殊措施不应视为歧视"。最后，公约规定了消除歧视应采取的措施，包括寻求雇主组织和工人组织及其他适当机构在促进接受和遵守该项政策方面的合作；制定可使人接受和遵守该项政策的法规，推进可使人接受和遵守该项政策的教育计划；废除任何不符合该项政策的法令规定，修改任何不符合该项政策的行政指示或做法等。

3.《移民工人公约》[2]。1975 年国际劳工组织制定的《移民工人公约》旨在消除基于国籍的歧视行为。根据该公约，"移民工人"一词系指仅为个人目的从一国移往另一国以便获得一个就业机会的人员；该定义包括一切作为移民工人被正常接受的人员，但不包括下列人员：①边界地区工人；②短期进入该国的艺术家和从事自由职业的人员；③海员；④单纯为培训和教育目的而入境的人员；⑤在某国领土上开展活动的组织或企业所雇用的人员，这些人员被该国应其雇主的要求所临时接纳，以便执行专门的使命或任务，期限短暂并已确定，在完成这些使命或任务后必须离开该国。该公约为移民工人的劳工标准和法律保护

---

〔1〕 中国政府于 2006 年 1 月 12 日正式批准了《1958 年消除就业和职业歧视公约》。

〔2〕 该公约全名为《非法条件下的移民和促进移民工人机会及待遇平等公约》（第 143 号公约）。

提供了依据，具体内容涉及移民工人保护的最低标准；移民工人适应就业国生活和工作条件的措施；就业机会；获得社会服务、医疗服务以及合理住房等。凡本公约业已生效的会员国，承诺对移民工人或其家属合法处于该国领土的人员制订并实施一项国家政策，以便通过符合国情和习惯的方式，促进和保障其就业、职业、社会保障、工会和文化权利、个人和集体自由方面的机会和待遇平等。

4.《非全日制工作公约》。非全日制工作是 20 世纪后期国际上新出现的一种就业形式，用工方式灵活多样，如短期就业、季节就业、承包就业等。考虑到在就业机会、工作条件及社会保障领域对非全日制工人予以保护的必要性，国际劳工组织于 1994 年通过了《非全日制工作公约》（第 175 号公约）和同名的建议书（182 号建议书）。这两个文件对非全日制工人的就业、劳动报酬、职业安全卫生及社会保障问题作了原则规定，目的在于使非全日制工人能按其工时比例享受与全日制工人的同等待遇。根据公约规定，"非全日制工人"是指"正常工时"少于"可比全日制工人"的工作时间的受雇人员。"正常工时"得按每周或以一定就业时段的平均值计算；"可比全日制工人"一词，是指下列全日制工人：①具有相同类型的就业关系；②从事相同或相似类型的工作或职业；③在相同的部门就业，或在该部门无可比全日制工人的情况下，在相同的企业就业，或在该企业无可比全日制工人的情况下，在相同的行业就业；但受部分失业影响的全日制工人，即其正常工时因经济、技术或结构原因被集体和临时性削减的工人，不视为非全日制工人。按照公约的规定，缔约国应采取措施保证非全日制工人在下列方面得到可比全日制工人同样保护：①组织权利、集体谈判权利和担任工人代表的权利；②职业安全和卫生；③免受就业和职业歧视。同时，在工资、社会保障、生育保护、终止就业、带薪年假和带薪公共假日以及病假等方面获得平等保护。缔约国应采取措施包括：①审查可能阻止或妨碍使用或接受非全日制工作的法律和法规；②在有就业服务设施的地方对其加以利用，以在其信息和安置活动中确认和公布非全日制工作机会；③特别注意失业人员、有家庭责任的工人、老年工人、残障工人和正在接受教育或培训的工人等特殊群体的就业政策需要并优先选择。

5.《家庭工作公约》。家庭工作是国际上出现的比较新的一种就业形式，由于其灵活性迎合了部分企业和劳动者的特殊需求，因而日益受到关注。但从事家庭工作的人在工作条件和待遇方面往往缺乏足够的保障。因此，在 1996 年日内瓦举行的第 83 届国际劳工局理事会会议上通过了《家庭工作公约》（第 177 号公约），该公约共 18 条。按照公约的规定，"家庭工作"指在下列情况下所从事的工作：①在其家中或是在其选择的、除雇主的工作场所之外的其他场所；②以获取报酬为目的；③工作的结果是雇主指定的产品或服务，不论由谁提供所使用的设备、材料或其他投入，除非此人具备根据国家法律、条例或法庭裁定而被视为是独立工人必须具备的自主的程度和经济独立的程度。国际劳工组织认为，从事家庭工作的工人在就业和工作条件各个方面，应享有与其他的工人尽可能相同的待遇，包括：①家庭工人建立或参加他们自行选择的组织的权利及参与此种组织活动的权利；②防止就业和职业方面的歧视；③职业安全与卫生方面的保护；④报酬；⑤法定的社会保障的保护；⑥获得培训机会；⑦允许就业或工作的最低年龄；⑧生育保护等。

6.《消除劳动世界中暴力和骚扰公约》。劳动世界中存在的暴力和骚扰行为是歧视的一种表现。2019 年 6 月 21 日，国际劳工组织在日内瓦通过了《消除劳动世界中暴力和骚扰公约》（第 190 号公约），旨在打击工作场所中的暴力和骚扰行为。除前言外，该公约的内容由八个部分组成，分别为"定义""适用范围""核心原则""保护和预防措施""执法和补救措施""指导、培训与意识提高""实施办法"以及"最后条款"等。与以往的反歧视公约比较，该公约有一些显著的特点。首先，该公约对骚扰进行了法律界定，明确"暴力和骚扰"是指"旨在造成、导致或可能导致身体、心理、性方面或经济方面伤害的行为、做法或威胁"。上述定义没有采用"违背妇女意志"这样的限制语，表明女性或男性都可能是暴力和骚扰的受害者。其次，该公约适用范围包含劳动世界的所有人，包括工人、雇员、接受培训人员、实习生、学徒工、就业已被终止的工人、志愿者、求职者和应聘者等。再次，该公约明确指出，各国应采取具有包容性、综合性和社会性别敏感性的方法来预防和消除暴力和骚扰，并保证所有人在就业和职业方面的平等权和非歧视权，尤其是女工以及属于一个或多个弱势群体或处于脆弱状态的劳动者。此外，该公约也非常强调实施机制，明确指出劳动世界中基于社会性别暴力和骚扰的受害人可以有效利用具有社会性别敏感性且安全高效的争议解决机制支持、服务和补救。

（三）联合国教科文组织的专门公约

《取缔教育歧视公约》于1960年在联合国教科文组织全体大会上获得通过，是第一部广泛涵盖受教育权利各个方面的国际文书，作为国际公约对成员国具有法律约束力，也是联合国教科文组织教育领域内头等重要的规范性文件之一。按照该公约规定，教育应是一项基本人权，而非奢侈品，各国有责任落实无偿义务教育。尤其值得注意的是，公约禁止任何形式的教育歧视，提倡教育机会平等。该公约第1条开宗明义对"教育歧视"一语进行了定义，指明教育歧视是基于种族、肤色、性别、语言、宗教、政治或其他见解、国籍或社会出身、经济条件或出生的任何区别、排斥、限制或特惠，其目的或效果为取消或损害教育上的待遇平等，特别是：①禁止任何人或任何一群人接受任何种类或任何级别的教育；②限制任何人或任何一群人只能接受低标准的教育；③对某些人或某群体设立或维持分开的教育制度或学校，但本公约第2条的规定不在此限；④对任何人或任何一群人加以违反人类尊严的条件。为了消除并防止教育歧视，该公约要求缔约各国承担：①废止含有教育上歧视的任何法律规定和任何行政命令，并停止含有教育上歧视的任何行政惯例；②必要时通过立法，保证在学校招收学生方面，没有歧视；③在学费和给予学生奖学金或其他方式的协助以及前往外国研究所必要的许可和便利等事项时，除了以成绩或需要为基础外，不容许公共当局对不同国民作不同的待遇；④在公共当局所给予学校的任何形式的协助上，不容许任何纯粹以学生属于某一特殊团体这个原因为基础而定的限制或特惠；⑤对在其领土内居住的外国国民，给予与本国国民一样的受教育机会。

三、区域性国际组织法律规范

反歧视法的国际法渊源除了基本国际文件和专门公约外，还包括区域性国际组织的相关法律规范，其中最为典型的是欧盟。欧盟的反歧视法律涉及种族、性别、国籍以及宗教或信仰、残障、年龄和性倾向等。以下即以欧盟为例，展示其多元化的区域反歧视规范。

（一）禁止种族歧视的法律规范

为了反对任何形式的种族主义，欧洲理事会于 2000 年 6 月 29 日颁布了《关于实行不同种族与民族出身的人之间平等待遇原则的第 2000/43/EC 号指令》（简称《种族平等指令》）。该指令由四个部分组成，其中第一部分为总则，规定了指令的目标、指令的使用范围与例外、种族歧视的定义等内容；第二部分涉及赔偿和执行，主要规定了权利的保护、举证责任、免受报复、信息传播、社会对话等内容；第三部分涉及促进平等机会和待遇的机构，规定各个成员国应当成立专门平等推进机构以切实促进种族平等事业；第四部分是指令的最后条款，涉及合规性、制裁、执行及报告义务等内容。该指令指出，在可比情况下，基于种族或民族出身，个人相比他人已受到、受到或将受到不利待遇的情况应视为直接歧视；一项明显中立的规定、标准或惯例使特定种族或民族出身的个人处于与某种与其他人相比更为不利的情况，则应视为间接歧视。[1]

（二）禁止性别歧视的法律规范

早在 1957 年，欧盟就通过了《同值同酬指令》。1976 年通过的《性别平等待遇指令》则全面提出了系统地保护女性权益，在同值同酬、社会保险、孕期和产假等领域提供全面平等保护。时至今日，欧盟颁布的反对性别歧视的法律文件数量很多，重要的指令包括：①《关于逐步实行男女在社会保险事务方面平等待遇原则的指令》（Directive 79/7）；②《关于在就业社会保险计划中实行男女平等待遇原则的指令》（Directive 86/378）；③《关于在农业从业人员、独立创作人员和从事个

---

〔1〕 欧盟《关于实行不同种族与民族出身的人之间平等待遇原则的第 2000/43/EC 号指令》，第 2 条。

体职业女性在孕期和抚养子女方面实行男女平等原则的指令》（Directive 86/613）；④《关于采取措施改善孕期、产后和育儿期职工安全和健康状况的指令》（Directive 92/85）；⑤《关于执行欧盟、联合国关于育儿假的框架协议的指令》（Directive 96/34）；⑥《关于性别歧视案件中举证责任的指令》（Directive 97/80）；⑦《关于修改"理事会关于在就业、职业培训与提升以及工作条件等方面贯彻男女同等待遇原则的第76/207/EEC 号指令"的指令》（Directive 2002/73/EC）等。值得注意的是，根据欧盟法律的规定，骚扰行为在一定条件下也可以构成性别歧视。

（三）禁止国籍歧视的法律规范

《欧共体条约》确定了成员国之间包括人员在内的自由流动原则，而基于国籍的歧视是对包括人员在内的自由流动的主要障碍。为此，欧盟制定了相应的立法，来规制基于国籍的歧视行为。这些法律规范主要包括两个条例和四个指令。其中，两个条例为 1968 年的《关于劳动者在共同体内部流动自由的条例》（1612/68）和 1970 年的《关于劳动者在某个成员国境内的工作终止后继续居住在该成员国的权利的条例》（1251/70）；四个指令为 1964 年的《关于协调涉及外国国民因为公共政策、公共安全或者公共卫生原因而引起的流动和居住问题的特别措施的指令》（64/221/EEC）、1968 年的《关于废除成员国对于劳动者及其家属在共同体范围内流动与居住的限制的指令》（68/360/EEC）、1998年的《关于保护在共同体内部流动的受雇者和自雇者的补充养老金权利的指令》（98/49/EC）以及 2004 年的《关于欧盟公民及其家属在成员国境内自由迁移与定居的权利的指令》（2004/38/EC）。

（四）禁止宗教或信仰、残障、年龄和性倾向等歧视的法律规范

欧盟理事会在 2000 年 11 月颁布了《就业框架指令》（2000/78/EC）。该指令与欧洲理事会同年颁布的《种族平等指令》（2000/43/EC）在结构上十分相似，内容上也具有较强的互补性。《就业框架指令》的目的在于设定反对就业与职业中基于宗教信仰、残障、年龄或性

倾向歧视的总体框架，使平等待遇原则在成员国生效。[1] 但是该指令不适用于性别歧视、种族歧视以及国籍歧视。[2]《就业框架指令》共分四章，21 个条款。第一章为一般性条款，规定了立法目的、歧视的定义、指令的适用范围、不构成歧视的例外、为残障者提供合理便利、积极行动、成员国最低标准的内容；第二章为补救与执行，规定了权利保护、举证责任、免于报复、信息传播等内容；第三章为特殊条款，针对北爱尔兰平等保护问题作了特殊规定；第四章为最终条款，规定了合规性、处罚、实施、成员国报告义务等内容。

不同的区域性国际组织的反歧视法律不尽相同。比如，北美自由贸易协定体系涉及禁止就业歧视的规定被置于一个单独的文件之中，即《北美劳动合作协定》。同时，北美自由贸易协定体系没有设立监督成员国司法的法院。与之相反，欧盟通过立法的方式制定了一系列禁止就业歧视的指令，并通过欧洲法院监督各个成员国的司法机构实施欧盟反歧视法律。因此欧盟的条约、指令以及欧洲法院的判决意见均可以成为各个成员国国内反歧视法的渊源。不论如何，区域性国际组织的反歧视法律规范已经成为重要的反歧视国际法渊源。

第二节　国内法渊源

反歧视法的国内法渊源是指各国国内涉及反歧视制度的法律规范的总和。从形式上看，反歧视法的国内法渊源包括成文法渊源和判例法渊源。以成文法形式表现的反歧视法律规范，依据各国不同的法律制度，呈现各自的特点。[3] 但通常来讲，成文法形式的反歧视法律规范主要以宪法条文、单行法、行政法规等方式体现。以判例法形式表现的反歧

---

〔1〕《就业框架指令》（第 2000/78/EC 号），第 1 条。

〔2〕 李薇薇、Lisa Stearns 主编：《禁止就业歧视：国际标准和国内实践》，法律出版社 2006 年版，第 193 页。

〔3〕 譬如，在联邦制国家，联邦政府和联邦成员各自可以颁布平行的反歧视法律；而在单一制国家，通常是中央政府颁布反歧视法律，地方政府则制定实施细则。

视法律规范，在判例具有法定约束力的英美法系国家尤为通行。值得注意的是，如今在越来越多的国家，成文法渊源和判例法渊源紧密结合、互为补充，共同促进反歧视制度的发展和完善。

一、我国禁止歧视的法律规范

我国目前尚未有专门的反歧视法，关于禁止歧视的规定主要散见于相关法律规范中。[1]

（一）《宪法》中涉及平等保护的规定

现行《宪法》主要从法律的基本原则与公民基本权利角度对平等权保护和禁止歧视作了规定。《宪法》第 33 条规定中华人民共和国公民在法律面前一律平等；第 4 条规定中华人民共和国各民族一律平等，国家保障各少数民族的合法的权利和利益，维护和发展各民族的平等、团结、互助关系，禁止对任何民族的歧视和压迫；第 36 条规定中华人民共和国公民有宗教信仰自由，任何国家机关、社会团体和个人不得强制公民信仰宗教或者不信仰宗教，不得歧视信仰宗教的公民和不信仰宗教的公民；第 48 条规定中华人民共和国妇女在政治的、经济的、文化的、社会的和家庭的生活等各方面享有同男子平等的权利，国家保护妇女的权利和利益，实行男女同工同酬，培养和选拔妇女干部。

（二）全国人民代表大会及其常务委员会制定的相关法律

1. 特定群体保护类立法。主要有：

（1）《妇女权益保障法》。该法在促进男女平等、保障妇女权利方面作出了许多重要的规定。第 2 条规定妇女在政治的、经济的、文化的、社会的和家庭的生活等各方面享有同男子平等的权利，实行男女平等是国家的基本国策，国家采取必要措施，逐步完善保障妇女权益的各项制度，消除对妇女一切形式的歧视。国家保护妇女依法享有的特殊权益，禁止歧视、虐待、遗弃、残害妇女。该法第三章规定国家保障妇女

---

〔1〕　有学者已经就制定专门的反歧视进行了可行性和必要性研究，并提出了专家建议稿，详见蔡定剑、刘小楠主编：《反就业歧视法专家建议稿及海外经验》，社会科学文献出版社 2010 年版；周伟："中华人民共和国反歧视法学术建议稿"，载《河北法学》2007 年第 6 期；等等。

享有与男子平等的文化教育权利。第四章对女性劳动者在就业过程中享有的平等权进行了全面阐述。在2005年修订该法时第40条规定禁止对妇女实施性骚扰，受害妇女有权向单位和有关机关投诉。这是我国法律第一次明确规定禁止针对妇女实施性骚扰，对保护妇女权益具有重要意义。

（2）《残疾人保障法》。该法旨在维护残障者的合法权益，保障残障者平等地充分参与社会生活。第3条规定残疾人在政治、经济、文化、社会和家庭生活等方面享有同其他公民平等的权利，残疾人的公民权利和人格尊严受法律保护，禁止基于残疾的歧视。法律在第三章对残疾人受教育的问题进行了规定。第四章则对残疾人的劳动和就业问题进行了规定。第30条规定国家保障残疾人劳动的权利。第31条规定残疾人劳动就业，实行集中与分散相结合的方针，采取优惠政策和扶持保护措施，通过多渠道、多层次、多种形式，使残疾人劳动就业逐步普及、稳定、合理。第33条规定国家实行按比例安排残疾人就业制度。国家机关、社会团体、企业事业单位、民办非企业单位应当按照规定的比例安排残疾人就业，并为其选择适当的工种和岗位。达不到规定比例的，按照国家有关规定履行保障残疾人就业义务。国家鼓励用人单位超过规定比例安排残疾人就业。

2. 劳动类立法。主要有：

（1）《劳动法》。该法是调整劳动和劳动关系的基本法，对平等就业问题作了原则性规定。其中，第3条规定劳动者享有平等就业和选择职业的权利；第12条规定劳动者就业，不因民族、种族、性别、宗教信仰不同而受歧视；第13条规定妇女享有与男子平等的就业权利，在录用职工时，除国家规定的不适合妇女的工种或者岗位外，不得以性别为由拒绝录用妇女或者提高对妇女的录用标准。

（2）《就业促进法》。该法是目前我国现有法律中关于平等就业保障和禁止歧视比较完整和具体的法律规范。该法在总则第3条明确规定劳动者依法享有平等就业和自主择业的权利，劳动者就业，不因民族、种族、性别、宗教信仰等不同而受歧视。同时，该法在分则第三章用一章的内容专门规定了公平就业制度：第 25 条规定各级人民政府创造公平就业的环境，消除就业歧视；第 26 条规定用人单位招用人员、职业中介机构从事职业中介活动，应当向劳动者提供平等的就业机会和公平的就业条件，不得实施就业歧视；第 27 条规定国家保障妇女享有与男子平等的劳动权利，用人单位招用人员，除国家规定的不适合妇女的工种或者岗位外，不得以性别为由拒绝录用妇女或者提高对妇女的录用标准，用人单位录用女职工，不得在劳动合同中规定限制女职工结婚、生育的内容；第 28 条规定各民族劳动者享有平等的劳动权利；第 29 条规定国家保障残疾人的劳动权利，用人单位招用人员，不得歧视残疾人；第 30 条规定用人单位招用人员，不得以是传染病病原携带者为由拒绝录用；第 31 条规定农村劳动者进城就业享有与城镇劳动者平等的劳动权利，不得对农村劳动者进城就业设置歧视性限制。

（3）《工会法》。该法保护劳动者平等参与工会的权利。第 3 条规定在中国境内的企业、事业单位、机关中以工资收入为主要生活来源的体力劳动者和脑力劳动者，不分民族、种族、性别、职业、宗教信仰、教育程度，都有依法参加和组织工会的权利。

3. 教育类立法。主要有：

（1）《教育法》。该法第 9 条规定公民不分民族、种族、性别、职业、财产状况、宗教信仰等，依法享有平等的受教育机会。第 36 条同时规定受教育者在入学、升学、就业等方面依法享有平等权利。学校和有关行政部门应当按照国家有关规定，保障女子在入学、升学、就业、授予学位、派出留学等方面享有同男子平等的权利。

（2）《义务教育法》第 4 条规定，凡具有中华人民共和国国籍的适龄儿童、少年，不分性别、民族、种族、家庭财产状况、宗教信仰等，依法享有平等接受义务教育的权利，并履行接受义务教育的义务。

4. 其他法律。主要有：

（1）《民法典》。2021 年 1 月 1 日起正式施行的《民法典》中第 1010 条规定：违背他人意愿，以言语、文字、图像、肢体行为等方式对他人实施性骚扰的，受害人有权依法请求行为人承担民事责任。机关、企业、学校等单位应当采取合理的预防、受理投诉、调查处置等措施，防止和制止利用职权、从属关系等实施性骚扰。性骚扰被广泛认为是基于性别的歧视行为，中国立法者将性骚扰问题纳入首部以法典命名的民事基本法律之中，无疑具有重要的历史和现实意义。

（2）《传染病防治法》。该法第16条规定国家和社会应当关心、帮助传染病病人、病原携带者和疑似传染病病人，使其得到及时救治。任何单位和个人不得歧视传染病病人、病原携带者和疑似传染病病人。

（三）国务院、各部委制定的行政法规、部门规章

1. 《残疾人就业条例》和《残疾人教育条例》。《残疾人就业条例》针对残疾人在劳动就业领域的平等权作了规定，明确了用人单位应当为残疾人职工提供适合其身体状况的劳动条件和劳动保护，不得在晋职、晋级、评定职称、报酬、社会保险、生活福利等方面歧视残疾人职工。《残疾人教育条例》保障残疾人在教育领域的平等权，明确实施残疾人教育，贯彻国家的教育方针，并根据残疾人的身心特性和需要，全面提高其素质，为残疾人平等地参与社会生活创造条件。

2. 《女职工劳动保护特别规定》。该特别规定在第5条指出用人单位不得因女职工怀孕、生育、哺乳降低其工资、予以辞退、与其解除劳动或者聘用合同。同时，在第11条规定了在劳动场所，用人单位应当预防和制止对女职工的性骚扰。

3. 《就业服务与就业管理规定》。该管理规定在涉及平等就业和禁止歧视方面作了较为详细的要求。第4条规定，劳动者依法享有平等就业的权利，劳动者就业，不因民族、种族、性别、宗教信仰等不同而受歧视。第5条规定，农村劳动者进城就业享有与城镇劳动者平等的就业权利，不得对农村劳动者进城就业设置歧视性限制。第9条规定，用人单位招用人员，应当向劳动者提供平等的就业机会和公平的就业条件。第16条规定，用人单位在招用人员时除国家规定的不适合妇女从事的工种或者岗位外，不得以性别为由拒绝录用妇女或者提高对妇女的录用标准。用人单位录用女职工，不得在劳动合同中规定限制女职工结婚、生育的内容。第17条规定，用人单位招用人员，应当依法对少数民族

劳动者给予适当照顾。第18条规定，用人单位招用人员，不得歧视残疾人。第19条规定，用人单位招用人员，不得以是传染病病原携带者为由拒绝录用。第20条规定，用人单位发布的招用人员简章或招聘广告，不得包含歧视性内容。

（四）地方性法规

在我国，省、自治区、直辖市等人民代表大会及其常务委员会，根据本行政区域的具体情况和实际需要，在不与宪法、法律、行政法规相抵触的前提下可以制定地方性法规。地方性法规在本行政区域内有效，其效力低于宪法、法律和行政法规。目前，各地有不少涉及就业平等和禁止歧视的地方性法规，譬如《北京市农民工养老保险暂行办法》《上海市外来从业人员综合保险暂行办法》《广东省分散按比例安排残疾人就业办法》等。

除上述正式的法律渊源外，国务院、各部委以及各级地方政府制定发布的涉及平等就业和禁止歧视的政策性文件，在一定程度上可以视为反歧视规则的非正式渊源。譬如，国务院办公厅发布的《关于做好农民进城务工就业管理和服务工作的通知》、国家发展和改革委员会等九部门联合发布的《关于进一步清理和取消针对农民跨地区就业和进城务工歧视性规定和不合理收费的通知》、原劳动和社会保障部发布的《关于维护乙肝表面抗原携带者就业权利的意见》等。

综合来看，虽然我国目前尚未制定专门的反歧视单行法律，但从宪法到法律，从中央立法到地方立法，调整和规制涉及歧视的规范性文件数量较多，禁止歧视的理由也较为广泛。以就业领域的歧视为例，《劳动法》《就业促进法》等法律禁止用人单位基于民族、种族、性别、宗教信仰、残障、传染病病原携带者、农村劳动者等原因实施就业歧视行为。值得注意的是，我国法律对禁止歧视事由的列举是封闭性的还是半开放性的，目前学界仍有争议。本章开头的案例导入一和案例导入二分别涉及基于方言的差别对待和基于跨性别身份的差别对待。上述差别对待是否构成非法的就业歧视行为，取决于对现有反歧视法律的解释。如果主张我国法律对禁止歧视事由的列举是半开放性的，那么可以认为上述差别对待也构成法律禁止的歧视行为。但如果主张我国法律对禁止歧视事由的列举是封闭式的，那么主张上述差别对待构成非法歧视或许面临一定的困难。

二、其他国家禁止歧视的法律规范

目前世界上大多数国家（地区）有禁止歧视的立法，并且随着社会的发展与权利保障水准的提高，各国的反歧视立法在近些年呈现出新的发展趋势。[1]

（一）美国

美国被认为是最早通过立法手段禁止歧视的国家，其反歧视法律制度也相对较为完善。从反歧视法渊源的角度来看，既有成文法，又有判例法。由于美国是联邦制国家，联邦政府和各个州政府均制定了禁止歧视的成文法。联邦和州的反歧视法律的联系在于，联邦的反歧视法律是基础，各州根据本州的实际情况，可以在联邦法律的基础上扩大反歧视法律保护的范围。[2] 美国联邦层面的反歧视法律包括：

1. 《民权法案》第七章。美国国会通过的《1964 年民权法案》是美国有史以来最有影响力的民权立法，也是美国最为重要的反歧视联邦立法，被称为禁止就业歧视法律中的旗舰型标杆。该法案在 1991 年经由美国国会再次修订。按照法案第七章第 703（a）条规定，雇主的下列雇佣行为违法：基于个人的种族、肤色、宗教信仰、性别或者宗源国的原因，不雇用，或拒绝雇用，或解雇，或在工资待遇、工作条件、工作权利等方面给予歧视对待的；或者基于个人的种族、肤色、宗教信

---

〔1〕 各国反就业歧视法律制度最新发展可参见 Roger Blanpain（Editor）：New Development in Employment Discrimination Law，Wolters Kluwer（2008）。

〔2〕 典型的由州立法机构颁布的禁止就业歧视的法案如加利福尼亚州的《公平职业和住房法案》（Fair Employment and Housing Act）和新泽西州的《禁止歧视法》（Law Against Discrimination）。前者禁止雇主基于种族、宗教信仰、肤色、源生国、血统、体格、精神状态、残障、医疗状况、婚姻、性别以及年龄（race, religion, color, national origin, ancestry, physical, and in some cases mental, disability, medical condition, marital status, sex, age）的歧视行为。后者禁止雇主基于种族、信仰、肤色、源生国、血统、年龄、婚姻、性倾向、家庭状况、性别、现有的或以前的残障，以及非典型遗传性细胞血液特征（race, creed, color, national origin, ancestry, age, marital status, affectional or sexual orientation, familial status, sex, present or former handicap, or atypical hereditary cellular blood trait）的歧视行为。

仰、性别或者宗源国的原因，通过限制，隔离，或者对其员工或职位申请者进行等级分类等方式，剥夺或者试图剥夺任何个人的工作机会，或者对其作为一位员工的身份产生不利影响。在适用的对象上，法案的反歧视条款适用于绝大多数的公私雇主、职业介绍机构以及工会组织；在适用的范围上，法案的反歧视条款适用于雇佣关系的建立、履行和终止等各个方面。法案禁止基于种族、肤色、宗教信仰、性别以及宗源国原因的直接或间接的就业歧视。此外，法案第七章第704条保护任何由于反对雇主涉及第703条规定的非法职业歧视行为，或者提起申诉、作证、协助或参与任何形式的调查、诉讼或听证活动，而遭受雇主歧视性对待的员工或求职者。第704条通常也被称为反报复保护条款。

2.《职业年龄歧视法案》。《职业年龄歧视法案》是美国国会于1967年通过的禁止年龄歧视的法案。美国《民权法案》第七章并未禁止基于年龄的就业歧视，但几乎在美国《民权法案》通过的同时，美国国会即着手调查就业领域的年龄歧视问题。在当时的美国社会，在就业领域罔顾履职潜力而恣意设置年龄限制的做法相当普遍，年纪较大的员工即使拥有更好的生产力、更丰富的经验，在求职和工作过程中仍然经常性地面临不利的处境。[1] 国会开展的相关调查表明，在就业领域存在的年龄歧视对美国社会和经济发展产生了不利影响。[2] 有基于此，以特定年龄群体为保护对象的美国《就业年龄歧视法案》在1967年获得通过。按照法案的规定，雇主不得基于年龄原因不雇用，或拒绝雇用，或解雇，或在工资待遇、工作条件、工作权利等方面给予员工或者求职者歧视性对待。[3] 法案在最初通过时，设立的保护群体较为狭窄，仅仅规定了年龄40岁至65岁之间的人群不受歧视性待遇。1978年美国国会对法案进行了修订，将年龄上限由65岁调整至70岁。1986年法案再次被修订时，美国国会完全取消了年龄歧视保护群体的年龄上限。根据现行法案的规定，当雇主基于年龄原因在保护群体（40岁以上）和

---

〔1〕 29 of the United States Code, section 621 (a) (1) (2) (3).

〔2〕 29 of the United States Code, section 621 (a) (4).

〔3〕 29 U. S. Code § 623 (a) (1) (2000).

非保护群体（不满 40 岁）之间基于年龄因素进行歧视性区别对待时，受保护群体（40 岁以上）可以依据该法案提起就业歧视诉讼。

3.《平等报酬法案》。美国国会于 1963 年通过的美国《平等报酬法案》是作为 1938 年的美国《公平劳动标准法案》的修正案而制定的。法案的立法宗旨是要求雇主向在同一个公司或单位内从事相同工作的女性雇员和男性雇员支付相同的工资报酬。相同的工作是指在相似工作条件下需要同样的技术、承担同样的职责的工作。虽然法案几乎涵盖美国境内的所有雇员，但法案的调整范围还是相对较为狭窄，因为法案只针对基于性别因素的不平等待遇，基于其他因素的不平等待遇，如种族、年龄、宗教信仰等，均不在法案的规制范围之内。不难看出，当事人依据美国《平等报酬法案》提出平等报酬诉求时需要证明的关键问题是从事了"相同的工作"。按照规定，相同的工作表明所涉及的岗位具有实质上的相同性，而不仅仅是类似而已。因此，在实践中，原告往往需要花费较大的精力来举证证明工作岗位的实质相同性。这通常需要原告证明：所涉及的工作岗位是在同一公司或单位内；工作是在相似的环境下进行的；完成工作任务所需的技能、精力和责任是相同的。由于这样的诉讼需要运用大量的统计数据分析，因此，案件所牵涉的主要是事实问题，而非法律问题。法案还规定，雇主基于以下理由支付不同报酬的，不认为是违反法案的行为：①基于资历制度支付不同报酬的；②基于奖励制度支付不同报酬的；③按照产品的数量或质量计算报酬的；④基于性别以外的其他因素支付不同报酬的。由于法案本身的适用范围较为狭窄，外加雇员举证责任较为困难以及雇主有一系列的抗辩事由，因此，在实践中美国《平等报酬法案》的实施效果并不理想。

4.《康复法案》。美国国会于 1973 年制定了《康复法案》，和后来的《美国残障者法案》一起构成保障残疾者平等就业的主要联邦法律。但美国《康复法案》适用范围比较狭窄，只禁止三类雇主针对雇员或求职者实施基于残障的就业歧视：一是联邦政府机构（包括美国邮政）；二是接受联邦金融资助的单位；三是联邦合同承包商。具体来看，美国《康复法案》第 501 节禁止联邦政府机构歧视符合法案规定的残障者。[1] 该节的规定不仅禁止歧视残障者，同时还要求联邦政府机构在招录雇员时应当采取肯定性行动来雇用有残障的个人，并为有需要的雇员或求职者提供必要的合理便利。美国《康复法案》第504节禁止接受联邦金融资助的单位实施针对残障者的包括就业在内的歧视行为。[2] 美国《康复法案》第503节禁止联邦合同承包商以及次承包商在标的额超过10000美元的合同实施过程中歧视残障者。[3] 该节还同时规定上述承包商以及次承包商应当采取积极措施来实施禁止在就业过程中歧视残障者的法律法规。

5.《美国残障者法案》。《美国残障者法案》是美国国会于1990年通过的旨在为残障者提供全面平等保护的联邦法律。《美国残障者法案》的内容主要涉及五大块：第一章禁止在职业领域歧视符合法案规定条件的残障者；第二章禁止在公共交通领域歧视符合法案规定条件的残障者；第三章禁止在公共设施和服务领域歧视残障者，并要求新建或者改建的公共设施和商业场所为残疾人提供可以方便使用的无障碍设施；第四章要求电信商为听力和语言障碍的人提供方便其使用通信设施的电信设施；第五章规定了其他事项。《美国残障者法案》第一章包含了主要的禁止在就业领域歧视残障者的规定。[4] 在法案的实施过程中，法院遇到的主要问题在于怎样理解和认定"符合法案规定的条件的残障者"（qualified individual with a disability）。其一，关于"残障者"的认定。《美国残障者法案》规定"残障者"是指具有一项生理或心理上的损伤的个人，并且该损伤极大地限制了一项或者多项个人的主要生活活动。根据该定义，符合法案规定的残障者应当同时符合以下三个条件：①具有一项损伤，不管是生理还是心理；②该损伤影响了主要生活活动；③影响达到了极大地限制的程度。其二，关于"符合法案规定条件"的残障者认定。根据法案规定，"符合法案规定条件"的残障者是

---

[1]　29 U. S. C. §791.

[2]　29 U. S. C. §794.

[3]　29 U. S. C. §793.

[4]　Joel Friedman and George Strickler, Jr. , *Cases and Materials on the Law of Employment Discrimination* (fifth edition), Foundations Press (2001), p. 793.

指在具有或者不具有合理便利的条件下可以完成工作的核心功能的残障者。[1] 如果某一残障者能够完成某一工作的核心功能，那么，雇主拒绝雇用该残障者可能被法院认定为违法。在随后的判例中，法院进一步指出了衡量某一功能是否为核心工作功能的标准，包括争议的功能是否必须由特定岗位的雇员来从事，以及将该功能从工作中移除是否会根本性改变工作的性质等。

（二）加拿大

加拿大国内的反歧视法主要由两个方面构成：一是加拿大联邦政府的立法，主要包括 1978 年《加拿大人权法》、1982 年《加拿大宪法》第一章（也被单独称为《加拿大权利与自由宪章》）、1986 年《就业平等法》等；二是各地方的立法，如安大略省颁布的《就业基准法》等。

1978 年颁布的《加拿大人权法》可以视为加拿大的反歧视基本法。该法共分四章，详细规定了禁止歧视的类别以及为歧视受害者提供救济的途径和机构。根据该法，禁止歧视的类别包括：种族、源生国、肤色、宗教、年龄、性别、性倾向、婚姻状况、家庭状况、残障、刑事犯罪等。法律规定不视为歧视的例外情况包括：工作的必需要求、其他法律对年龄、退休金制度的区别对待、纠偏行动、对女性怀孕和生产及产假的特别优惠、其他具有合法必要理由的区别对待等。

（三）英国

英国反歧视的主要立法包括：1970 年的《平等报酬法》、1975 年的《性别歧视法》、1976 年的《种族关系法》、1998 年的《人权法案》、2000 年和 2002 年分别通过的《兼职工作行政规章》和《固定期限工作行政规章》、2003 年通过的《就业平等（宗教/信仰）条例》《就业平等（性倾向）条例》、2006 年通过的《雇用平等行政规章（年龄）》以及 2010 年通过的《平等法》[2] 等。

2010 年英国《平等法》由五个部分组成。第一部分规定了平等和

---

〔1〕　42 U. S. C. § 12111（8）（2000）.

〔2〕　2010 年的《平等法》取代了之前存在的 9 部法律。

人权委员会的设置和权力。第二部分禁止基于宗教和信仰的歧视。第三部分禁止基于性倾向的歧视。第四部分对性别歧视、残障歧视法和种族歧视等相关法律进行了修订。第五部分是一般条款。综合来看，该法禁止歧视的类别包括：年龄、残障、性别改变、婚姻和民事伙伴、种族、宗教和信仰、性别、性倾向共八种。禁止歧视行为包括：直接歧视、联合歧视（双重歧视）、间接歧视、没有给残障者以合理的调整、骚扰、报复行为、教唆歧视、引诱歧视等。

（四）德国

德国反歧视的主要立法包括：《宪法》《民法典》《社会法典》《劳动关系法》《一般平等待遇法》《解雇保护法》《企业委员会法》《联邦人事代理法》《联邦公务员法》《雇员保护法》《联邦性别平等法》《联邦残障者平等法》《兼职和固定期限工作法》和《劳动市场现代服务形式法》等。

德国《宪法》第 3 条第 1 款规定："任何人不得因性别、出身、种族、语言、家乡、信仰、宗教或者政治观点而被给予较好或者较差的待遇。"第 3 条第 2 款规定："男女享有同等权利。国家支持男女平等的实际执行，并致力于改变业已形成的不利局面。"第 3 条第 3 款规定："任何人不得因残障而被给予较差的待遇。"任何人被公权力机关侵犯了上述权利，都可以向行政法院提起诉讼或者向联邦宪法法院提起诉讼。

德国《民法典》第 611 条规定，禁止雇主的性别歧视行为。但该法也规定了一些不构成性别歧视的例外原则，如"不可缺少的要求"等。

德国《一般平等待遇法》共六章 33 条。该法禁止歧视的种类包括基于种族、民族、性别、宗教、信仰、残障和性倾向的歧视。该法禁止歧视的领域包括：就业招聘、招聘广告、工作条件、工资、解聘、岗位晋升、职业指导、职业培训、社会保障、医疗保险、社会福利、教育等。

（五）日本

日本反歧视的立法主要包括：日本《宪法》、1947 年的《劳动基准法》、1960 年的《残障者就业促进法》、1966 年的《雇用对策法》、

1971 年的《高龄者就业安定法》、1985 年的《男女雇用机会平等法》、1991 年的《育儿介护休业法》、1993 年的《兼职工作法》等法律。从宏观层面来看，日本在反对性别歧视、反对高龄者歧视、反对外国人歧视三个方面的立法是其反歧视立法的重点。尤其是针对性别歧视方面，日本多次对相关法律进行修正，加强立法效果，促进男女在就业领域的平等。

日本《宪法》第 14 条规定："所有国民在法律面前人人平等，不能基于种族、政治信仰、性别、社会地位和身份，在政治、经济和社会关系中受到歧视。"第 27 条规定："所有人有工作的权利，国家有义务提供合适工作机会。国家应制定法律具体规定工作待遇和条件。"

《男女雇用机会平等法》是日本最重要的一部禁止就业歧视的法律。该法案共五章 33 条，其目的是促进和保证男性和女性在就业中享有平等的就业机会和工作待遇，从而实现日本宪法所规定的法律面前人人平等的规定。此法案还旨在促进女性员工在工作过程中享有的健康保护，包括怀孕和生产期间的保护等。

综合来看，各国的反歧视立法有以下特点值得关注。

第一，大多数国家的反歧视立法有比较明确的保护群体范围（protected class）。保护群体范围是指因具有反歧视法规定的特征而可能遭受歧视性对待的人群，譬如特定种族的人、女性、残障者、宗教信仰者等。各国通过立法设定保护群体范围，区分非法的歧视和其他意义上的歧视。[1] 并不是所有的区别对待都构成法律上的歧视，也不是所有针对受保护群体的区别对待都构成歧视法上的非法歧视。一般而言，只有法律设定的受保护群体直接或者间接地遭受反歧视法律明确禁止的歧视事由侵害时，才能向有关行政机关提出告诉或者向法院提起诉讼，从而可能获得反歧视法律的相关救济。[2]

---

〔1〕 Owen M. Fiss, A Theory of Fair Employment Laws, 38 U. CHI. L. REV. 235, p.235.

〔2〕 譬如，在大多数国家，"女性"是就业歧视法律设定的保护群体，但并非任何针对女性的区别对待构成非法的性别歧视，只有基于"性别"的原因区别对待女性时，才构成非法的性别就业歧视。

第二，虽然各国反歧视立法涉及教育、公共服务、就业、社会保障等各个领域对公民平等权的保障，但是各国反歧视法律的工作重点主要集中在就业领域。在司法实践中，涉及就业的歧视争议往往也是最多的。[1] 这表明，在针对歧视的斗争中，消除工作和就业领域的歧视是至关重要的。诚如国际劳工局报告所言，工作场所，不管是一座工厂，一间办公室，一个农场，或一户家庭或是一条街区，都是社会免受歧视的战略切入点。当工作场所把各种各样的人组合在一起并公平地对待他们时，就有助于反对整个社会上的各种陈规，推动一个拒绝和摒弃偏见的环境。一个社会包容的劳动世界有助于预防和纠正社会分裂、种族和民族冲突及性别不平等。[2]

第三，随着社会的发展和人们观念的转变，一些新的歧视类型引起各国的关注。譬如，针对同性恋以及同性婚姻者的歧视。在过去，同性恋者往往不被社会承认，同性婚姻也不被认为是合法的婚姻形式，针对上述人群的歧视也比较普遍。尽管仍有争议，但现在有些国家（譬如美国）已经开始通过立法来保障同性恋以及同性婚姻的平等权利。

［练习和思考题］

1. 反歧视法的国际法渊源和国内法渊源有什么样的联系和差异？

2. 我国目前反歧视法律设定的保护群体范围有哪些？你认为我国现有反歧视法律设立的保护群体是否过窄？是否需要增加禁止歧视的事由？

3. 年龄歧视在我国目前比较普遍，但我国现有的法律法规尚未就年龄歧视作出任何规定，你认为法律是否应当禁止基于年龄的歧视？

［延伸阅读］

1. ［南非］桑德拉·弗里德曼：《反歧视法》，杨雅云译，中国法制出版社 2019 年版。

---

〔1〕 以美国为例，2005 年的数据显示在所有联邦民事诉讼案件中，涉及就业歧视的诉讼案件占比接近 10%，see Barbara Lindemann& Paul Grossman, Employment Discrimination Law（4th ed. 2007），p. 1.

〔2〕《工作中平等的时代》，国际劳工大会第 91 届会议局长报告（2003 年），第 11 段。

2. 周伟:《禁止歧视：法理与立法》，法律出版社 2020 年版。

3. 李子瑾:《禁止歧视：理念、制度和实践》，北京大学出版社 2018 年版。

4. 卢杰锋:"就业中的性别认同歧视：美国经验及启示"，载《妇女研究论丛》2016 年第 4 期。

5. 蔡定剑、刘小楠主编:《反就业歧视法专家建议稿及海外经验》，社会科学文献出版社 2010 年版。

6. Barbara Lindemann and Paul Grossman（Editor），*Employment Discrimination Law*（4th Edition，2007），BNA Books.

7. Mark Rothstein, Charles Craver, Elinor Schroeder, Elaine Shoben, *Employment Law*（3rd Edition），West Publishing Co.

8. Harold S.，Jr. Lewis and Elizabeth J. Norman， *Employment Discrimination Lawand Practice*（2nd Edition），West Group.

第二编 禁止歧视的事由

第五章　种族歧视

[本章主题和课程目标]

本章介绍种族歧视的概念、分类和根源，种族歧视的现象、类型，国内外消除种族歧视的立法与实践。通过积极阅读并参与课堂讨论，你将学会甄别种族歧视的标准，并能用种族平等的视角分析歧视行为与歧视政策。

[案例导入]

1890 年美国路易斯安那州制定法律，要求铁路公司"为白人和有色人种分别提供平等隔离的设施"。根据此项法律，不同种族身份的旅客将被安排在优劣不等的位置，不按照自己种族身份乘车的旅客将受到法律的处罚，甚至承担刑事法律责任。相关法律得到了严格执行，仅有的例外是基于紧迫的医学需要，随行照顾其他种族未成年人的医护人员。在一起司法诉讼"普莱西诉弗格森案"中（Plessy v. Ferguson）[1]，原告普莱西是"7/8 白、1/8 黑"的混血儿，根据法律他被认为是有色人种。他因拒绝离开专供白人旅客乘坐的一等车厢，而被强制驱离白人车厢并被法院判处监禁。对此，美国最高法院作出了"隔离但平等"的判决，认为在此类的种族隔离情况下，只要实施种族隔离时保障了各种族享有相同的待遇，那么隔离本身并不违反联邦宪法修正案规定的平等保护。

请你先尝试分析上述案例并回答：①普莱西是否受到种族歧视？

---

〔1〕　Plessy v. Ferguson, 163 U. S. 537（1896）.

②你是否认可法院"隔离但平等"的判决？理由是什么？③种族歧视与宪法平等保护之间的关系是什么？④为什么种族平等是一项值得保护的宪法原则？种族平等为什么在道德上和法律上至关重要？

第一节　种族歧视的界定

一、种族歧视的概念

在现代社会，种族歧视是一个广义概念，涵盖了一系列相关的歧视现象。种族歧视是指基于种族、民族或族群身份实施的不合理的差别对待行为。种族歧视的外延较为广泛，根据种族歧视对象的范围不同，可以分为三个层次。其一，如果歧视针对的对象是生理意义上的种族身份（race），如人种、血统等，这类种族歧视属于最传统的狭义种族歧视；其二，如果歧视针对的对象是民族国家意义上的民族（nation），这类种族歧视属于中观的种族歧视；其三，如果歧视行为针对的对象是一个国家内部的文化意义上的族群（ethnicity），如一个国家内部的不同民族群体，这类种族歧视属于广义上的种族歧视。在我国的法学理论和法律实践中，这种广义上的种族歧视习惯上被称为民族歧视。可见，传统的狭义种族歧视概念主要指的是基于生理学意义上的生物种族特征实施的歧视行为，而民族歧视更多的是指基于文化意义上的族群身份实施的歧视行为。现代种族歧视概念已经从传统的基于个人生物特征的歧视行为，逐步拓展到基于血缘或亲属关系、基于群体文化特征、基于群体风俗习惯等领域的歧视行为——在这层意义上，种族歧视可以在一定程度上涵盖民族歧视。国际人权公约或条约中基于扩大适用范围以及适应各国立法习惯的考虑，在列举禁止种族歧视的类型时往往出现一定程度的交叉或重复，往往同时列举种族歧视与民族歧视。但在学理上和实践中，种族歧视与民族歧视的一致性超越了差异性，特别是现代种族歧视概念内涵与外延的扩张，使得种族歧视可以在很大程度上覆盖民族歧视。

联合国大会于1965年通过的《消除一切形式种族歧视国际公约》

中将种族歧视定义为："基于种族、肤色、世系或民族或人种的任何区别、排斥、限制或优惠，其目的或效果为取消或损害政治、经济、社会、文化或公共生活任何其他方面人权及基本自由在平等地位上的承认、享受或行使。"由于我国的主要歧视现象是针对国家内部文化意义上的不同族群的差别对待，在理论和实践上，习惯性地使用民族歧视表达这种国家内部不同族群之间的歧视现象。

本章在论述过程中，涉及种族、民族、族群等不同的概念，根据各国立法习惯使用到种族歧视与民族歧视等表述。为表达便利，本章的种族歧视单独使用时一般是广义概念，涵盖了单纯基于生理特征的传统种族歧视，以及基于文化特征的民族歧视。种族歧视与民族歧视并列使用时，一般是表达狭义种族歧视的含义。由于我国法律实践中多使用民族歧视，因而，本章在论述我国相关法律问题时，多采用民族歧视的表述方法。

二、种族歧视的特征

种族歧视具有所有歧视行为的一般特征，也具有特殊的社会和法律属性。种族歧视在行为层面上表现为不合理的区分与差别对待行为，在本质上则是源于种族身份认同异化导致的以偏概全、先入为主的种族刻板印象，其实质是一种通过言论或行为表现出来的种族偏见。虽然所有歧视行为都具有针对群体身份的刻板印象成分，但种族、民族不仅是最古老、最稳定的社会基础结构，更是最根深蒂固的文化心理现象。相对于其他类型的歧视行为，种族歧视具有更为强烈的身份认同特征，也正是由于这种身份认同是与生俱来的并经社会建构强化的，因而种族歧视成了最悠久、最明显、伤害最大的歧视类型。现代反歧视法律制度正是从禁止和消除种族歧视的努力开始的。

在法律层面，大多数的种族歧视行为都具有主观故意、侵权行为和法律禁止三个特征。

第一，种族歧视从主观方面看，通常伴随着歧视实施者的主观恶意，这种主观恶意一般是故意，即歧视实施者与特定族群的成员不属于同一族群，在实施歧视行为时已经具有了身份认同上的厌恶、排斥、对立，实施者清楚地认识到自己的区别对待行为是基于对方的族群身份而非个体身份，认识到自己的区别对待行为将使对方的权益遭受克减与侵害，并积极追求这种后果。当然，反歧视法律实践的发展过程中，扩大了种族歧视的内涵与外延，出现了间接歧视的概念。在间接歧视的情况下不易判断歧视实施者是否具有主观恶意，为此，反歧视法律实践转向了歧视行为的客观后果。

第二，种族歧视从行为层面看，属于损害他人合法权利的侵权行为。法律意义上的歧视行为超出了思想观念的范畴，是将内心的种族偏见转化为不合理的差别对待行为（包括歧视性言论），这种不合理的差别对待行为是基于受害者的种族身份，其目的是剥夺特定族群成员的平等权利，通常情况下造成了实际损害后果。这也意味着，种族歧视行为与损害后果之间需要具有因果关系。比如特定种族的求职者举证证明雇主在招聘过程中明确表示拒绝录用特定种族的成员，自己在其他条件符合工作内在要求的情况下因种族身份被剥夺录取机会。

第三，法律意义上的种族歧视指的是法律列举并禁止的那些不合理差别对待行为。一方面，并非一切基于种族身份的区别对待行为都是种族歧视。某些基于种族身份的差别对待具有合理性。比如优惠照顾特定弱势种族，这些种族受到法律的特别保护，这种差别对待的目的是帮助弱势种族克服整体性的不利处境，为此，法律往往会给予弱势种族特别的保护、优惠与照顾。当这种基于种族身份的分类在符合目的合法、手段相关、措施必要的比例原则时，就不能被认为是种族歧视行为——恰恰相反，这种种族优惠照顾行为往往属于暂行特别措施的范畴，属于反对和禁止歧视的法律手段。另一方面，并非一切基于种族身份的不合理的差别对待行为都是法律意义上的种族歧视。某些针对特定种族的差别对待不具有合理性，但是由于并未侵害法律保护的权利，或者没有造成实际的侵害后果，或者行为与后果之间没有因果关系，也不属于法律禁止的种族歧视行为，这类行为往往因为违背了社会共同体的文明共识遭受道德谴责，但并不属于法律评价的范围。

三、种族歧视的类型

种族歧视涉及的现象较为复杂，根据不同的分类标准，种族歧视可以分为不同的类型。

（一）直接种族歧视与间接种族歧视

按照种族歧视的表现形式，种族歧视分为直接歧视和间接歧视。直接歧视是种族歧视的主要表现形式，是指法律、政策明确禁止的、以种族为理由进行不合理的区别对待，如果这种不合理的区别对待被认为违反宪法、法律或有关国际人权公约，则为直接歧视。例如用人单位在招聘条件中直接注明只要某族群的员工或者直接注明不要某一族群的员工。间接歧视是指表面上看似中立的规定、标准或做法在实际上对一种族的人或群体在机会和待遇方面造成不利影响。一般而言，间接歧视多表现为设置与工作职责没有必然关系的录用条件，将某一种族的多数求职者排除在外。比如美国某公司某种体力工作岗位如果要求大学学历，由于黑人大学入学率远低于白人，因而绝大多数黑人被貌似客观中立的录取标准排除在工作岗位之外，此时这项招聘要求就构成了间接歧视。

（二）种族骚扰

种族骚扰属于种族歧视中一种较为特殊的现象，因其具有强烈的人身攻击与伤害特性，因而区别于一般的以差别对待为特征的种族歧视行为。种族骚扰指的是基于种族、民族等身份特征而对他人进行侮辱、贬损、侵犯的行为。骚扰是直接针对受害者的不受欢迎的行为，或者是制造了恐吓性的、充满敌意、羞辱环境的行为，侵害他人尊严。种族骚扰是就业领域较为常见的歧视类型，比如雇主、雇员或顾客针对特定族群的劳动者蓄意实施攻击性的行为或制造敌意、威胁、侮辱的工作环境。针对工作场所的骚扰，一些国家的法律规定雇主有义务设立相应机制予以预防、制止和救济，雇主如果没有尽到防治骚扰的义务，则可能承担一定的法律责任。

四、种族歧视的根源

种族歧视源于制度性歧视、个体性歧视与结构性歧视三个层面。制度性种族歧视主要源于国家公权力规定或授权的强制性规定，常常表现为法律、法规、政策、一般规范性文化、抽象行政行为、惯例乃至行业标准等，公权力通过上述权威性安排，对特定种族群体实施不合理的差别对待，这种种族歧视多具有强制性、公共性、稳定性的特征；个体性种族歧视多指社会私主体实施的种族歧视行为，个体性种族歧视通常是基于某种种族偏见，但个别情况下无明显偏见的私主体也可能实施歧视行为。由于个体性种族歧视行为主要源于私主体的主观态度与自主选择，因而具有一定的偶然性；结构性种族歧视主要源于一系列社会结构性特征，如文化结构、经济结构、产业结构、区域结构、人口结构、家庭结构等，上述稳定的结构性因素对不同的种族群体具有不同的意义，处于不利地位的群体将面临多种结构性障碍，虽然不存在明确的歧视制度或歧视者，但特定群体依然整体性地处于不利后果。

（一）种族歧视行为源于种族偏见

1. 种族偏见的概念。偏见是一种缺乏充分客观依据的先入为主的刻板印象，偏见的本质是违背事物本质的虚假认知。在种族关系领域，种族歧视行为往往源于种族偏见态度，种族偏见是基于种族身份形成的对特定种族群体整体性的否定性评价、情感与身份排斥。种族偏见分为两种情况：①一些种族偏见是完全违背事实的恶意臆想，是基于恶意社会心理与种族认同所虚构出来的特定族群的负面信息，比如西方早期历史上流行的关于黑人本质上是危险的野蛮的人种，更容易犯罪或更适合从事重体力劳动的臆想。再比如纳粹德国关于犹太人是危险的狡诈的和劣等的民族的臆想。这些种族偏见类型完全是基于恶意社会心理或政治目的人为虚构出来的，没有任何事实依据。②另一些种族偏见则属于以偏概全的认知偏差，比如将某一种族中个别人的行为与特征不恰当地扩大为整个种族特征，并在此基础上进行以偏概全的错误归类，最终达到将特定种族整体性地污名化的目的。比如，20世纪初西方社会流行的关于中国人都是狡诈的、贪婪的、无信用的认识。

2. 种族偏见的特点。种族偏见常常表现出先入为主、以偏概全、违背事实、不易改变等特点。[1]

（1）先入为主：种族偏见往往反映了先入为主的成见，社会成员

---

[1] 韩忠太："论民族偏见"，载《云南社会科学》2001年第4期。

在正式接触其他种族成员之前，就已经接触其他种族成员的各种负面信息、传言、隐喻。当社会成员对这些片面的和扭曲的信息信以为真，形成认识和信念之后，往往不愿意再去通过平等接触了解事实，这种脱离了真实社会经验而形成的观念，构成了对其他种族先入为主的成见。

（2）以偏概全：受信息来源和范围的限制，人们只能根据有限的信息来判断一个种族，很难做到全面了解。同时，人们很容易根据自己接触到的有限的人和事作出整体判断，容易犯以偏概全的错误，产生种族偏见。人们一旦对某个群体产生了偏见，就倾向于用一种固定的消极方式将同样的特征分派到该群体所有成员，而忽略了群体中成员的具体情况和个体差异。[1]

（3）违背事实：违背事实一方面意味着偏见持有者秉承的种族态度与信念是违背基本事实的，是错误的或片面的；另一方面，也可能是偏见持有者基于特殊的认同排斥心理，对于所看到的事实进行选择性的解读，甚至对于与自己观念相反的事实故意视而不见。无论是不了解事实，还是曲解事实，抑或拒绝事实，都会导致和强化对其他族群的否定性评价。

（4）不易改变：种族偏见反映了族群认同冲突的社会心理状态。从个人层面而言，种族偏见是强烈情感因素与严重认知缺陷的叠加，往往难以改变。从社会层面而言，种族偏见具有社会文化意义，具有社会建构的因素，在特定的时空场景中，具有自我强化的功能，以及极强的社会传播性。

3. 种族偏见与种族歧视行为的关系。种族偏见从本质上而言属于思想观念的范畴，代表了某种认知方式上的偏差，影响的是偏见持有者对其他群体的态度。偏见未通过言行表现出来时，往往不易察觉。纯粹的种族偏见一般不是法律的管辖范围，当偏见以歧视行为的方式表现出来，违反了法律的禁止性规定时，才需承担法律后果。虽然个别情况下，也存在无偏见的种族歧视行为，但通常情况下，种族歧视行为是种

---

〔1〕　李乐、贾林祥："我国关于偏见研究的现状综述"，载《江苏师范大学学报（教育科学版）》2013年第1期。

族偏见的外化，且这种行为构成了对特定种族成员合法权益的侵害。

种族偏见与种族歧视之间也存在密切的联系。一方面，种族偏见导致种族歧视。行为都是思想观念与心理活动的外化，歧视行为作为法律上的侵权行为，同样具有种族偏见的主观恶意。另一方面，种族歧视又强化了种族偏见。种族歧视行为对他人合法权益构成侵害，歧视行为人需要对这种侵害行为进行合理性解读，此时，种族偏见就是有力的工具。就业市场上如果普遍存在对特定少数民族的就业歧视现象，那么就反过来降低少数民族的人力资本投资愿望，反正读书也找不到工作，久而久之，少数民族真的会呈现出歧视雇主们所说的"没文化"的样子。

（二）种族歧视的公共政策源于社会建构

当种族歧视从偶发的个体性行为，转变成以政策、制度、规则、惯例为基础的制度性安排时，就成为社会公共政策层面上的种族歧视。所谓"种族歧视"政策，就是把一个种族对其他种族的轻视、蔑视以及种种不平等、不公正和恶性的对待，用某种制度形式或政策举措把它确定下来、固定下来，从而变成了一种相对稳定的种族关系模式。种族歧视政策通过公权力和强制力推行歧视性的种族关系，使多民族的国家统治者追求的国家和社会秩序得以维护。[1] 世界历史上曾经出现过多种多样的种族歧视政策，其中，种族灭绝、种族隔离、种族压迫是最典型的例子。

1. 种族灭绝。联合国大会 1948 年 12 月 9 日通过的《防止及惩治灭绝种族罪公约》中规定：本公约内所称灭绝种族系指蓄意全部或局部消灭某一民族、人种、种族或宗教团体。该公约在序言部分声明"灭绝种族系国际法上的一种罪行，违背联合国的精神与宗旨，且为文明世界所不容，认为有史以来，灭绝种族行为殃祸人类至为惨烈，深信欲免人类再遭此类狞恶之浩劫，国际合作实所必需"。

种族灭绝是对人类的严重犯罪，也是人类历史上最反动、最残暴的种族歧视政策，无论在平时还是战时，种族灭绝均为国际法上的一项罪

---

〔1〕 陈云生：《宪法人类学——基于民族、种族、文化集团的理论构建及实证分析》，北京大学出版社 2005 年版，第 177~178 页。

行，对其实施者都要予以严厉的惩罚。迄今为止，近现代历史上发生的大规模种族灭绝事件主要有：北美洲印第安人大规模的遭受殖民主义者的屠杀、塔斯马尼亚岛土著居民被灭绝、欧洲犹太人在第二次世界大战期间被纳粹军队实施的集体屠杀、卢旺达50万至80万图西人和温和派胡图人遭屠杀。

2. 种族隔离。种族隔离是在具有不同种族的国家，通过由国家法律或联盟国家里的成员国的法律所确认的政治、社会、经济、文化教育、居住条件等限制性措施，人为地和强制性地把某个或某些种族的人与其他种族的人隔开或施以一些不平等的待遇。种族隔离制度产生于殖民地，是白人殖民者制定、延续的一种以种族划分等级的民族压迫政策。它的中心内容是把非白人和白人从地域、政治、经济权利到社会生活各个方面分隔开来。[1]

3. 种族压迫。种族压迫是一种有违人类现代文明的种族关系形态，反映了族群之间实力政治的社会后果，不同种族相互之间形成了剥削与被剥削关系。力量强大的种族可以在政治、军事、经济、文化上将弱势种族置于整体性的不利地位。在历史和现实中存在种族对种族的歧视心理、态度，而一些掌权的主体种族过去和现在、曾经和正在制定和执行种族歧视政策和制度。因此，在执行歧视政策和制度的主体种族掌握国家政权的条件下，或者在其他的政治条件中，就必然对其他种族实施压迫，甚至通过系统化的法律和制度对其他种族实施压迫。[2]

第二节 种族歧视的表现形式

一、就业领域的种族歧视

就业歧视涉及国家内部不同群体之间的就业关系，除了基于狭义生

---

〔1〕 韩锦春编：《反对种族歧视和种族隔离（资料汇编）》，中国世界民族研究学会1983年版，第67页。

〔2〕 陈云生：《宪法人类学——基于民族、种族、文化集团的理论构建及实证分析》，北京大学出版社2005年版，第181~182页。

理意义上的种族歧视，更多地涉及文化意义上的民族歧视。职业是现代社会中最重要的财富和资源分配机制，公平的就业机会对于个人的社会经济生活具有重要意义。"民族之间在就业机会上的尖锐分歧是文化与利益、民族身份与阶层身份的叠加，反映了多民族社会中最深刻的社会裂痕。"[1] 世界民族关系的历史表明，就业歧视常常伴随着不同程度的民族压力，而剧烈的民族冲突往往又是歧视广泛传播失控的后果。[2] 以就业歧视为核心的民族利益分歧已经成为世界范围内引发民族冲突的关键议题。劳动就业已经不再是劳动者与生产资料的自发结合，而是深受公共就业政策与劳动保障制度的影响，理解民族就业不均衡现象不能仅仅停留在对自然或历史因素的一般性追问，而是应当深入到国家就业政策和劳动保障制度的层面中。

（一）就业领域中种族歧视的概念

就业领域的种族歧视，是指用人单位在招聘过程中或劳动关系建立后，对招聘条件相同或相近的求职者或雇员基于种族、民族这些与个人工作能力或工作岗位无关的因素，而不能给予其平等就业机会或在工资、晋升、培训、岗位安排、解雇或劳动条件与保护、社会保险与福利等方面不能提供平等待遇，从而取消或损害求职者的平等就业权或雇员的平等待遇权的现象。[3]

（二）表现与类型

就业领域中的种族与民族歧视主要有以下几种表现形式：

1. 根据就业歧视产生的原因，可以分为制度性就业歧视、个体性就业歧视以及结构性就业歧视。

（1）制度性就业歧视：制度性就业歧视是指社会通过法律、政策、行业惯例、工会组织等手段，将弱势种族整体性地排除于特定的职业领

---

〔1〕 Jonathan Goldman, *Redefining Affirmative Action to Include Socioeconomic Class*, ed, Carol M. S, Race Versus Class, University Press of America, New York, 1997, p. 187.

〔2〕 Holger-C. Rohne, Jana Arsovska & Lvo Aertsen. Challenging restorative justice – state – based conflict, mass victimization and the changing nature of warfare. 转引自 Wolff, S. Ethnic Conflict, *A Global Perspective*, Oxford：Oxford University Press, 2006.

〔3〕 喻术红："反就业歧视法律问题之比较研究"，载《中国法学》2005 年第 1 期。

域之外，或将弱势种族置于职业等级制度的底层。弱势种族遭受制度性歧视的情形主要存在于西方种族主义盛行的时代，制度性歧视与种族歧视政策之间有密切联系。例如，南非历史上的种族隔离法律造成黑人难以进入特定工作领域，美国历史上的公共服务领域种族隔离制度，导致黑人难以进入公共交通系统工作。在平等与不歧视原则已经被宪法、法律、国际法所确认的现代社会，制度性歧视已经现代法治观念格格不入。在法治国家，大规模的制度性歧视已经较为少见，但局部的和偶发的制度性歧视却并未完全消除，制度性歧视的主要形式已经由法律上的种族歧视让位给了政策、惯例或行政行为上的歧视。[1]

（2）个体性就业歧视：个体性就业歧视指的是社会个体之间因种族偏见而故意实施的就业歧视行为。比如，国家虽然制定了公平的就业政策，但某些雇主基于种族偏见而拒绝雇佣特定种族的求职者。具体表现为在招聘中明示或暗示只招收特定种族的员工，或者是拒绝招收特定种族的成员，或者其要求的种族身份与岗位的职责和能力无关。在实践中，雇主往往不会主动表明种族歧视的意图，而是通过各种隐晦的方式排除或淘汰特定种族的求职者。当引发具体就业歧视诉讼争议时，往往需要通过考察企业以往雇佣少数种族成员的实践，如果企业员工中少数种族员工比例远远低于劳动就业市场中少数种族求职者的比例，可能意味着已经构成了就业歧视。行为性就业歧视受雇主个人偏见影响，具有个体性和偶发性特点，在各国就业领域均不同程度地存在，其出现频率和影响范围受制于反歧视法律制度的完备程度。在宪法确立了种族、民族平等原则之后，就业平等的保障水平，主要取决于宪法实施的实际状况。其中，反歧视法律制度是宪法种族平等和民族平等保护最重要的实施机制。完备的反歧视法律制度将使就业歧视行为面临较高的违法风险，承受较严重的违法后果。同时，法律通过及时有效地约束雇用关系发挥法律倡导功能，教育社会公众接受正确的种族关系准则。

（3）结构性就业歧视：在不平等的社会经济结构中，表面上平等

---

〔1〕 李昊："完善民族就业优惠制度的法律对策"，载《政法论丛》2015年第4期。

的、貌似中立的就业政策最终使得弱势种族处于不利的竞争地位。相对于制度性就业歧视，结构性就业歧视是一种更为隐蔽和持久的不平等，甚至可以在一定程度上与形式平等与机会平等原则共存，需要通过特定的指标来判断。结构性就业歧视的主要指标是在一国内部就业机会与收入水平的种族或民族差异，往往表现为种族或民族区域经济发展模式严重失衡，或者职业机会与收入水平的种族与民族差异清晰明显。事实上，在平等理念已经为法律所确认的现代多民族社会的基本准则，弱势种族与民族面临的主要是社会结构性就业歧视。社会结构性就业歧视指的是虽然法律宣告了不同种族与民族的平等法律地位，虽然自由竞争的就业政策表面上是中立的，但由于某些种族与民族在社会上占少数，他们在语言文化结构、区域经济结构、人口结构、家庭结构、社会分层结构、社会机会结构等领域面临诸多社会结构性障碍，最终导致这些少数群体在就业市场的竞争中处于整体性的不利地位。[1]

2. 根据就业歧视的表现形式可以分为直接歧视和间接歧视。

（1）直接歧视。就业领域的直接歧视也被称为差别待遇，是指雇主直接基于雇员的种族身份而实施的不合理的差别对待。直接歧视的判断标准包括差别待遇、受法律保护的种族身份等因素。由于直接歧视是明文规定或显而易见的，在直接歧视的法律救济中，往往原告负有证明歧视行为的举证责任。具体包括：其一，原告遭受了相对于其他种族成员不利的对待，这种不利对待包括求职、工作条件、解雇等各个雇佣环节。其二，原告遭受不利对待是直接基于种族身份。也就是说，雇主做出雇佣决定时考虑了种族身份，具有种族歧视的主观故意。在直接歧视案件中，核心问题是证明被告具有种族歧视的主观故意，原告可以通过提交直接证据或间接证据的方式来证明被告的主观故意。通常原告承担初步证据责任，以证明自己属于受法律保护的群体，且受到了歧视行为的伤害。然后举证责任转移到被告，被告需要证明自己的差别对待行为是公正且合法的。此后，原告需要举证反驳被告的抗辩是借口，同时还

---

[1] 李昊："完善民族就业优惠制度的法律对策"，载《政法论丛》2015年第4期。

需要在此基础上进一步证明被告具有种族歧视的主观故意。[1]

（2）间接歧视。就业领域的间接歧视也被称为差别效果，指的是雇主实施的雇佣决定表面上是客观中立的，似乎没有直接采取种族身份作为遴选标准，但是，该项政策使得特定种族处于事实上的整体性不利地位，具有克减、剥夺特定种族群体就业机会的后果。间接歧视的焦点不再是种族歧视的故意，"而是雇主表面上非歧视性的做法造成的'差别影响'问题"[2]。由于间接歧视往往较为隐秘，而且雇主往往也并不具有种族歧视的主观恶意，因而间接歧视的举证责任发生转移，原告只需满足初步证据要求之后，雇主需要承担主要的举证责任，证明雇佣决定没有对特定种族成员构成不利后果。"间接歧视的判断标准也是客观的，反歧视法的条文和判例也不涉及雇主的主观状态。一般国外法院在判断雇主的行为是否构成歧视时，只看行为结果和因果关系，雇主是否具有歧视的故意或动机在所不问。"[3] 在司法实践中，判断间接歧视的标准涉及统计证据的运用，比如诉讼各方需要考察本企业中特定种族员工所占比例与当地劳动就业市场中具有合格劳动能力的特定种族求职者所占比例之间的关系，如果本企业中种族比例严重偏离劳动力市场中的比例，则有可能构成间接歧视。

二、教育领域的种族歧视

（一）教育领域种族歧视的概念

教育是促进社会流动与公共参与的重要社会资源，也成为多元社会中种族歧视的重灾区之一。教育领域的种族歧视指的是，在分配教育机会、资源与制定教育政策时，根据受教育者的种族和民族身份实施的不合理的差别对待行为。教育领域的种族歧视现象，不仅本身就是种族歧视的"重灾区"，而且也是实行其他种族歧视与压迫政策最有效的

---

〔1〕 何宜伦："美国就业歧视法律制度简介"，载刘小楠、王理万主编：《反歧视评论》，社会科学文献出版社 2019 年版。

〔2〕 谢增毅："美英两国就业歧视构成要件比较——兼论反就业歧视法发展趋势及我国立法选择"，载《中外法学》2008 年第 4 期。

〔3〕 谢增毅："美英两国就业歧视构成要件比较——兼论反就业歧视法发展趋势及我国立法选择"，载《中外法学》2008 年第 4 期。

工具。

（二）教育领域种族歧视的主要表现

教育领域的种族歧视包括多种表现形式，其中，教育种族配额制度与教育种族隔离制度是最具代表性的两种。

1. 教育种族配额制度。教育种族配额指的是学校或教育系统规定录取特定种族的学生的比例与份额，通常是规定学校录取特定种族学生的最高比例，以限制特定种族学生平等享受教育资源的机会。比如，在美国高等教育的早期历史上，配额就是通过规定最高入学比例，来限制特定族群的受教育机会的政策措施。

种族教育配额制度的历史清晰反映了其所具有的种族歧视功能，教育配额制度一经出现，就被作为种族歧视的工具。在西方社会学和政治学的语境中，民权时代之前的配额制度有着特定的含义，主要是与反犹太主义相联系的。在高等教育领域内，最早的种族配额出现在 19 世纪80 年代的俄国。针对当时第一次犹太人移民潮，俄国当局迅速作出反应。"1887 年，俄国政府规定了大学招收犹太学生的数量限制——即犹太学生录取配额。具体规定如下：①犹太人定居区内的大学，招收犹太学生的数量限额为 10%；②犹太人定居区之外的大学，招收犹太学生的数量不得超过 5%；③圣彼得堡地区的大学，招收犹太学生的数量不得超过 3%。俄国针对犹太人的配额，直接导致了 20 世纪初俄国犹太学生的留学潮"[1] 犹太学生的主要去向国先后制定了种族配额以限制犹太学生的最高录取比例。犹太留学生先是流向欧洲强国，随后转向美国。[2]

美国高等教育种族配额同样与移民问题密切相关。首先，20 世纪初大量犹太学生进入了美国大学。犹太人迥异的生活习惯、封闭的文化系统对美国大学的传统构成了挑战。最为典型的例子是纽约城市大学：由

---

〔1〕 Wechsler H S. , "The Rationale for Restriction：Ethnicity and College Admission in America", *American Quarterly*, 1984 (5).

〔2〕 Feinberg C K. , "Census of Jewish Students for 1916~1917", *Menorah Journal*, 1917 (3).

于接受了大量犹太学生，犹太学生逐渐成了学生主体。纽约城市大学的变化使得其他大学充满了疑虑，学校管理层、董事会、校友、学生和教师群体皆产生了保护学校传统的强烈愿望。其次，美国 1924 年制定的《移民限制法案》也在某种程度上强化了美国大学的担忧。歧视性的大学录取配额与移民限制政策几乎是同时出现的。从 1918 年到 20 世纪 50 年代，虽然没有关于高等教育配额的正式法律规定，但是大量的私立大学和医学院用种族配额的做法来限制具有特定种族或宗教背景的学生的录取比例。种族配额在美国教育领域的首次出现，即被打上了种族主义的烙印。作为种族歧视的工具，配额制度不仅严重损害了犹太社会的平等受教育权利，而且其适用范围逐步扩展到天主教徒、非洲裔、东欧和南欧移民、妇女等群体。其中，尤以对非洲裔的歧视为甚。在 20 世纪前半叶，配额制度是维护美国种族隔离二元教育系统的重要工具。[1]

2. 教育种族隔离制度。教育种族隔离指的是在公共教育系统中单纯基于受教育者的种族身份而实施的整体性区别对待行为。南非与美国历史上黑人学校与白人学校相互分离的二元教育系统，就是种族教育隔离制度的代表。南非的教育种族隔离是建立在"保留地制度""集团居住法""通行证法"等一系列种族歧视制度基础之上的，最终使得黑人学生难以享受白人优质教育资源。美国历史上的种族隔离二元教育系统同样是建立在一系列重要法律制度基础之上的。美国最高法院于 1896 年的"普莱西诉弗格森案"（Plessy v. Ferguson）[2] 中作出了"隔离但平等"的判决，通过解释宪法的方式宣告了种族隔离的合宪性，种族隔离的做法迅速向包括公立教育系统在内的其他领域扩散。早在 1885 年，南部大多数州都制定了关于在公立学校中实施种族隔离的州法，1895 年，佛罗里达州通过州法进一步要求在私立学校中实施种族隔离，并要求对黑白合校的学校与老师实施处罚。直到 1954 年的"布朗诉教育委

---

〔1〕 李昊："从配额制的兴衰看美国实现教育平等的法治历程"，载《河南师范大学学报（哲学社会科学版）》2011 年第 1 期。

〔2〕 Plessy v. Ferguson, 163 U. S. 537 (1896).

员会案"（Brown v. Board of Education）[1]中，美国最高法院最终扭转了种族隔离与歧视的做法，判令禁止用种族标准来划分公立学校。虽然联邦最高法院在布朗案中宣告种族隔离非法，但是考虑到历史上美国最高法院在解释第十四修正案时曾经多次改变立场，国会认为有必要通过立法的方式保障种族平等，并最终于1964年制定了《民权法案》。该法案的第6章规定："禁止任何联邦资助的项目实施基于种族、肤色和原始国籍的歧视行为。"[2]

第三节 禁止种族歧视的立法与实践

禁止种族歧视原则不仅是国际社会的共识，也是所有法治国家的宪法原则。通过禁止歧视的法律制度，保障不同族群平等的人格尊严与自由权利，是第二次世界大战后人类社会的基本价值共识与主要制度文明。在本节中，将着重从国际法、国外法以及我国立法与实践三个方面，介绍当代禁止种族歧视的法律制度与实践。

一、禁止种族歧视的国际法

种族歧视是现代国际法最早取得共识的领域。第二次世界大战中纳粹德国的种族暴行，使得禁止种族歧视成为联合国人权公约的基本价值取向，也成为战后全球性和区域性国际组织的基本准则。继1963年联合国大会制定了《联合国消除一切形式种族歧视宣言》之后，联合国大会于1965年通过了《消除一切形式种族歧视国际公约》，使得消除种族歧视具有国际法上的规范效力。该公约采取了广义种族歧视的概念，其第1条规定"本公约称种族歧视者，谓基于种族、肤色、世袭或民族或人种的任何区别、排斥、限制或优惠，其目的或效果为取消或损害政治、经济、社会、文化或公共生活任何其他方面人权及基本自由在平等

---

〔1〕 Brown v. Board of Educ., 347 U. S. 499（1954）.

〔2〕 李昊："从配额制的兴衰看美国实现教育平等的法治历程"，载《河南师范大学学报（哲学社会科学版）》2011年第1期。

地位上的承认、享受或行使。"此外，公约还设立了"消除种族歧视委员会"以促进公约的履约。还有很多其他公约，比如《公民权利和政治权利国际公约》《经济、社会、文化权利国际公约》、国际劳工组织《1958 年消除就业和职业歧视公约》（第 111 号公约）、联合国教科文组织《取缔教育歧视公约》等也提到禁止种族歧视。

在区域性国际组织的相关立法中，2000 年欧盟颁布的《关于实行不同种族与民族出身的人之间平等待遇原则的第 2000/43/EC 号指令》在第一条即阐明了制定指令的目标：旨在规定反对种族或民族歧视的框架并在各成员国中实行平等待遇原则。随后阐释了直接歧视与间接歧视的定义：在可比情况下，基于种族或民族出身，个人相比他人已受到、受到或将受到不利待遇的情况应视为直接歧视的发生；一项明显中立的规定、标准或惯例使特定种族或民族出身的个人处于某种与其他人相比更为不利的情况，则应视为间接歧视的发生，除非合理目的客观地证实了该规定、标准或实践的正当性，且实现此目标的方法适当且必要。

二、禁止种族歧视的国外法

（一）美国

美国具有长期的种族歧视历史，并因种族歧视付出过沉重的人道灾难性代价，因奴隶制度导致的严重宪政危机最终引发了灾难性的南北战争。美国联邦层面消除种族歧视的法治实践主要包括宪法修正案、宪法诉讼、联邦民权法、联邦劳工关系法、暂行特别措施等方面。首先，美国纠正种族歧视的早期宪法实践集中体现为南北战争结束后的联邦宪法第十三、十四、十五修正案，通过修改宪法的方式保障黑人作为公民应当享受的平等权利。其中，第十四修正案的平等保护条款的主要目的就是限制州政府滥用权力，禁止州政府实施种族歧视。美国追求种族平等的努力始于 1868 年的宪法第十四修正案，但真正意义上的种族平等却是最近几十年的事情。受"内战""废除奴隶制"以及"黑人法典"的直接影响，第十四修正案致力于消除白人与黑人之间在公民权利上的鸿沟。[1] 虽然联邦宪法修正案的制定者明确表达了他们的立法目的，但是在随后的近百年里，联邦及各州却依然延续着种族歧视与种族隔离的做法。[2] 1877 年，美国最高法院在判决中宣称任何州不能禁止在公共交通中实施种族隔离，1896 年，美国最高法院在"普莱西诉弗格森案"（Plessy v. Ferguson）中进一步提出了"隔离但平等"的判例，确认了路易斯安那州在铁路客运中实行"隔离但平等"的做法并不违宪，此案有关"隔离但平等"的判决，实际上为歧视性的种族隔离提供了法理基础。可见，宪法修正案虽然规定了黑人的平等权利，但在很长一个时期，美国政治、经济、社会实践领域事实上的种族歧视依然普遍存在，尤其是南方的种族隔离制度更是演变成制度化的种族歧视。部分是由于美国最高法院在适用第十四修正案时的左右摇摆态度，国会开始致力于通过制定专门的联邦法律的形式巩固第十四修正案有关种族平等的内涵与外延。

1. 《1964 年民权法案》。20 世纪 50~60 年代是美国民权运动最活跃的时期，在"布朗诉教育委员会案"（Brown v. Board of Education）之后，美国各地都出现了民权运动的高潮。相继出现的黑人种族运动迫使美国政府以立法的形式宣布种族隔离政策的非法性，并加强对民权的保护。

《1964 年民权法案》是联邦立法层面最重要的种族平等保护法，反映了立法权与行政权对于禁止种族歧视的基本共识。国会通过制定该法专门保护种族平等权利，其目的在于实现就业、教育、社会公共设施等领域广泛的种族平等。该法在详细规定种族就业歧视诸多问题的同时，建立了具有联邦制定法地位的独立平权机构开展禁止就业歧视的联邦执法工作。该法奠定了美国禁止种族歧视法律体系的基础，极大拓展了法律管辖种族歧视行为的范围，在种族平权运动中具有里程碑式的意义。

---

[1] Frank, Munro, "The Original Under standing of 'Equal Protection of The Law'", *Colum. L. Rev*, 1950 (50).

[2] Greenberg E S, Page B I, *The Struggle for Democracy*, New York: Longman, 1999, p. 555.

当然，作为政治妥协的产物，该法主要体现了自由主义的平等观，对限制契约自由和产权制度采取相对谨慎态度，对消除种族歧视的广度和深度采取了循序渐进的政治策略。

《民权法案》在着重禁止就业领域种族歧视的同时，也对打破种族隔离的二元教育系统发挥了至关重要的作用。其一，明确管辖种族教育平等的联邦机构。根据《民权法案》的授权，多个机构具有高等教育种族事务的管辖权。联邦教育部民权事务办公室总体负责种族平等的监督与实施。对于私人团体或社团所属学校，由美国退伍军人管理局负责管辖。对于享受联邦税务豁免的私立学校，其种族歧视和矫正措施的监督由美国国内收入署负责。[1] 其二，教育系统承担加速实现种族教育平等的法律责任。结合立法时的种族关系现实，《民权法案》第六章不仅要求教育领域实现种族平等，而且迫使教育系统采取种族优惠措施加速实现平等。为执行《民权法案》的相关规定，美国联邦教育部制定了《民权法案》第六章的《实施办法》，《实施办法》宣布了所有联邦资助机构皆应避免的"特定歧视行为规则"，即避免因种族、肤色或原始国籍而使个人遭受歧视后果的标准和方法。其三，确立优惠措施是加速实现种族教育平等的法律方法。由于《民权法案》确立了歧视效果制度，学校即使没有歧视的故意和历史，但是理论上只要校园中种族比例严重失衡达到了统计证据的程度，就有可能构成歧视。为此，学校具有较大的法律压力来提高校园中少数族裔的比例，改变校园中种族多元化，从而避免引发歧视司法诉讼。因此，对少数族裔学生采取教育暂行特别措施，成为当时提高少数族裔学生受教育程度的可行手段。

2. 《1991 年民权法案》。为了弥补《1964 年民权法案》的立法局限性，同时也为了捍卫民权法制裁种族就业歧视问题的广泛性，回应联邦法院在民权法适用问题上的法律解释倾向，美国国会于 1991 年 11 月 21 日通过了《1991 年民权法案》。该法除减轻就业歧视案件中原告的举证责任，延长对歧视性年资制度提起诉讼之时效期间，以及确定某些

---

〔1〕　Simpson G E，Yinger J M，*Racial and Cultural Minorities*，New York and London：Plenum Press，1985.

公平就业法律在境外适用的原则。此外，《1991年民权法案》还特别对前述《1964年民权法案》规定的救济措施进行了大幅修正，增加了故意歧视的受害者有权获得补偿性和惩罚性赔偿的规定，将合同的缔结、执行、修正、终结以及合同关系中所有的利益、权利、各种关系和条件都包括在内。[1]

3.《国家劳工关系法》。《国家劳工关系法》于1935年通过，并在1947年和1959年进行了重要的修订。该法对雇主或者劳工组织的某些歧视行为设定了救济措施。根据该法的规定，如果代表工人进行集体合同谈判的劳工组织进行种族歧视，国家劳工关系委员会有权驳回对劳工组织的资格认证。在被驳回资格认证后，雇主就没有与该劳工组织进行集体合同谈判的义务。[2]

（二）英国

英国面对移民问题的历史较为浅近，但同时也可以借鉴其他国家的经验。英国制定《种族关系法》主要的立法目的不仅是消除种族歧视，更重要的是实现种族平等。20世纪70年代，英国移民面临的主要困境是"代际传递"问题，第一代移民因就业领域的种族、民族身份困境会导致下一代人面临人力资本投资困境，使下一代人同样无法有效参与就业市场竞争，形成因种族和民族身份的职业分割与社会隔离，最终导致移民群体社会流动上的恶性循环。可见，如果立足实现种族平等与社会参与，《种族关系法》需要应对的就不仅仅是直接歧视和故意歧视行为，更需要有效干预间接歧视与结构性歧视问题，需要通过更广泛的社会资源与更积极的法律救济技术。其中包括，列举直接歧视与间接歧视，重视借助间接歧视制度的结果导向性，超越种族歧视的主观故意要件，增强歧视诉讼举证责任。

三、我国禁止种族歧视的立法与实践

保障平等、团结、互助的社会主义民族关系，是我国宪法基本原

---

〔1〕 喻术红："反就业歧视法律问题之比较研究"，载《中国法学》2005年第1期；陈亚东："中美反就业歧视法之比较"，载《重庆社会科学》2006年第5期。

〔2〕 雷云："美国禁止就业歧视法律制度研究"，重庆大学2008年博士学位论文。

则，也是宪法实施工作的重要方面。为此现行《宪法》在序言和正文部分多次宣布了民族平等的基本原则，并规定了民族平等的具体领域。我国《宪法》在保障民族平等时，采取了较为先进的立宪技术，建立了平等宣告、禁止歧视、优惠照顾"三位一体"的民族平等宪法实施机制。首先，通过《宪法》宣告民族平等，正面确立民族平等的基本原则。《宪法》总纲部分第4条第1款开章明义："中华人民共和国各民族一律平等。"其次，通过规定禁止民族歧视、压迫，防范破坏民族平等的歧视现象。宪法规范载明"禁止对任何民族的歧视和压迫，禁止破坏民族团结和制造民族分裂的行为。"最后，通过多维度的少数民族优惠照顾规定，侧面保障各族群众在事实上享有广泛的平等地位。宪法和法律通过各项少数民族优惠照顾规定，侧面保障少数民族群众在政治、经济、文化等权利领域享有事实上的平等地位。宪法民族平等并不绝对地排斥差别对待，而是要求遵循"相同情况相同对待，不同情况差别对待"的原则，使差别对待具有合宪的理由，使差别对待的程度符合合理的范围。差别对待只要符合上述要求，立法机关可以在不同情况下，针对不同的群体设定不同的法律权责，行政机关可以在不同的情况下，针对不同的群体实施不同的行政行为。不合理的和任意的差别对待因违反上述要求就会构成宪法上的歧视。其中，禁止歧视是法律制度的基本原则，而优惠照顾制度主要体现在就业、教育、文化、公共服务等经济社会文化权利领域。为落实宪法的民族平等规定，我国通过制定基本法和特别法的方式进一步落实民族平等和禁止歧视，确立了种族和民族歧视的刑事、行政、民事法律责任。

（一）《宪法》

中华人民共和国是全国各族人民共同缔造的统一的多民族国家。保障各民族群众平等、团结、互助的社会主义民族关系，不仅是我国宪法基本原则，也是党的民族政策基本方针。民族平等在我国宪法规范体系中处于重要位置。《宪法》第33条第2款规定："中华人民共和国公民在法律面前一律平等。"在《宪法》第33条第2款的一般平等原则基础上，宪法通过序言、总纲以及基本权利条款多次重申了各民族公民享有广泛的平等法律权利。《宪法》在序言部分宣布："中华人民共和国是全国各族人民共同缔造的统一的多民族国家"；总纲部分第 4 条第 1 款规定："中华人民共和国各民族一律平等……"第 34 条规定："中华人民共和国年满 18 周岁的公民，不分民族、种族、性别、职业、家庭出身、宗教信仰、教育程度、财产状况、居住期限，都有选举权与被选举权；但是依照法律被剥夺政治权利的人除外。"第 36 条第 2 款规定："……不得歧视信仰宗教的公民和不信仰宗教的公民。"民族平等不仅是宪法序言和总纲所载明的国家政治义务和基本国策，而且经宪法第 33 条确认后，民族平等既是一项宪法基本原则，也是一项具体的宪法基本权利。作为一项宪法基本原则，平等对于整个宪法体系具有指导作用，各民族公民不仅享有平等的公民政治权利，而且应当享有平等的经济、社会与文化权利。作为一项宪法基本权利，所有国家机关在行使权力时均受平等权的拘束，均负有保障和实现各民族公民广泛平等权利的职责。

（二）《民族区域自治法》

民族区域自治制度是我国宪法载明的基本制度，用以保障各族群众当家作主并管理本民族事物的基本权利。民族平等是构建我国社会主义民族关系的根基，在宪法价值体系中居于优先地位。现行宪法有关平等、团结、互助的社会主义民族关系的表述，暗含了建构我国统一多民族国家的内在逻辑。1982 年宪法修宪委员会讨论中，班禅委员即提出把"平等"放在"团结"前面，首先是"平等"，然后才谈得上"团结"，修宪委员会接受了这个建议。[1] 为了落实宪法民族平等基本原则，我国制定了《民族区域自治法》。民族区域自治制度的制定和实施过程中，保障民族平等和禁止民族歧视始终是民族区域自治制度的基本功能。

《民族区域自治法》序言部分确立了禁止民族歧视的一般原则："在维护民族团结的斗争中，要反对大民族主义，主要是大汉族主义，也要

---

[1] 全国人大常委会办公厅研究室政治组编著：《中国宪法精释》，中国民主法制出版社 1996 年版，第 89 页。

反对地方民族主义。"总则部分规定了禁止民族歧视的具体情形：第 9 条规定，上级国家机关和民族自治地方的自治机关维护和发展各民族的平等、团结、互助的社会主义民族关系。禁止对任何民族的歧视和压迫，禁止破坏民族团结和制造民族分裂的行为。第 11 条规定，民族自治地方的自治机关保障各民族公民有宗教信仰自由。任何国家机关、社会团体和个人不得强制公民信仰宗教或者不信仰宗教，不得歧视信仰宗教的公民和不信仰宗教的公民。

（三）《刑法》

我国《刑法》将民族歧视行为纳入犯罪与刑罚的范畴，《刑法》在第四章侵犯公民人身权利、民主权利罪当中规定了煽动民族仇恨、民族歧视罪，出版歧视、侮辱少数民族作品罪和非法剥夺公民宗教信仰自由罪、侵犯少数民族风俗习惯罪，将具有严重情节的民族歧视行为纳入刑法的调整范围。

（四）劳动和社会保障立法

《劳动法》第 3 条第 1 款规定："劳动者享有平等就业和选择职业的权利……"；第 12 条规定："劳动者就业，不因民族、种族、性别、宗教信仰不同而受歧视。"

《就业促进法》对《劳动法》中有关就业歧视的相关规定进行了细化，第 3 条确定了劳动者享有的平等就业和自主择业的权利，第 28 条再次确认了各民族劳动者享有的平等劳动权利，同时规定了用人单位招用人员时应当依法对少数民族劳动者给予适当照顾的义务。

（五）教育立法

《教育法》第 9 条规定，中华人民共和国公民有受教育的权利和义务。公民不分民族、种族、性别、职业、财产状况、宗教信仰等，依法享有平等的受教育机会。第 10 条规定，国家根据各少数民族的特点和需要，帮助各少数民族地区发展教育事业。国家扶持边远贫困地区发展教育事业。国家扶持和发展残疾人教育事业。

《高等教育法》第 8 条规定，国家根据少数民族的特点和需要，帮助和支持少数民族地区发展高等教育事业，为少数民族培养高级专门人才。第 9 条规定，公民依法享有接受高等教育的权利。国家采取措施，帮助少数民族学生和经济困难的学生接受高等教育。

《义务教育法》第 4 条规定，凡具有中华人民共和国国籍的适龄儿童、少年，不分性别、民族、种族、家庭财产状况、宗教信仰等，依法享有平等接受义务教育的权利，并履行接受义务教育的义务。

（六）其他规范性法律文件

2008 年原劳动保障部劳动第 28 号令《就业服务与就业管理规定》第 4 条规定："劳动者依法享有平等就业的权利。劳动者就业，不因民族、种族、性别、宗教信仰等不同而受歧视。"

种族与民族平等是现代国际文明的基本共识，现代反歧视法治体系正是发轫于与种族和民族歧视作斗争。传统中，种族歧视专指给予生理种族的歧视行为，现实中，当代的种族歧视概念已经超越了传统上生理种族的范围，成为涵盖生理、血统、文化、民族国家的广义族群概念，在学理上对民族歧视和族群歧视形成包含关系。种族歧视具有直接和间接，制度性歧视、行为性歧视、结构性歧视等多种维度。就业和教育是种族歧视的主要领域，也是实现种族平等的重要战场。种族与民族平等已经为国际法与国内法所认可，各国实现种族与民族平等的法治举措涉及宪法、法律、司法诉讼、行政执法、法治倡导等多个环节。

［练习和思考题］

1. 什么是种族歧视，如何识别这一类歧视？

2. 种族歧视在就业和教育领域的主要表现形式是什么？

3. 如何消除种族歧视行为？

4. 国际社会有关禁止种族歧视的主要国际法规范有哪些？

［延伸阅读］

1. 张千帆：《西方宪政体系（美国宪法）》，中国政法大学出版社 2004 年版。

2. 韩大元：《外国宪法判例》，中国人民大学出版社 2005 年版。

3. 韩锦春：《反对种族歧视和种族隔离（资料汇编）》，中国世界民族研究学会 1983 年。

4. 陈云生:《宪法人类学——基于民族、种族、文化集团的理论建构及实证分析》，北京大学出版社 2005 年版。

5. ［奥］曼弗雷德·诺瓦克:《〈公民权利和政治权利国际公约〉评注》，孙世彦译，生活·读书·新知三联书店 2008 年版。

6. ［美］托马斯·索威尔:《美国种族简史》，沈宗美译，中信出版社 2015 年版。

第六章　性别歧视

[本章主题和课程目标]

　　本章介绍性别歧视的定义和认定标准、性别歧视的现象，以及境内外禁止性别歧视的立法与实践。如果你积极阅读并参与课堂讨论，将学会认定性别歧视的标准，并能用社会性别视角审视我国现行相关法律的进步与缺失，提出完善建议。

[案例导入]

　　某公司在雇用合同中加了一个条款："任何缺席工作超过 26 周的人将被解雇。"雇员张女士怀孕后休假超过了 26 周，雇主依据此条款予以解雇。

　　问：该条款是否存在性别歧视？

第一节　性别歧视的界定

一、性别歧视的概念和分类

　　联合国《消除对妇女一切形式歧视公约》第 1 条规定："对本公约的目的，'对妇女的歧视'一词指基于性别而作的任何区别、排斥或限制，其影响或其目的均足以妨碍或否认妇女不论已婚未婚在男女平等的基础上认识、享有或行使在政治、经济、社会、文化，公民或任何其他方面的人权和基本自由。"

　　而根据国际劳工组织《1958 年消除就业和职业歧视公约》，工作领域中的性别歧视是指，基于性别的任何区别、排斥或特惠，其效果为取消或损害就业或职业方面的机会平等或待遇平等。

根据联合国教科文组织的《取缔教育歧视公约》，教育领域的性别歧视是指，基于性别的任何区别、排斥、限制或特惠，其目的或效果为取消或损害教育上的待遇平等。

根据不同的标准可以对歧视进行不同的分类。消除对妇女歧视委员会第 28 号一般性建议要求，缔约国应确保不对妇女实施直接或间接歧视。[1] 在各国的反歧视法律中，性别歧视根据其表现形式可以分为直接歧视、间接歧视、性骚扰、报复性歧视、拒绝提供合理便利等种类。而在性别歧视中，直接歧视（direct discrimination）、间接歧视（indirect discrimination）[2] 和性骚扰（sexual harassment）是最主要的分类和常见的歧视形式。

（一）直接性别歧视

基于性别的直接歧视是指法律政策或者实践操作中对不同性别的群体进行不合理的差别对待。例如，男女同工不同酬或者女性员工没有平等地获得培训或晋升的机会。再如，在招聘广告中规定只招男性或男性优先，而性别并不是履行该工作的内在要求，这样的行为也会构成直接歧视。

（二）间接性别歧视

根据消除对妇女歧视委员会第 28 号一般性建议，对妇女的间接歧视指的是，一项法律、政策、方案或做法看似对男性和女性无任何倾向，但在实际中有歧视妇女的效果。[3] 比如，雇主要求求职者必须达到 170cm 的身高，这一身高要求虽然看似性别中立，但由于身高达到 170cm 的女性明显少于男性，这一要求实际上对男性和女性产生不同的影响，除非这个身高的要求是胜任工作的必须要求，否则这样的以身高

---

〔1〕　经济、社会、文化权利委员会第 20 号一般性意见，第 10 段（a）。

〔2〕　在美国法律中，直接歧视和间接歧视分别被称为差别对待歧视（disparate treatment）和差别影响歧视（disparate impact）。

〔3〕　消除对妇女歧视委员会第 28 号一般性建议，第 16 段。

为区分的标准就可能构成间接的性别歧视，因为对平均身高低于男性的女性群体造成了更为不利的影响。

间接歧视的产生不仅仅与不同性别群体之间的自然差异有关，往往也与历史上存在的性别歧视、现存的性别定型观念和文化以及社会结构密切相关。"如果法律、政策和方案基于似乎不分性别但实际上对妇女有不利影响的标准，则会发生间接歧视妇女的情况。不分性别的法律、政策和方案保留过去歧视妇女的后果可能并非故意，以男人生活方式为模式因而未考虑到与男子生活方式不同的妇女生活经历也可能出于无心。存在这些区别是因为基于男女生理区别对妇女的陈规定型期望、态度和行为，还可能因为普遍存在的男尊女卑现象。"[1]

（三）性骚扰

联合国《消除对妇女的暴力行为宣言》第 2 条将性骚扰视为针对妇女的暴力。[2] 消除对妇女歧视委员会在第 19 号一般性建议中指出，《消除对妇女一切形式歧视公约》第 1 条所界定的对妇女的歧视包括基于性别的暴力，即"因为妇女的性别而对之施加的暴力或不成比例地影响妇女的暴力"，且其构成对人权的侵犯。如果妇女遭到基于性别的暴力，例如在工作单位遭到性骚扰时，就业平等权利也会严重减损。性骚扰包括不受欢迎的具有性动机的行为，如身体接触和求爱动作，带黄色的字眼，出示淫秽书画和提出性要求，不论是以词语还是用行动来表示。这类行为可以是侮辱人的，构成健康和安全的问题。如果妇女有合理理由相信，她如拒绝的话，在工作包括征聘或升职方面，对她都很不利，或者造成不友善的工作环境，则这类行为就是歧视性的。[3] "基于性别的暴力侵害妇女的行为是一种将女性在地位上从属于男性及其陈规

---

〔1〕　消除对妇女歧视委员会第 25 号一般性建议，注 1。

〔2〕《消除对妇女的暴力行为宣言》第 2 条对妇女的暴力行为应理解为包括但并不仅限于下列各项：①在家庭内发生的身心方面和性方面的暴力行为，包括殴打、家庭中对女童的性凌虐、因嫁妆引起的暴力行为、配偶强奸、阴蒂割除和其他有害于妇女的传统习俗、非配偶的暴力行为和与剥削有关的暴力行为；②在社会上发生的身心方面和性方面的暴力行为，包括强奸、性凌虐、在工作场所、教育机构和其他场所的性骚扰和恫吓、贩卖妇女和强迫卖淫；③国家所做或纵容发生的身心方面和性方面的暴力行为，无论其在何处发生。

〔3〕　消除对妇女歧视委员会第 19 号一般性建议，第 17、18 段。

定型角色加以固化的根本性社会、政治和经济手段。"[1]

在各国立法中，性骚扰一般被界定为直接针对受害者的不受欢迎的与性有关的行为，或者是制造了恐吓性的、充满敌意、羞辱环境的行为，侵害他人尊严，并进而把性骚扰分为交换型性骚扰和敌意环境型性骚扰。交换型性骚扰一般是指一方凭借权力，以承诺录取、录用或者晋升、提薪、获得奖学金等为条件强迫对方提供性回报；如果对方拒绝就可能失去应有的机会或者权利。敌意环境型性骚扰是指一方以具有性意味的言辞或行为，造成他人处于敌意性、胁迫性或冒犯性的工作环境。

二、性别歧视的构成要件

本书第一章中提到歧视由区别对待、法律禁止的领域、法律禁止的事由、不利的后果、因果关系等五个要件构成。关于性别歧视，本章着重说明其中的行为要件、事由要件和结果要件。

（一）行为要件

性别歧视是法律禁止的基于性别的区别、排斥、限制、优惠。不同类型的性别歧视，具体的行为表现有所不同。比如，直接歧视是一种违法的差别对待的行为或事实。间接歧视虽然不直接针对法律保护的群体进行差别对待，但是看似对被保护群体中立的一些其他差别性要求，可能导致对特定群体造成消极的影响或者后果。而性骚扰主要是一种不受欢迎的与性有关的行为。

但是我们应该注意的是，并非所有的直接歧视都需要比较对象。经济、社会、文化权利委员会第20号一般性意见中指出："直接歧视即处于同样情况下的一个人因为一种禁止的理由所受待遇不如另一个人。直接歧视还包括在没有可比较的类似情况下出于禁止的理由所采取的有害行为或不行为（例如，在妇女怀孕的情况下）。"[2]

一些国家早期的法律并不认为对怀孕的女性予以解雇或不平等的对待构成性别歧视，因为男性不可能怀孕。比如，英国1985年的"海斯诉可塑工人俱乐部及协会案"（Hayes v. Malleable Working Men's Club &

---

〔1〕　消除对妇女歧视委员会第35号一般性建议，第10段。
〔2〕　经济、社会、文化权利委员会第20号一般性意见，第10段（a）。

Institute）中，就业上诉法庭曾认为怀孕女工所应比较的对象为长期患慢性病的男工，即若雇主对长期请病假的男工因业务上需要而予以解雇，则对怀孕女工予以解雇则不构成歧视。[1] 此案遭到了大量批评。因为它是建立在对一种性别的人所受的待遇与异性所受的待遇进行比较的基础上的，这种比较不适合怀孕的情况，因为不同性别的需要相异。

直到 1994 年著名的 "韦伯案" （Webb v. Emo Air Cargo [UK] Ltd）[2] 出现，怀孕歧视不再需要比较对象，而被认为是直接歧视。在该案中雇主因一名员工怀孕而以不定期劳动契约雇用原告，但原告于任职后不久即被发现怀孕而遭解雇，该案一直上诉到欧洲法院。欧洲法院认为在不定期契约中因女工怀孕而将其解雇即构成性别歧视，即使解雇的理由是因为该女工无法履行双方订约时的目的，即原告当初受雇的目的虽是要替代另一名怀孕女工工作，但此事实并不影响其结果，且 "韦伯案" 的审判也违反欧盟 1976 年《性别平等待遇指令》。[3]

《怀孕受雇者指令》即第 92/85 号怀孕指令受到欢迎，因为它打破了这种比较性分析方法，将怀孕视为有特殊需要的特别问题。它为三种类型的女性劳动者提供了起码的保护：怀孕的员工、临近产期的员工和哺乳期的员工。其规定包括对远离危险情况的保护和除了与怀孕无关的例外情况外，在产假期免遭解雇的保护，它为产前检查提供带薪假，规定产期报酬的最低标准和在产假期内对兼职和固定期限劳动者的保护等。[4]

本章案例导入中的事件源于欧洲法院 1998 年的 "布朗诉能多洁案" （Brown v. Rentokil）。"在欧盟，基于怀孕的不当解雇被列入直接歧视范畴。例如，被告在雇用合同中加进了一个条款：任何缺席工作超过 26 周的人将被解雇。申请人怀孕之后，由于与怀孕有关的疾病而无法工

---

〔1〕 Hayes v. Malleable Working Men´s Club & Institute [1985] IRLR.

〔2〕 Webb v. Emo Air Cargo (UK) Ltd (C-32/93) [1994] IRLR 482.

〔3〕 饶志静："英国反就业性别歧视法律制度研究"，载《环球法律评论》2008 年第 4 期。

〔4〕 袁发强译：《最新不列颠法律袖珍读本（英汉对照）——欧盟法》，英国卡文迪什出版有限公司授权武汉大学出版社影印 2003 年版，第 313~315 页。

作，在休息 26 周后被解雇了。法院认为，以其与怀孕有关的疾病为由解雇一个怀孕的女性，这构成了直接的性别歧视。"[1] 如果撇开本案中的非法解雇问题，单纯审视"任何缺席工作超过 26 周的人将被解雇"的约定，则是一种间接的对女性的就业性别歧视条款。因为女雇员在怀孕和哺乳期间，请病假和事假的几率远高于男性。此时这项表面上中立的规定，在客观上已经或者可能导致女性与男性相比处于不利地位。

（二）事由要件

性别歧视是基于"性别"这一被法律禁止的歧视事由的行为或者事实。

"性别"是国际公约和各国立法普遍禁止的一种歧视事由。根据消除对妇女歧视委员会的第 28 号一般性建议，这里的"性别"既包括生理性别（sex）也包括社会性别（gender）。"生理性别"一词指的是男性与女性的生理差异。而"社会性别"一词指的是社会意义上的身份、归属和女性与男性的作用，以及社会对这类生理差异赋予的社会和文化含义。正是社会性别导致男性与女性之间的等级关系，还导致男性在权力分配和行使权利方面处于有利地位，女性处于不利地位。女性和男性的这种社会定位受到政治、经济、文化、社会、宗教、意识形态和环境因素的影响，也可通过文化、社会和社区的力量加以改变。虽然《消除对妇女一切形式歧视公约》仅仅提到基于生理性别的歧视，但结合其他条款，如第 1 条所载关于歧视的定义明确表明，实际上《消除对妇女一切形式歧视公约》也涵盖了基于社会性别的歧视。[2]

同时，各国的法律实践中性别歧视也从禁止对男性或女性的歧视，扩展到基于性别表达、性别认同、性倾向的歧视。有的国家（地区）在立法中没有明确禁止基于性别表达、性别认同、性倾向的歧视，而是通过对于"性别"概念进行扩大解释，提供对性和性别少数群体的保护。比如，美国《民权法案》第七章是美国联邦层面最为重要的反就

---

〔1〕　袁发强译:《最新不列颠法律袖珍读本（英汉对照）——欧盟法》，英国卡文迪什出版有限公司授权武汉大学出版社影印 2003 年版，第 309 页。
〔2〕　消除对妇女歧视委员会第 28 号一般性建议，第 5 段。

业歧视法律渊源，其规定禁止基于种族、肤色、宗教信仰、性别和来源国的歧视。立法之初，性别仅指生理性别，而且只包括男性和女性，之后美国最高法院在"普华永道诉霍普金斯案"（Price Waterhouse v. Hopkins）[1] 中对"性别"概念进行了扩大解释。该案中，在会计事务所工作的女性安·霍普金斯（Ann Hopkins）工作业绩卓著，但是没能成功地晋升为合伙人。至少部分原因是她的上司们认为她的行为举止和穿衣打扮过于男性化。美国最高法院在判决中认为《民权法案》第七章不仅禁止基于"性别"的歧视，还禁止基于"某人没有表现出其生理性别特质"的歧视。美国最高法院将这种情况定义为禁止基于"性别角色刻板印象"（gender role stereotyping）的歧视。这一解释实际上是对"性别歧视"进行了扩大解释，从生理性别扩展到社会性别。之后，很多法院认为《民权法案》第七章可以适用于保护跨性别者免受歧视，一些法院在判决中进一步提出《民权法案》第七章禁止的"性别歧视"可以涵盖基于性别认同、性别表达和性别转换的歧视。

2012 年，美国平等就业机会委员会（EEOC）对"梅西案"（Mia Macy v. Eric Holder)[2] 的裁决中，明确指出对跨性别人群的歧视构成性别歧视。2015 年，EEOC 在"鲍德文案"（Baldwin v. Foxx)[3] 这一行政处罚案件中进一步扩大了"普华永道诉霍普金斯案"中禁止基于性别刻板印象歧视的范畴，即社会对于男性和女性的刻板印象也包括男人只能和女人约会、女人只能和男人约会。EEOC 明确提到性倾向和性别这两个概念是无法完全分开的。如果一个女性在桌上摆一张她的女性伴侣的照片，她可能受到歧视。相反，如果是一个男性在桌上摆一张他的女性伴侣的照片，那么这个男性就不会受到歧视。美国一些巡回法院采纳了 EEOC 在"鲍德文案"中的理论，判决性倾向歧视实质上就是性别歧视，应当受到《民权法案》第七章的禁止。2020 年 6 月，美国最高法院的跨性别案件中，明确认定《民权法案》禁止的性别歧视包含

---

〔1〕 Price Waterhouse v. Hopkins 490 U. S. 228（1989）.

〔2〕 Appeal No. 0120120821（EEOC 2012）.

〔3〕 Baldwin v. Foxx, EEOC Appeal No. 0120133080, 2015 WL 4397641（July 16, 2015）.

对同性恋和跨性别者的歧视，也就是把基于性倾向和性别认同的歧视认定为性别歧视的一种。[1]

同时，越来越多的国家（地区）的平等法（反歧视法）中把性别、性别认同、性别表达、性倾向等并列作为禁止歧视的事由，比如，瑞典2008年通过的《反歧视法案》在原有立法已经禁止基于性别和性倾向的歧视之外，又新增了"跨性别的身份认同或表达"这一禁止歧视的事由。挪威《平等与反歧视法》也明确禁止基于性别、性别认同、性别表达、性倾向的歧视。英国《平等法》禁止基于性别、性倾向和性别重置（gender reassignment）的歧视。

（三）后果要件

性别歧视的构成要件，还包括区别对待给受害者造成的损害后果，例如在教育、就业、接受公共服务等方面机会的丧失、权利的减损，以及精神损害。这种损害后果不仅仅是已经发生的后果，还包括将来可能发生的后果。《消除对妇女一切形式歧视公约》"第1条所载关于歧视的定义明确表明，公约适用于基于性别的歧视。该定义指出，任何区别、排斥或限制行为，如果其影响或目的足以妨碍或否认妇女认识、享有或行使其人权和基本自由，这类行为都是歧视，即使这类歧视并非有意。这可能意味着，即使对妇女和男子给予相同或中性的待遇，如果不承认妇女在性别方面本来已处于弱势地位且面临不平等，上述待遇的后果或影响导致妇女被拒绝行使其权利，则仍可能构成对妇女的歧视"。[2] 根据国际劳工组织《1958年消除就业和职业歧视公约》规定，差别对待"其效果为取消或损害就业或职业方面的机会平等或待遇平等"则涉嫌就业歧视。根据联合国教科文组织颁布的《取缔教育歧视公约》，基于性别的任何差别对待，"其目的或效果为取消或损害教育上的待遇平等"则可能构成教育歧视。可见，相关国际公约中对性别歧视构成中消极影响或损害后果要件的强调。也就是说，歧视并不要求必须有歧视的故意，即使是出于保护女性的目的，对男女进行差别对待，

---

〔1〕　Bostock v. Clayton County, Georgia 140 S. Ct. 1731（2020）。
〔2〕　消除对妇女歧视委员会第28号一般性建议，第5段。

只要造成消极的影响或者后果，影响机会均等或者待遇平等，仍然可能构成制度性歧视或者行为性歧视。

在国外司法实践中，"一般都认为在间接歧视中无需证明歧视的故意，在直接歧视案件中也正在逐渐朝这一方向发展。现在加拿大、澳大利亚、新西兰、挪威、南非以及欧盟 25 个成员国在直接歧视案件中都不要求歧视的故意"[1]。在立法时，尽管歧视行为的成立不要求雇主具有歧视故意，但在歧视行为法律责任的设计上，可以考虑歧视行为者的主观状态。当雇主实施歧视行为具有故意时，应加重其法律责任，增加对受害人的救济力度，赔偿金额度可以包括精神损害赔偿或者惩罚性赔偿；当雇主并非故意时，以补偿受害人实际经济损失为主。[2]

三、不构成性别歧视的情形

（一）基于特定工作的内在需要而实施的差别对待

国际劳工组织第 111 号公约第 1 条第 2 款规定，"对任何一项特定职业基于其内在需要的区别、排斥或优惠不应视为歧视"。基于工作实际和真实的需要而采取的特殊雇佣措施不构成歧视，比如，为男女浴室分别雇用各自性别的服务员；基于角色需要对演员性别的要求，这些是基于工作需要的区别对待，因而合理合法不构成歧视。但是，为了防止雇主基于性别刻板印象，对"特定工作的内在需要"这一抗辩事由滥用，各国（地区）都作了严格的限制。比如：

1. 中国。《妇女权益保障法》《劳动法》《就业促进法》都规定，各单位在录用职工时，除国家规定的不适合妇女的工种或者岗位外，不得以性别为由拒绝录用妇女或者提高对妇女的录用标准。

我国香港特别行政区《性别歧视条例》第 12 条中明确列举了七种"真正职业资格"例外，具体包括：

（1）工作本身性质需要男性或女性担任；

（2）有关工作需要由男性或者女性担任以合乎体统或保障隐私；

---

〔1〕［挪威］Ronald Craig："歧视概念的演变和发展"，载李薇薇、Lisa Stearns 主编：《禁止就业歧视：国际标准和国内实践》，法律出版社 2006 年版，第 39 页。

〔2〕谢增毅："英美两国就业歧视构成要件比较"，载《中外法学》2008 年第 4 期。

（3）有关工作可能需要雇员在私人住宅中工作或者留宿，并与该住宅内居住的人有相当程度的身体或社交接触；

（4）由于有关机构的工作性质或者地点，雇员需要雇主所提供的住所居住，难以另觅居处，而该处并无适合留宿的地方；

（5）雇用机构是医院、监狱或其他为需要特别照顾或监管的人士而设的机构；

（6）担任该工作的人必须向他人提供一些提高福利或教育水平的个人服务，或类似的个人服务，而该等服务由同一性别的人士提供会最为有效；

（7）工作要求雇员在香港以外的地方执行职责，而鉴于该地方的习俗或法律，该职务不许女性（或男性）有效地执行该等职责。

香港对于歧视的认定中规定了举证责任倒置的原则，雇主负有证明自己的性别区别对待是符合以上七种情况之一的"真正职业资格"抗辩。

2. 美国。根据《民权法案》第七章，以性别为由作出用工决定的雇主可以提出的一个抗辩理由是，将性别作为考量因素对特定行业或企业的正常经营而言是合理必要的。在这类案件中，性别对这个岗位而言就被称为是一种"真实职业资格"（Bona Fide Occupational Qualification，常用缩写是"BFOQ"）。

EEOC 曾经颁布了一个关于就业性别歧视的指导性意见，其中提到：

本委员会认为在性别歧视案件中的 BFOQ 抗辩应当越狭窄越好。

下列将不构成 BFOQ 抗辩：

（1）基于一些臆断而认为女人在职场有某些特征，从而导致拒绝雇佣女性。比如，某些臆断认为女性的离职率比男性高。

（2）基于性别刻板印象而拒绝雇佣一些雇员。比如，男性不能操作精细机器；女性在销售时不够有冲劲。雇员的工作能力不应由他/她所属的群体而定，需要逐一按每个雇员的个体情况来加以分辨。

其他因为客户、雇主、和同事的偏好而拒绝雇佣的行为。

（3）如果必要的话，本委员会认为有些出于真实性的考量可以构成 BFOQ 抗辩。比如演员出演特定性别的角色需求。

在美国的司法实践中，因为雇主需要承担非常重的举证责任，所以很少能成功使用这种真实职业资格抗辩理由。

（二）暂行特别措施和保护性措施

《消除对妇女一切形式歧视公约》第 4 条规定：①缔约各国为加速实现男女事实上的平等而采取的暂行特别措施，不得视为本公约所指的歧视，亦不得因此导致维持不平等或分别的标准；这些措施应在男女机会和待遇平等的目的达到之后，停止采用。②缔约各国为保护母性而采取的特别措施，包括本公约所列各项措施，不得视为歧视。

暂行特别措施和为保护母性的特别措施不是歧视，而是为了实现实质平等而必须采取的措施。例如，消除对妇女歧视委员会在第 25 号一般性意见中特别强调："公约所针对是过去和现在阻碍妇女享受人权和基本自由的社会和文化上的歧视，其目标是消除对妇女一切形式歧视，包括消除事实上或实际不平等的根源和后果。因此，根据公约采取暂行特别措施是实现妇女事实上或实际平等的手段之一，而不是不歧视和平等准则的例外"。[1]

很多国家的国内立法中也明确规定暂行特别措施和保护性措施不属于歧视行为。比如，挪威《平等与反歧视法》规定，在以下情况下积极的差别对待是允许的：①为了促进法案目的的实现；②对受到影响的人造成的负面影响不超过合理限度；③要达到的目的实现之后，差别对待将被终止。基于怀孕、生育、哺乳的差别对待，包括给每一方父母保留的休假是合法的，不属于歧视。但是该法也强调，只有与怀孕、生产、哺乳、休假相关的差别对待是保护妇女、胎儿、儿童权益所必须时，差别对待才是法律所允许的。在招聘、解雇或者包括临时工延期方面，基于怀孕、生产、哺乳或者与生育、收养孩子相关的休假而进行差别对待从来都是被允许的。

---

[1] 消除对妇女歧视委员会第 25 号一般性建议，第 14 段。

美国在 1978 年以前，最高法院适用《民权法案》第七章，绝对禁止区别对待，不允许给任何一方优待。这种中立的立场后来转变为对暂行特别措施的肯定。例如，1978 年，美国加利福尼亚州圣克拉拉县（Santa Clara）交通局采取一项临时性的"肯定性行动"计划，规定了雇用和晋升的目标，以达到该局的少数种族和妇女的劳动力人数比例与该地区的少数种族和妇女整个劳动力人数相协调。其中妇女就业人数占圣克拉拉县地区整个劳动力的 36.4%，而该局的妇女就业人数只占该局整个劳动力的 22.4%，其中 76% 的妇女干办公室的杂活，在 238 种熟练技术工种中，没有一个是妇女。1979 年，该局有一个调度员的名额，两个申请人均合格，而女性的面试成绩稍低，该局实施"积极行动"计划，录用了女性申请人。未被录用的男性申请人约翰逊（Johnson）状告该局实行了性别歧视，违反了《民权法案》第七章。联邦地区法院支持了约翰逊，但上诉法院推翻了地区法院的判决。约翰逊向最高法院上诉，最高法院以五比四通过大法官布伦南撰写的裁定，维持了上诉法院的裁定。[1]

布伦南大法官认为交通局在采取"肯定性行动"时注意到妇女只集中在该局传统上属于妇女的工种。如果有些工种传统上没有种族或性别隔离，妇女的人数不至于像现在这么低。该局在作雇用和晋升决定时，考虑到了不同技术熟练工种的不同资格要求，没有只看人数比例上的种族和性别不平衡，就盲目录用。该局的目标是消除在传统隔离的工种中少数种族和妇女就业人数的不足，该局的做法能够符合其目标，并尽可能减少侵犯其他雇员的合法期待。因为该局局长在法庭作证时强调，他作出的在本案中有争议的决定时，性别只是予以考虑的诸多因素中的一个。因此，该局决定在本案中考虑性别因素，并非不合理。[2]这种在同等或相近的条件下，优先录用弱势性别申请人的优先选择制，是一种常见的暂行特别措施。

---

〔1〕　Pahl. E. Johnson v. Senta Clara Transportation Agency, 480 U. S. 616 (1987).

〔2〕　邱小平：《法律的平等保护——美国宪法第十四修正案第一款研究》，北京大学出版社 2005 年版，第 434~436 页。

但是，目前在对暂行特别措施和保护性措施的理解和实施方面，各国（地区）仍存在一些不足。

第一，对暂行特别措施运用不足。例如，消除对妇女歧视委员会在2014年对中国第七/八次履约报告的结论性意见中指出，暂行特别措施在中国很少使用，中国妇女在政治和公共生活中的参与有所进步，但妇女代表仍然不足，妇女在全国人大、各部委和省一级的代表性仍然很低，而且改善缓慢。消除对妇女歧视委员会建议将暂行特别措施作为一种必要的策略，以加快在公约规定的各个领域实现男女实质平等，特别是增进在族裔和宗教方面属于少数群体的妇女以及残疾妇女的权利。在选举和任命体制中应该实行更有约束力的暂行特别措施，例如配额制，以便加快妇女全面而且平等地参加各类选举产生的和经过任命的机构。消除对妇女歧视委员会还建议确保《村民委员会组织法》修订案的落实，即村委会中须有妇女，村民代表中妇女的比例须超过1/3。[1]

第二，保护性措施的滥用。对女性在孕期、产期、哺乳期的保护性措施，比如，基于对胎儿的保护，女性需要得到与其需求相应的不同对待，包括禁止雇主雇用孕期女性从事某些有毒有害的工作，这种对于母性的保护，并不构成歧视。但是对以保护的名义将女性整体排斥在某个行业之外的行为，目前国际上的立法趋势是进行谨慎审查。保护标准一体化立法在抽象层面强调了女性基于两性差异所处的不平等地位，但往往忽略女性群体内部的个体差异。"这些规定反映了立法者是从传统的不平等的社会性别规范的视角出发，把一些想当然的假设强加给所有的女性。这种假设推定所有的男性都适合从事所有的行业，包括个子矮小的弱小男性，所有的女性都不适合从事某些行业，包括个子高大的强壮女性。这样的规定，其危害性在于：①剥夺了女性自主选择工作的权利。②它给了用人单位拒绝雇用女工的借口。"[2] 因为这种"特殊保

---

〔1〕 消除对妇女歧视委员会：《关于中国第七和第八次合并定期报告的结论性意见》，CEDAW/C/CHN/CO/7-8（2014），第22、23、30段。

〔2〕 陈敏："从社会性别的视角看我国立法中的性别不平等"，载《法学杂志》2004年第3期。

护的立法模式的基础是女人的生理特点和弱势地位，它强化了传统的分工模式"。"以两性的'生理差异'为基础的性别本质主义不再具有说服力，体现性别本质主义的立法对女性的歧视和弱势地位的强化也就昭然若揭。"[1] 因此，"各国需对本国法律基于妇女怀孕哺乳等生理原因而对其职业范围所作的保护性限制的合理性适时进行审查以防止善意保护措施潜在的或已经出现的歧视性后果"[2]。考虑每个性别群体内部在体质、能力、经验、愿望、需求等方面的个体差异，分类规范、着眼于赋权是立法走出悖论怪圈的路径。保护性措施的使用要协调好保护与限制的关系，从一体化"照顾"到分类"赋权"的转变。比如，根据工作环境明显改善、技术水平显著提高的情况，降低女性职业禁忌门槛，尊重女性个人选择，在健康条件允许且自愿的前提下，给女性选择的权利，以增加女性获得较好经济收入的机会，而不应无视技术条件的改变一味以职业禁忌为借口拒绝聘用女职工。

劳动力人群之间的差异往往是个体因素造成的，与性别生理差异关系不大。通常来讲，男女对生理、环境和化学危害因素的反应是不存在较大区别的。男性平均力量并不强于女性，有些女性甚至比男性更有力量。劳动立法对妇女的保护经常是依据一些对妇女造成障碍的没有科学根据的推断或想法。国际劳工局理事会正式建议批准 1995 年《矿山安全与卫生公约》（第 176 号公约），1935 年《妇女井下作业公约》（第 45 号公约）将于 2027 年 5 月至 2028 年 5 月间废止。近年来，一些批准《妇女井下作业公约》的国家已经声明退出[3]。女性可以从事以前禁止从事的工作。比如，美国井下作业也曾经拒绝女性，后来，在美国平等就业机会委员会的压力下，矿主们向女工开放了井下岗位，这些岗位能使女工们拿到较高的薪水。在美国民间妇女运动的影响下，美国联邦

---

〔1〕 景春兰："中国女性工作权立法的性别本质主义检讨"，载《河北法学》2011 年第 6 期。

〔2〕 薛宁兰：《社会性别与妇女权利》，社会科学文献出版社 2008 年版，第 130 页。

〔3〕 目前已有 30 个国家宣布退出《妇女井下作业公约》。载国际劳工组织网站，https：//www.ilo.org/dyn/normlex/en/f？p＝1000：11300：0：：NO：11300：P11300_INSTRU-MENT_ID：312190，最后访问时间：2021 年 2 月 1 日。

法律作出规定，政府签约人及其代理人可以不依据各州的"保护性立法"录用合格的女申请人。这些保护性立法包括禁止妇女从事某种职业、限制工作时间、禁止她们举起一定重量的物体。在这种条件下工作与否应由女性自己选择。南非近年也恢复了允许女性在矿山工作。[1]以"赋权性规定"取代"一厢情愿的一体化保护"，是职业禁忌制度的世界立法趋势。

第二节　性别歧视的表现形式

虽然性别歧视被国际公约和各国立法普遍禁止，但是性别歧视仍然广泛存在于教育、就业、公共服务等各个领域。本节仅以我国的情况为例，展现就业和教育领域中的性别歧视的表现形式。

一、就业领域的性别歧视

我国妇女在经济领域中的地位不断提升，但是在促进妇女就业、维护女职工劳动权利方面依然存在障碍：妇女就业率降低，招聘中性别歧视现象仍然普遍；传统性别角色仍然影响女性的择业，导致职业性别隔离，男女收入差距扩大；女性参与经济决策的机会不足，中国女性在公司董事会级别的人数占比仅为 9.4%[2]；怀孕歧视和性骚扰仍时有发生；等等。

（一）女性在求职过程中遭遇不公平对待的情况仍然比较普遍

2014 年全国妇联妇女研究所"针对招聘性别歧视行为的平等就业监管机制研究"课题组对北京市、山东省、河北省三所"985"、省部共建和普通高校的应届本科毕业生开展了"助推女大学生公平就业"专题调查（收回有效问卷 1178 份），发现有 86.18% 的女大学生在求职应聘过程中遭遇过一种或多种性别歧视。其中遭遇过"招聘信息显示限

---

〔1〕 马忆南："'女性禁忌从事的劳动'再思考"，载《妇女研究论丛》2009 年第 2 期。

〔2〕 王会贤："《2017 年全球性别差距报告》发布：中国排名第 100 位"，载搜狐网，ht-tps：//www.sohu.com/a/202075287_648461，最后访问时间：2021 年 1 月 30 日。

男性或男性优先"和"增加身材、容貌、孕检等附加条件"的比例，分别达到 67.23% 和 60.02%；遭遇过"提高对女性的学历要求""拒不接收/不看女性简历""被要求几年内不得结婚或生育"的女大学生均已超过半数。[1]

（二）收入与职业发展方面仍存在性别歧视

2018 年就业性别歧视研究课题组[2]的调查显示：部分单位存在收入和福利待遇方面的性别歧视。调查发现，虽然大部分用人单位能够依法执行同工同酬及相关福利待遇政策，但是分别有 17.53% 的劳动者和 13.76% 的用人单位报告最近 3 年单位存在"同等条件下男性收入比女性高"的问题。另有 10.82% 的劳动者报告单位存在"同等条件下男性福利待遇比女性好"的问题。调查也发现，半数左右用人单位存在职业发展方面的性别歧视。虽然 75%~90% 的劳动者所在单位能够依法保障女职工的职业发展权益，但是现实中仍然有 1/10 到 1/4 的劳动者在职业发展中面临多种就业性别歧视。在晋升方面，1/4 左右的劳动者和单位负责人报告存在"同等条件下男性晋升比女性快"的现象。在职业发展方面，不但有 2 成左右劳动者报告近 3 年来单位存在"重要部门或业务多由男性主管""在技术要求高/有发展前途的岗位上男多女少"问题，而且单位负责人报告比例都在 4 成以上。报告"同职级女性一般比男性退休早"的单位负责人超过 56%。

（三）怀孕歧视和性骚扰时有发生

2011 年西安发生李某诉葛兰素史克中国投资有限公司劳动争议案。

---

〔1〕 张立、杨慧："用数据说话：就业性别歧视并未被高估"，载《中国妇女报》，2014 年 10 月 14 日第 B01 版；杨慧："大学生招聘性别歧视及其社会影响研究"，载《妇女研究论丛》2015 年第 4 期。

〔2〕 课题负责人刘小楠，课题组成员叶静漪、王显勇、杨慧、阎天、李少文、王理万、何霞。受人力资源与社会保障部就业促进司委托，该课题组设计调查问卷，在 2018 年 5~6 月通过问卷星开展劳动者、用人单位专项问卷调查。调查范围涵盖除西藏外 30 个省区市的各行各业劳动者和用人单位。调查共回收劳动者问卷 11 354 份，用人单位问卷 2387 份，有效问卷回收率分别为 98.18%、61.10%。调查结果详见：刘小楠、杨慧："妇女平等就业权保障的新进展和新举措"，载中国人权研究会编：《中国人权事业发展报告（2020）》，中国社会科学文献出版社 2020 年版，第 343 页。

李某任销售部医药代表，在得知自己怀孕后，立即告诉了公司主管。该公司多次劝李某自动离职未果，便以李某构成连续旷工为由解除了与李某的劳动合同。该公司认为李某提供的病假条跟实际休假天数不符，按照规章制度认定为旷工。事实上李某一直是按照单位惯例请假，每次都经过主管经理的同意。本案最终经法院调解为：双方协商解除劳动关系，由公司一次性支付李某 2 万元补偿金，同时公司报销李某离职前的孕前检查费用。[1] 一项来自深圳工厂的调查结果显示：71.2% 的被访问女工曾经有过被性骚扰的经历。超过六成半受访者曾对遭受性骚扰作不同程度的反抗，但 46% 的处理结果是不了了之。[2]

二、教育领域的性别歧视

我国女性在教育领域中不论是在数量上还是在层次上都不断提高，并且发挥着越来越重要的作用。但是教育领域中的性别歧视仍然存在，主要表现为在高校招生中部分专业在缺乏充分理由和论证的前提下，对男女考生设置了不同的分数线。

2012 年 7 月，《南方都市报》报道披露，多所高校招生中分性别划定分数线，女生分数线明显高于男生，涉及专业广泛，且不乏国内知名高校，在社会上引发了广泛关注。如，2012 年上海外国语大学全国高考录取分数中，有至少 12 个外省市（自治区）的提前批录取分数线出现"男女有别"的情况。12 个外省市（自治区）中，大部分地区男女生分数线都存在一定差距，个别地区甚至达到了五六十分。其中，辽宁省理科最低录取分数，男生比女生低 57 分；天津市理科最低录取分数，男生比女生低 58 分；广西壮族自治区文科最低录取的数，男女差距达65 分。[3]

---

〔1〕 郭建梅主编：《见证法治　帮扶弱者：北京千千律师事务所公益诉讼之路》，中国人民公安大学出版社 2014 年版，第 163 页。

〔2〕 深圳手牵手工友活动室："看见性骚扰——工厂女工被性骚扰公益调研报告"，载新浪博客，http://blog.sina.com.cn/s/blog_6aa3941c0101hcvk.html，最后访问时间：2020 年 10 月 8 日。

〔3〕 张骞："上外异地招生男女录取线不同"，载新浪网，http://edu.sina.com.cn/gaokao/2012-07-17/1546349019.shtml，最后访问时间：2020 年 10 月 8 日。

据妇女传媒监测网络于 2015 年 9 月所做的统计，在全国共 112 所"211 工程"学校中，有至少 69% 的学校在年度本科招生中存在性别歧视。这比 2014 年 59% 的"211 工程"学校存在招生性别歧视有所恶化，甚至高于 2013 年的 66%。无论是军事、国防、公共安全等国家安全类专业，还是航海、采矿、飞行等艰苦行业类专业，包括播音等艺术类专业，除少数情况外，在招生中设置性别限制均无充分理由。例如，航空公司只招收男性飞行员以飞行技术专业与航空公司之间的定向委培合同为借口，军校和国防生限制招录女生不符合军队及警察行业向女性开放的需求和趋势；某些艰苦行业类专业限制招录女生，其实航海与地质不属于国务院《女职工劳动保护特别规定》中的女职工禁忌劳动保护范围，采矿专业并不单一对应"井下作业"，还包括更广泛的与地面技术、测算、分析等相关的内容。因而这些限制构成对女性的歧视，而护理、空乘专业限制招录男生则是对男性的歧视。[1]

2014 年 10 月，联合国消歧公约委员会在《关于中国第七和第八次合并定期报告的结论性意见》中提及："缔约国大学教育中存在主修课程性别隔离的现象，一些院校的部分学科专门为男生设定了较低的录取分数线，委员会对此感到关切。"委员会建议中国"在与男子和男童平等的基础上向妇女和女童提供教育，包括确保缔约国的妇女和女童在入学考试成绩上不会处于劣势"。委员就高考招生性别歧视向中国政府代表团提问，教育部回答称，已看到公益组织关于"211 工程"招生性别歧视的报告，还表示"取消小语种的性别限制，也是通过公益组织和教育部的沟通才实现的"[2]。实践中，招生政策中的性别差别对待都缺乏充分的论证。男女生的录取分数线及男女招生比例，高等院校自身和教

---

〔1〕　妇女传媒监测网络："还女生平等（三）——2015 年'211 工程'学校招生性别歧视报告"，载豆丁网，http://www.docin.com/p-1296531906.html，最后访问时间：2020 年 10 月 8 日。

〔2〕　联合国条约机构数据库，http://tbinternet.ohchr.org/_layouts/treatybodyexternal/Download.aspx? symbolno = CEDAW% 2fC% 2fCHN% 2fCO% 2f7 − 8&Lang = zh，最后访问时间：2020 年 10 月 8 日。

育部都不可以任意处置。[1]

此外，在教学和学习过程中，教师对男女学生的参与、期望和互动上的区别对待，以及教科书中的性别刻板印象还普遍存在。在学习生活、教材及学校设施中，女性仍然面临不平等、性别偏见乃至性霸凌和性骚扰。全国妇联一项针对北京、南京等城市 15 所高校大学生的调查发现，经历过不同形式性骚扰的女性比例达到 57%。[2] 中国计划生育协会等机构发起的"全国大学生性与生殖健康调查"显示，1764 所高校 54 580 位参与调查的大学生中，34.43% 的大学生经历过不同形式的性骚扰，其中有 31.71% 的男生遭受过性骚扰，有 36.89% 的女生遭受过性骚扰。女生因身体发育受到嘲笑和遭受严重的性侵害的比率高于男生。在经历性骚扰或性侵害后，56% 的大学生没有向他人诉说或求助，男生不诉说或求助的比率比女生更高。[3]

第三节　禁止性别歧视的立法与实践

除了一系列国际公约，很多国家也都明确规定保障性别平等、禁止性别歧视。

一、国外禁止性别歧视的立法与实践

目前世界上大多数国家都有禁止性别歧视的立法，已经形成一个多层次的保障性别平等的法律体系，并且随着社会的发展与权利保障水准的提高，各国的性别歧视立法在近些年呈现出新的发展趋势和特点。各国的法律规定虽然不尽相同，但是一般都包括以下这些内容。

---

〔1〕刘小楠：《20 年，我们走了多远？——95 世妇会后中国妇女权利发展状况研究》，法律出版社 2015 年版，第 103 页。

〔2〕南储鑫："加强制度建设　预防和制止高校性骚扰"，载《中国妇女报》2014 年 11 月 4 日 B1 版。

〔3〕中国计划生育协会、中国青年网络、清华大学公共健康研究中心：《2019 年~2020 年全国大学生性与生殖健康调查报告》，2020 年发布。

（一）明确规定歧视的概念和分类

法律意义上的"歧视"有特殊的含义、分类和构成要件。各国的反歧视法中一般都会明确规定歧视的概念、构成要件，并一般将歧视分为直接歧视、间接歧视、骚扰、报复性歧视等类型，并进行界定。

比如，瑞典《反歧视法案》把歧视分为6种类型，即直接歧视、间接歧视、无障碍设施通达性不足、骚扰、性骚扰、歧视指令。①直接歧视是指某人因其性别、跨性别认同或表达、种族、宗教或其他信仰、残障、性倾向或者年龄，在类似情形下受到的待遇比他人受到的、曾经受到的或可能受到的待遇不利而处于劣势。②间接歧视是指某人因某一规定、标准或程序的适用而处于劣势，此种规定、标准或程序看似中立，但可能使得特定性别、跨性别认同或表达、种族、宗教或其他信仰、残障、性倾向或年龄的人处于特定的劣势，除非此种规定、标准或程序具有合法的目的且所使用的方式对于达成该目的是适当和必要的。③无障碍设施通达性不足是指由于没有采取合理的具有可达性的措施而使残障人士受到不利对待。④骚扰是指由于对他人的性别、跨性别认同或表达、种族、宗教或其他信仰、残障、性倾向或年龄的歧视而损害其尊严的行为。⑤性骚扰是指损害人尊严的与性有关的行为。⑥歧视指令是指向处于从属或依附地位或者致力于执行其给予的任务的人发出以前述1~4种方式歧视某人的命令或指示。

德国《一般平等待遇法》第3条也把歧视分为直接歧视、间接歧视、骚扰、性骚扰、歧视指令等不同类型，并进行了分类解释。

（二）明确规定禁止从事的歧视行为

比如在工作领域中，各国（地区）立法全面禁止整个职业环节中的性别歧视（包括直接歧视、间接歧视、报复性歧视、性骚扰等），保障就业机会和待遇平等。韩国《促进男女就业机会平等和支持工作与家庭平衡法案》第二章对法律适用的雇用范围进行了列举，禁止包括招聘、录用、工作分配、工资、津贴、岗位培训、岗位调动、晋升、退休和解聘各个工资环节的歧视。此外，该法案还禁止在工作场所实施性骚扰，并提供预防性补救措施。

在教育领域中，英国 2010 年《平等法》禁止教育机构基于学生的性别、跨性别身份和性倾向等原因而拒绝录取、不提供教育或者开除、不提供相关福利、设施或者服务，或者在选课以及使用娱乐和训练设施的时候歧视、骚扰、不当责罚。瑞典《反歧视法案》要求教育提供者应当进行以目标为导向的工作，以积极地促进儿童、未成年人和学生在教育活动中获得平等权利和机会。规定在招生、学分、延长学业或休学后重新开始学业、更换导师、撤销导师或博士课程或学习项目的其他资源、研究生的奖学金以及对学生的纪律处罚等方面禁止基于性别、跨性别的身份认同或性别表达、性倾向等事由的歧视和报复行为。

（三）预防和制止性骚扰

例如，挪威的《平等与反歧视法》禁止骚扰和性骚扰。根据该法，骚扰是指具有冒犯性、恐吓性、敌对性或侮辱性的目的或效果的行为、忽略或陈述。性骚扰是指任何形式的不受欢迎的性关注，其目的或效果是具有冒犯性、恐吓性、敌对性、侮辱性或令人生厌。该法要求雇主和教育机构预防和制止各自领域中的性骚扰。瑞典《反歧视法案》要求雇主应当在其资源和环境所能及的范围内实施措施，以保证工作条件适合于不同性别的雇员，并采取措施以预防和阻止雇员遭受性骚扰；也要求教育提供者采取措施以预防和阻止参加或申请参加活动的儿童、未成年人和学生遭受性骚扰。

（四）采取积极的措施促进性别平等

各国（地区）立法对性别平等的理解不断深化，对于国家、社会、雇主、教育提供者、服务提供者等在促进性别平等方面的要求也逐渐增多，不仅要求政府、雇主、教育提供者、服务提供者等不得实施歧视行为，而且还有义务主动去阻止、避免以及预防不平等待遇的发生，并采取积极的措施促进性别平等。

1. 提供生育保障，帮助男女职工兼顾工作和家庭。比如，根据瑞典的《育儿假法》，父母可以享有 480 天育儿假，父母各有 3 个月的专享育儿休假，其他时间可以选择由父亲或者母亲来休假。西班牙承认协调个人、家庭和工作的权利，以及鼓励男女共同承担家庭责任。比如：

①通过与雇主签订协议或进行集体谈判，工人调整其工作日长度和分配的权利，以及妇女将母乳喂养时间计入全时休假的权利。②如果是多胎，母乳喂养假期可按比例增长。③为照料 8 岁以下儿童或残疾人，将工作日削减 1/8 至 1/2 的权利。④如果因怀孕、生育、母乳喂养或产假造成残疾，可不按照休假计划休年假的权利。⑤可允许自愿请假 4 个月至 5 年。⑥为照顾家属，自愿请假延长可至 2 年，并可将假期分为较短的间隔。⑦如果母亲死亡，即使其不从事任何工作，父亲也有资格享有产假。如果母亲无法工作，其可将假期转至父亲。⑧如果生育、收养或领养的儿童存在残疾，则产假可延长两周。如果早产或新生婴儿需要照顾，则产假可延长至 13 周。⑨不论母亲的产假情况如何，父亲有权在儿童出生、收养或领养过程中享有 13 天陪产假（再加上已许可的 2 天，或集体协议允许的更长时间）。如果为多胎生育、收养或抚养，每一儿童可增加 2 天。父亲可通过与雇主签订协议在整个产假期间或其终止后按照全时或非全时方式行使这一权利（法律生效 6 年后，陪产假将为 4 周）。⑩享有产假或陪产假的任何人均有权在此期间改善其工作条件。[1]

　　2. 开展宣传教育、建立歧视申诉机制。比如，德国的《一般平等待遇法》规定雇主有义务采取必要的措施防止歧视的发生。雇主应该以恰当的方式对雇员进行反歧视培训，并应利用其影响确保不发生歧视行为。同时该法还规定，雇主应该在企业内部设立申诉机构，申诉机构的职责在于受理、审查以及向雇主报告有关歧视的申诉。如果雇员违背了反歧视禁令，雇主有义务根据具体情况采取合适的、必需的和恰当的措施来制止歧视行为，比如警告、换岗、调动或者解雇。雇员在工作中受到第三人的歧视，雇主有义务根据具体情况采取合适的、必要的、恰当的措施保护雇员。雇主还应当在企业内或者劳动场所解释并告知《一般平等待遇法》和《劳动法庭法》的内容以及雇员在企业或者工作场所的相关申诉权利。

---

　　〔1〕　西班牙政府向消除对妇女歧视委员会提交的执行《消除对妇女一切形式歧视公约》的第 6 次定期报告第 193 段。

3. 开展调查和评估。比如，瑞典《反歧视法案》要求雇主应当进行以目标为导向的促进性别平等的工作：①在招聘方面，雇主有义务积极促进性别均衡，要求雇主通过教育和培训、培养技能和其他适当的方式促进男女在不同种类的工作和不同员工类别中的平等分配。雇主也需要对这些措施的效果进行后续的评估。②关于报酬问题，为了发现、纠正和防止在报酬和雇用其他方面不公平的性别差异，雇主应当每年对其内部的薪酬及其他雇用条款的相关规定和实践，以及从事相同或者具有同等价值的工作的男女员工的报酬差异进行调查和分析，评估所存在的报酬差异与性别是直接相关还是间接相关。在教育领域，瑞典《反歧视法案》规定教育提供者需要制定预防和阻止骚扰和性骚扰的指南，并且应该对这些指南和惯例进行后续跟进和评估。

（五）建立畅通的救济机制

对于性别歧视，各国立法都建立了多种救济途径。比如根据瑞典《反歧视法案》，遭受就业性别歧视的救济途径主要有三种：①向工会投诉；②向平等监察专员投诉；③向法院起诉。

（六）明确规定严格的法律责任

加大对就业歧视行为惩罚措施的力度是各国反歧视制度发展的趋势。比如，美国《1964年民权法案》规定：雇员在101人以下的案件，每位受害者获得赔偿的上限是5万美元，雇员在500人以上的案件，每位受害者获得赔偿的上限是30万美元。《1991年民权法案》加大了补偿性赔偿与惩罚性赔偿的法律责任，并规定对故意歧视判处支付应发报酬、恢复原职。美国就业歧视的法律责任包括：雇用、升职、复职、赔偿预期工作损失（front pay），支付应发的工资福利（back pay），支付违约金；补偿性赔偿与惩罚性赔偿；赔偿利息损失；授予资历、禁令救济、赔偿律师费与诉讼费。在加拿大，一旦就业歧视行为被确认，那么可能获得的法律救济包括：停止歧视行为、恢复职务、给予赔偿以及一定数额的精神损害赔偿（不超过2万加元）。如果法庭认为歧视行为人具有故意或者放任情节，可以对其科以不超过2万加元的惩罚性赔偿。德国《一般平等待遇法》规定，如果是求职者在求职过程中遭受了就业歧视，但有证据证明即使抛开歧视的原因，该求职者也不会被予以录用，则该求职者可以获得不超过 3 个月工资的经济补偿。[1] 法国的《刑法典》设专节规定歧视罪，雇主在经济活动、劳动就业、提供物品或服务的过程中有歧视的行为，将受到 3 年监禁并处 45 000 欧元罚金或者处罚。[2]

二、我国禁止性别歧视的立法与实践

中华人民共和国成立的 70 余年中，我国禁止性别歧视、保障性别平等、提高妇女地位的法律制度和机制不断健全，作用日益凸显。

（一）禁止性别歧视、保障性别平等的法律制度

我国批准了联合国《经济、社会、文化权利国际公约》《消除对妇女一切形式歧视公约》，以及国际劳工组织《1958 年消除就业和职业歧视公约》（第 111 号公约）、《男女工人同值同酬公约》（第 100 号公约）等一系列人权公约，把这些公约内容转化为国内法，保障性别平等、消除性别歧视，成为政府的国际义务。

我国促进性别平等的法律体系不断完善，已经形成了以《宪法》为核心、以《妇女权益保障法》为主体、以《民法典》《劳动法》《就业促进法》《教育法》《义务教育法》《女职工劳动保护特别规定》等各种单行法律法规、地方性法规及行政法规为补充的保障妇女权益和促进性别平等的法律体系，从而在更广泛领域为妇女权益提供法律支持。

禁止性别歧视、保障性别平等的法律框架和主要规定有：

1. 宪法。《宪法》第 33 条第 2、3 款规定"中华人民共和国公民在法律面前一律平等"，"国家尊重和保障人权"。第 34 条专门规定了政治权利的平等，即年满 18 周岁的中国公民，不分民族、种族、性别、职业、家庭出身、宗教信仰、教育程度、财产状况、居住期限，都有选举权和被选举权。而专门保障男女平等的规定主要体现在第 48 条中，

---

[1] 卢杰锋："歧视的法律责任和救济"，载刘小楠主编：《反歧视法讲义：文本与案例》，法律出版社 2016 年版，第 303 页。

[2] 冯祥武：《反就业歧视法基础理论问题研究》，中国法制出版社 2012 年版，第 252 页。

该条规定了"妇女在政治的、经济的、文化的、社会的和家庭的生活等各方面享有同男子平等的权利。国家保护妇女的权利和利益，实行男女同工同酬，培养和选拔妇女干部"。

2. 法律。我国有多部法律对禁止性别歧视，保障性别平等，尤其是女性的权益进行了规定。

以劳动领域和教育领域为例：1992 年颁布的《妇女权益保障法》，2005 年进行了修订，分为总则、政治权利、文化教育权益、劳动和社会保障权益、财产权益、人身权利、婚姻家庭权益、法律责任和附则，共九章，对妇女权益领域和法律责任进行了全面补充和完善。其中第三章规定妇女享有与男子平等的文化教育权利。这种平等权利包括入学、升学、毕业分配、授予学位、派出留学等各个方面，以及妇女从事科学技术研究和文学艺术创作等文化活动的权利。政府、社会、学校和家庭必须采取有效措施，保证女童，特别是贫困、残疾和流动人口中的女童接受义务教育的权利。第四章规定妇女享有与男子平等的劳动和社会保障权利。这主要包括：劳动就业的权利，同工同酬的权利和休息的权利，获得安全和卫生保障以及特殊劳动保护的权利，享受社会保险、社会救助、社会福利和卫生保健等权利。任何单位在录用职工时不得以性别为理由拒绝录用妇女或者提高对妇女的录用标准；不得因结婚、怀孕、产假、哺乳等情形，降低女职工的工资，辞退女职工或单方面解除劳动合同；在晋升、晋级、评定专业技术职务以及享受福利待遇等方面，不得歧视妇女；各单位在执行国家退休制度时，不得以性别为由歧视妇女；不得安排不适合妇女从事的工作和劳动；妇女在经期、孕期、产期和哺乳期受特殊保护；国家推行生育保险制度，建立健全与生育相关的其他保障制度。

《劳动法》总则第 3 条规定，劳动者享有平等就业和选择职业的权利。第二章"促进就业"中规定，劳动者就业，不因民族、种族、性别、宗教信仰不同而受歧视。妇女享有与男子平等的就业权利。在录用职工时，除国家规定的不适合妇女的工种或者岗位外，不得以性别为由拒绝录用妇女或者提高对妇女的录用标准。第三章"劳动合同和集体合同"中规定，女职工在孕期、产期、哺乳期内的，用人单位不得解除劳动合同。第五章"工资"中规定，工资分配应当遵循按劳分配原则，实行同工同酬。此外，《劳动法》还专设了第七章"女职工和未成年工特殊保护"，特殊保护主要体现在劳动禁忌和产假的规定。第九章"社会保险和福利"中规定，国家发展社会保险事业，建立社会保险制度，设立社会保险基金，使劳动者在生育等情况下获得帮助和补偿。劳动者在生育等情形下，依法享受社会保险待遇。

《就业促进法》在总则中规定，劳动者依法享有平等就业和自主择业的权利。劳动者就业，不因民族、种族、性别、宗教信仰等不同而受歧视。该法还专门设立"公平就业"一章，第 27 条则专门针对女性的平等就业权提出"国家保障妇女享有与男子平等的劳动权利。用人单位招用人员，除国家规定的不适合妇女的工种或者岗位外，不得以性别为由拒绝录用妇女或者提高对妇女的录用标准。用人单位录用女职工，不得在劳动合同中规定限制女职工结婚、生育的内容"。

《教育法》第 9 条第 2 款规定：公民不分民族、种族、性别、职业、财产状况、宗教信仰等，依法享有平等的受教育机会。第 37 条规定受教育者在入学、升学、就业等方面依法享有平等权利。学校和有关行政部门应当按照国家有关规定，保障女子在入学、升学、就业、授予学位、派出留学等方面享有同男子平等的权利。

《义务教育法》第 4 条规定：凡具有中国国籍的适龄儿童、少年，不分性别、民族、种族、家庭财产状况、宗教信仰等，依法享有平等接受义务教育的权利，并履行接受义务教育的义务。

《民法典》第 1010 条规定："违背他人意愿，以言语、文字、图像、肢体行为等方式对他人实施性骚扰的，受害人有权依法请求行为人承担民事责任。机关、企业、学校等单位应当采取合理的预防、受理投诉、调查处置等措施，防止和制止利用职权、从属关系等实施性骚扰。"

3. 行政法规与规章。国务院及其部委也出台了大量行政法规与规章，以保障妇女权益，促进性别平等。例如，2012 年修订的《女职工劳动保护特别规定》，对女职工的劳动权利进行保护。比如，用人单位应当加强女职工劳动保护，采取措施改善女职工劳动安全卫生条件，对女职工进行劳动安全卫生知识培训；用人单位不得因女职工怀孕、生育、哺乳降低其工资、予以辞退、与其解除劳动或者聘用合同；在劳动场所，用人单位应当预防和制止对女职工的性骚扰；女职工在孕期不能适应原劳动的，用人单位应当根据医疗机构的证明，予以减轻劳动量或者安排其他能够适应的劳动；对怀孕 7 个月以上的女职工，用人单位不得延长劳动时间或者安排夜班劳动，并应当在劳动时间内安排一定的休息时间；怀孕女职工在劳动时间内进行产前检查，所需时间计入劳动时间；对哺乳未满 1 周岁婴儿的女职工，用人单位不得延长劳动时间或者安排夜班劳动；用人单位应当在每天的劳动时间内为哺乳期女职工安排 1 小时哺乳时间（生育多胞胎的，每多哺乳 1 个婴儿每天增加 1 小时哺乳时间）；女职工比较多的用人单位应当根据女职工的需要，建立女职工卫生室、孕妇休息室、哺乳室等设施，妥善解决女职工在生理卫生、哺乳方面的困难。这些规定中既有禁止歧视的要求，也有要求雇主基于女性生理特点及母性给予保护，积极地促进平等的规定。《女职工劳动保护特别规定》将女职工禁忌从事的劳动范围在附录中加以列示，这些禁忌主要包括：①矿山井下作业；②体力劳动强度分级标准中规定的第四级体力劳动强度的作业；③每小时负重 6 次以上、每次负重超过 20 公斤的作业，或者间断负重、每次负重超过 25 公斤的作业。除此之外还规定了女职工在经期、孕期和哺乳期禁忌从事的劳动范围。

《人才市场管理规定》第 36 条规定："用人单位违反本规定，以民族、性别、宗教信仰为由拒绝聘用或者提高聘用标准的，招聘不得招聘人员的，以及向应聘者收取费用或采取欺诈等手段谋取非法利益的，由县级以上政府人事行政部门责令改正；情节严重的，并处 10 000 元以下罚款。"

《就业服务与就业管理规定》重申了劳动者依法享有平等就业的权利，不因民族、种族、性别、宗教信仰等不同而受歧视。对用人单位和中介机构的雇用行为也作出规范，要求用人单位和中介机构在发布的招用人员简章或招聘广告中不得包含歧视性内容。

4. 地方性法规和规章。地方性法规和规章也是促进性别平等的有益补充。我国大陆地区所有省（自治区、直辖市）都制定了《实施〈中华人民共和国妇女权益保障法〉办法》，绝大部分省（自治区、直辖市）都已经出台了就业促进法实施办法或者就业促进条例，以及预防和制止家庭暴力的专门性地方法规或政策。尤其值得一提的是，2012年，深圳出台了《深圳经济特区性别平等促进条例》，这是我国第一个专门的性别平等条例。

（二）反性别歧视立法与实践的不足和完善

我国虽然已经建立起保障性别平等和妇女权益的立法体系，但是相关法律规定较为分散；在立法模式和立法技术上尚有不足；原则性的规定比较多，可操作性差；等等。因此，应继续完善性别平等立法，把法律政策纳入社会性别主流化，用社会性别视角加以审视，消除性别歧视的法律规定。

1. 缺少专门的平等法来规制性别歧视、保障性别平等。我国没有专门的反歧视法，有关性别平等的立法过于分散，没有形成一个有机的体系。虽然《劳动法》《就业促进法》《教育部》等多部法律法规都禁止性别歧视，但是这些法律原则性的规定比较多。《妇女权益保障法》和《女职工劳动保护特别规定》只专门保护女性权益，并不适用于男性。这种"特殊保护的立法模式的基础是女人的生理特点和弱势地位，它强化了传统的分工模式"[1]。因此，应转变立法思路，制定一部专门的、涵盖面广、可操作性强的《性别平等法》。

在我国，作为保障性别平等专门法的《妇女权益保障法》，从保障妇女权益的角度，推动两性平等的实现。在当今妇女地位普遍处于弱势的情况下，这种立法曾经起了一定的作用。然而，从实现性别平等的角度考察，男性同样可能成为性别刻板印象的受害者，权益也可能受到侵犯，而性少数群体的权利更难得到保障。我国应该采用性别中立的立法形式，同时保护男性和女性的平等权利，而且要打破二元分立的性别意

---

〔1〕　景春兰："中国女性工作权立法的性别本质主义检讨"，载《河北法学》2011年第6期。

识，性和性别少数群体同样应该享受平等权利。同时立法也应该关注女性群体内部的多元性、复杂性和个体差异，尽量赋予不同个体选择的空间和选择的自由，而不为性别身份所束缚。

平等法适用于不同性别，并不会导致忽视女性的权益和需求，也并不意味着法律追求的是形式平等或者对男女相同对待。在一些国家（地区），家庭照顾假、育婴留职停薪、育婴津贴、育儿工时调整与减少等都不是专为女性而设计的，男性同样可以因为具备法定事由而请假，从而强调男女共同承担育儿和家庭照顾责任，并同时保障两性的工作权，而非给予单一性别特殊的优惠或待遇。这并不会影响女性享有这些权利，相反这样的法律规定有助于转变传统的性别观念，鼓励男女两性都平等承担家庭责任，这样就不会产生所谓雇用女性会造成人事成本增加的结果。同时，除了禁止性别歧视的规定以及男女共享的一些假期以外，还规定女性独有的生理假、流产假、产假等，而且女工在妊娠期间可以改调轻松容易的工作，雇主不得拒绝；而男性也有独有的陪产假。

2. 缺乏性别歧视和性骚扰的定义和分类。我国《妇女权益保障法》《劳动法》《就业促进法》《教育法》等多部法律法规中明确禁止性别歧视，但是都没有对性别歧视作出界定、进行分类。消除对妇女歧视委员会在对中国政府履约报告的结论性意见中，也多次指出中国法律仍然没有按照《消除对妇女一切形式歧视公约》的要求，为"对妇女的歧视"作出定义，建议"中国按照公约第 1 条的规定在本国立法中通过关于歧视妇女的全面定义，以确保妇女在生活的各个领域不会受到直接和间接的歧视。尤其是，缔约国应当确保有适足的执行机制和制裁措施配合禁止基于性和/或性别的歧视"。[1]

我国立法中对性骚扰缺乏明确界定，也没有对性骚扰行为进行列举，不仅影响了公众对性骚扰的认知程度，而且由于缺少可操作性，导致在司法实践中难以直接援用，实践中不同法院、不同法官根据自己的理解对性骚扰作出不同的定义。例如，2019 年 6 月 11 日，四川省成都

---

〔1〕 消除对妇女歧视委员会：《关于中国第七和第八次合并定期报告的结论性意见》，CEDAW/C/CHN/CO/7-8（2014），第 12 段。

市武侯区人民法院对原告女社工徐某诉上司刘某性骚扰损害责任纠纷案作出了一审判决[1]，作为首例性骚扰损害责任纠纷案，判决书界定了性骚扰定义："性骚扰是指违背对方意志，实施带有性暗示的言语动作，给对方带来身体和精神上的伤害。"二审判决[2]对性骚扰的界定改为："性骚扰是以不受欢迎的与性有关的、过度的且造成威胁的、敌意心理的语言、行为、信息、文字、图像等方式侵害他人人格权。"法官根据自己的理解来界定性骚扰，可能出现不科学的观点，有损受害人的权益。

3. 保障机会和待遇平等的法律规定不全面。以工作场所的性别平等为例，我国立法中关于招聘环节的性别歧视的禁止性规定较为集中，但是国家层面的法律中对于培训进修中性别的平等机会以及积极鼓励促进女性职业发展尚缺乏规定。虽然多部法律规定了同工同酬，但是没有扩展到同等价值工作相同报酬的范围，由于职业隔离而导致的女性工资水平低于男性的问题无法依法解决。

制度性歧视尚未完全消除，比如关于男女不同龄退休的规定，侵犯了女职工的平等工作权，并成为女性晋升和职业发展的严重障碍。退休年龄规定中的制度性歧视也引发大量诉讼。例如，2010 年 3 月 17 日，56 岁的退休女教授史某与自己执教 30 年的一所北京市属高校在石景山区人民法院对簿公堂，要求校方执行关于女性高级专家可适当延长退休年龄的规定，撤回学校对其下达的退休通知，校方则辩称其只是执行国家和北京市的人事制度和政策。该案历经行政复议、人事争议仲裁后，又经过法院一审、二审和再审，其结果均以"此案诉争事由不属于人民法院民事诉讼受案范围"为由予以驳回。男女不同龄退休制度在执行过程中发生大量纠纷，但法院判决的法律依据并未废止，因此劳动者鲜有胜诉。

4. 主动预防性别歧视、积极促进性别平等的规定不足。我国现行法律法规主要还是禁止用人单位实施就业性别歧视，但是对于用人单位

---

〔1〕 四川省成都市武侯区人民法院（2019）川 0107 民初 1407 号民事判决书。
〔2〕 四川省成都市中级人民法院（2019）川 01 民终 14537 号民事判决书。

积极宣传倡导性别平等、在企业内部实现社会性别主流化、进行分性别统计、制定性别平等计划，或者建立调查、申诉机制预防和制止性别歧视等方面都缺乏明确的规定。《民法典》第 1010 条虽然进一步明确了"机关、企业、学校等单位应当采取合理的预防、受理投诉、调查处置等措施，防止和制止利用职权、从属关系等实施性骚扰"，但是用人单位具体应当尽到什么防范义务、投诉及受理的程序以及雇主没有履行性骚扰防范义务所应承担的法律责任，仍需进一步的明确。

5. 救济渠道单一，行政监管不力。我国企业、教育机构等缺乏专门的性别歧视的内部申诉机制，我国也没有类似平等机会委员会的专门机构来处理性别歧视案件。虽然一些就业性别歧视问题可以通过仲裁解决，但是仲裁所保障和强调的不是平等就业的权利，而是劳动争议解决，而且招聘环节的就业歧视问题无法通过仲裁方式解决。在司法中，由于诉讼的时间和经济成本较高，通过司法途径解决性别歧视的案件很少。虽然最高人民法院 2018 年底新增了平等就业权纠纷的案由，但此案由仍放在一般人格权侵权案由之下，仍然无法解决性别歧视诉讼的举证责任和赔偿责任等问题。

6. 法律责任不明确，处罚额度过低。目前我国立法中关于性别歧视法律责任的规定，虽然涵盖了多种责任主体，责任的类型也涉及民事责任、行政责任和刑事责任，但是，相关规定仍然是纲领性、原则性的，仅能起到宣示性作用。在司法实践中，歧视案件的当事人能够获得的赔偿数额非常有限，比如近几年的几起招聘中的性别歧视诉讼，求职者虽然胜诉，当时都仅仅得到 2000 元的经济损害赔偿。

［练习和思考题］

1. 从性别歧视（包括性骚扰）案例中，可见法律的哪些缺失？

2. 透过女性遭受性别歧视的现象，可以挖掘哪些成因？

3. 哪些法律条款的实施效果与其"保护"的初衷相悖？

［延伸阅读］

1. 刘明辉主编：《社会性别与法律》，高等教育出版社 2012 年版。

2. 刘小楠主编：《社会性别与人权教程》，中国政法大学出版社

2019 年版。

3. 刘小楠：《港台地区性别平等立法及案例研究》，法律出版社 2013 年版。

4. 林燕玲、刘小楠、何霞：《反就业歧视的案例与评析——来自亚洲若干国家和地区的启示》，社会科学文献出版社 2013 年版。

5. 郭建梅主编：《见证法治　帮扶弱者：北京千千律师事务所公益诉讼之路》，中国人民公安大学出版社 2014 年版。

6. 郭慧敏、高涛、段燕华编著：《在法律的边缘处：就业性别歧视案例研究》，西北工业大学出版社 2015 年版。

7. 唐灿、黄觉、薛宁兰：《走向法治——工作场所性骚扰的调查与研究》，中国人民公安大学出版社 2012 年版。

8. 刘小楠主编：《反歧视评论》（第 2 辑），法律出版社 2015 年版。

9. 中华女子学院 MSW 教育中心主编：《中华女子学院社会工作硕士专业学位课程案例选编》，中国法制出版社 2019 年版。

第七章　残障歧视

[本章主题和课程目标]

本章介绍残障[1]与残障歧视的概念、残障歧视的表现形式以及我国在禁止残障歧视中取得的进展和面临的挑战。通过本章的学习，你可以了解到世界范围内界定残障的两种主要思路，对残障歧视的法律概念和残障歧视在实践中的具体表现建立起较为清晰的认识；同时，可以从总体上把握我国法律在禁止残障歧视议题上的最新进展和依然面临的四大主要挑战。

[案例导入]

请阅读以下案例并思考：

1. 孔某为一级智力障碍者，系某物业公司保洁员。2011 年，孔某与物业公司签订《劳动合同书》。2013 年，孔某在不理解签署文件性质的情况下填写了《员工离职（辞退）及移交报告》并停止工作。报告"离职性质"一栏内容为"辞职"，"个人填写离职原因"一栏载明："不想在财政干了"。随后，孔某向劳动争议仲裁委员会申请劳动仲裁并起诉至法院。诉讼中，物业公司主张，孔某在 2009 年就办理了残疾人证，2011 年与公司签订为期两年的劳动合同。在职期间，孔某一直未向单位告知其办理了残疾人证，直到其自愿离职后，在申请劳动仲裁

---

〔1〕 对在心理、生理、人体结构上，某种组织、功能丧失或者不正常，全部或者部分丧失以正常方式从事某种活动能力人群的称谓，在我国经历了从"残废"到"残疾"再到"残障"的变迁。目前学术界倾向于使用"残障"或"身心障碍"。除尊重国内立法、重要国际人权文献的翻译惯以及直接引用其他学术文献之外，本书统一使用"残障"的表述。

时才出示了残疾人证书，一直隐瞒事实真相。孔某在入职时，故意隐瞒自己的残障情况，侵犯了公司的知情权；未如实履行告知义务，是一种欺诈，采取欺诈手段订立的劳动合同是无效的。

问：物业公司以孔某在入职时未向其声明存在智力障碍而予以解雇的做法是否构成残障歧视？

2. 某地在教师资格认定中要求申请者的普通话水平应当达到国家语言文字工作委员会颁布的《普通话水平测试等级标准》二级乙等及以上标准。

问：上述规定是否构成残障歧视？

3. 丁胜奇系二级肢体残障者。2009 年 4 月，丁胜奇到某银行某支行的营业网点办理银行卡业务。因该营业网点入口未配备无障碍坡道，致使其乘坐轮椅无法自行进入该营业网点。丁胜奇在其岳父及营业网点保安帮助下才得以进入。

问：某银行是否应当在其营业网点配备无障碍设置？如果应当配备而没有配备的，是否构成残障歧视？为什么？

第一节　残障歧视的概念

在世界总人口中，大约 15% 的人有某种形式的残障，其中 2% 至 4% 的人患有严重的功能性障碍。20 世纪 70 年代，世界卫生组织估计全球残障率约为 10%，而最新的估计高于此数。[1] 在我国，截至 2010 年末，我国残障总人数约为 8502 万人。各类残障的人数分别为：视力障碍 1263 万人，占 14.86%；听力障碍 2054 万人，占 24.16%；言语障碍 130 万人，占 1.53%；肢体障碍 2472 万人，占 29.07%；智力障碍 568 万人，占 6.68%；精神障碍 629 万人，占 7.4%；多重障碍 1386 万人，占 16.3%。[2]

---

〔1〕　世界卫生组织："世界残疾报告"，载世卫组织官网，http://www.who.int/disabilities/world_report/2011/report/zh/，最后访问时间：2015 年 10 月 23 日。

〔2〕　"2010 年末全国残疾人总数及各类、不同残疾等级人数"，载中国残疾人联合会网，http://www.cdpf.org.cn/sjzx/cjrgk/201206/t20120626_387581.shtml，最后访问日期：2020 年 10 月 8 日。

由于歧视的存在，残障人群整体受教育水平低，就业率低、失业率高、就业不稳定，生活水平与社会平均水平差距较大。[1] 禁止一切形式基于残障的歧视，是残障人群充分融入主流社会、共享社会发展成果的前提和基础。

一、残障的概念

明确残障歧视的概念无疑需要首先明确"残障"的概念。易言之，如何判断特定个体是否属于残障群体的范畴。虽然日常生活中残障者并不鲜见，但定义思路不同，残障的内涵和外延也会有很大区别。在现阶段，界定残障主要有两种路径：

（一）羁束性界定

羁束性界定通过设定量化的评残标准区分残障和非残障人群。例如，我国《残疾人保障法》第 2 条规定：残疾人是指在心理、生理、人体结构上，某种组织、功能丧失或者不正常，全部或者部分丧失以正常方式从事某种活动的能力的人。根据 2006 年《第二次全国残疾人抽样调查残疾标准》（以下简称《残疾标准》）的规定，我国将残障具体划分为以下七种类型：

1. 视力障碍。指由于各种原因导致的双眼视力低下并且不能矫正或视野缩小，以致影响其日常生活和社会参与。

2. 听力障碍。指由于各种原因导致的双耳不同程度的永久性听力障碍，听不到或听不清周围环境声及言语声，以致影响日常生活和社会参与。

3. 言语障碍。指由于各种原因导致的不同程度的言语障碍（经治疗一年以上不愈或病程超过两年者），不能或难以进行正常的言语交往活动。

4. 肢体障碍。指人体运动系统的结构、功能损伤造成四肢残缺或四肢、躯干麻痹（瘫痪）、畸形等而致人体运动功能不同程度的丧失，以及活动受限或参与的局限。

5. 智力障碍。指智力显著低于一般人水平，并伴有适应行为的障

---

〔1〕 全国人民代表大会常务委员会执法检查组："关于检查《中华人民共和国残疾人保障法》实施情况的报告"，载全国人民代表大会网，http：//www.npc.gov.cn/npc/xinwen/2012-08/30/content_1735374.htm，最后访问日期：2015 年 10 月 24 日。

碍。此类残障是由于神经系统结构、功能障碍，使个体活动和参与受到限制，需要环境提供全面、广泛、有限和间歇性的支持。

6. 精神障碍。指各类精神障碍持续一年以上未痊愈，由于认知、情感和行为障碍，影响其日常生活和社会参与。

7. 多重障碍。即存在两种或两种以上的残障。

在确定残障类型的同时，《残疾标准》还设定了详细的残障分级评判标准。因此，是否属于法律上"残障"的范畴取决于个人"在心理、生理、人体结构上，某种组织、功能丧失或者不正常"是否达到《残疾标准》规定的程度。

（二）裁量性界定

裁量性界定由法律设定指导原则，将是否构成残障的判断权交由特定机构（通常是司法机关）在具体个案中行使。比较典型的是美国有关残障的界定。在美国，《美国残障者法案》第3条规定了三种可能构成"残障"的情形，即：

1. 存在实质上限制个人一项以上主要日常活动的生理或精神损伤。首先，法律所指的"主要日常活动"包括但不限于：生活自理、从事体力活动、视物、听音、进食、睡觉、行走、站立、举物、俯身、说话、呼吸、学习、阅读、凝神、思考、交流以及工作等。此外，身体的主要生理机能，如免疫、细胞增殖、消化、呼吸、循环、内分泌以及生殖功能等也被纳入主要日常活动的范畴。其次，损伤只要对一项主要日常活动造成实质限制即符合残障标准。再次，偶发性损伤或者处于恢复期的损伤，只要对主要日常生活造成实质限制的，也构成残障。再次，判断特定损伤是否对主要日常生活造成实质损伤，不得考虑个人使用药物、假肢、辅助技术、辅助器材、合理便利等纾缓措施（mitigating measure）后对其生理或精神损伤限制效果的改善情况。例如，不能认为肢体障碍者在使用轮椅后即不属于残障者的范畴。最后，持续期限小于6个月的暂时性的损伤以及程度轻微的损伤不宜归入残障范畴。

2. 有前述损伤记录的。即曾经出现过（但现在已经痊愈）在实质上限制一项以上主要日常活动的生理或精神损伤。

3. 被认为有前述损伤的。在这种情况下，个人生理或精神损伤可能是客观存在的，也可能是被臆造的，即损伤实际并不存在；损伤对主要日常活动的限制可能是真实的，也可能是被错误想象出来的。但个人若因被认为存在限制其主要日常活动的损伤而受到歧视的，即使相关损伤并不存在，该个人亦可被归入残障者范畴受到法律保护。

除美国外，英国、瑞典等国也采取了类似定义残障的思路。例如，英国 2010 年《平等法》第 2 部分第 1 章规定，如果某人存在生理或精神损伤并且该损伤对其从事日常活动造成实质且持久的影响，即可构成残障；瑞典 2008 年《反歧视法案》第 5 条第 4 款亦规定：因出生时已经存在，或在出生后出现或预期会出现的损害或疾病导致的对个人肢体、精神或智力的永久功能性限制即为残障。

可以看到，对残障的裁量性界定在诸如实质限制、主要日常活动、生理或精神损伤等关键性问题上使用了不确定法律概念。特定情形是否构成残障则有赖于法院综合当事人的实际情况、立法目的、经济社会发展水平等因素在具体个案中做出判断。例如，围绕感染艾滋病毒是否构成"残障"的问题，美国最高法院在"兰登·布拉格登诉西德尼·雅培案"（Randon Bragdon v. Sidney Abbott）中通过司法推理予以澄清。[1]

---

〔1〕 Bragdon v. Abbott, 524 U.S. 624 (1998). 该案的基本案情是：雅培于 1986 年感染艾滋病病毒，但一直未表现出明显症状。1994 年 9 月，雅培前往布拉格登位于缅因州班戈市的牙科诊所就诊。雅培在患者登记表中申明了其携带艾滋病病毒的事实。布拉格登检查后发现雅培的牙齿存在龋洞，并告知雅培他不会在诊所为艾滋病病毒感染者修补龋洞。布拉格登另行提出可以在医院为雅培修补，但需要雅培自行承担由此而发生的费用。雅培予以拒绝并以受到基于残障的歧视为由，依据《美国残障者法案》向法院提起诉讼。美国最高法院重点审查了三个问题：其一，携带艾滋病病毒是否属于生理损伤的范畴？美国最高法院认为，鉴于艾滋病病毒一经感染即对受感染者白细胞造成损害的事实以及疾病本身的严重程度，自病毒感染之时起即可认定构成残障。其二，生育是否属于个人主要日常活动？雅培主张感染艾滋病病毒的事实对其生育能力造成了实质限制。就生育能否归入主要日常活动范畴，美国最高法院指出，主要日常活动并不意味着该活动必须具备相应的公共或者经济意义。相较于工作和学习，生育的重要性并不亚于前两者，无疑属于主要日常活动的范畴。其三，感染艾滋病病毒是否对雅培从事主要日常活动造成实质限制？美国最高法院指出，感染艾滋病病毒从两个方面对生育造成实质限制：①女性感染者尝试怀孕的，可能导致对应男性感染艾滋病病毒；②女性感染者可能在妊娠期或分娩时导致胎儿感染艾滋病病毒。这种限制既与女性是否实际决定生育无关，也与是否可以通过其他措施降低感染风险无关。由此，美国最高法院认定携带艾滋病病毒属于法律所指的残障。

在肥胖能否被视为残障的问题上，欧洲法院则通过 2014 年裁判的"贸易与工作组织诉丹麦地方政府协会案"（Fag og Arbejde v. Kommunernes Landsforening）有限度地将之纳入残障概念的外延。[1] 因此，裁量性界定下"残障"概念的外延要大于羁束性界定下"残障"概念的外延。但也正是因为裁量性界定下"残障"概念边界的模糊，个案中特定情形能否归属于"残障"往往争议较大，对司法机关的能力提出较高要求。

二、残障歧视的概念

残障歧视的概念主要见于《残疾人权利公约》。该公约第 2 条将残障歧视定义为"基于残障而作出的任何区别、排斥或限制，其目的或效果是在政治、经济、社会、文化、公民或任何其他领域，损害或取消在与其他人平等的基础上，对一切人权和基本自由的认可、享有或行使。基于残障的歧视包括一切形式的歧视，包括拒绝提供合理便利……"同时，公约第 5 条第 4 款明确规定："为加速或实现残障者事实上的平等而必须采取的具体措施，不得视为本公约所指的歧视。"

《残疾人权利公约》关于禁止残障歧视的规定包含了三个层面的内容：

第一，平等保护与非歧视。即缔约国得确认在法律面前人人平等，残障者有权不受任何歧视地享有法律给予的平等保护和平等权益，缔约国有义务通过立法等手段禁止一切基于残障的歧视，保证残障者获得平等和有效的法律保护，使其不受基于任何原因的歧视。

第二，为残障者提供合理便利。即缔约国得确保残障人群有权享有

---

〔1〕　Fag og Arbejde v. Kommunernes Landsforening, Case C354/13. 该案的基本事实是：卡尔托夫特（Kaltoft）是丹麦比隆（Billund）市政当局雇佣的保育员。在其职业生涯中，卡尔托夫特一直受到肥胖问题的困扰。作为其健康计划的一部分，比隆市政当局于 2008 年和 2009 年两度资助卡尔托夫特减肥，但均以失败告终。随后，市政当局以儿童数量下降为由做出解雇卡尔托夫特的决定。欧洲法院在判决中指出"残障"不能被狭隘地理解为不具备职业能力，还包括妨碍获得这种能力。虽然肥胖本身不是法律所指的"残障"，因为肥胖本身并不必然对个人充分且平等参与劳动造成限制，但在特定情形中，如果劳动者的肥胖伴随着生理、精神或者心理上的损伤，并与其他障碍一道妨害其充分且平等地参与劳动，那么此时，肥胖可以划入法律意义上的"残障"范畴。

合理便利。拒绝提供合理便利的，当构成残障歧视。

第三，采取积极的暂行特别措施。即缔约国得采取为加速或实现残障人群事实上的平等而必须采取的具体措施，且此类措施不会被视为构成基于残障的歧视。

三、残障歧视的构成要件

残障歧视同样是由行为、事由、后果和因果关系四个要件构成。当然，在残障歧视的场域中，四个要件的具体所指可能与针对其他人群的歧视略有不同。

（一）行为要件

行为要件是指相应主体做出的何种表现形式的行为应当被认为构成残障歧视。《残疾人权利公约》所描述的"区别、排斥或限制"是对残障歧视行为方式的笼统概述。具体而言，残障歧视的表现方式包括五种类型：①基于残障的直接歧视；②对残障者及其密切关联者造成不成比例的不利影响的间接歧视；③针对残障者及其密切关联者实施的骚扰；④拒绝履行无障碍或者向残障者及其密切关联者提供合理便利的义务；⑤对反抗歧视的残障者及其密切关联者实施报复。这五种行为中，拒绝履行无障碍义务是仅见于残障歧视领域的构成歧视的特殊行为方式。本章第二节将会对这五种类型做详细介绍。

（二）事由要件

残障歧视是基于残障而发生的歧视。需要特别强调的是，对"基于残障"的理解不能狭隘地限定为对残障者本人的歧视——那些自身没有残障，但因与残障者有密切联系（如与残障者之间存在抚养、扶养、赡养等关系）而被区别对待、骚扰等的个人同样可以主张自己是残障歧视的受害者，即关联型残障歧视（disability discrimination by association）。2008年欧洲法院审理的"科尔曼诉阿特里奇律师事务所和史蒂夫·劳案"（S. Coleman v. Attridge Law and Steve Law）中，[1] 科尔曼女士即因为自己的儿子身有残障需要特别照顾而受到用人单位的歧视。在"平等就业机会委员会诉新墨西哥州骨科医师协会案"（EEOC v. New Mexico Orthopaedics Associates，P. C.）中，[2] 美国新墨西哥州骨科医师协会因巴伦西亚（Valencia）女士的3岁女儿身有残障而将其解雇。美国平等就业机会委员会亦选择向法院提起诉讼，指控其构成残障歧视。[3] 由此可见，如果法律不将与残障者有密切联系的非残障人群纳入禁止残障歧视保护范围，那么，禁止残障歧视的效果将大打折扣。

（三）后果要件

后果要件强调，行为主体实施的歧视行为应当造成实际或在未来很有可能发生的不利后果，损害或取消残障者在与其他人平等的基础上，对一切人权和基本自由的认可、享有或行使。特定行为没有对残障人群或者与其有密切联系的第三人造成不利后果的，一般不构成残障歧视。例如，在公共交通工具上为残障者提供专门的座位或者划定供其停放轮

---

〔1〕　S. Coleman v. Attridge Law and Steve Law, Case C303/06. 该案的基本事实是：科尔曼女士供职于阿特里奇律师事务所，从2001年起在该所担任法务秘书一职。2002年，科尔曼女士生育一子，但其子不幸身患急性焦虑发作、先天性喉软化症以及支气管软化，需要特别护理。科尔曼女士是其子的主要照顾者。2005年3月4日，科尔曼女士自愿离职，解除了与事务所之间的雇佣关系。2005年8月30日，科尔曼女士向法院提起诉讼，声称其遭受不公正的推定解雇；并且因为是残障儿童的主要照顾者而受到了相较于其他雇员更为不利的对待，这种不利对待正是其选择离职的原因所在。欧洲法院在判决中指出：正如科尔曼女士、立陶宛和瑞典政府以及欧盟委员会主张的那样，如果身处类似原告境地的雇员，即使业已证明因其幼儿存在残障而在相似情况下受到相较于其他员工更为不利的对待也不能获得《就业框架指令》第2条第（2）款第（a）项有关禁止直接歧视规定的保护，那么，《就业框架指令》希望达到的目的及其效果都将大打折扣。即使雇员本人没有残障也会产生类似效果……就本案而言，虽然面临基于残障的直接歧视的原告本身没有残障，但事实是，残障恰恰是科尔曼女士遭受不利对待的原因所在。本判决第38段业已指出，《就业框架指令》旨在消除就业和职业领域所有形式的歧视。这并非针对某一类特定人群，而是指向第1条列举的全部事由。只要雇员因为处于类似本案的境况而遭受基于残障的直接歧视，那么，将《就业框架指令》解释为仅仅适用于残障者本身不啻罔顾指令的宗旨，削弱指令意在提供的保护。

〔2〕　EEOC v. New Mexico Orthopaedics Associates, P. C., 15-CV-00557 MV/KBM.

〔3〕　该案最后以和解结案。详见"New Mexico Orthopaedics Associates to Pay ＄165, 000 to Settle EEOC Associational Disability Bias Charge", https: //www. eeoc. gov/newsroom/new - mexico-orthopaedics-associates-pay-165000-settle-eeoc-associational-disability-bias，最后访问时间：2020年10月2日。

椅的区域，虽然这种行为形式上仍然是基于残障的区别对待，但由于行为实施的后果没有损害到残障者的合法权益故而不构成残障歧视。

（四）因果关系要件

因果关系要件强调残障者或者与其有密切联系的第三人所遭受的不利后果源于残障状态，亦即残障是前述主体被损害或取消在与其他人平等的基础上，对一切人权和基本自由的认可、享有或行使的原因。

如果忽视因果关系而简单地认为只要存在残障的事实和客观发生的不利后果即可成立残障歧视，则会过分扩大残障歧视的外延，对他人合法权益造成威胁。例如，有肢体障碍的考生在高考中因考分未达录取分数线而被某大学拒绝录取。此种情形中，虽然残障（肢体障碍）和不利后果（未被录取）同时存在，但由于造成不利后果的原因并非残障，考生的残障与其未被录取的不利后果之间没有因果关系，故不能认为某大学拒绝录取残障考生的行为系残障歧视。

第二节　残障歧视的类型

残障歧视可见于教育、就业和公共服务等诸多领域。实施残障歧视的行为人可能涵盖各类公立或私立教育机构、国家机关、企事业单位、社会组织等用人单位和面向不特定公众提供公共服务的个人或机构。正如本章第一节所指出的，残障歧视具体可以表现为基于残障的直接歧视、对残障者及其密切关联者造成不成比例不利影响的间接歧视、针对残障者及其密切关联者实施的骚扰、拒绝履行无障碍或者向残障者及其密切关联者提供合理便利的义务、对反抗歧视的残障者及其密切关联者实施报复等类型。

一、基于残障的直接歧视

基于残障的直接歧视，其核心在于以残障为归类标准对残障人群和非残障人群实施区别对待，导致残障者本人或与其有密切联系的第三人因残障而处于相对不利的境地。实践中，此种行为往往表现为行为人有意识地剥夺残障者或与其有密切联系的第三人的受教育、就业、享受公共服务等方面的机会或者为其获取机会设置更高的门槛。

（一）直接歧视的判断标准

直接歧视是最为常见的歧视形式，其核心要素是存在区别对待的行为和实施区别对待的意图。

第一，存在区别对待的行为。行为人基于残障而在残障者和非残障者两类群体间做出了区别对待，克减乃至剥夺残障者受教育、就业、享受公共服务等方面的机会。

第二，有实施区别对待的意图。行为人有意识地实施区别对待行为并且追求克减、剥夺残障者合法权益的结果。需要注意的是，有区别对待的意图不宜等同于有区别对待的恶意。多数情况下，行为人实施区别对待确系存在歧视残障人群的恶意，但前述区别对待也可能出于"善意"。例如，某个岗位出差较多，用人单位认为会对肢体障碍者造成较大负担而"善意"地拒绝录用。该区别对待虽出于"善意"，但也可能对残障者或与其有密切联系的第三人在平等基础之上认可、享有或行使一切人权和基本自由造成过度妨碍，故也可能构成残障歧视。

（二）直接歧视的具体形态

直接歧视可能存在于个案中，也可能是系统性的。个案中的直接歧视将会导致特定的残障者被克减或剥夺接受教育、就业、享受公共服务等方面的机会；而系统性的直接歧视可能存在于普遍适用的法律规范、习惯当中，在较长时间、较大范围内对残障者造成不利影响。例如，某地《教师资格认定体检标准》规定两上肢或两下肢不能运动者；四肢残缺变形，行路步态跛行，上肢（特别是右手）残缺影响板书写字者；身体畸形，如明显鸡胸、驼背、脊柱侧弯外曲超过3厘米等，不能获得教师资格，从而直接以具有法律效力的方式排除残障人群担任教师的可能。

直接歧视可能是公开的、不加掩饰的，也可能是隐蔽的、掩藏在合法借口之下的。例如，某地自学考试主管部门直接以"之前没有盲人参考的先例"为由拒绝视力障碍者报考播音与主持专业并建议视力障碍考生"结合自身情况选择恰当的专业"。[1] 这属于公开的基于残障的直接歧视，因为行为人并未掩饰其剥夺残障者受教育权利的意图。另外，行为人也可能将其歧视残障者的意图掩盖在合法借口之下，试图规避法律责任。例如，在"孔某诉某物业管理有限公司案"[2]（参见"案例导入"）中，物业公司主张孔某入职时未如实履行告知义务，故意隐瞒自己有智力障碍的事实构成欺诈，侵犯了公司的知情权，因而公司解除与孔某的劳动合同并不违反法律规定。法院审理后认为，物业公司主张孔某入职时隐瞒自己的残障情况，但其公司并未提交证据证明将是否为残障者作为聘用条件，物业公司有关因欺诈解除与孔某劳动合同的主张系掩盖其实施残障歧视的真实意图，最终对物业公司的主张不予采信。

二、对残障者造成不成比例不利影响的间接歧视

间接歧视是指一项表面中立的规定其实施效果将会对残障者或与其有密切联系的第三人造成不成比例的不利后果。例如，要求教师资格申请者普通话水平需达到二级乙等及以上标准的规定看似中立，但对于拟从事手语教学的听力障碍者等残障人群而言则会在事实上妨碍他们申获教师资格的机会。[3] 法律禁止间接歧视是为了消除历史所造成的结构性不平等，或者说是为了防止这种结构性的不平等进一步固化。[4]

（一）间接歧视的判断标准

判断是否存在间接歧视有两个关键点：

第一，特定规定、政策或做法在表面上完全中立。这种规定、政策或做法不指向任何特定的个人或群体，不包含任何针对残障人群实施区别对待的内容，在形式上普遍适用、一视同仁。因此，间接歧视的成立

---

〔1〕 李庭煊："盲姑娘报考播音主持专业遭拒"，载《北京晨报》2011 年 10 月 8 日，第 A04 版。

〔2〕 北京市第二中级人民法院（2014）二中民终字第 06219 号民事判决书。

〔3〕 蒋欣、刘言、何欣禹："教师资格认定体检亟须国标出台"，载《中国青年报》2016 年 12 月 9 日，第 4 版。

〔4〕 丁晓东："探寻反歧视与平等保护的法律标准 从'差别性影响标准'切入"，载《中外法学》2014 年第 4 期。

并不要求行为主体必须存在歧视残障人群的故意。

第二，特定规定、政策或做法的实际效果对残障人群造成了不成比例的不利影响。换言之，相对于非残障人群，残障人群更多地承受了规定、政策或做法实施过程中对其受教育、就业、享受公共服务等方面机会带来的消极影响。例如，用人单位要求所有应聘者须通过体能测试方可入职。这种做法表面上没有歧视残障人群的意图，但其效果必然将残障人群——尤其是肢体障碍和视力障碍人群——更系统、更彻底地排除在外。如果没有正当理由，这种做法即有间接歧视残障者之嫌。

（二）"不成比例"的认定

间接歧视能否成立的难点在于如何认定某项规定、政策或做法对残障人群造成的不利影响是否已经达到了令人难以容忍的不成比例的程度。司法实践中，有些国家采取"一案一断"的做法；有些国家，如美国，先后采取了"80%"规则、统计显著性规则等作为判断标准。

所谓"80%"规则指的是如果某项规定、政策或做法导致残障人群的适格率低于非残障人群的80%，即可被认为不利后果达到了不成比例的严重程度。[1] 例如，上述用人单位要求所有应聘者须通过体能测试方可入职的规定导致10%的非残障应聘者和50%的残障应聘者被淘汰，那么非残障人群的适格率是90%，残障人群的适格率是50%，后者仅为前者的55.6%，低于80%，影响达到不成比例的程度。

然而，相对于"80%"规则，统计显著性规则可能更为科学。[2] 显著性规则是指如果残障人群的适格率在统计意义上偏离了不存在歧视

---

〔1〕 Barbara T. Lindemann, Paul Grossman, *Employment discrimination law*, BNA Books: American Bar Association, Section of Labor and Employment Law, Equal Employment Opportunity Committee. 2007, pp. 128~129.

〔2〕 "80%"规则在实际应用中受人数影响很大，其合理性、准确性往往受到质疑。例如，某用人单位某一职位共有10人应聘，其中非残障应聘者5人，最后录取3人，适格率60%；另有残障应聘者5人，最后录取2人，适格率40%。残障者的适格率不到非残障者的80%（66.7%）。虽然两个群体间录取人数仅相差1人，但按照"80%"规则，仍然构成残障歧视。

时应有的适格率，则可以认定不利影响达到不成比例的严重程度。[1]

三、针对残障者实施的骚扰

针对残障者实施的骚扰是指经由做出指向个人残障状态的不受欢迎的言词或者行为，造成胁迫的、不友好的、不体面的、敌对的环境，[2]从而阻止残障者进入特定领域或将之从特定领域中驱离。因此，在本质上，骚扰属于残障歧视的一种形式，意在阻止残障者通过接受教育、参加劳动、享有公共服务等实现向上的社会流动。

判断针对残障者的骚扰是否成立需要注意以下若干标准：

第一，存在骚扰的事实。骚扰可以是具体的行为，如故意藏匿残障学生的学习用具，损坏轮椅等无障碍设施设备；同时也可以表现为言词，即针对残障者公开发表的带有攻击性、侮辱性的言论，如以"白痴""瘸子""独眼龙"等称呼智力障碍者、肢体障碍者和视力障碍者。骚扰可以是积极的，也可以消极方式进行。比如，在工作场所故意孤立残障员工，不与之有任何交流。

在"罗伯特·福克斯诉通用汽车公司案"（Robert J. Fox v. General Motors Corporation）中，[3]福克斯因为背部受伤不能干重活。其主管领导不仅无视福克斯残障的事实为其安排无法完成的工作，而且在福克斯提出质疑后以"为什么你不能干""我不需要你这种废物，你应该滚回家"等言论做出回应。其后，福克斯的主管领导多次以"医院人"（hospital people）等词语称呼福克斯等残障员工，要求其他员工不得与残障员工交谈。受诉法院最终据此认定存在针对残障者的骚扰，判令通用汽车公司向福克斯支付20万美元的惩罚性赔偿和3000美元的医疗费。

第二，骚扰源于个人的残障状态。骚扰的发生和残障之间应当存在因果关系。这是区别针对残障者的骚扰抑或针对其他人群骚扰的重要标

---

[1]　Barbara T. Lindemann, Paul Grossman, *Employment discrimination law*, BNA Books: American Bar Association, Section of Labor and Employment Law, Equal Employment Opportunity Committee. 2007, p. 125.

[2]　周伟:《宪法基本权利：原理·规范·应用》，法律出版社2006年版，第81页。

[3]　Robert J. Fox v. General Motors Corporation, 247 F. 3d 169 (4th Cir. 2001).

准。韩国国家人权委员会曾有调查显示，韩国残障者体育协会下属的部分教练长期骚扰国家代表团的残障者选手。如有教练曾对女选手说"如果生活老师没能照顾你，我可以帮你洗澡"；训练中说明动作要领时会说"胸大有助于这个动作的完成"等。[1] 前述骚扰的对象虽然是残障运动员，但骚扰的动因乃是性别而非残障，故应当属于性骚扰的范畴。

第三，骚扰营造出的不利环境对残障者身心造成了实际损害。除存在冒犯残障者的行为或言论以外，构成骚扰尚需该行为或言论对残障者的身心造成客观损害。这有赖于全面评估实施骚扰的次数、骚扰持续的时长、行为或言论的冒犯程度等诸多因素。发生在我国香港特别行政区的"马某容诉高某案"中，[2] 出租车司机高某先是在路面正常营运中拒绝回应有肢体障碍的马某容的召唤，其后，在马某容请求高某把其乘坐的轮椅放到汽车行李箱中时予以拒绝并回应说："你以为你是谁，我只负责驾车，不负责你的轮椅！"在行车途中，高某继续说了许多责骂马某容的话，包括"你是否以为不能走路和坐在轮椅上便可以为所欲为！我的腿也曾接受手术"。在到达目的地后，高某拒绝马某容请他协助取出轮椅的请求并在马某容询问为何车费比平常贵时，回答说："你以为你是谁，你是否以为坐轮椅便可以为所欲为，不用付钱？你看看计程表！你以为自己有病便可以为所欲为吗？"马某容因高某的骚扰而感到被侮辱，亦为自己的残障感到沮丧及愤怒。事后，她继续长期感到困扰，此事亦影响到其学业及其对妹妹的照顾。香港特别行政区高等法院据此认定，高某的言论粗鲁不仅让人有被冒犯的不快，而且直接指向马某容残障的事实。已有证据能够充分证明高某的言论是基于马某容的残障，符合法律规定的骚扰的表现形式。

四、不履行无障碍或提供合理便利的义务

残障人群享有的无障碍权利以及获得合理便利的权利是其免于遭受

---

〔1〕 周锐霞："韩国残疾人运动员被爆常被教练殴打、甚至性骚扰"，载中国网，http://www.china.com.cn/international/txt/2013-06/21/content_29190917.htm，最后访问时间：2016 年 1 月 20 日。

〔2〕 ［1999］2 HKLRD 263, DC.

歧视、充分融入主流社会的重要保证。1982年联合国《关于残疾人的世界行动纲领》即指出："许多残障者之所以不能积极参与社会活动，是由于诸如门口过于狭窄，轮椅不能通过；建筑物、公共汽车、火车和飞机的台阶无法登上；……这类障碍是由于无知和缺乏关心造成的；尽管其中多数障碍只要通过仔细规划，花费不大的代价就可以避免，但却仍然存在。"《残疾人权利公约》序言第22条亦强调："确认无障碍的物质、社会、经济和文化环境、医疗卫生和教育以及信息和交流，对残疾人能够充分享有一切人权和基本自由至关重要。"相应地，义务主体不履行无障碍或者提供合理便利义务的，构成基于残障的歧视。

（一）不履行无障碍义务

1. 无障碍的概念。无障碍是指"无论存在何种类型的残障，通过相应设计和改造使得物件及服务能够（在物理、视觉、听觉和/或认知层面）为包括残障者在内的公众便利地获得或使用"[1]。无障碍主要包括两个方面：物质环境无障碍和信息（交流）无障碍。物质环境无障碍旨在确保残障人群得自主安全地通行道路、出入相关建筑物、搭乘公共交通工具等，如在建筑物的入口设置坡道方便肢体障碍者出入；在电梯中设置运行语音提示方便视力障碍者使用等。信息（交流）无障碍旨在确保"无论是健全人还是残疾人，无论是年轻人还是老年人都能够从信息技术中获益，任何人在任何情况下都能平等地、方便地、无障碍地获取信息、利用信息。"[2] 比如，为影视作品配备字幕、在新闻节目中安排手语翻译等以方便听力障碍者；设立无障碍网站方便视力障碍者访问等。

2. 无障碍义务的特征。

第一，无障碍是标准化义务。义务人应当根据国家制定的统一技术规范而非个性化的差异需求实现物质环境和信息交流的无障碍。例如，

---

〔1〕《拟订保护和促进残障者权利和尊严的全面综合国际公约曼谷建议》（Bangkok Recommendations on the Elaboration of a Comprehensive and Integral International Convention to Promote and Protect the Rights and Dignity of Persons with Disabilities）。

〔2〕《信息无障碍身体机能差异人群网站设计无障碍技术要求》（YD/T1761-2008）。

我国建设、铁道、民航等部门制订、修订了《城市道路和建筑物无障碍设计规范》《铁路旅客车站无障碍设计规范》《民用机场旅客航站区无障碍设施设备配置标准》《残疾人综合服务设施标准》《建筑无障碍设计——国家建筑标准设计图集》《无障碍建设指南》《信息无障碍第2部分：通信终端设备无障碍设计原则》《信息无障碍视障者互联网信息服务辅助系统技术要求》等多项标准规范和技术要求。《邮轮码头设计规范》《内河船舶法定检验技术规则》《港口经营管理规定》《民用建筑设计通则》《体育建筑设计规范》《商店建筑设计规范》《地铁设计规范》《汽车客运站建筑设计规范》《水路客运服务质量要求》《残疾人航空运输办法（试行）》《城市公共厕所设计标准》等均包含无障碍要求。此外，我国还要求所有设备、产品设计应考虑无障碍理念，制定《标准制定者考虑老年人和残疾人需求的指南》，并规定公共采购的产品和设备须符合无障碍标准。[1]

第二，无障碍是积极义务。义务人应当根据无障碍技术规范的要求实现物质环境或者信息交流的无障碍。义务人怠于行为的，将因未履行无障碍义务导致残障人群无法自主安全地通行道路、出入相关建筑物、搭乘公共交通工具或者获取和交换信息，构成基于残障的歧视；由此导致残障人群人身、财产损害的，应当依法承担相应的赔偿责任。例如，在"凌某与上海长宁唐宫海鲜舫有限公司、健沛房地产（上海）有限公司生命权、健康权、身体权纠纷案"[2]中，身有残障的凌某在唐宫海鲜舫有限公司就餐后步行至大门外下台阶时摔倒，致左胫前皮肤挫裂伤。受诉法院审理后认为，根据《无障碍设计规范GB50763》，该规范系国家标准，结合《国家标准管理办法》第4条之规定，前述设计规

---

〔1〕　"《残疾人权利公约》的实施情况（缔约国按照《公约》第三十五条提交的初次报告·中国）"，载联合国条约机构数据库，http：//tbinternet. ohchr. org/_layouts/treatybodyexternal/Download. aspx？ symbolno＝CRPD％2fC％2fCHN％2f1&Lang＝zh，最后访问时间：2016年1月21日；"中国根据《公约》第三十五条提交的第二和第三次合并定期报告"，载联合国条约机构数据库，https：//tbinternet. ohchr. org/_layouts/15/treatybodyexternal/TBSearch. aspx？ Lang＝zh&TreatyID＝4&DocTypeID＝29，最后访问时间：2020年10月6日。
〔2〕　上海市长宁区人民法院（2013）长民一（民）初字第4629号民事判决书。

范系强制性国家标准，而该设计规范规定："3.6.2 台阶的无障碍设计应符合下列规定：……③三级及三级以上的台阶应在两侧设置扶手；……"凌某于健沛房地产（上海）有限公司管理范围内的台阶处摔伤，而该处台阶未按上述规范设置扶手，故健沛房地产公司应承担与过错相当的赔偿责任。

作为积极义务的无障碍系指义务人应当根据法律规定设计、设置、维护无障碍设施等。但无障碍环境如何推进则由有关部门根据实际情况进行裁量，残障人群等对此不享有请求权。在"李某林等人与云阳县人民政府履行法定职责案"[1] 中，法院即指出"行政机关履行编制无障碍设施改造计划并组织实施的法定职责应基于保障社会成员平等参与社会生活的公共利益等考量因素而进行，而非根据公民个人利益保护的申请而进行，即公民个人并不具有因自身利益保护需要而要求行政机关履行该职责的法定请求权"。

第三，无障碍是普遍义务。行为人应当依照无障碍技术规范实现物质环境或者信息交流的无障碍，并不得以自身机构性质或残障者自愿放弃权利等理由免除自身义务。联合国残疾人权利委员会处理的"西尔维娅·鲁斯提、彼得·塔卡什诉匈牙利案"（Szilvia Nyusti，Péter Takács v. Hungary）[2] 充分体现了无障碍义务的普遍性。来文人西尔维娅·鲁斯提与彼得·塔卡什均为视力障碍者，各自与匈牙利 OTP 银行签订了私人账户服务合同。根据该项合同，他们有权使用银行卡。但两人在没有任何帮助时不能够使用自动取款机，因为 OTP 银行的自动取款机的键盘没有盲文字体，这种取款机也不为银行卡业务提供声频指示和话频协助。在国内司法程序中，匈牙利最高法院虽认为为非残障者设计的自动取款机将视力障碍者置于不利地位，但同时指出，当事方缔结了私人账户服务合同，该合同内容可由当事方自我确定。两人注意到缔约条件，签署了合同，其所作所为表明两人同意其处于不利的状态。联合国残疾人权利委员会指出，匈牙利实际上采取了这样一个立场：根据其现

---

〔1〕 重庆市高级人民法院（2018）渝行终 5 号行政裁定书。
〔2〕 CRPD/C/9/D/1/2010.

有法律框架，向视力障碍者平等提供信息、通信和其他服务的无障碍义务不适用于诸如 OTP 银行那样的私人实体，不限制缔约自由。委员会进而指出《残疾人权利公约》第 4 条要求缔约国采取一切适当措施，消除任何个人、组织或私营企业基于残障的歧视。为此目的，缔约国应当根据《残疾人权利公约》第 9 条采取适当措施确保残障者和其他人一样平等地获得信息、通信和其他服务，包括电子服务。缔约国可以通过确认和消除相关障碍达到这一目的。缔约国应采取适当措施拟订和公布无障碍使用向公众开放或提供的设施和服务的最低标准和导则并监测其实施情况，确保向公众开放和为公众提供设施与服务的私营实体在各个方面考虑为残障者创造无障碍环境。委员会最终认定匈牙利没有遵循《残疾人权利公约》第 9 条第 2 款第 2 项规定的义务。

嗣后，联合国残疾人权利委员会在 2014 年《第 2 号一般性意见》中重申，无障碍的重点已经不再是建筑物、交通基础设施、车辆、信息和通信以及服务等所有者的法人地位及其公共或私人的性质。只要货物、产品和服务对公众开放或者向公众提供，它们必须能够为所有人利用，无论是由公共机构还是由私人实体所有或提供。残障者应该以有效、平等且有尊严的方式享有利用向公众开放或提供的所有货物、产品和服务的平等机会，其根源在于禁止歧视。剥夺无障碍的机会应该被认为是一种歧视行为，无论行为人是公共机构还是私人实体。[1]

（二）不提供合理便利

在法律未就无障碍事宜作出规定或者设定明确标准时，义务人需在合理范围内向确有需要的残障者提供便利措施，以保障其无障碍地接受教育、从事劳动和参与其他社会活动。

1. 合理便利的概念。合理便利是指义务人应在力所能及的限度内根据残障人群的特殊需求对特定场所、规定等进行改造或调整，以契合残障人群的实际情况。这项义务的确立旨在通过非对称的平等抵消残障

---

〔1〕 残疾人权利委员会："第 2 号一般性意见"，载联合国正式文件系统，https://documents-dds-ny.un.org/doc/UNDOC/GEN/G14/033/12/PDF/G1403312.pdf? OpenElement，最后访问时间：2020 年 10 月 5 日。

群体面临的不利限制，通过改造环境提升其参与程度，通过课予能动义务督促义务人积极作为。[1]

2. 合理便利义务的特征。

第一，合理便利是个性化义务。合理便利不存在统一的技术规范，义务人应当视具体情况，根据每个残障者的客观需要向其提供便利措施，以确保便利措施能在最大程度上弥补残障带来的不便。比如，在各类考试中，残障考生往往因为无障碍设施设备和便利措施的缺乏而无法参加考试或者发挥出真实水平。视力障碍者宣某曾报名参加 2012 年国家公务员考试，考试当天，人力资源和社会保障厅的工作人员只为他提供了几个放大镜，宣某只能中途退场，放弃考试。[2] 同样存在视力障碍的李某生参加了 2014 年的高考，但考场仅提供盲文试卷，李某生在考试结束后表示："如果提供电子试卷，尽管就我现在这个水平，也不至于语文数学交白卷，盲文摸得太慢太慢了。"[3] 事实上，《残疾人保障法》第 54 条第 4 款规定：国家举办的各类升学考试、职业资格考试和任职考试，有盲人参加的，应当为盲人提供盲文试卷、电子试卷或者由专门的工作人员予以协助。这应当理解为法律为考试组织机构设置了为残障考生提供合理便利的义务。并且，此项义务的履行，即组织机构为残障考生提供的便利，不应当受法律列举事项范围的限制。只要是在合理范围内，有助于消除残障带来的消极影响的，都应当得到准许和支持。[4]

---

〔1〕 Sandra Fredman, *Discrimination law*, Oxford University Press, 2011, pp. 216~217.

〔2〕 李光明、汪娜娜："全国公务员考试残疾歧视第一案开审，法律适用问题成庭审焦点"，载《法制日报》2012 年 6 月 7 日，第 8 版。

〔3〕 李钊、李凯："'摸'完高考李某生有喜有憾"，载《大河报》2014 年 6 月 9 日，第 A10 版。

〔4〕 2015 年，教育部和中国残疾人联合会联合发布《残疾人参加普通高等学校招生全国统一考试管理规定（暂行）》（以下简称《规定（暂行）》）。《规定（暂行）》在《残疾人保障法》基础之上规定招生考试机构应在保证考试安全和考场秩序的前提下，根据残障考生的残障情况和需要以及各地实际，提供诸如优先进入考点、考场，在考点、考场设置文字指示标识、交流板等 13 项合理便利。2017 年，教育部和中国残疾人联合会颁布《残疾人参加普通高等学校招生全国统一考试管理规定》（教学〔2017〕4 号），进一步完善了有关在高考中面向残障考生提供合理便利的规定。

第二，合理便利是积极义务。与无障碍相似，合理便利也要求义务人积极行为，主动为残障者提供便利措施。在"朱某英诉云南机场地面服务有限公司、成都航空有限公司航空旅客运输合同纠纷案"中[1]，朱某英（高位截瘫）自行在某机票售票处定购了成都航空有限公司的机票。朱某英独自到达昆明机场办理登机手续后到昆明机场总服务台申请专用窄型轮椅服务，经机场工作人员与成都航空有限公司电话联系，航空有限公司表示需提前申请，临时申请需有人陪同或者有医院证明，朱某英目前情况不能申请轮椅，只能改签。受诉法院在判决中指出，根据中国民航局制定的《残疾人航空运输办法（试行）》的相关规定，成都航空有限公司以朱某英不具备该次航班乘机条件为由，决定对其不予承运的行为并未违反中国民航局规范性文件的规定，也符合其经民航四川监管局批准的国内客运手册的操作规程。但问题在于，成都航空有限公司在与朱某英具体订立运输合同时，未明确告知购票人对于病残等特殊旅客的一些特殊规定和要求，亦未主动询问其是否属于病残等特殊旅客，且未在电子客票上标明对残障旅客的具体要求和规定，其订票网站亦未开设针对病残旅客的专门订票通道或者窗口，以便和普通旅客有所区分，亦即航空公司在合同订立、履行中未能向残障乘客提供合理便利。法院最终认定航空公司的拒载行为构成违约，依法应承担相应民事责任。

第三，合理便利是相对义务。区别于无障碍义务的绝对性，义务人仅在"合理"范围内负有向残障者提供便利措施的法定义务。教育部、中国残疾人联合会颁布的《残疾人参加普通高等学校招生全国统一考试管理规定》即强调"合理便利"应限于"必要且能够提供的"措施。如果残障者要求的便利措施超出合理范围的，义务人有权拒绝。例如，视力障碍者可以行动不便为由请求航空公司在飞机上提供引导等服务，但如果以此为由要求航空公司安排免费的接送机服务则超出了合理的范畴。当然，法律并无关于"合理"的统一标准，这同样有赖于法院在

---

〔1〕　云南省昆明市官渡区人民法院（2011）官民一初字第3207号民事判决书。

个案中根据行为人的承受能力、残障者请求提供便利的具体内容等做出综合判断。

五、对残障者实施的报复

行为人因残障者本人或第三人举报其实施残障歧视，或者因为残障者本人或第三人在其他举报其实施残障歧视的案件中协助调查、提供证据或其他帮助而给予不利对待的，构成基于残障的歧视性报复。报复最明显的作用就是压制对歧视的挑战。达到此种效果甚至不需实际实施报复，只需让潜在的挑战者明白反抗必将承受高昂代价，远远大于可能的收益，就能迫使个人对歧视噤声。[1] 因此，禁止报复必然是禁止残障歧视的重要一环。

为了尽可能鼓励残障者保障自身和他人的平等权利不受侵犯，对报复范围的理解应当适当放宽。

第一，报复行为不限于解雇、降职等后果较为严重的行为。只要特定行为会产生压制挑战残障歧视的效果即可认定为构成报复。例如，用人单位将举报其实施残障歧视的员工不合理地调整至保洁等岗位即可能构成报复。

第二，报复的对象既可以是反抗残障歧视的反抗者本人，也可以是与其有密切关系的第三人。例如，报复反抗者的近亲属、朋友或者为其作证、提供其他帮助等有密切关系的第三人。因为这同样会起到压制反抗残障歧视的效果。

第三，实施报复的时间不限于劳动关系或者其他隶属关系存续期间。报复行为可能出现在反抗者与行为人解除劳动关系或者其他隶属关系之后。只要行为人实施报复的动因源于反抗者在前述关系存续期间反抗残障歧视的行为，即可认定是对该反抗行为的报复。比如，残障员工举报用人单位实施残障歧视并因故离职。随后，在该员工求职过程中，原用人单位故意向新的单位出具不真实的情况说明，导致该残障员工被拒绝录用。原用人单位的行为应当视为对其前员工反抗残障歧视实施的

---

[1] Deborah L. Brake, Retaliation, 90 *Minnesota Law Review* (2005).

报复。

六、不构成残障歧视的情形

禁止残障歧视并非旨在剥夺特定主体的选择自由。例如，法律即不能以禁止职业歧视之名强迫用人单位接受确实无法胜任的残障劳动者或者承受其他不合理负担。有鉴于此，在设置残障歧视禁令的同时，法律也当为特定主体提供有针对性的抗辩事由以阻却某些行为的违法性，确保这些主体享有的选择自由不因禁止残障歧视而被过分压缩。

（一）真实资格

真实资格指的是，如果残障导致个人无法满足特定主体设定的合理遴选标准，该主体有权直接以残障为由拒绝接受残障者而不构成残障歧视。例如，公交公司招聘公共汽车驾驶员得拒绝录用视力障碍者；电视台招聘播音员得拒绝言语障碍者。"李某与北京中网在线广告有限公司一般人格权纠纷案"[1] 是比较典型的遵循真实资格思路做出裁判的案例。李某是视力障碍者，通过参加某求职类节目与中网在线广告有限公司（以下简称"中网在线"）建立劳动关系。其岗位职责主要为画面剪辑以及根据文稿加配音、同期和画面等，日常效率达标要求为每天制作完毕 6 至 8 个达标视频。入职一个半月后，李某离职，在离职前李某未完成 1 个达标视频。受诉法院审理后认为，缔约的整个过程中，中网在线未因李某视力障碍而对其予以区别化的歧视待遇，并在本单位可资提供的岗位范围内对李某进行了安排，而李某亦是在意思表示自由的情形下签订了劳动合同书，该合同书对签约双方均具有法律约束力。中网在线根据公司工作需要制定后期技术岗位职责与考核标准，并对公司员工进行量化考核并无不妥，李某应根据劳动合同书的约定接受岗位工作考核。现李某在中网在线已经放低考核标准的情形下，因未达本职岗位职业要求离职而主张"平等就业权受损，以及中网在线实施了侵害其平

---

[1] 北京市海淀区人民法院（2013）海民初字第 19875 号民事判决书，北京市第一中级人民法院（2014）一中民终字第 05698 号民事判决书。

等就业权的违法性行为"缺乏事实基础与法律依据。[1]

需要强调的是，特定主体做出残障者不具备真实资格的判断必须是在提供了合理便利的前提之下。换言之，特定主体未履行提供合理便利义务的，不得以残障者不符合遴选条件为由径行作出拒绝录用等不利决定。

（二）正当运营所需

一项中立的政策的实施虽然会给残障者造成不成比例的不利后果，但若该项政策确系特定主体运营所需，则不构成基于残障的区别影响。在"柯金伯格诉艾伯森公司案"　　　（Albertsons，Inc. v. Kirkingburg）中，[2] 柯金伯格因为一次例行体检被发现一只眼睛存在弱视，只能单眼有效视物，不符合美国交通部有关商业卡车司机的最低视力标准。公司告知柯金伯格要继续担任卡车司机必须取得交通部签发的体检豁免书。然而，公司随后即以柯金伯格体检不合格为由将其解雇并在其取得豁免书后仍然拒绝重新雇佣柯金伯格。美国最高法院在判决中指出，公司的任职要求并非自行设计，而是对具有拘束效力的联邦法规的遵守。有关体检豁免的规定仅系试验性质，法律并未实质降低对视力的要求。满足相应的视力要求仍是获取卡车司机职位的基本条件。视力限制是一项表面中立的要求，适用于所有职位申请者，然而，在实际实施过程中却可能对诸如柯金伯格等存在视力障碍的残障者造成不成比例的不利后果。由于视力要求系由法律设定，具有强制拘束效力，对艾伯森公司而

---

〔1〕 二审判决的裁判思路与一审法院基本一致。在二审判决中，法院指出：双方当事人签订的劳动合同约定公司为李某提供的岗位是"后期技术岗位"。根据双方当事人陈述，虽然该岗位工作中对视频的要求性更高一些，与李某擅长的音频方面有一定的差距，但李某签订劳动合同即说明其接受了该工作安排，现有证据也不足以证明李某在签约过程中有被欺诈胁迫等情形出现。相反，从李某自己提交的通话录音证据中可以看出，李某对从事该工作仍有信心，自我评价较高。同时，该通话录音也能反映出来，因无法胜任该岗位工作，公司曾建议调换岗位。遗憾的是，李某最终选择申请辞职。李某认为该辞职系受中网在线胁迫，但也无证据证明。李某作为残疾人士想谋求一份与其自身能力相适应的工作应值得肯定。但是，作为残疾人士，不是所有工作都能够完全胜任也是事之常理。综合来看，现有证据不能证明中网在线有歧视李某的行为存在。李某在求职和工作中遇到的是因自身客观条件限制而带来的挫折，而非是基于残障身份受到的歧视。

〔2〕 Albertsons，Inc. v. Kirkingburg，527 U. S. 555（1999）.

言是其正当运营所必须满足的条件，故虽然公司遵守联邦法规的做法会对残障人群产生不成比例的不利影响，但是仍然不构成残障歧视。

（三）实质变更和过度负担

如果负有提供合理便利的义务主体能够证明残障者要求提供的便利将会在实质上改变事务性质或者对其经营造成过度负担的，则可免除提供被请求便利之义务。实质变更重在评判便利措施对事务本质要求的影响。例如在播音主持招聘中，用人单位得要求求职者做现场朗诵以判断其普通话水平，有言语障碍的求职者不能请求用人单位提供安排他人代为朗诵等便利，因为这将在根本上改变岗位的实质要求。

过度负担同样针对提供合理便利的义务，但其关注的重点在于提供便利措施之于提供者本身的影响。由于"合理便利"需要在个案中具体分析，因此，一项便利措施是否成立过度负担也有赖于个案的实际情况。一般而言，判断是否构成过度负担可以考虑以下若干因素：其一，便利措施的性质及其成本；其二，需提供便利措施的机构的财务能力、雇员数量、所处地理位置等；其三，便利措施可能对机构运营造成的影响等。[1]

（四）暂行特别措施

暂行特别措施的实质是通过公权力的介入实现受教育、就业和职业机会等稀缺资源的逆向倾斜配置，以优待在历史上饱受歧视而处于社会边缘境地的残障人群，帮助其尽快实现事实上的平等。例如，印度政府1977年以备忘录形式宣布在中央政府中为视力、听力障碍者各保留1%的职位并放宽对残障求职者的年龄限制；[2] 奥地利要求用人单位每雇佣25人必须雇佣1名残障者；德国《社会法典》鼓励规模在20人以上

---

〔1〕 Barbara T. Lindemann, Paul Grossman, *Employment discrimination law*, BNA Books：American Bar Association, Section of Labor and Employment Law, Equal Employment Opportunity Committee. 2007, p. 959.

〔2〕 Jane Hodges-Aeberhard, Carl Raskin, *Affirmative action in the employment of ethnic minorities and persons with disabilities*, International Labour Organization, 1997, pp. 30~31.

的用人单位雇佣至少 5% 的残障者。[1] 我国《残疾人就业条例》第 8 条要求用人单位安排残疾人就业的比例不得低于本单位在职职工总数的 1.5%。前述措施均为典型的针对残障人群的暂行特别措施。暂行特别措施的具体形式不限于强制的配额制，也包括诸如通过奖励、免税等手段鼓励用人单位优先雇佣残障者，要求用人单位报告残障员工在其雇员中所占比例并做出后续完善等相对柔性的措施。

除优待的对象以外，针对残障者的暂行特别措施在形式上与残障歧视非常相似。因此，国际人权法和各国国内立法通常会明文规定不得将暂行特别措施视为歧视。例如，《残疾人权利公约》第 5 条第 4 款即规定，为加速或实现残疾人事实上的平等而必须采取的具体措施，不得视为公约所指的歧视。

第三节　禁止残障歧视的国际与国内法律制度

一、禁止残障歧视的国际法律制度

禁止残障歧视国际法律制度主要由国际人权公约和区域性人权公约共同构成。

（一）国际人权公约

在国际人权法上，联合国大会 2006 年通过的《残疾人权利公约》是禁止基于残障的歧视的核心公约。如本章第一节所述，《残疾人权利公约》要求各缔约国除承认并赋予残障人群平等保护与非歧视的权利以外，还应当为残障者提供合理便利并采取暂行特别措施消除社会中客观存在的残障歧视现象。

为监督各缔约国落实《残疾人权利公约》情况，该公约第 34 条设立了残疾人权利委员会。该委员会由 18 名独立专家组成，以个人身份任职，并不代表政府。所有缔约国必须向委员会提交关于公约所载权利

---

[1] Marc De Vos, *Beyond formal equality: positive action under Directives* 2000/43/EC and 2000/78/EC, Office for Official Publications of the European Communities, 2007, p. 46.

落实情况的定期报告。各国必须在批准公约后的前两年进行首次报告，随后每四年进行一次报告。委员会审查每一份报告，并对报告提出意见和一般性建议。委员会以结论性意见的形式向当事缔约国转交这些建议。对于签署了《残疾人权利公约任择议定书》（联大决议 A/RES/61/106）的缔约国，委员会还可接收和审查针对该国的个人投诉；当有可靠证据表明存在严重而系统性地违反公约的情况时，委员会有权对相关缔约国开展调查。[1]

考虑到残障议题的广泛性，其他国际人权公约亦分别从不同侧面确保残障人群享有平等权利。《消除对妇女一切形式歧视公约》第 11 条第 1 款第 5 项要求缔约国保证残障女性依然能在男女平等的基础上享有相同的社会保障权利。消除对妇女歧视委员会在 1991 年第 18 号一般性建议中建议缔约国在其定期报告中提供资料，介绍身心残障妇女的情况和为解决她们的特殊情况所采取的措施，包括为确保她们能同样获得教育和就业、保险服务和社会保障及确保她们能参与社会和文化生活等各方面所采取的措施。

《儿童权利公约》第 2 条规定：儿童不因其本人或父母或法定监护人的种族、肤色、性别、语言、宗教、伤残等身份而在享有公约所载列权利方面有任何差别。儿童权利委员会 2006 年专门针对残障儿童权利发布《第 9 号一般性意见》，再次重申缔约国负有在其管辖范围内确保包括残障儿童在内的每一儿童不受任何歧视地享有公约载列的所有权利。

《经济、社会、文化权利国际公约》虽无条款直接禁止残障歧视，但经济、社会、文化权利委员会同样在 1994 年《第 5 号一般性意见》第 5 条中同样指出，公约条款完全适用于社会所有成员，残障人群显然有资格享受公约确认的一切权利。公约所宣布的权利应予普遍行使，不得基于某些具体理由或其他身份而有任何歧视。该条款显然适用于基于残障的歧视。

---

〔1〕 "残疾人权利委员会"，载联合国条约机构数据库，http：//www.ohchr.org/CH/HRBodies/CRPD/Pages/QuestionsAnswers.aspx，最后访问日期：2016 年 3 月 28 日。

国际人权法禁止残障歧视的着力点主要包括：其一，法律与政策并重。缔约国既需完成不歧视原则的立法转化，即在国内立法中明确禁止基于残障的歧视，同时又应做好政策制定和倡导工作，努力提高公众对残障问题的认识，为消除残障歧视奠定社会心理基础。其二，消极义务与积极义务并重。缔约国有义务在禁止残障歧视的同时积极行动，如构建无障碍环境、针对残障人群实施暂行特别措施等，预防和消除残障歧视的发生；其三，一般保护与特别保护并重。在确保残障者免受歧视的同时，缔约国还应对残障妇女、残障女孩、农村地区残障者等面临的多重歧视问题给予必要关注。

（二）区域性人权公约

1. 美洲。1988 年美洲国家组织通过《美洲人权公约补充议定书》（亦称《圣萨尔瓦多议定书》，Protocol of San Salvador）。该议定书第 6 条、第 9 条和第 13 条分别就残障者享有的工作权、社会保障权、受教育权作出规定；第 18 条专门规定了针对残障者的保护措施。1999 年，美洲国家组织更通过专门的《美洲消除一切形式对残障者歧视公约》，为残障者免受歧视提供广泛的法律保障。

2. 欧洲。2000 年欧盟《就业框架指令》在就业、职业和职业培训等方面为禁止基于残障的歧视提供保障。该指令涵盖公共和私人机构，涉及获得就业的条件、职业指导和培训、就业和工作条件等。它要求成员国禁止基于残障及其他理由的直接歧视、间接歧视、骚扰、报复或下达歧视指令。[1] 2007 年《欧盟运作条约》将消除残障歧视作为欧盟运作的基石之一，该条约第 10 条明确要求欧盟在其政策和活动中消除基于残障等的歧视。

3. 非洲。非洲禁止残障歧视的规定主要见于 1981 年非洲统一组织通过的《非洲人权与民族权利宪章》。该宪章第 18 条第 4 款规定：老年人和残障者有权享有符合其身体和精神需要的特殊保护措施。

---

〔1〕 详见 2014 年《欧洲联盟根据〈公约〉第 35 条提交的〈残疾人权利公约〉执行情况初次报告》（CRPD/C/EU/1）。

二、禁止残障歧视的域外法律制度

（一）美国

1973 年，美国国会通过《康复法案》。《康复法案》第 504 条规定，受联邦财政资助或者由执行机构或美国邮政实施的项目或活动，不得排斥、歧视残障者或者拒绝给予其相应利益。

1990 年，《美国残障者法案》获得通过。该法禁止在职业、公共服务、商业活动、交通运输以及电信服务等诸多方面实施基于残障的歧视。该法第一编要求规模在 15 人以上的用人单位向残障者提供平等机会；第二编要求联邦及各个地方政府部门在其实施的项目、提供的服务以及开展的活动中向残障者提供平等机会；要求所有公共交通服务的提供者不得歧视残障者并得向其提供无障碍服务和设施；第三编要求所有提供公共服务的商业机构和非营利机构、考试机构、私营交通服务机构及商业设施应当遵守基本的非歧视规则，不得排斥、隔离或者不平等地对待残障者；第四编则要求电信服务商应当向有听力和言语障碍的残障者提供跨州和州内的电信中继服务（Telecommunication Relay Service, T. R. S.）。[1]

（二）英国

英国禁止残障歧视的核心立法是 2010 年通过的《平等法》。该法保护残障人群免受直接歧视、间接歧视、骚扰、报复等。按照《平等法》的规定，行使公共职能者、向公众提供商品及设施者或服务者、住房提供者、雇主、教育机构（学校、继续教育和高等教育学院和大学）、协会和公共交通提供者，凡歧视、骚扰或侵害残障者的，属违法行为。[2]

（三）德国

在德国，禁止残障歧视的法律规范主要见于《社会法典》、2002 年《残障者平等机会法》、2006 年《一般平等待遇法》。《社会法典》第一部第 33c 条要求在基于残障请求获得社会权利时，不得将任何人置于不

---

〔1〕 U. S. Department of Justice Civil Rights Division Disability Rights Section, "A Guide to Disability Rights Laws", http：//www. ada. gov/cguide. htm#anchor63109，最后访问日期：2015 年 10 月 28 日。

〔2〕 2011 年《大不列颠及北爱尔兰联合王国根据公约第 35 条提交的〈残疾人权利公约〉执行情况初次报告》（CRPD/GBR/1）。

利处境。《残障者平等机会法》第 1 条声明，该法的目的是消除和扭转残障者的不利处境，确保他们平等参与社会生活。《一般平等待遇法》第 19 条则明确禁止基于残障的歧视。[1]

（四）韩国

韩国《禁止歧视残障者及补救法》禁止就业、教育、商品和服务提供与使用、司法和行政程序与服务、选举权、产假和陪产假的权利、性、家庭和家居、福利机构和健康权利等各个领域基于残障的歧视。任何因该法禁止的歧视行为而受到伤害者可向韩国全国人权委员会提出申诉或起诉。

《残障者特殊教育法》禁止在入学、课堂出勤等教育领域歧视残障者。该法规定，若存在违反规定的不正当歧视，残障学生或其照顾者可向当地政府下设机构特殊教育指导委员会提交复议申请，以寻求救济。《残障者、老年人和孕妇便利促进法》承认残障者享有无障碍使用各类设施和设备的平等权利；《交通弱势群体移动便利增进法》承认残障者在出行方面的平等权利。[2]

（五）澳大利亚

在联邦层面，澳大利亚禁止残障歧视的立法是 1992 年《残障歧视法》。该法规定，在工作和就业、教育、进入场所、货物、服务和设施的提供、膳宿、地产或土地利益的处置、俱乐部和注册协会的会员资格、体育和澳大利亚联邦法律和方案的实施方面基于残障原因的直接和间接歧视皆为非法。《残障歧视法》适用于澳大利亚政府、各州和各地区以及私营部门机构。澳大利亚人权委员会可调查和调解根据该法提出的残障歧视申诉。

在地方层面，1977 年《禁止歧视法》（新南威尔士）；1995 年《平等机会法》（维多利亚）；1991 年《禁止歧视法》（昆士兰）；1984 年《平等机会法》（西澳）；1984 年《平等机会法》（南澳）；1998 年《禁

---

〔1〕 2011 年《德国根据公约第 35 条提交的〈残疾人权利公约〉执行情况初次报告》（CRPD/DEU/1）。

〔2〕 2011 年《大韩民国根据公约第 35 条提交的〈残疾人权利公约〉执行情况初次报告》（CRPD/C/KOR/1）。

止歧视法》（塔斯马尼亚）；1991 年《歧视法》（Discrimination Act 1991）（首都地区）；1998 年《禁止歧视法》（北方领土）等均包含禁止残障歧视的规定。[1]

三、我国禁止残障歧视的法律制度

（一）内地

1. 法律。1990 年《残疾人保障法》在我国首开法律禁止残障歧视的先河，这部法律也是我国禁止残障歧视的主干法律。该法第 3 条第 3 款规定：禁止歧视、侮辱、侵害残疾人。第 34 条第 2 款规定：在职工的招用、聘用、转正、晋级、职称评定、劳动报酬、生活福利、劳动保险等方面，不得歧视残疾人；第 3 款规定：对于国家分配的高等学校、中等专业学校、技工学校的残疾毕业生，有关单位不得因其残疾而拒绝接收；拒绝接收的，当事人可以要求有关部门处理，有关部门应当责令该单位接收。2008 年修订后的《残疾人保障法》继续强化对禁止残障歧视的规制。修订后的第 3 条第 3 款规定：禁止基于残疾的歧视。第 38 条第 2 款则涉及无障碍和合理便利义务。该款规定要求残疾职工所在单位根据残疾职工的特点，提供适当的劳动条件和劳动保护，并根据实际需要对劳动场所、劳动设备和生活设施进行改造。除此以外，修订后的《残疾人保障法》还以专章（第七章）形式就物质环境无障碍和信息（交流）无障碍事宜作出规定。

除《残疾人保障法》外，其他多部法律也分别在各自领域内禁止残障歧视。《就业促进法》《教育法》《高等教育法》等分别禁止在就业、教育领域实施残障歧视；《刑事诉讼法》《治安管理处罚法》等要求在刑事诉讼程序和治安管理中确保听力障碍者、言语障碍者享有的平等做出申辩、陈述的权利；《未成年人保护法》禁止歧视有残障的未成年人；《精神卫生法》则禁止歧视精神障碍患者。

2. 行政法规。在行政法规层面，国务院先后颁布、修订了《残疾人就业条例》《残疾人教育条例》《无障碍环境建设条例》《残疾预防和

---

〔1〕 详见 2010 年《澳大利亚根据公约第 35 条提交的〈残疾人权利公约〉执行情况初次报告》（CRPD/C/AUS/1）。

残疾人康复条例》等，将禁止残障歧视引入各个具体领域。

3. 规章及行政规定。2015年《残疾人航空运输管理办法》第3条规定，残疾人与其他公民一样享有航空旅行的机会，为残疾人提供的航空运输应保障安全、尊重隐私、尊重人格。第7条规定，除另有规定外，承运人不得因残疾人的残疾造成其外表或非自愿的举止可能对机组或其他旅客造成冒犯、烦扰或不便而拒绝运输具备乘机条件的残疾人。

2017年，教育部和中国残疾联合会联合发布的《残疾人参加普通高等学校招生全国统一考试管理规定》就各级招生考试机构保障残障考生平等参加普通高等学校招生全国统一考试做出具体规定。

（二）香港特别行政区

我国香港特别行政区于1995年通过了专门的《残疾歧视条例》。该条例禁止在雇佣、成为职工会、授予资格的团体、会社的成员，或成为合伙人、教育、进入处所、提供货品、服务和设施、住宿、体育活动以及行使政府的权力和执行其职能等领域歧视残障人群。

（三）澳门特别行政区

我国澳门特别行政区禁止残障歧视的法律规定见于1983年通过的《建筑障碍的消除》（第9/83/M号法律）和1999年通过的《预防残疾及使残疾人康复及融入社会之制度》（第33/99/M号法令）。

《建筑障碍的消除》就政府建筑、公共设施、公共建筑、通道、住宅、工厂等应达到的无障碍标准作出规定。《预防残疾及使残疾人康复及融入社会之制度》旨在规定预防残障及使残障者康复及融入社会之政策应遵守的一般制度。该法令第4条规定，残疾人在完全平等之条件下享有法律为其他澳门居民规定之权利，并受法律对其他澳门居民规定之义务拘束，但无能力行使权利或履行义务者除外。第5条第4款规定：应消除对残障之歧视，逐步使所有人均能拥有适当之物质环境、获得社会及医疗服务、接受教育、工作及享受社会文化生活。第13条规定，活动能力及活动方便包括各项措施及技术，使残疾人更具自立能力及更充分参与学校、职业及社会生活，并顾及功能活动、交通工具及物质环境上之障碍等方面。

第八章　健康歧视

[本章主题和课程目标]

本章主要介绍健康歧视的概念、构成要件、表现形式、例外、禁止健康歧视的国际法、国外法、国内法及其实施。通过本章学习，你可以了解健康歧视的界定、表现形式和禁止健康歧视的立法与实践，能准确识别并运用法律有效应对健康歧视。

[案例导入]

2012 年 9 月，阿明通过签订劳动合同的方式入职广州某食品检验类事业单位。2015 年该单位发布了公开招聘事业编制工作人员的通知，阿明为在本单位内获得事业编制进行报名考试。此后，阿明在笔试、面试等环节以总分第一名的成绩入选，但因在体检过程中查出 HIV 阳性而于同年 11 月被通知不予录取。与此同时，因阿明与该单位之前所签订的劳动合同尚未到期，该单位于 12 月对阿明下达了停岗休息的通知。至 2016 年 7 月劳动合同到期，单位通知阿明将不再续签劳动合同。次月，阿明领取了不予续签劳动合同的经济补偿。在被通知停岗休息后，阿明决定通过法律途径维护权利。[1]

请尝试回答以下问题：①你认为食品检验类事业单位招聘事业编制工作人员可以设置什么样的身体健康条件要求？②你认为艾滋病毒携带者可以从事什么样的工作？③你认为在上述案例中单位的做法合法合理吗？

---

〔1〕 杨海、林洁："第一次胜诉"，载《中国青年报》2017 年 6 月 28 日，第 9 版。

第一节 健康歧视的界定

一、健康歧视的概念

健康歧视是"基于健康状况的歧视"的简称。目前，无论国外法或国内法上都还没有对健康歧视的准确定义。"健康状况"有广义和狭义之分。广义的"健康状况"可包括任何生理或心理的健康情况。例如，在《经济、社会、文化权利国际公约》下设的经济、社会、文化权利委员会发布的"第20号一般性意见"中，委员会将"健康状况"解释为"一个人的身体和精神健康情况"。[1] 由于"身体和精神健康情况"涵盖了各种疾病、患病可能性、疾病导致的长期或短期损害情况以及个人的身体、心理特征等，这种广义的定义会将其他一些种类的歧视，如残障歧视、基因歧视等也纳入健康歧视的范畴。狭义的"健康状况"则指排除法律上认可的"残障""基因"等禁止歧视理由之外其他的身体和精神健康情况，主要包括各种疾病和人的身心特征。当然，由于人们对疾病的认识不断发展，对"残障""基因"等禁止歧视事由的法律规定不断进步，这种狭义的"健康状况"定义仍有很大的模糊性。本章主要针对狭义的"健康状况"展开讨论，将"健康歧视"定义为：被法律禁止的，除残障、基因外其他基于一个人的身体或精神健康情况实施的，效果或目的在于对基本权利进行区别、排斥、限制或优待的任何不合理措施。

二、健康歧视的主要构成要件

健康歧视由区别对待、不利后果、因果关系、法律禁止的领域、法律禁止的事由五个要件构成。其中，法律禁止的领域包括工作、教育、医疗、保险、服务等，法律禁止的事由则根据不同的健康状况在各国差

---

〔1〕 OHCHR："General Comment No. 20 – Non-Discrimination in Economic, Social and Cultural Rights（art. 2, para. 2）"，http：//www2. ohchr. org/english/bodies/cescr/comments. htm，last visited Jan 24，2021.

异较大。以上两个要件将在第二节"健康歧视的表现形式"中更加详细地阐述，本节主要分析区别对待、不利后果和因果关系三个主要的构成要件。

（一）区别对待

健康歧视通常发生在基于一个人的身体或精神健康情况而实施区别对待行为时。这里可能存在多种情形。首先，区别对待既可以是明确做出的，也可以是潜在暗示的。例如，单位直接在招聘广告中声明"不招录乙肝病毒携带者"就是一种明确做出的区别对待。相反地，有些单位在招聘广告中仅声明"应聘者需身体健康"，同时又不给出"身体健康"的评判标准。这可能导致具有一些疾病或身心特征的人被默示拒绝。其次，区别对待可以是针对本人的，也可以是针对其亲朋好友的，只要区别对待的原因是一个人的身体或精神健康情况。例如，也许艾滋病毒携带者本人没有受到区别对待，但其子女在申请入学时因此原因而被拒录，则也构成健康歧视。再次，一个人的身体或精神健康情况既可以是当前存在的，也可以是过去或未来存在的。例如，澳大利亚《残障歧视法》中规定，如果身体器官中有导致或可能导致疾病或患病的存在，无论这种存在是现在、过去还是未来可能发生的，对此做出的区别对待都可构成歧视。[1] 最后，一个人的身体或精神健康情况甚至可能是他人臆测而非实际存在的，但只要基于这种臆测而实施了区别对待行为就可能构成歧视。例如，某人没有携带艾滋病毒，但其工作单位因其是同性恋者或吸毒者等原因相信其携带艾滋病毒而将其解聘。这时，只要臆测的携带艾滋病毒情况是实施解聘的唯一理由，即可构成健康歧视。

（二）不利后果

健康歧视的效果或目的在于对基本权利进行不合理的区别、排斥、限制或优待。这里涉及的基本权利主要包括工作权、教育权、健康权

---

〔1〕 Australian Government Attorney‑General's Department："Disability Discrimination Act 1992"，http：//www. comlaw. gov. au/comlaw/management. nsf/lookupindexpagesbyid/IP200401406？OpenDocument，last visited Jan 24, 2021.

等。以工作权为例，区别、排斥、限制或优待可包括拒绝工作申请、从现有岗位解聘、调至较低层次的岗位、强迫在工作中与他人隔离等形式。不合理是指做出区别、排斥、限制或优待缺乏合理的、适当的或合法的理由。如果存在合理的、适当的或合法的理由，则不构成歧视。判断一种理由是否合理、适当或合法通常需要考虑某种身体或精神健康情况本身的传染性和严重性是否与受到的区别、排斥、限制或优待成比例。例如，艾滋病毒主要通过血液、性或母婴传播。由于在日常工作中一般不发生这方面的接触，因此其传染的可能性非常微小。基于这种非常微小的可能而全面剥夺艾滋病毒携带者在公务员、教师等行业的准入资格是不适当的，即为防止感染所采取的手段大大超过了合理的限度，从而构成了歧视。

（三）因果关系

健康歧视的行为与其效果或目的存在因果关系。区别对待行为导致了对基本权利进行不合理的区别、排斥、限制或优待。如果两者之间不存在因果联系，则不构成歧视。例如，在2013年的"航空乙肝歧视第一案"中，乙肝病毒携带者方某到首都航空公司应聘飞行员工作，后因不被录取而状告首都航空公司对其进行了歧视。首都航空公司则称，方某被淘汰是因其笔试及面试综合成绩不合格。由于方某智测成绩离合格分数线30分差两分，另外英语口语表达一般，所以首都航空公司综合评定不予录取。[1] 首部航空公司的这一说法如果与实际情况相符合，即仅因为笔试及面试综合成绩不合格而作出不录取方某的决定，则不构成健康歧视。

三、不构成健康歧视的情形

不构成歧视的情形是指做出区别、排斥、限制或优待具有合理的、适当的或合法的理由。一般发生在以下三种情形：①基于特定工作的内在需要而实施的区别对待；②保护或援助的特别措施；③基于国家安全的区别对待。根据健康歧视的实际情况，较常见的有以下两种不构成健

---

〔1〕 王志胜："航空乙肝歧视第一案开庭"，载人民网，http://edu.people.com.cn/n/2013/0327/c1053-20929265.html，最后访问时间：2021年1月26日。

康歧视的情形。

（一）基于特定工作、教育等的内在需要而对具有特定身体或精神健康情况的人实施的区别对待

这种情形主要发生在特定工作、教育等的内在需要使具有特定身体或精神健康情况的人不能胜任时。例如，特殊警察职业具有高强度性质和巨大的压力，精神病人如果从事很可能引起病发。这种情况下禁止精神病人从事该职业具有一定的合理性。又如，水彩画专业要求对色彩有很高的敏感度，色盲症患者学习这一专业具有天然的困难，因此对其作出不录取决定可能是合理的。当然，判断能否胜任的标准必须有明确的法律依据，或能通过医学检查、能力测验等各种方法证实。仅仅出于主观臆测做出区别对待则可能构成歧视。例如，用人单位因认为携带艾滋病毒的人都身体虚弱不能胜任日常工作而任意开除无症状艾滋病毒携带者即属歧视。

（二）基于国家安全、公共健康、公共秩序或公共利益等而对具有特定身体或精神健康情况的人实施的区别对待

这种情形主要发生在具有特定身体或精神健康情况的人可能对国家安全、公共健康、公共秩序或公共利益等带来一定威胁时，尤其是传染病患者或病毒、病原携带者可能造成切实的感染风险时。例如，荷兰健康、福利和体育部发布的《残障或慢性疾病平等待遇法律规则》文件中提到，乙肝病毒携带者不适合从事临床医生工作。由于临床医生工作中存在真实的血液暴露风险，容易在手术中造成感染，因此禁止乙肝病毒携带者从事该职业不构成歧视。[1] 但因国家安全、公共健康、公共秩序或公共利益做出的区别对待须以必要为限，不能任意超越合理范围。例如，2003 年《普通高等学校招生体检工作指导意见》第二项中规定，乙肝病毒携带者在学前教育、航海技术、飞行技术、面点工艺、西餐工艺、烹饪与营养、烹饪工艺、食品科学与工程等 8 个专业领域内

---

〔1〕 Ministry of Health, Welfare and Sport: 'Disability or chronic illness? Legal regulation of equal treatment', http://english. minvws. nl/en/folders/zzoude _ directies/dgb/2005/disability - or - chronic-illness-legal-regulation-of-equal-treatment. asp, last visited Jan 24, 2021.

不能录取。由于乙肝病毒并不通过消化系统传播，对面点工艺、西餐工艺、烹饪与营养、烹饪工艺、食品科学与工程等专业的录取设置专门障碍是没有必要的，构成了歧视。所幸，这一问题得到了主管部门的重视。2010 年，教育部办公厅和卫生部办公厅又联合发布了《关于普通高等学校招生学生入学身体检查取消乙肝项目检测有关问题的通知》，取消了对乙肝病毒携带者不能录取到上述 8 个专业的不合理限制。

第二节　健康歧视的表现形式

健康歧视广泛发生在工作、教育、医疗、保险、服务及其他领域，其表现形式多种多样。国际上有关健康歧视的案例很多，尤其是关于携带艾滋病毒、患有精神疾病、慢性疾病等引发的歧视案件屡见不鲜。我国自 2003 年"乙肝歧视第一案"发生后，基于一个人的身体或精神健康情况而对其进行歧视的案件时有发生。其中，根据《人民日报》《中国青年报》、新华网等权威媒体的不完全报道，目前至少已有这样一些典型案件：2003 年"乙肝歧视第一案"、2009 年"抑郁症歧视第一案"、2009 年"色盲症歧视第一案"、2010 年"艾滋歧视第一案"、2011 年"丙肝歧视第一案"、2011 年"肺结核歧视第一案"、2011 年"白细胞歧视第一案"、2012 年"脊髓空洞症歧视第一案"、2015 年"罕见病教育歧视第一案"等。另外，还有一些虽未起诉到法院，但也已被上述媒体曝光的典型事例，包括：2007 年糖尿病学生被勒令退学、2012 年公务员录用体检妇科项目惹争议、2013 年白癜风患者游泳被拒等。此外，严重传染病的大爆发时期，如 2002 年的非典型性肺炎疫情期间和 2020 年的新型冠状肺炎疫情期间，与之相伴的歧视问题也成了社会关注的焦点问题。

根据上述典型案件和事例，在我国健康歧视主要包括以下几种：①对传染病患者或病毒、病原携带者的歧视，如乙肝、艾滋、丙肝、肺结核、非典、新冠歧视等；②对慢性病患者的歧视，如色盲症、脊髓空洞症、罕见病、糖尿病、白癜风歧视等；③对精神病患者的歧视，如抑郁症歧视等；④对具有特定身心特征的人的歧视，如白细胞、女性生理特征歧视等。这4种歧视影响中国超过1亿人口的平等权利，已成为社会关注的焦点问题之一。[1]

一、就业领域的健康歧视

工作领域的健康歧视主要包括就业和职业阶段的健康歧视。在就业阶段，人们可能会被要求进行不必要的体检，在体检过程中遭到隐私权的侵犯，并因体检结果显示的身体或精神健康情况而被拒绝工作申请。这种体检通常称为"入职体检"。一般，除了公务员、事业单位等招聘过程中的体检有相应的法律规定，其他大部分职业的入职体检没有法律规定。有时，用人单位可能会设置十分不合理的体检标准，并将其视为"用工自主权"的一部分。例如，江苏某企业在招聘企业管理人员时明确规定：身体不健康，包括乙肝、淋病、梅毒病人等传染病感染史者均不考虑。这就要求体检项目囊括乙肝、淋病、梅毒等，甚至包括了解其过往病史。[2] 有时，甚至法律规定的体检项目也可能会超出必要范围，造成健康歧视。例如，《河南省国家公务员录用体检实施细则（试行）》一共规定了36种疾病为不合格，其中有些疾病是《公务员录用体检通用标准（试行）》中没有规定的，比如二度龋齿、重度鼻炎、肺不张、声带麻痹、红绿色盲、严重口吃及麻风病、遗尿症、妇科严重痛经等。此外，如果某个人的身体或精神健康情况显而易见或招聘单位对其身体或精神健康情况进行自行臆测，则可能无须经过体检就被拒绝录用。

在职业阶段，人们仍可能因身体或精神健康情况而被强制进行不必要的体检，并在体检过程中隐私权遭到侵犯。这一类体检一般称为"福

---

〔1〕 中国约有9300万乙肝病毒携带者，100万艾滋病毒携带者，1000万丙肝病毒携带者。卫生部："卫生部介绍近十年来中国医疗卫生事业发展状况"，载中央人民政府网，http://www.gov.cn/govweb/wszb/zhibo544/content_2298565.htm，最后访问时间：2021年1月26日。

〔2〕 刘杨："就业中的健康歧视研究报告"，载蔡定剑主编：《中国就业歧视现状及反歧视对策》，中国社会科学出版社2007年版，第112页。

利体检"。"福利体检"虽然看起来是单位提供的自愿享受的福利，但有时具有强制性质。和"入职体检"相比，"福利体检"受到的法律规制更少，更容易被用人单位滥用。例如，2010 年人力资源和社会保障部、教育部、卫生部联合颁布了《关于进一步规范入学和就业体检项目维护乙肝表面抗原携带者入学和就业权利的通知》。该通知提到就业体检中只能检测肝功能而不能随意检测乙肝标志物，但对福利体检没有规定。现实中，用人单位任意体检的情况泛滥。在了解员工的身体或精神健康情况后，用人单位可能会根据某种情况的传染性和严重性等因素，将员工从现有岗位解聘或开除，或迫使员工辞职，或将员工调至其他较低或无关的岗位，或强迫员工在工作中与他人隔离等。这些行为都应构成健康歧视。其中，将员工调至其他岗位的形式有时十分隐蔽。在单位没有声明调职理由时，很难证明其背后动机是健康歧视。例如，2012年，白云国际会议中心前公共区域服务主管王某向广州市人社局投诉，自己被原单位安排体检查出乙肝两对半后逐渐被"边缘化"，一度被安排去打扫卫生、洗沙发。而人社局调查后则认定不构成歧视。[1] 2020年，新冠肺炎疫情发生后，针对曾患新冠肺炎的治愈者，单位非法辞退、解除劳动关系的情况也屡有发生。例如，湖北的一位姚女士刚被治愈出院就接到所在公司通知：因其确诊过新冠肺炎，公司决定与其解除劳动合同。该事件被官方媒体点名批评。[2]

二、教育领域的健康歧视

教育领域的健康歧视可发生在教育的整个过程中。最常见的是在招生过程中拒绝录取具有特定身体或精神健康情况的人。由于我国义务教育国策的实施，这一问题在中小学义务教育阶段发生较少，而主要出现在学前教育、高等教育、成人教育、职业教育等阶段。以乙肝病毒携带者为例，在学前教育中，由于担心儿童自我控制能力差而在日常活动中

---

〔1〕 刘冉冉："员工查出乙肝被调去洗厕所，人社局认定无歧视"，载腾讯网，https://news.qq.com/a/20120612/000197.htm，最后访问时间：2021 年 1 月 26 日。

〔2〕 与归："歧视新冠肺炎治愈者，也是一种心理病"，载《新京报》2020 年 3 月 6 日，第 A02 版。

打闹引起血液暴露风险，许多携带乙肝病毒的幼儿无法进入幼儿园；在高等教育中，尽管《普通高等学校招生体检工作指导意见》等文件已取消了对乙肝病毒携带者报考普通高校一般专业的普遍限制，[1] 但仍有大量学校在招生简章中明确规定拒绝录取乙肝病毒携带者；在成人教育中，目前还缺乏对研究生阶段招生体检的明确法律规定，因此各校在是否录取乙肝病毒携带者方面态度随意；在职业教育阶段，技工学校等招生体检也缺乏明确法律规定，拒绝录取乙肝病毒携带者的现象时有发生。[2]

此外，在学生被录取之后，教育机构如果通过体检或其他方式发现学生具有特定身体或精神健康情况，也可能会强迫学生退学，或暂时或永久休学，或强迫学生在学习、生活中与他人隔离。强迫学生退学、暂时或永久休学很多发生在传染病或慢性病的情形。例如，将患有糖尿病的学生勒令退学，或要求乙肝病毒携带者休学治疗直到恢复健康为止。然而，由于这些疾病大多是长期存在且无法完全治愈的，这样做就完全断绝了这些学生重返校园的希望。强迫学生在学习、生活中与他人隔离多发生在传染病或病毒、病原携带者的情形。例如，2015 年，天津师范大学学生吴某怡因体检查出乙肝大三阳被学校强制隔离住宿。她因倍感歧视而烧炭自杀。[3]

三、医疗领域的健康歧视

医疗领域的健康歧视主要发生在对具有特定身体或精神健康情况的人拒绝治疗，或增加额外的医疗条件，或进行不必要的体检，或在医疗过程中非法泄露病人的隐私等。拒绝治疗是最常见的歧视方式。例如，

---

〔1〕　2010 年发布的《教育部办公厅 卫生部办公厅关于普通高等学校招生学生入学身体检查取消乙肝项目检测有关问题的通知》（教学厅〔2010〕2 号）已取消《普通高等学校招生体检工作指导意见》（教学〔2003〕3 号）第 2 项中相关内容，即"乙型肝炎表面抗原携带者不能录取的专业：学前教育、航海技术、飞行技术等。专科专业：面点工艺、西餐工艺、烹饪与营养、烹饪工艺、食品科学与工程等"。

〔2〕　北京大学法学院人权与人道法研究中心、联合国开发计划署、中国国际经济技术交流中心：《反对歧视艾滋病病毒感染者/病人与乙肝病原携带者/病人调研报告》，联合国开发计划署 2011 年版，第 26~33 页。

〔3〕　吴非："患乙肝女生自杀"，载《新京报》2015 年 5 月 1 日，第 A02 版。

许多艾滋病毒携带者在就诊时有过被拒诊的经历。为了获得医疗机会，有些人就会选择隐瞒艾滋病毒携带情况，这反过来增加了医疗过程中发生暴露感染的风险。增加额外的医疗条件可包括要求患者进行非必要的额外检查或强迫患者为使用单独的医疗器械而额外付费等。这一方面是出于对某些传染病的不必要的恐惧，另一方面也是由于医院单纯追求经济效益而忽视了社会效益。此外，在各类体检过程中，医院往往也为了经济利益而擅自扩大体检项目，甚至在明知违法的情况下和用人单位等勾结起来进行违法体检，并随意泄露体检结果等个人的隐私信息。[1]

四、保险领域的健康歧视

保险领域的健康歧视主要表现在商业保险中对具有特定身体或精神健康情况的人拒保、拒绝赔付，或设定不必要的高额保险费用。例如，在各类人身、人寿保险中，很多情况下都将患艾滋病（或携带艾滋病毒）、高血压、心脏病、糖尿病等排除在保险范围之外。如果个人具有上述情况而在签订保险合同时披露了这一信息，一般会被拒保。如果个人当时没有披露这一信息或尚未发生患病情况，而在保险理赔时披露这一信息或发生患病情况，则可能被拒绝赔付。此外，即使有的保险允许具有特定身体或精神健康情况的人投保，也可能为这些人专门设定非常高额的保费，使保险失去了意义。[2] 2008 年，艾滋病毒携带者李某曾因保险卡中有关被保险人"患艾滋病或感染艾滋病毒期间"保险公司，责任免除的条款起诉保险公司要求删除相应条款，但最终法院没有支持其诉讼请求。[3] 2010 年，美国《患者保护与平价医疗法案》中明确规

---

〔1〕 北京大学法学院人权与人道法研究中心，联合国开发计划署，中国国际经济技术交流中心：《反对歧视艾滋病病毒感染者/病人与乙肝病原携带者/病人调研报告》，联合国开发计划署 2011 年版，第 33～42 页。

〔2〕 北京大学法学院人权与人道法研究中心，联合国开发计划署，中国国际经济技术交流中心：《反对歧视艾滋病病毒感染者/病人与乙肝病原携带者/病人调研报告》，联合国开发计划署 2011 年版，第 33～42 页。

〔3〕 储皖中、施怀基："昆明艾滋病人诉保险公司歧视案一审败诉"，载中国法院网，https：//www.chinacourt.org/index.php/article/detail/2009/07/id/365854.shtml，最后访问时间：2021 年 1 月 26 日。

定，禁止保险公司拒绝已经患有疾病的申请人。[1] 然而，这项法案在奥马巴总统离任后不断受到质疑，该条款的适用效力也受到影响。

五、服务领域的健康歧视

服务领域的健康歧视在最近几年受到关注。其范围十分广泛，尤其包括各种公共或私人设施与服务等。这里仅举两个典型案例。2010 年，一位白癜风患者在青岛国信钻石游泳馆办理了游泳卡，但因患白癜风被游泳馆拒绝服务，要求其退卡。[2] 2014 年，艾滋病毒携带者陈某等三人购买了春秋航空公司的机票，因主动披露了艾滋病毒携带的情况而被拒绝乘机。陈某等将春秋航空公司诉至法院。[3] 由于在服务领域很少有关于禁止健康歧视的法律规定，未来这方面的健康歧视问题可能会更为严重。

第三节　禁止健康歧视的立法与实践

一、禁止健康歧视的国际法

在国际法上，许多人权条约将"健康状况"作为独立的禁止歧视理由，反对健康歧视。这些条约大多没有直接使用术语"健康状况"，而是使用更一般化和含义更模糊的术语"其他身份"，并将"健康状况"解释为包含在"其他身份"中来禁止歧视。

例如，1966 年《经济、社会、文化权利国际公约》第 2 条声称："本公约缔约各国承担保证，本公约所宣布的权利应予普遍行使，而不得有例如种族、肤色、性别、语言、宗教、政治或其他见解、国籍或社

---

〔1〕 Congress. gov: 'H. R. 3590 - Patient Protection and Affordable Care Act', https://www. congress. gov/bill/111th-congress/house-bill/3590/, last visited Jan 24, 2021.

〔2〕 郭新举："女子患白癜风遭歧视，去游泳馆游泳遭拒绝"，载新浪网，http://news. sina. com. cn/o/2010-09-02/024318053504s. shtml，最后访问时间：2021 年 1 月 26 日。

〔3〕 洪雪："春秋航空拒三名艾滋感染者乘机遭诉，法院已立案"，载人民网，http://energy. people. com. cn/n/2014/0815/c71661-25474770. html，最后访问时间：2021 年 1 月 26 日。

会出身、财产、出生或其他身份等任何区分"。该公约实施机构——经济、社会、文化权利委员会就本条发布了"第 20 号一般性意见"，指出："歧视的性质依环境和时间的变化而不同。因此，需要灵活对待'其他身份'这一理由，以便将那些不能合理、客观地说明道理、但可与第 2 条第 2 款明确承认的理由进行比较的其他形式的差别待遇也考虑进去。在这些额外理由反映了社会中曾遭受并仍在遭受边缘化的脆弱群体的经历的情况下，它们一般是得到承认的。委员会的一般性意见和结论性意见承认了各种其他理由，下面更详细地说明了这些理由……健康状况。"在该一般性意见中，一些特定身体或精神健康情况已被作为"健康状况"的例子强调，包括患艾滋病或携带艾滋病毒，患精神病、麻风病、生殖道瘘等。当然，这些例子并不是受上述公约反歧视条款保护的所有"健康状况"的详尽清单。[1]

在实践中，该一般性意见尽管不完全明确是否有正式的法律约束力，但至少是对上述公约反歧视条款的有说服力的官方解释。作为《经济、社会、文化权利国际公约》的缔约国之一，我国签署并批准了该公约，因而有义务遵照公约要求反对健康歧视。目前我国每隔数年向经济、社会、文化权利委员会提交关于权利落实情况的报告，但其中对健康歧视问题的专门关注还很少，有待进一步加强。

2018 年，残疾人权利委员会发布了《残疾人权利公约》"关于平等和不歧视"的"第 6 号一般性意见"，其中较为明确地谈到"可能的歧视理由"包括"健康状况"和"遗传或其他疾病倾向"。其原文为："防止'基于一切理由的歧视'意味着必须考虑到所有可能的歧视理由及其交叉情况。可能的理由包括但不限于：残疾、健康状况、遗传或其他疾病倾向、种族、肤色、血统、性别、怀孕和生产情况、婚姻状况、家庭状况或职业状况、社会性别表达、性别、语言、宗教、政治或其他观点、民族、族裔、土著或社会出身、移民、难民或庇护状况、是否属

---

[1] OHCHR: 'General Comment No. 20 - Non-Discrimination in Economic, Social and Cultural Rights (art. 2, para. 2) ', http: //www2. ohchr. org/english/bodies/cescr/comments. htm, last visited Jan 24, 2021.

于少数民族、经济或财产状况、出生及年龄，或与其中任何理由相关的任何理由或特征的组合。"[1]

由于我国批准了《残疾人权利公约》，该一般性意见也是遵守公约义务所应参考的内容。不过，该一般性意见并没有对"健康状况"和"遗传或其他疾病倾向"作进一步的解释。"健康状况"和"遗传或其他疾病倾向"分别适用于哪些具体情形尚不清楚，它们与"残障"的区别也不明晰。此外，该一般性意见并没有指出上述"可能的歧视理由"可以更广泛地适用于其他人权文件，所以其适用范围应当限于《残疾人权利公约》所规定的事项。

二、禁止健康歧视的国外法

在国外法上，禁止健康歧视主要通过两种法律路径。第一种路径是将"健康状况"包含在"残障"的定义中，利用处理残障歧视的法律制度来反对健康歧视。第二种路径是将"健康状况"作为独立的禁止歧视理由，利用专门法律制度来禁止健康歧视。以下国外立法与实践中，英国采取第一种路径，荷兰采取第二种路径。

（一）英国

2010 年通过的英国《平等法》在反对健康歧视中起到主要作用。2010 年《平等法》第 6 条、第 15 条和计划第 1 项集中阐述了"残障歧视"的定义。例如，第 15 条第 1 款将"残障歧视"规定为以下两种主要形式："①因为某人的残障而对他实施不利对待；并且②该种不利对待不是达到某种合法目的的适当手段。"这里提出的术语"残障"的含义可被概括如下：某人具有某种身体或精神上的损害，并且这种损害对某人进行普通日常活动的能力构成实质性的长期的不利影响。[2]

与之前的 1995 年通过的《残障歧视法》相比，2010 年《平等法》中的"残障"定义删掉了关于"普通日常活动能力"的一份详细清单。

---

〔1〕　OHCHR：'General Comment No. 6（2018）on Equality and Non‐Discrimination', https：//tbinternet. ohchr. org/_ layouts/15/treatybodyexternal/Download. aspx? symbolno = CRPD% 2fC%2fGC%2f6&Lang=zh, last visited Jan 24, 2021.

〔2〕　Legislation. gov. uk：'Equality Act 2010', http：//www. legislation. gov. uk/ukpga/2010/ 15/contents, last visited Jan 24, 2021.

在 1995 年《残障歧视法》中，普通日常活动能力包含以下一些例子：行走，双手灵巧，有协调能力，有自制力，有能力提举搬运，有能力说、听、看，能够学习集中注意力或理解事物，能够理解风险或身体的危险。删掉这一清单可能有利于人们申请法院认定自己的状况为"残障"。然而，在"J 女士诉 DLA Piper 律师事务所案"（J v. DLA Piper）中，精神健康问题能否被列入"残障"的定义还是引起了争议。在此案中，J 女士在招聘中向未来雇主透露了自己的精神病史，之后她的工作机会被取消。她把争议提交就业法庭。就业法庭认为她的精神健康问题不构成"对普通日常活动能力的实质影响"。她上诉后，就业上诉法庭推翻了原法庭的决定，认为精神健康也可构成"对普通日常活动能力的实质影响"。但上诉法庭没有提出明确的认定标准，只是要求综合考虑病例的实际情况来进行判断。[1] 因此，删掉"普通日常活动能力"的清单并未从根本上澄清哪些健康状况可被认定为"残障"。

此外，2010 年《平等法》的计划第 1 项对第 6 条使用的"残障"定义作出了进一步的解释，特别说明一些健康状况可被直接认定为"残障"。这些健康状况包括癌症、感染艾滋病毒和多发性硬化症。根据英国平等和人权委员会的特别说明，计划第 1 项的作用，是"直接认定癌症、感染艾滋病毒和多发性硬化症等症状为残障，使具有这些状况的人不用证明他们的普通日常活动受到了长期实质性的不利影响即可享有权利"。[2] 因此，患有癌症、感染艾滋病毒和多发性硬化症的人可以在该条款下直接便利地得到保护。然而，对具有其他健康状况的人而言，证明自己的健康状况可被归入"残障"仍然存在许多困难。例如，在 2010 年的"Patel 诉 Oldham Metropolitan Borough 理事会案"（Patel v. Oldham Metropolitan Borough Council）中，教师 Patel 女士因患病被学校解雇。她最初患有脊髓炎，在不到 12 个月时间内，脊髓炎转化为肌筋

〔1〕 C. Casserley and C. Gooding: "Disability and the Equality Act 2010", presentation in the conference 'Equality Act-One Year On' in Simmons & Simmons LLP, UK, Oct 17, 2011.

〔2〕 J. Wadham, A. Robinson, D. Ruebain, and S. Uppal: *Blackstone's Guide to the Equality Act* 2010, *Oxford University Press*, 2010, p. 20.

膜痛综合征。她向法院起诉后，在一审中因为脊髓炎症状不到 12 个月而被拒绝认定为"残障"，而在上诉中得到法官支持被认定为构成了"长期"损害而属于"残障"。[1] 在本案中，一审法院和上诉法院显然对如何将某种健康状况归纳为"残障"采纳了不同的标准。

因此，在英国法上，具有特定身体或精神健康情况的人可以通过将其健康情况归类为"残障"获得保护。然而，尽管当前立法已删掉了一些对"残障"定义的具体要求且将一些健康情况直接纳入"残障"，现有的案例仍显示了在实践中适用这一方法的困难。

（二）荷兰

2003 年通过的荷兰《残障或慢性疾病平等待遇法》是反对健康歧视的主要法律依据。由于"慢性疾病"属于"健康状况"的一种，该法可直接适用于禁止健康歧视。尽管该法最初只适用于工作、职业与专业教育和公共交通领域，但在制订之初就被预期未来能在住房、教育、提供商品和服务等领域适用。《残障或慢性疾病平等待遇法》中未包含任何"慢性疾病"的定义。这一关键定义的缺失令人惊奇，因为这将导致难以确定谁被该法保护。有学者解释称，荷兰平等待遇委员会感到没有必要且不便于在该法中提供定义。[2] 尽管这一说法有一定合理性，但无法完全解释"慢性疾病"定义的完全缺失。

荷兰健康、福利和体育部在实施《残障或慢性疾病平等待遇法》中澄清了"慢性疾病"的定义。尽管其解释不具有严格的法律约束力，但对理解该法有所帮助。例如，在一项"针对慢性疾病患者的政策"（The Netherlands' Policy for the Chronically Ill）中，"慢性疾病"被定义为"包括长期或经常发作的健康问题的疾病"。该定义包含慢性阻塞性肺病、关节炎、糖尿病、帕金森氏症、多发性硬化症、牛皮癣、囊性纤

---

〔1〕　C. Casserley and C. Gooding："Disability and the Equality Act 2010", presentation in the conference 'Equality Act-One Year On' in Simmons & Simmons LLP, UK, Oct 17, 2011.

〔2〕　Dutch Equal Treatment Commission："Equal Treatment on the Grounds of Disability or Chronic Illness Act", http：//www. cgb. nl/artikel/equal-treatment-disability-and-chronic-illness-act, last visited Jan 24, 2021.

维化、哮喘、克罗恩氏病、乳糜泄、偏头痛和溃疡性结肠炎。[1] 目前仍不清楚除了上述政策所列举的健康状况，其他诸如患艾滋病或携带艾滋病毒等，能否包括在"慢性疾病"的定义中。

《残障或慢性疾病平等待遇法》中有一个条款将一些健康状况排除在该法的保护之外。该法第 3 条指出："对歧视的禁止不适用于歧视对保护健康和安全是必要的情形。"这一条款将一些威胁公共健康和安全的健康状况排除在该法的适用之外。然而，没有进一步解释在何种情形下区别对待对保护健康和安全是必要的。

其他荷兰立法也规定了禁止健康歧视。例如，《医学检查法》原则上禁止在遴选程序中的医学检查，比如在工作面试中不得询问有关个人健康的问题。只有在决定申请者能否不危害他或她个人健康和安全从事工作时，才能允许医学检查。而且只有当申请者是唯一剩下的候选人且被事先告知检查程序时，才能允许医学检查。[2]

因此，在荷兰法中，健康歧视被普遍禁止。除了法律规定的排除情形，患慢性疾病的人受《残障或慢性疾病平等待遇法》保护。他们也受到其他限制裁量权任意行使的法律保护。当然，实践中仍须对"慢性疾病"的定义和法律规定的排除情形作进一步细化规定。

（三）禁止健康歧视的两种路径比较

在国外立法与实践中，英国法将"健康状况"包含在"残障"的定义中，利用处理残障歧视的法律制度来反对健康歧视；而荷兰法将"健康状况"作为独立的禁止歧视理由，利用专门法律制度来反对健康歧视。比较上述两种路径，第二种路径看来更具体，为具有特定身体或精神健康情况的人提供了更多保护。这种路径也是国际法中许多人权条约所采取的。

---

〔1〕 Ministry of Health, Welfare and Sport："The Netherlands' policy for the chronically ill", http：//english. minvws. nl/en/folders/zzoude_directies/gzb/the_netherlands_policy_for_the_chronically_ill. asp, last visited Jan 24, 2021.

〔2〕 Ministry of Health, Welfare and Sport： "The Medical Examinations Act", http：// english. minvws. nl/en/folders/zzoude_directies/dgb/the _medical _examinations _act. asp, last visited Jan 24, 2021.

　　然而，上述两种路径都有一个共同问题，即难以对"残障"或"慢性疾病"等提供准确的定义或术语解释。尽管相关反歧视立法、案例法和负责实施反歧视立法的机构已做出努力澄清这些术语的含义，其定义或多或少还是含糊的。一方面，这种含糊给实践中的适用带来许多困难；另一方面，含糊的定义也可能是有益的，因为可以通过解释定义保护更多具有特定身体或精神健康情况的人免受歧视。

　　这种含糊也显示在利用上述两种路径反对健康歧视时可能不存在实质区别。无论采取何种路径，其主要任务是一致的，即将尽可能多的健康情况纳入禁止歧视的范畴。因此，无论中国借鉴哪种路径反对健康歧视都有可行性。对中国来说，可能更重要的是发展更好的普遍反歧视法律制度，扩展现有反歧视法中禁止歧视的理由，使更多健康情况纳入禁止歧视的范畴。

三、我国禁止健康歧视的立法与实践

（一）禁止健康歧视的国内立法

　　目前，我国已有一些直接或间接反对健康歧视的国内立法。这些立法的层次不一，领域不同，涉及的健康情况多种多样。下面对这些立法中一些有代表性的规定进行列举和分析。

　　1. 禁止健康歧视的宪法相关规定。我国《宪法》中没有反对健康歧视的直接规定，而在第 33 条中提出了普遍的平等和人权保障要求。《宪法》第 33 条第 2、3 款规定："中华人民共和国公民在法律面前一律平等。国家尊重和保障人权。"该条款在许多健康歧视案件中被引用。例如，在"乙肝歧视第一案"中，原告张某著在起诉书中声称被告安徽省芜湖市人事局违反了该条款，对他进行歧视。不过，法院判决往往依据直接相关的法律法规而不是该条款作出。[1]

　　2. 禁止健康歧视的法律相关规定。现行的《传染病防治法》第 16 条规定："……任何单位和个人不得歧视传染病病人、病原携带者和疑似传染病病人。传染病病人、病原携带者和疑似传染病病人，在治愈前

---

〔1〕　周伟等：《中国的劳动就业歧视：法律与现实》，法律出版社 2006 年版，第 326～385 页。

或者在排除传染病嫌疑前，不得从事法律、行政法规和国务院卫生行政部门规定禁止从事的易使该传染病扩散的工作。"该条款前半部分明确要求不得歧视传染病病人、病原携带者和疑似传染病病人。同时，该条款后半部分对其适用加以限制，一是要在上述人"治愈或者排除传染病嫌疑"后，二是不得从事上述法律法规规定"禁止从事的易使该传染病扩散的工作"。这一限制是基于国家安全、公共健康、公共秩序或公共利益等对健康歧视作出的例外规定。但由于目前缺乏对"禁止从事的易使该传染病扩散的工作"的权威解释，这一限制的范围有多大仍不清楚。

2020 年 10 月，国家卫生健康委发布了《传染病防治法》（修订草案征求意见稿）（以下简称《征求意见稿》）。其中，上述第 16 条规定有所修改，主要内容变更为《征求意见稿》第 14 条和第 34 条第 2、3款。其中，《征求意见稿》第 14 条主要规定了传染病患者、病原携带者和疑似患者的不受歧视权利、隐私保护权利和依法维权权利。"国家和社会应当关心、帮助传染病患者、病原携带者和疑似患者，使其及时得到救治。任何单位和个人不得歧视传染病患者、病原携带者和疑似患者，不得泄露涉及个人隐私的相关信息。相关人民政府、卫生健康及其他部门、疾病预防控制机构和医疗机构等实施的行政管理和预防、控制措施，侵犯单位和个人合法权益的，有关单位和个人可以依法申请行政复议或者提起诉讼。"而第 34 条第 2、3 款则主要规定了传染病患者、病原携带者和疑似传染病患者的不从事容易传播疾病工作义务和不故意传播疾病义务。"传染病患者、病原携带者和疑似传染病患者，应当如实提供相关信息，在治愈前或者在排除传染病嫌疑前，不得从事法律、行政法规和国务院卫生健康主管部门规定禁止从事的易使该传染病扩散的工作。传染病患者、病原携带者和疑似传染病患者，不得以任何方式故意传播疾病。"[1]

---

〔1〕 国家卫生健康委："国家卫生健康委关于《中华人民共和国传染病防治法》（修订草案征求意见稿）公开征求意见的通知"，载国家卫生健康委员会网，http：//www.nhc.gov.cn/fzs/s3577/202010/330ecbd72c3940408c3e5a49e8651343.shtml，最后访问时间：2021 年 1 月 26 日。

《征求意见稿》的规定比上述第 16 条更进一步，尤其对国家和社会对传染病患者、病原携带者和疑似患者的不歧视义务增加了隐私保护要求和侵权可诉制约，能够更有效地促使传染病患者、病原携带者和疑似患者的不受歧视权利实现。同时，也期待《征求意见稿》能够继续完善，在将来正式出台新的《传染病防治法》时，对"法律、行政法规和国务院卫生健康主管部门规定禁止从事的易使该传染病扩散的工作"作出更细致的解释，以免过分限制传染病患者、病原携带者和疑似患者应有的工作权利。

《精神卫生法》第 5 条规定："全社会应当尊重、理解、关爱精神障碍患者。任何组织或者个人不得歧视、侮辱、虐待精神障碍患者，不得非法限制精神障碍患者的人身自由。新闻报道和文学艺术作品等不得含有歧视、侮辱精神障碍患者的内容。"第 78 条进一步规定："违反本法规定，有下列情形之一，给精神障碍患者或者其他公民造成人身、财产或者其他损害的，依法承担赔偿责任：……③歧视、侮辱、虐待精神障碍患者，侵害患者的人格尊严、人身安全的；……"这里，前一条款对不歧视精神障碍患者提出了具体要求，包括不侮辱、虐待，不非法限制人身自由，不通过新闻、文学等方式表达歧视。后一条款则明确了歧视精神障碍患者的后果，即应对造成的人身、财产或者其他损害予以赔偿。实践中后一条款尤其重要，是精神障碍患者受歧视侵害后提出索赔请求的直接法律依据。

《就业促进法》第 30 条规定："用人单位招用人员，不得以是传染病病原携带者为由拒绝录用。但是，经医学鉴定传染病病原携带者在治愈前或者排除传染嫌疑前，不得从事法律、行政法规和国务院卫生行政部门规定禁止从事的易使传染病扩散的工作。"该条款前半部分进一步明确了在就业招工中传染病病原携带不能成为拒绝录用的理由，使就业过程中的健康歧视受到法律专门规制。不过该条款后半部分与《传染病防治法》相似，对反健康歧视的适用范围加以限制。在限制范围不明确的情况下，用人单位仍有可能以该条款为由任意拒绝传染病病原携带者。

3. 禁止健康歧视的行政法规相关规定。《艾滋病防治条例》第 3 条规定："任何单位和个人不得歧视艾滋病病毒感染者、艾滋病病人及其家属。艾滋病病毒感染者、艾滋病病人及其家属享有的婚姻、就业、就医、入学等合法权益受法律保护。"该条款专门保护艾滋病病毒感染者、艾滋病病人及其家属的婚姻、就业、就医、入学等权利。主要进步之处有二：一是把禁止歧视的适用人群扩展到感染者和病人本人之外，只要是因为患艾滋病或感染艾滋病毒引起的歧视，其家属也受法律保护；二是指明了重点所涉权利，包括婚姻、就业、就医、入学等。

4. 禁止健康歧视的部委规章相关规定。《就业服务与就业管理规定》第 19 条规定："用人单位招用人员，不得以是传染病病原携带者为由拒绝录用。但是，经医学鉴定传染病病原携带者在治愈前或者排除传染嫌疑前，不得从事法律、行政法规和国务院卫生行政部门规定禁止从事的易使传染病扩散的工作。用人单位招用人员，除国家法律、行政法规和国务院卫生行政部门规定禁止乙肝病原携带者从事的工作外，不得强行将乙肝病毒血清学指标作为体检标准。"该条款前半部分与《就业促进法》第 30 条规定一致，后半部分特别增加了对乙肝病原携带者就业权的保护，禁止非法的乙肝标志物检测。该规定还进一步明确了违反该条款的法律后果。第 68 条规定："用人单位违反本规定第 19 条第 2 款规定，在国家法律、行政法规和国务院卫生行政部门规定禁止乙肝病原携带者从事的工作岗位以外招用人员时，将乙肝病毒血清学指标作为体检标准的，由劳动保障行政部门责令改正，并可处以 1000 元以下的罚款；对当事人造成损害的，应当承担赔偿责任。"用人单位如果违法进行乙肝标志物检测，则不仅要对当事人承担损害赔偿责任，还要受到罚款处罚。不过，实践中许多案例表明，该罚款设置的标准较低，用人单位违法体检屡禁不止。此外，由于缺乏对医疗机构协助用人单位违法体检的责任追究，医疗机构出于经济利益，有时也会铤而走险，与用人单位勾结进行违法体检。这方面的制约机制有待加强。[1]

5. 禁止健康歧视的部门规范性文件相关规定。2010 年发布的《人力资源和社会保障部、教育部、卫生部关于进一步规范入学和就业体检项目维护乙肝表面抗原携带者入学和就业权利的通知》就进一步维护乙肝表面抗原携带者公平入学、就业权利提出 4 点要求，主要内容如下：一是进一步明确取消入学、就业体检中的乙肝检测项目。除卫生部核准并予以公布的特殊职业外，教育机构、用人单位在公民入学、就业体检中，不得要求开展乙肝项目检测，不得要求提供乙肝项目检测报告，也不得询问是否为乙肝表面抗原携带者。医疗卫生机构不得在入学、就业体检中提供乙肝项目检测服务。二是进一步维护乙肝表面抗原携带者入学、就业权利，保护乙肝表面抗原携带者隐私权。教育机构不得以学生携带乙肝表面抗原为理由拒绝招收或要求退学。除卫生部核准并予以公布的特殊职业外，健康体检非因受检者要求不得检测乙肝项目，用人单位不得以劳动者携带乙肝表面抗原为由予以拒绝招（聘）用或辞退、解聘。三是进一步加强监督管理，加大执法检查力度。教育机构、用人单位、医疗卫生机构等违反本通知规定、实施各种违法行为的，可给予相应行政处分和行政处罚。四是加强乙肝防治知识和维护乙肝表面抗原携带者合法权益的法律、法规、规章的宣传教育。

上述通知较全面地取消了入学、就业体检中的乙肝检测项目，明确规定了各类机构违法检测、侵权或履行职责不力的法律后果。之后，三部委 2011 年又通过《人力资源和社会保障部、教育部、卫生部关于切实贯彻就业体检中乙肝项目检测规定的通知》，进一步细化了相关规则。此后，乙肝表面抗原携带者平等就业权和受教育权的维护很大程度上依赖于这些规定的实施，现实中胜诉案件也有所增加。[2] 当然，这些规定仍然存在一些不足，例如对违法行为的责任追究仍显不足；此外，这

---

〔1〕 北京益仁平中心："乙肝携带者就业歧视的形成与矫正——基于十个城市访谈的分析报告"，载新浪网，http://news.sina.com.cn/s/2009-12-30/202216857154s.shtml，最后访问时间：2021 年 1 月 26 日。

〔2〕 周伟："从身高到基因：中国反歧视的法律发展"，载刘小楠主编：《反就业歧视的理论与实践》，法律出版社 2012 年版，第 3~34 页。

些规定的适用范围较为有限，没有涉及入学、就业以外的健康歧视行为，没有覆盖乙肝表面抗原携带者以外的健康歧视受害者。

总体上，我国已有一些直接或间接反对健康歧视的国内立法，为保护具有特定身体或精神健康情况的人免受歧视提供了法律依据。然而，这些立法也存在一些问题。在中央层面，反对健康歧视的相关规定散见于宪法、法律、行政法规、部门规章、部门规范性文件等，碎片化现象较严重。截至目前，这些规定中涉及最多的是就业领域，其次是教育领域。受保护的健康歧视受害者主要是传染病病人和病原携带者，尤其是乙肝病毒或艾滋病毒携带者。对其他的歧视领域和其他种类的健康歧视受害者立法关注不足。这些规定本身的形式和内容也有一些缺憾，例如概念较为含糊、规定之间存在相互冲突、适用范围不够明确、规定程度不够细致、责任追究不够到位等。未来，需要进一步完善反对健康歧视的立法，加强其法律效力。

（二）禁止健康歧视的国内实践

1. 反对健康歧视的行政手段。政府部门具体负责实施上述直接或间接反对健康歧视的国内立法。由于我国没有一个专门实施人权保护或反对歧视的国家机构，每项具体立法都由相对应的政府部门负责实施。因此，实践中也是卫生部门、劳动部门和教育部门主要参与。尽管这些部门在维护乙肝表面抗原携带者入学和就业权利方面有过联合行动，其大部分情形下还是单独行事，仅就自己管理范围内的事项负责。这有时会造成职责的重叠或缺失，需要一个部门间协调机构来更好地分配职责、协调行动。

根据上述立法的要求，政府部门需要经常检查反对健康歧视立法的实施情况，对歧视行为进行责任追究，支持歧视受害者的索赔请求，加强反歧视法律知识的宣传教育。在法律实施情况检查中，政府部门做了一些调查，但是很少公布调查的详细结果。例如，2010 年人力资源和社会保障部开展了"维护乙肝病毒携带者权益政策落实情况"的专项检查，却由于未公开发表检查报告，因此无法让民众了解和监督。[1]在追究歧视行为责任中，政府部门一般只有接到举报时才行动，处理违法歧视行为也不够严厉。在支持歧视受害者的损害赔偿请求中，政府部门通常很少主动支持受害者的个人索赔请求，多在行使部门的行政处罚权时经受害者要求附带提及个人的损害赔偿问题。在加强法律宣传教育中，政府部门在打击虚假医疗广告方面的努力也有待加强，以免加深民众对各种疾病尤其是传染病的广泛误解和不必要的恐惧。[2]

2. 反对健康歧视的司法手段。自 2003 年"乙肝歧视第一案"之后，法院正式开始受理健康歧视案件。最初几年间，由于缺乏直接的法律依据，各地法院的案件受理标准不一，审判过程和结果也千差万别。总体上，在 2010 年以前，健康歧视案件的受理率不是很高，胜诉率也较低。即使获得胜诉，受害者得到的赔偿额也较少。2010 年之后，随着反健康歧视立法的进步，案件受理率大大提高，更多案件获得胜诉。尤其是涉及乙肝表面抗原携带者入学和就业权利的案件，只要证据确凿，一般都能胜诉。在胜诉案件中，受害者获得的赔偿额也有所提高。例如，2010 年李某因携带乙肝病毒在求职中被可耐福石膏板（天津）有限公司拒录，经诉讼后获得赔偿 6 万元，是当年所有就业歧视案中赔偿额最高的。[3] 2018 年，四川内江疑似艾滋病感染者谢某诉某公司劳动争议案在内江市中级人民法院主持下进行了调解，原被告双方达成调解协议：双方现场签署了一份为期两年的劳动合同，被告内江某公司支付原告谢某 63 万元人民币作为补发此前的工资（两倍计算）。加上此前劳动仲裁委裁决被告支付的工资，调解协议总价值逾 17 万元。这可

〔1〕 陕西省人力资源和社会保障厅："关于转发人力资源和社会保障部《关于开展维护乙肝病毒携带者权益政策落实情况专项检查的通知》的通知"，载陕西省人力资源和社会保障厅网，http://www.shaanxirss.gov.cn/Html/2010-8-4/162557.html，最后访问时间：2021 年 1 月 26 日。

〔2〕 天下公："医疗机构发布乙肝网络广告情况调查报告"，载腾讯网，https://news.qq.com/a/20111115/000451.htm，最后访问时间：2021 年 1 月 26 日。

〔3〕 蓝方："乙肝歧视获赔 6 万，为今年就业歧视案最高赔偿额"，载财新网，http://china.caixin.com/2010-12-24/100210613.html，最后访问时间：2021 年 1 月 26 日。

能是迄今为止赔偿最高的健康歧视案件。[1]

2018 年 12 月 12 日，最高人民法院发布了《关于增加民事案件案由的通知》（法〔2018〕344 号），其中规定：在《民事案件案由规定》第一部分"人格权纠纷"的第三级案由"一般人格权纠纷"项下，增加一类第四级案由"平等就业权纠纷"。该通知自 2019 年 1 月 1 日起施行，对反歧视案件具有重大意义，是我国首次专门针对就业歧视发布的案由，为就业歧视类案件的顺利起诉铺平了道路。此前，在各类就业领域的健康歧视案件中，受害者多以"劳动纠纷""行政诉讼"等方式提起诉讼，或以民事诉讼中的"一般人格权纠纷"为由起诉。但是，劳动纠纷需要走调解程序，时间较长，行政诉讼的整体胜诉率较低；而以"一般人格权"提起民事诉讼则需要受害者能够证明"一般人格权"切实受到了损害，许多受害者由于不能完全满足这一条件而不能把案件成功提交法院。因此，这一新的案由发布，对就业领域的健康歧视案件顺利起诉非常有利。例如，2019 年 10 月，遭遇贵州茅台酱香酒营销公司拒录的刘某就以侵犯"平等就业权"为案由，向贵州仁怀市法院递交了起诉状，法院当场立案并出具了案件受理通知书。[2] 当然，如果这一案由能够进一步扩展到健康歧视广泛存在的教育、医疗、保险、服务等其他领域，将会更全面地保障各类健康歧视受害者到法院寻求司法救济的权利。

然而，尽管取得了不少进步，法院在处理健康歧视诉讼中仍然存在许多问题。2011 年，据非政府组织调查，健康就业歧视案件的主要障碍有 6 个方面：①立案难——法院找不到合适的案由或干脆与劳动争议案件混同；②举证难——举证责任分配不合理，原告举证责任过重；③胜诉难——由举证责任过重和适用法律不明确导致的结果；④赔偿低——不支持或仅少量支持精神损害抚慰金；⑤成本高——案件审理时

[1] 王彬："消除对艾滋病人的歧视依然任重道远"，载《中国青年报》2018 年 5 月 23 日，第 2 版。

[2] 罗晓兰、王毅璇："被茅台子公司拒录的 HIV 感染者"，载新浪网，http://finance.sina.com.cn/china/2019-10-28/doc-iicezzrr5452479.shtml，最后访问时间：2021 年 1 月 26 日。

间长、花费大；⑥缺乏司法解释——对立法如何适用缺乏解释。[1] 在2018年12月最高人民法院增加新的平等就业权纠纷的案由之后，上述障碍中的"立案难"问题在很大程度上得到解决，然而其他的一些障碍诸如"举证难""成本高"等目前仍然广泛存在。

另外，除了法律规定较明确的乙肝表面抗原携带者入学和就业权利案件外，其他种类和领域的健康歧视案件获得胜诉和赔偿的困难仍然较大。例如，虽然2010年我国就发生了首例艾滋病毒感染者就业歧视案，但直到2016年，这类案件才首次获得法院胜诉判决。[2] 还有很多类型的健康歧视至今尚无胜诉案件或者无法成功获得起诉机会，例如，非典歧视、精神分裂症歧视等。因此，通过诉讼推动健康反歧视的道路仍然漫长，人们共同期待未来法院在禁止健康歧视方面能够发挥更加积极的作用。

［练习和思考题］

1. 健康歧视的概念和构成要件是什么？

2. 国际法如何反对健康歧视？国外法反对健康歧视的两种主要路径是什么？

3. 国内法如何反对健康歧视？目前已取得哪些成效？还存在哪些不足？

［延伸阅读］

1. 蔡定剑主编：《中国就业歧视现状及反歧视对策》，中国社会科学出版社2007年版。

2. 刘小楠主编：《反就业歧视的理论与实践》，法律出版社2012年版。

3. 周伟等：《中国的劳动就业歧视：法律与现实》，法律出版社2006年版。

---

〔1〕 陆军："反就业歧视诉讼之困"，载刘小楠主编：《反就业歧视的策略与方法》，法律出版社2011年版，第231~236页。

〔2〕 于子茹："国内首例艾滋病就业歧视案诉的启示"，载新华网，http://www.xinhuanet.com/politics/2016-05/13/c_128979915.htm，最后访问时间：2021年1月26日。

4. 李子瑾：《应对基于健康状况的歧视：理论、经验和挑战》，法律出版社 2019 年版。

5. 经济、社会、文化权利委员会关于"经济、社会和文化权利方面不歧视"的第 20 号一般性意见（2009 年）。

6. 残疾人权利委员会关于"平等和不歧视"的第 6 号一般性意见（2018 年）。

第九章　年龄歧视

[本章主题和课程目标]

本章主要介绍年龄歧视的概念与构成、产生的原因、年龄歧视在不同领域的表现形式以及消除年龄歧视的国内外立法与司法实践。通过本章的学习，你能更好地判断年龄歧视，并思考应如何完善禁止年龄歧视的法律制度。

[案例导入]

1. 请结合直接年龄歧视与间接年龄歧视的定义，判断以下情况是否构成年龄歧视？

（1）一位 58 岁员工被告知因为业务重组，将其调离现任岗位。而事实上，公司雇用一个 30 岁年轻人担任相同职责。

（2）某公司因财政问题重新与雇员签订合同，更改后的合同条款使老员工受到不利影响或待遇。

2. 某应聘者看到一家公司招聘广告没有年龄限制，遂打电话应聘相关职位。应聘单位的答复是，即使应聘人有一定的社会经验，有一定的社会关系，也能拉来一定的项目，但是年龄超过 40 岁就不予考虑。结合该案例，试分析就业歧视中年龄因素的重要性以及年龄歧视对就业者产生的不利影响。

第一节　年龄歧视的界定

一、年龄歧视的概念

年龄歧视通常是指个人因年龄因素而受到不合理或不公正的对待。与年龄歧视相对应的英语单词是 age discrimination 或 ageism，其最早起源于衰老与老龄化之探讨，由美国学者罗伯特·巴特勒（Robert N. Butler）提出。1969 年罗伯特·巴特勒用 ageism 一词来表述对老年人抱有不公正评价的意识形态。他将 ageism 界定为一种因为年老而受到的歧视或者系统性刻板印象，并指出对老年人的歧视不再将老年人看作独立个人，而是将他们看作一类社会群体。

年龄歧视中的年龄具有广泛的外延，虽然主要指老年人或中高龄者，但也不仅局限于这一类人。年轻人也可能基于年龄的刻板印象，例如经验不足、不可靠、抗压能力差等受到不公正对待。因此，只要将年龄作为代表一类人的特质或象征而予以差别对待，无视个人实际的素质与能力，就可能构成年龄歧视。可以说，年龄歧视脱胎于老龄歧视并已经逾越了老龄界限，扩大到所有以年龄为基准的歧视行为。[1] 这种不分性别、种族、国籍的歧视类型的影响范围是长期的、广泛的，可能伴随一个人的成长而无所不在。

二、年龄歧视的类型与构成

年龄歧视表现出的是代际关系的不协调、社会的不平等、大龄或低龄群体社会价值被贬低、社会地位随之下降。年龄歧视多发生在工作机会、人事晋升、项目申请、利益分配等方面。作为一种社会态度与社会现象，年龄歧视不利于大龄和低龄人员的生活和社会权益的保障。[2]

（一）年龄歧视的类型

年龄歧视主要有直接年龄歧视和间接年龄歧视两种类型。直接年龄

---

〔1〕　赵则："消除就业年龄歧视研究——以歧视认定的法律介入为重心"，中国政法大学 2011 年硕士学位论文。

〔2〕　黄利会、李丽云："反年龄歧视的社会工作"，载《社会工作》2013 年第 2 期。

歧视是指在法律规定或实践中，基于年龄而给予个体差别待遇。譬如，公司招录员工时，如果要求年龄在 40 岁以上者必须通过一项测验才能被雇用，但对 40 岁以下者无此要求，那么公司的行为就属于直接年龄歧视。再如，遇到公司裁员，大多数被裁员的员工年龄都超过 40 岁，而年纪较轻的员工即使资历或工作经验较少也没有被裁员，那么公司的行为亦构成直接年龄歧视。再如，单位无故将年龄较大、临近退休的职员调离岗位，而换由年轻职员承担相同的工作也属于直接年龄歧视。[1]

间接年龄歧视是指某种措施、条件或要求在表面和形式上中立且公平，但实际的结果却会对特定的年龄群体（中高龄人群或低龄群体）带来不利，影响这类人的就业或其他机会。尽管可能是非故意的，但仍然构成年龄歧视。譬如，雇主招录劳动者时要求求职者不得有老花眼，如果雇主不能证明此项要求是为了保障该项工作的顺利执行，则雇主"不得有老花眼"的规定属于年龄歧视。其原因在于，老花眼一般是高龄者才有的症状，因而这项要求显然影响到了这些求职者的就业机会。[2]再如，在岗位招聘时，规定必须有特定年限的工作经验，此种规定将没有工作经验或不满足工作年限的年轻人排除在外亦属于年龄歧视。

此外，有些国家如法国，立法还将"骚扰的歧视"列入年龄歧视范围，即如果用人单位对中高龄者实施了使之感到屈辱、敌意、尊严损害、被无理对待等语言攻击或其他行为，则也属于一种年龄歧视。[3]

（二）年龄歧视的构成

在实践中，个人往往因设定的年龄限制受到不同的待遇，但是年龄限制本身并不一定必然构成年龄歧视。

年龄限制是最经常与年龄歧视牵绊并混淆的概念。就性质而言，年

---

〔1〕　What is age discrimination，http：//humanresources. about. com/od/discrimination/f/age. htm（last vistied October 5，2020）.

〔2〕　郑津津："建立年龄歧视法制以保障中高龄者就业权利之研究"，载《政大劳动学报》2002 年第 12 期。

〔3〕　陶建国、高丽燕："法国禁止就业年龄歧视之对策及权利救济"，载《保定学院学报》2013 年第 6 期。

龄限制是一个客观描述性的中性词汇，是指以年龄作为区分和界限的行为或者状态，因客观描述以年龄为区分标准的准入规则而不具有歧视性。而年龄歧视的范围要小于年龄限制，特指基于年龄限制而使个人受到不公平或不合理待遇的、为法律所禁止的行为。年龄限制与年龄歧视具有密切的联系，二者既有相同之处，又存在本质上的差别。年龄限制和年龄歧视与个人的连接点都是年龄，但该连接点的设置是否合理、是否导致个人受到不公平待遇是区分二者的"分界线"。年龄限制由于不包含价值判断，所以既包括合理的限制，也包括不合理的限制；而年龄歧视则是年龄被当作不合理的区别对待的事由。因而，判断构成年龄歧视的核心在于是否因年龄不同受到不合理待遇，从而侵犯了主体享有的平等权利。平等权作为宪法性规范，它的具体内涵应当是"相同情况相同对待和不同情况差别对待"。它要求在没有合适的理由前提下，不能有不合理的差别待遇。是否遵守"同等情况相同对待和不同情况差别对待"与"禁止歧视"都要通过审查"差别待遇是否合理"来确认。基于此，不合理的年龄限制则构成年龄歧视。

具体到就业领域，在判断认定是否构成年龄歧视时，需要根据特定、具体岗位需求来分析措施、条件的合理性。如果设定工作经验的条件或与年龄有关的条件是对特定岗位的合理要求，则不构成歧视。例如，出于公共安全的考虑，对飞行员规定退休年龄，这种特定岗位的强制退休属于不构成年龄歧视的情形。而如果对岗位设置工作经验年限的下限或上限要求，仅仅实质上排除了年龄较小或较大的求职者的应聘，那就并非是合理要求，而构成直接或间接年龄歧视。因此，岗位需求的内在合理性是判定是否构成年龄歧视的基本要素。而实践中，合理性是带有主观因素的标准，对合理性的判定标准应当采用手段与目的的"比例原则"（proportionate）：一是区别待遇是有客观而合理的合法目的的，包括合法的就业政策、劳动力市场以及职业培训目标；二是实现目的的手段是妥当而必要的。

三、年龄歧视产生的原因

年龄歧视性观念广泛存在于所有社会，而不仅仅局限于某一社会或种族群体。有研究表明目前年龄歧视甚至比性别歧视和种族歧视更为普遍，这对老年人和整个社会都有着严重的影响。[1] 年龄歧视的产生既有社会原因、经济原因，也有法律制度原因。其中，反映劳动力市场外部环境状况的社会原因是客观原因，出于经济因素的考量是主观原因，法律制度的不健全则是直接原因。

（一）社会外部环境和观念影响

随着社会的进步与发展，人们的价值观念发生了变化，社会越来越注重个人对社会的经济贡献，崇尚年轻有为和创新能力；传播媒体也在强化年轻人在社会中的主导力量。一方面，"歧老"文化成为相对稳定的、占主导地位的社会价值观，并为社会群体所接受。老年人的价值不再被重视，在选择就业中失去核心竞争力，被排斥在外。而达到退休年龄的老年人更难返回工作岗位，即使有工作能力和经验也无法施展。另一方面，青少年儿童则被普遍视为弱势群体，不具备完整的世界观和价值观，思想亦不成熟，缺乏独立完成社会活动的能力，更多的是处于被保护状态。有鉴于此，整个社会系统中，老年群体和青少年群体在社会活动中处于弱势地位，影响力呈现微弱态势，参与权与决策权受到限制甚至被剥夺，在政治、社会、经济等各层面缺乏法律的保护，以致这些群体即使受到年龄歧视也常常投诉无门。

根据当前的全球化和劳动力市场发展趋势，世界经济的发展日益转向依赖高科技、高新技术和新知识。合适大龄或高龄劳动者的就业岗位数量呈现下降趋势，并且适合大龄劳动者就业的传统行业的就业岗位也不断缩减，从而在一定程度上造成大龄劳动者在就业上呈现弱势和遭遇困境。这意味着大龄或高龄劳动者亟需职业培训以提高其就业能力。同时，世界各国相继进入或面临老龄化社会，中老年人人口所占比例越来越多，相应造成这类人在劳动力市场的就业竞争加剧。

此外，社会对年长者存在一些刻板印象。譬如，相比年轻人身体状况较差、学习能力不足、思想意识保守、创新意识不足、难以听从领导

---

〔1〕"关于年龄歧视的常见问答"，载世界卫生组织网，https：//www.who.int/ageing/features/faq-ageism/zh/，最后访问时间：2021 年 2 月 3 日。

安排等偏见，也属于妨碍大龄群体就业的社会外部因素。社会上根深蒂固的年龄歧视性观点会通过在老年人中宣扬有关社会隔离、体能和认知衰退的陈旧观念，减少老年人的身体活动并加重其经济负担等途径而实现自我应验。[1]

（二）经济效益因素

用人单位受经济因素主导，对经济效益最大化追求是就业年龄歧视产生的主观原因。在求职者个体生产率的信息严重缺失的情况下，用人单位作出雇用决策时根本无法从利润目标出发去进行成本收益的精确比较，往往只能单方面考虑雇用某个求职者的成本。特别是，在劳动力市场供大于求时，用人单位往往优先选择年轻力壮的求职者——大龄求职者的生产效率相比年轻人较低，则会导致雇用成本提高。而在企业不景气的时候，也往往会裁掉一些工资高的年长者，以此减少劳动成本。此外，有些大龄求职者到用人单位后已接近退休年龄，干不了多长时间就将退休，能为用人单位服务所剩时间不多。这样为其支付的养老保险、医疗保险较之年轻者则会更多，成本也随之增加。

（三）制度与政策原因

不完善的法律制度、专门的消除就业歧视立法滞后，致使用人单位雇用劳动者的自主权无限扩大，是导致就业年龄歧视普遍化、严重化的根本原因。从法律制度来看，迄今为止，我国尚未出台明确禁止就业年龄歧视的法律规范。我国《劳动法》第12条规定，劳动者就业不因民族、种族、性别、宗教信仰不同而受歧视。其立法意图是反对就业歧视，但所列举的禁止就业歧视类型中却把年龄歧视排除在外。2007年3月全国人大常委会发布《〈就业促进法（草案）〉征求意见稿》，其中的第5条第2款在原有法律禁止就业歧视种类的基础上，增加了年龄歧视规定：劳动者就业不因民族、种族、性别、宗教信仰、年龄、身体残疾等因素而受歧视。然而，2007年8月全国人大常委会通过并公布的正式《就业促进法》中，该条款中的"年龄"一词却不见踪影，改为

---

[1] Angus J, Reeve P, "Ageism: a Threat to 'Aging Well' in the 21st Century", (2006) *Journal of Applied Gerontology*, vol. 25 (2), pp. 137~140.

规定"劳动者就业不因民族、种族、性别、宗教信仰等不同而受到歧视"。禁止就业年龄歧视方面的法律缺失，导致我国各类企业甚至国家机关、事业单位在年龄歧视上成为一种常态，带来一系列负面效应。学者通过实证调查发现，在就业实践中，年满 35 岁以上公民求职的机会很少，到 40 岁以上则更难。就业市场中对劳动者依年龄条件进行差别的对待，尤其是 35 岁以下的要求，既不具备岗位职责和劳动能力要求的相关性，也与用人单位实现其从事生产经营活动的目的无直接联系。这些不合理的差别对待已经构成法律上的就业歧视。[1]

第二节　年龄歧视的表现形式

就业领域的年龄歧视现象普遍存在于世界各个国家。现实中，个人因年龄因素受到不公平或不合理的待遇体现在就业、教育、服务、医疗等诸多领域。这不仅需要引起国家与社会的广泛关注，并且有必要通过制度构建的方式，将年龄歧视的危害降至最低。在中国，无论是国家公务员招录，还是事业单位、国有企业、私有企业及外资企业的招聘，将最大年龄限制作为招聘条件之一已经成为常态，从而导致中年人、老年人因年龄因素被劳动就业市场拒之门外，无法享受实质平等的就业权。对此，我国学者指出，"年龄歧视是就业中最常见、最普遍、危害群体最大的歧视类型"。[2]

一、就业领域的年龄歧视

就业领域的年龄歧视是指在就业和职业中，用人单位通过施加不合理的年龄上限或下限条件，对不符合年龄条件的个体和群体给予不同的待遇与机会的行为。劳动就业中的年龄歧视意味着单位雇用劳动者时，

---

〔1〕　周伟："我国就业中年龄歧视的实证研究——以 1995~2005 年上海和成都两市 30 万份招聘广告为例"，载《政法论丛》2007 年第 3 期。

〔2〕　周伟："我国就业中年龄歧视的实证研究——以 1995~2005 年上海和成都两市 30 万份招聘广告为例"，载《政法论丛》2007 年第 3 期。

不是以劳动能力和资质作为衡量标准，而是以年龄作为录用的前提条件。就业中的年龄歧视范畴既包括就业招聘过程中的歧视，也包括劳动过程中的职业待遇、晋升、解雇、退休等各个方面受到的歧视。这种基于年龄标准给予不合理的待遇，既是对劳动者平等就业权的侵害，同时又在一定程度上剥夺了弱者的劳动和生存机会，对于社会和雇主而言也会导致人才的浪费或流失。就业领域的年龄歧视不但可能破坏劳动就业市场的公平竞争环境，更可能导致部分年龄阶段人群的就业陷入困境。特别是在老龄化的背景下，就业领域中对中老年群体的歧视，将连锁性地引发社会上更大规模的年龄歧视，不仅侵犯中老年群体的平等就业权利，同时也造成社会的不稳定并阻碍经济发展。

（一）就业年龄歧视的具体表征

劳动者就业过程中的年龄歧视问题主要表现为：

1. 招录过程中的年龄歧视。招录中的年龄歧视通常表现为在符合用人单位聘用的实质条件的情况下，甚至具有比其他求职者更高的能力，仅仅因为年龄原因而被拒绝录用而失去平等就业机会。

2. 岗位分配中的年龄歧视。比如，某些劳动者即使能力突出、经验丰富，但因年龄过大被一些职业排斥或限制，或者被排挤到职责较低、不受重视的岗位。

3. 晋升中的年龄歧视。晋升中的年龄歧视表现为对于某些行业或职位，劳动者在到达一定年龄上限后，很难再有机会升职，直接对劳动者的职业生涯和生活保障带来负面影响。

4. 培训方面的年龄歧视。经济发展日新月异，对劳动者的要求也越来越高，劳动者必须接受培训和学习，以提高自身工作能力，掌握前沿的劳动技能。但是用人单位考虑到年长者因年龄、知识结构、家庭的影响，往往把这些学习的机会给予年轻者，这实际上限制了中老年群体的职业上升和进步空间。

5. 报酬的年龄歧视。报酬的年龄歧视是指年龄因素的限制使中老年劳动者的工资福利相对较低，或者这类群体为了入职应聘成功而不得不降低自己的福利待遇的期望与诉求。

6. 退休年龄歧视。将达到退休年龄人员排除在劳动法律关系或劳动法律的适用范围之外，是对此类人员的一种不利待遇或歧视。[1]

7. 欺负与骚扰。在工作场所因年龄受到欺负或骚扰也构成年龄歧视。例如有意忽视或孤立高龄就业者和即将退休的职工。[2]

（二）不构成就业年龄歧视的情形

如果单纯将与工作性质、内容和要求不相关的年龄因素作为劳动者就业的限制条件，将构成年龄歧视。那么，如果就业中的年龄限制基于特殊工作本身的要求，则作出有所区别的合理对待不构成年龄歧视。各国对不构成就业年龄歧视的规定大致有以下几种情形。[3]

1. 真实的职业条件。所谓真实，即不虚假，指确确实实需要这样的年龄条件，不是出于顾客的要求，也不是出于雇主的个人喜好，更不是出于行事的方便。例如，为了劳动者自身安全，不招收年龄低于18岁的未成年人从事井下作业；为了顾客的安全，不允许55岁以上的人继续担任飞行员。这些都是可以允许的，不属于就业年龄歧视。

2. 特殊岗位或职业的强制退休。在一些国家，对劳动者退休年龄没有强制要求，个人可以自由决定何时退休；但是对于公司的管理层而言，法律允许在劳动者达到一定的上限年龄后，企业有权决定要求其退休。这主要是考虑到公司管理层的决定性作用，防止因年龄问题妨碍公司作出重大决策，进而影响整个企业的运营。另有出于对劳动者安全的考虑，也是对公众安全的负责，规定消防员、法警等特殊职业类型必须55岁退休，亦不构成年龄歧视。

3. 个人自愿的提前退休。企业在裁员时可以与职工达成协议，以支付一定数额的补偿金为条件先行辞退年长者。这种企业基于个人意愿

---

〔1〕　谢增毅："退休年龄与劳动法的适用——兼论'退休'的法律意义"，载《比较法研究》2013年第3期。

〔2〕　Australian Human Rights Commission, "Age discrimination – exposing the hidden barrier for mature age workers", 2010, https://www.humanrights.gov.au/our-work/age-discrimination/publications/age-discrimination-exposing-hidden-barrier-mature-age (last visited October 5, 2020).

〔3〕　骆正言："论年龄歧视和合理差别——兼谈年龄歧视例外的立法建议"，载《云南大学学报（法学版）》2012年第3期。

而作出的退休决定不构成年龄歧视。

4. 真实的工龄制度。这种制度将工龄作为录用、辞退、退休、转岗和退休金等政策的关键考虑因素，对工龄不同的人给予不同待遇。虽然工龄长短与年龄大小有相当的关系，但是因为工龄与工作能力、对企业的贡献成比例关系，依据工龄不同给予不同对待或待遇存在合理性。

5. 其他合理要素。如果不是因为年龄因素考虑，而是因其工作怠惰这一理由对劳动者实施解雇，不属于年龄歧视。

二、教育领域的年龄歧视

教育领域的年龄歧视主要体现为以年龄限制为条件，拒绝虽具有相应水平但年龄幼小的孩子的入学或升学机会，或拒绝年纪大的成年人获得平等教育机会（特别是高等教育）。由于我国《宪法》保障公民受教育的权利，因而，年龄不应该成为公民接受教育的阻碍因素，公民在任何适格年龄段都应当享有受教育的权利。

特别在高等教育领域，我国多年来一直存在年龄歧视情况，直到近年来才逐步通过教育改革进行了纠正。教育部于 2001 年实施高考招生制度改革新举措，取消考生"未婚、年龄不超过 25 岁"的限制，切实保障公民受教育的平等权利，其意义十分深远。2013 年，教育部下发《2014 年全国硕士学位研究生招生工作管理规定》，取消了硕士研究生报考者"年龄一般不超过 40 周岁"的规定。[1] 2014 年，教育部又下发《2014 年招收攻读博士学位研究生工作管理办法》，取消了"报考国家计划内博士生考生的年龄应不超过 45 周岁"的规定。[2] 这些教育领域一系列法规的颁行，确保公民在受教育平等权上不再因年龄受到歧视，从而保障公民在接受教育上有了更多的选择，真正将高等教育纳入了国家终身教育体系。

三、服务领域的年龄歧视

服务领域的年龄歧视本质上是一种"消费力歧视"，主要是指经营

---

[1] "2014 年全国硕士学位研究生招生工作管理规定"，载新浪网，http：//edu. sina. com. cn/kaoyan/2013-09-12/1035394906. shtml，最后访问时间：2020 年 10 月 5 日。

[2] "2014 年招收攻读博士学位研究生工作管理办法"，载人民网，http：//edu. people. com. cn/n/2014/0414/c1053-24894151. html，最后访问时间：2020 年 10 月 5 日。

者或商家在经营和促销活动中设置年龄限制，给予一定年龄段群体带有歧视性的要求或限制，拒绝为年长者或青少年群体提供服务或设定额外附加条件。

老年人在获得服务和商品，包括健康保险、旅游、抵押和贷款等方面面临不平等。这在许多情况下应被视为歧视性做法，而大多数国家的政策制定者很少关注这一领域的不平等。

在保险行业，一些保险公司明确对产品实行年龄限制。其经常对超过一定年龄的客户提供有限的保险，并对年龄较大的客户收取额外费用，有时甚至是禁止的附加费用。

在旅游行业，虽然我国 2009 年《旅行社条例实施细则》第 33 条第 2 款明确禁止年龄歧视，规定同一旅游团队中，旅行社不得由于旅游者存在年龄或者职业上的差异，提出与其他旅游者不同的合同事项。然而现实中，老年人组成的"夕阳红"团队或学生夏令营被一些旅游景区列为"不受欢迎"的团队等现象屡见不鲜。甚至，"85 后"人群也被划进了旅行社"限行、加价"的黑名单，主要原因是，旅行社认为他们习惯网购，在旅游目的地购买力较低。[1]

金融服务业常常将老年人拒之门外。许多国家的银行限制年龄较大的个人（通常在 65 岁或 70 岁以上）获得长期贷款和抵押贷款。这些限制措施限制了老年人享受收入保障和获得基本服务和体面住房的能力。[2] 在我国，"申办信用卡有年龄的高压线"。根据媒体对广州 12 家银行调查发现，其中半数以上都有明确的年龄限制，1 家要求在 70 岁以下，6 家要求在 65 岁以下，4 家要求在 60 岁以下。也有银行看似未对老年人申办信用卡设立门槛，却在暗地里设置了诸多关卡。有银行工作人员坦言："年龄基本上是条高压线，不管资质如何，年龄超限就比

---

〔1〕 "年龄歧视屡禁不止，85 后参团被列入黑名单"，载中新网，http：//www. chinanews. com/sh/2012/07-17/4037585. shtml，最后访问时间：2020 年 10 月 5 日。

〔2〕 UNDESA, Economic Inequalities in Old Age, https：//www. un. org/development/desa/ageing/wp-content/uploads/sites/24/2016/08/Briefing-Paper_Economic-Inequalities_Final. pdf（last visited October 5, 2020）.

较困难。"[1] 此外，老年人在生病治疗的筛选程序、信息交流以及治疗方面可能受到不平等对待。例如，因担心药物潜在副作用及治疗潜在风险而忽视对老年人的治疗或者因担心疾病的潜在风险而对老年人进行过度诊断、过度治疗等情况亦屡见不鲜。

值得一提的是，在数字与数据日趋覆盖大众生活的智能化时代，老年人面临的"数字鸿沟"成为日益突出的社会问题。由于许多老年人不会上网、不会使用智能手机，网络支付、网约车、医院挂号等智能化方式实质上将众多老年人排除在享受这些服务便利之外。这种情况在2020年新冠肺炎疫情的防控措施中被放大。由于超市、公交、银行、市场等所有场所几乎都需要提供健康码，因此一些老人因为没有健康码或不懂如何使用健康码而被拒之门外，乃至寸步难行。

总体而言，在消费者权益越来越受到重视和尊重的今天，成熟理性的商家不应该使用那些带有歧视性质（包括年龄歧视）的促销手段；相反地，应针对不同的消费群体采取不同的营销策略，通过细分化的、有针对性的营销活动刺激潜在的消费群体。与此同时，政府也应当聚焦老年人日常生活涉及的高频事项，做实做细为老年人服务的各项工作，增进包括老年人在内的全体人民福祉，让老年人在信息化发展中有更多获得感、幸福感和安全感。[2]

第三节　禁止年龄歧视的立法与实践

禁止年龄歧视亟需从立法、司法以及社会结构等多重层面进行改进与调整，通过解决系统性歧视问题取得实质性年龄平等，确保所有年龄的人在同等竞争条件下享有真正的平等，使每个人在社会上享有平等的

---

[1]　"申办信用卡老人频被拒，年龄成为办卡高压线"，载人民网，http：//finance. people. com. cn/bank/n/2012/1107/c202331-19517222. html，最后访问时间：2020 年 10 月 5 日。
[2]　参见《国务院办公厅印发关于切实解决老年人运用智能技术困难实施方案的通知》，国办发〔2020〕45 号。

机会、待遇与成果。本节主要从就业年龄歧视的角度，阐述禁止就业年龄歧视的国际立法、国外立法和中国的立法状况。

一、禁止年龄歧视的国际法

当前，国际社会没有形成专门保护老年人权利的国际协议或国际立法。1948 年《世界人权宣言》在有限范围内提及老年人享有社会保障权利。[1]《公民权利和政治权利国际公约》《经济、社会、文化权利国际公约》作为联合国的核心人权公约，虽然均未明确提及年龄歧视以及老年人权利保护问题，但强调所载权利适用于所有人，包括老年人的权利。同时，公约反对各种形式的歧视，不分种族、肤色、性别、语言、宗教、政治或其他见解、国籍或社会出身、财产、出生或其他身份等任何区别。[2]那么，可以说"其他身份"事实上包含了年龄因素。

由于人类寿命的延长和人口结构的变化使老龄化问题日益突出，因此国际社会致力于作出综合性响应，以应对人口老龄化问题。1991 年，联合国大会通过了《联合国老年人原则》，列举了 18 项有关独立、参与、照顾、自我充实和尊严等老年人应享权利。近年来，一些国际人权协议和法律文件提及了老年人或老龄化，保护老年人群体免遭歧视，阐述健康、社会保障和适当的生活标准，支持老年人免遭剥削、暴力和虐待的权利等。

2002 年，联合国大会通过了《马德里政治宣言》和《马德里老龄问题国际行动计划》，明确了三个优先行动的领域：老年人与发展，促进老龄健康与福祉，确保老年人从有利和支持性的环境中获益"。[3]同年，世界卫生组织发布了《积极老龄化：政策框架》。[4]该框架提出

---

〔1〕《世界人权宣言》第 25 条第 1 款规定："人人有权享受为维持他本人和家属的健康和福利所需的生活水准，包括食物、衣着、住房、医疗和必要的社会服务；在遭到失业、疾病、残废、守寡、衰老或在其他不能控制的情况下丧失谋生能力时，有权享受保障。"

〔2〕《公民权利与政治权利国际公约》第 2 条第 1 款。

〔3〕 Political Declaration and Madrid International Plan of Action on Ageing, https：//social. un. org/ageing-working-group/documents/mipaa-en. pdf（last visited October 5, 2020）.

〔4〕 World Health Organization, Active Ageing：A Policy Framework, https：//apps. who. int/iris/bitstream/handle/10665/67215/WHO_NMH_NPH_02. 8. pdf? sequence = 1（last visited October 5, 2020）.

积极老龄化（active ageing）的概念，将其界定为"为提高老年人的生活质量，尽可能优化其健康、社会参与和保障机会的过程"，强调了"老年人始终是其家庭、所在社区和经济体的有益资源"。2016年，世界卫生组织发布《关于老龄化与健康的全球报告》（World Report on Ageing and Health）。报告特别提及，老年人享有"可获得的最高标准的健康"的基本人权。在健康权的要求下，国家有义务以不具任何歧视的方式提供适宜的卫生设施，可用、可及、可接受和优质的商品及服务。[1] 这些文件在国际人权法律框架下为老年人群体的权利提供保障。

在就业领域的一些专门性国际公约以及区域性公约中则有禁止年龄歧视、保护老年人权利的专门性规定。例如国际劳工组织第142号《人力资源开发公约》规定，职业指导与培训中不得有年龄歧视。1980年6月在日内瓦召开的国际劳工组织大会第66届大会通过了《老年工人建议书》。其中提到，各会员国应制定国家政策来促进老年工人的机会和待遇平等，并且应在制定法律、法规及有关实践方面作出努力。[2]

二、禁止就业年龄歧视的国外法

从年龄歧视的类型来看，就业领域的年龄歧视是最普遍、最严重的歧视类型之一。其产生的后果十分严重，不仅直接侵害劳动者的平等权利，并且如果任由就业年龄歧视问题恶化下去，还可能对一国的经济发展与社会稳定带来很大的损害。有鉴于此，世界各国均致力于在就业领域开展与推动禁止年龄歧视的立法工作。

（一）禁止就业年龄歧视的国外立法

从历史维度考察，最早对就业年龄歧视问题进行关注的国家是美国。早在1951年，美国众议院议员就提出"雇佣中年龄歧视禁止法法案"，但最终没有在立法上取得实质性结果。1967年美国通过了世界第一部就业领域的禁止年龄歧视的法律——《就业年龄歧视法案》。该法

---

〔1〕 世界卫生组织："关于老龄化与健康的全球报告"，载世界卫生组织网，https：//apps. who. int/iris/bitstream/handle/10665/186463/9789245565048 _ chi. pdf；jsessionid＝E99C35CC8B9C9293947C7DZ83EFC8F094？sequence＝9，最后访问时间：2020年10月5日。
〔2〕 陈力："国外老年人就业歧视及法律措施"，载《中国劳动科学》1996年第5期。

案禁止任何针对 40 岁以上劳动者的就业歧视，无论是招聘、晋升、工资、裁员或解雇，年龄都不可以作为考虑因素。其立法目的是给中高龄者提供平等的就业机会，以保障中高龄者能够积极地参与社会经济生活。[1] 美国国会于 1986 年通过了《老年工作者福利保障法》，1991 年修订了《民权法案》，对年龄歧视作了补充规定，禁止强迫退休。除非个别工作性质特殊、不适合年长者工作的领域外，以年龄划线强迫员工退休的做法，在美国基本上已退出历史舞台。超过 60 岁、70 岁甚至 80 岁，依然工作的大有人在。根据美联社 2011 年 12 月 28 日的一篇报道，约 700 万 65 岁以上的美国人还在工作，其中 300 万人超过 70 岁。[2]

2000 年欧盟通过的《就业框架指令》，要求在欧盟区域内的就业和职业领域消除年龄歧视。由于该指令对欧盟成员国具有法律约束力，因而受该项立法的影响，欧盟许多成员国相继开展了就业年龄歧视的立法工作。英国于 2006 年通过了《就业平等（年龄）条例》。根据该条例，如果国家通过的政策或立法以及雇主的政策缺乏正当事由，其基于年龄的歧视是非法的。为了全面贯彻实施欧盟相关的平等指令，德国的《一般平等待遇法》于 2006 年 8 月 18 日生效（2013 年修订），规定雇员不因种族、民族出身、性别、宗教或信仰、残障、年龄或性倾向受到歧视。[3] 此外，德国于 2014 年改善弱势群体的公共养老金待遇，上调劳动受限者养老金额度。[4] 瑞典于 2008 年颁布的《反歧视法案》也明确禁止年龄歧视。

在亚洲，日本禁止就业年龄歧视的立法起步较早，于 1986 年制定了《高龄者就业安定法》，并于 2004 年进行了大幅修改。该法比较全面

---

〔1〕　陶建国："美国禁止就业年龄歧视的立法及权利救济机制"，载《江苏广播电视大学学报》2009 年第 1 期。

〔2〕　"禁止强迫退休及其他就业年龄歧视法"，https://share.america.gov/zh-hans/age-discrimination/，最后访问时间 2020 年 10 月 5 日。

〔3〕　谢增毅："退休年龄与劳动法的适用——兼论'退休'的法律意义"，载《比较法研究》2013 年第 3 期。

〔4〕　陆杰华、刘芹："从理念到实践：国际应对人口老龄化的经验与启示"，载《中国党政干部论坛》2020 年第 1 期。

地对促进高龄劳动者就业进行了规定。[1] 2007 年韩国立法从招聘、录用、工资、福利、工作条件、教育和培训、晋升、退职、解雇等所有方面对年龄歧视加以禁止，并明确规定了遭受歧视后的权利救济制度。[2]

（二）禁止就业年龄歧视法律的基本内容

尽管各国的具体法律规范内容各不相同，但法律制度调整的侧重点有所重叠，主要包括以下几个方面的内容：

1. 禁止就业年龄歧视的保护对象。各国禁止就业年龄歧视立法的保护对象通常是老年或高龄就业者。例如，1967 年美国《就业年龄歧视法案》禁止雇主对 40 岁以上 65 岁以下的中高龄者在雇佣中因年龄而歧视。1978 年修改时将保护年龄提高至 70 岁。1986 年修改时取消了 70 岁的年龄保护上限，对 40 岁以上任何年龄段者均给予平等就业保护。[3]

2. 禁止就业年龄歧视的范围。各国立法对禁止就业年龄歧视的范围规定有宽泛与狭窄的区别。有些国家立法对禁止就业与职业中年龄歧视行为的范围都作了较为宽泛的界定，尽可能囊括与雇佣活动相关的所有行为。例如，法国禁止歧视的行为范围包括招募、录用、晋升、定级、工资、职业培训、研修、授予资格、调动、解雇、劳动合同的变更及更新等。[4] 而日本禁止招录劳动者时设定年龄限制。

3. 禁止退休年龄的歧视。各国立法对禁止用人单位以年龄为由强制员工退休的规定各不相同。例如，美国立法原则上禁止强制退休。美国宾夕法尼亚州法律规定所有法官在 70 岁时必须退休。2012 年底，该州 6 名法官认为该规定违反美国宪法第十四修正案中的平等保护条款而

---

〔1〕 陶建国："日本禁止就业年龄歧视法律制度对中高龄劳动者的保护"，载《人口与发展》2010 年第 1 期。

〔2〕 陶建国："韩国禁止就业年龄歧视的立法及权利救济机制分析"，载《商丘师范学院学报》2008 年第 11 期。

〔3〕 叶荣贵："美国反就业歧视法制及其对中国的启示"，载《法制与经济》2006 年第 4 期。

〔4〕 陶建国、高丽燕："法国禁止就业年龄歧视之对策及权利救济"，载《保定学院学报》2013 年第 6 期。

提起诉讼。[1]

日本没有完全废除退休制，将劳动者 65 岁退休确定为企业的法定义务，规定自 2006 年 4 月 1 日之后，日本所有的企业均应确保全部员工工作至 65 岁退休，企业应当通过提高退休年龄、引入继续雇用制度、废除退休年龄等措施保障目标实现。[2]

2007 年，欧盟法院作出判决认为，欧盟的强制退休年龄政策如果是为增加就业、促进公共利益而且退休者可以获得全额退休金的话，则不违反禁止年龄歧视的规定。[3] 2012 年 4 月 25 日，英国高等法院判决了一起涉及到龄强制退休是否构成直接的年龄歧视的案件。该判决并未形成禁止强制退休的一般准则，只是对强制退休的年龄歧视判断作了初步的分析。这意味着企业有合理合法的理由时仍可约定退休年龄。[4]

4. 就业年龄歧视的权利救济制度。劳动者因年龄歧视等与用人单位发生纠纷后，可以通过各种法律救济途径获得权利救济。美国建立了完善的就业年龄歧视权利救济机制，对就业年龄歧视的救济机构包括平等就业机会委员会和联邦法院。但是，在出现就业年龄歧视后，受歧视者必须首先向平等就业机会委员会申诉，不可直接向法院提起诉讼。[5]在韩国，有三类就业年龄歧视的救济机构：行政救济机关——劳动委员会和劳动监督官，司法的救济机关——普通民事法院、行政法院和宪法法院，以及准司法机关——主要是指韩国国家人权委员会的准司法机关。

（三）禁止就业年龄歧视法律的发展趋势

通过对各国禁止就业年龄歧视立法实践的考察与梳理可以看出，各

---

〔1〕　林娜："美国宾州法官起诉州宪法中的法定退休年龄条款"，载《人民法院报》2012 年 11 月 30 日，第 8 版。

〔2〕　陶建国："日本禁止就业年龄歧视法律制度对中高龄劳动者的保护"，载《人口与发展》2010 年第 1 期。

〔3〕　林娜："美国宾州法官起诉州宪法中的法定退休年龄条款"，载《人民法院报》2012 年 11 月 30 日，第 8 版。

〔4〕　李海明："英国强制退休的立法规制、判例及启示"，载《法学》2013 年第 9 期。

〔5〕　陶建国："美国禁止就业年龄歧视的立法及权利救济机制"，载《江苏广播电视大学学报》2009 年第 1 期。

国立法具有以下特点与发展趋势。

1. 以保护高龄就业者劳动权利为导向。据学者统计，40 岁以上的高龄劳动者普遍受到用人单位的差别排斥。[1] 这种现象在世界各国普遍存在。从各国立法来看，消除就业年龄歧视主要围绕着高龄或老龄就业者的劳动权利保护展开，其宗旨是应对出生率下降及老龄人口增加，保障中高龄者平等的雇用机会。在未来社会中，只要高龄者健康允许并具有热情和能力，就应当不受年龄限制而实现就业理想。

2. 适用范围由狭窄走向宽泛。各国立法的总趋势是在考虑本国劳动力市场实际情况的基础上，无论以一步到位方式或分阶段实施方式，其最终目标是实现禁止就业与职业领域所有场合的年龄歧视。在日本，立法总体上禁止一切年龄歧视还面临诸多困境，对于消除就业年龄歧视的适用围绕着提高退休年龄和禁止限制招录中年龄两项展开。由于欧盟倡导在就业与职业的广泛领域全面禁止包括年龄形式的各种歧视，因而欧洲一些国家将禁止就业年龄歧视的领域扩展至较为宽泛的范围，包括工作条件、工资、社会福利、晋升、教育培训、解雇等所有场合。而韩国则采取了"逐步实施"的策略，即从 2009 年开始禁止在招聘和录用中有年龄歧视行为；从 2010 年开始禁止在工资、工资以外的财物支付、社会福利、教育和培训、工作条件、升职、退职、解雇等场合的年龄歧视行为。

3. 禁止强制退休的普遍性规则尚未形成。由于缺乏明确具体的判断强制退休年龄歧视的标准，对强制退休是否构成年龄歧视的看法并不一致。因此，禁止强制退休的普遍性规则很难自然而成。[2] 在美国，强制退休是一种年龄歧视；而在欧洲强制退休却是一种可容忍的政策。[3] 各国禁止年龄歧视退休制度的发展趋势是法定强制退休逐步淡出政策视线，弹性退休暨延迟退休成为重要的政策取向。禁止强制退休

---

〔1〕 周伟："我国就业中年龄歧视的实证研究——以 1995~2005 年上海和成都两市 30 万份招聘广告为例"，载《政法论丛》2007 年第 3 期。

〔2〕 李海明："英国强制退休的立法规制、判例及启示"，载《法学》2013 年第 9 期。

〔3〕 李海明："英国强制退休的立法规制、判例及启示"，载《法学》2013 年第 9 期。

的制度应该统筹兼顾，从易到难、由外向内渐次展开，从逐步限制法定的、默认的强制退休向约定退休年龄的转化，以期保障退休中的个人意愿与自由。

4. 权利保护与权利救济机制相结合，使立法具有可操作性。有权利就应当有救济，否则权利的规定将成为一纸空文。明确规定权利救济方式以及违法者的法律责任，防止禁止年龄歧视法成为"没有牙齿"的法律至关重要。因此，各国立法不仅为禁止就业年龄歧视的救济机制建设提供了法律基础，并且规定行政、司法以及准司法等多种救济来最大限度地保护受歧视者的权益。权利救济方面，应当设置举证责任转移原则，即受歧视者仅提出表面证据即可。这能够保障受歧视者及时获得权利救济。在救济机制方面，应当强化劳动行政机关的纠纷解决机能，扩充劳动者权利救济途径，劳动行政机关内部可以设立劳动纠纷调解机构，对就业年龄歧视给予调解，尽量让纠纷得以快速、高效、经济地解决。

三、我国就业年龄歧视的案例与思考

根据 2010 年全国第六次人口普查数据显示，我国 60 岁及以上的人口为 1.77 亿人，占全部人口比重的 13.26%，超过了联合国关于老龄化社会的标准。[1] 这一数据在一定程度上显示出我国已经进入老龄化社会，我国的人口红利逐渐消失。我国如何顺利与老龄化社会接轨？禁止就业领域的年龄歧视是解决中国经济发展面临人口老龄化问题的出路之一。

当前，我国关于禁止就业年龄歧视的立法还处于空白阶段，并且司法实践的判例也不能够有效解决这一问题。年龄歧视行为难以禁止，从而导致遭受就业年龄歧视的劳动者不能得到有效的权利保障与司法救济。因此，我国有必要对就业年龄歧视行为进行规制并提供权利救济。

（一）我国就业年龄歧视的司法实践

1. 刘某海案。广西壮族自治区人事厅于 2004 年 7 月 23 日发布

---

〔1〕　刘勇："高龄劳动者就业促进中的法律问题"，载《法学》2012 年第 10 期。

《关于印发〈2004 年下半年广西壮族自治区国家公务员和机关工作者考试录用简章〉的通知》，进行录用国家公务员和机关工作者考试的工作。该简章规定的报考条件第 5 项为："身体健康，年龄为 35 岁以下。"刘某海在规定的报名时间内登录人事考试网站并报名，因年龄已超过 35 岁，未能通过招考单位的审核。刘某海提起行政复议，但请求没有得到支持，于是向法院提起行政诉讼，诉请确认被告设定 35 岁强制性限制条件并据此不同意原告报考公务员的行为违法。广西壮族自治区南宁市青秀区人民法院审理了这起因年龄问题在进行网上报名时被拒考公务员的案件。[1] 最终，法院的判决回避了原告诉讼请求中"确认被告设定 35 岁强制性限制条件违法"这一项的实体认定。法院认为，被告作为省级人事主管部门，负有对本行政区域内国家公务员录用管理的行政管理职责，并享有制定本行政辖区内国家公务员考试录用的有关规定的法定职权。做出的不同意原告报考本次公务员的具体行政行为，事实清楚，证据确凿，程序合法，适用的法律、法规正确。原告诉请确认被告设定 35 岁强制性限制条件并据此不同意原告报考公务员的行为违法的理由不能成立，法院不予支持，判决驳回原告刘某海的诉讼请求。[2]

2. 杨某建案。2005 年 10 月 12 日，人事部在网站发布了中央、国家机关 2006 年考试录用公务员和机关工作人员的公告。杨世建[3] 按照人事部网站要求的报名程序进行注册。但当他输入完毕自己的信息进行注册申请时，人事部报名系统反馈的信息却是："对不起，您的年龄不符合要求，不允许报考。"此后，杨某建多次打电话向人事部咨询自己的报考事宜，得到的答复都是拒绝。杨某建认为，人事部的规定侵犯了他的平等权和劳动权，对他构成了就业歧视。于是 2005 年 10 月 31 日，杨某建向北京市第二中级人民法院提起行政诉讼，状告国家人事部以其

---

〔1〕 本案一审判决参见：广西壮族自治区南宁市青秀区人民法院（2005）青行初字第 12 号判决书；二审判决参见：广西壮族自治区南宁市中级人民法院（2005）南市行终字第 119 号判决书。

〔2〕 王凤涛："年龄与职业门槛——雇用年龄限制的正当性"，载《社会科学论坛》2011 年第 12 期，第 186 页。

〔3〕 杨某建于 1969 年 7 月出生，时年 36 岁。

超过 35 周岁为由拒绝受理其报名参加国家公务员考试的具体行政行为违法。但北京市第二中级人民法院依照《最高人民法院关于执行〈中华人民共和国行政诉讼法〉若干问题的解释》第 44 条的规定，认为起诉人的请求不属于行政诉讼受案范围，裁定不予受理。杨某建又于同年 12 月 6 日向北京市高级人民法院提起上诉，要求撤销一审裁定。北京市高级人民法院依法受理了此案，于 2006 年 3 月 21 日作出终审判决，根据《行政诉讼法》第 12 条第 3 项的规定认为，国家公务员的招录考试报名条件的设置属于公务员的内部管理事项，人事部因上诉人超龄而拒绝受理其报名申请属于公务员任用的招录考试环节，不属于行政诉讼的受案范围，即维持了一审法院不予受理的裁定。[1]

由于法院对杨某建案的处理方式是裁定不予受理，以致该案根本没能进入实体的审判程序，使得我国公务员招考设定年龄上限条款是否构成年龄歧视的问题没有通过司法途径得到解决。但是这种不予受理的做法事实上向用人单位传递出将年龄上限设置为 35 岁不构成年龄歧视的信号。1994 年出台的《国家公务员录用暂行规定》对报考公务员的年龄范围作了限定，即"18 周岁以上、35 周岁以下"。2005 年 4 月 27 日通过的《公务员法》（2006 年 1 月 1 日生效）规定了公务员应当具备的条件，在年龄上也只有 18 周岁的下限。《公务员法》是国家颁布的法律，其效力大于部门规章，部门规章应当与国家法律规定相符。然而，该案终审裁决之后，人事部于 2007 年 11 月 6 日下发第 7 号令——《国家公务员录用规定（试行）》，其第 16 条仍然规定，报考公务员应当具备年龄为 18 周岁以上、35 周岁以下的条件。很明显，该部门规章在年龄上限的规定上与国家现有法律相悖。

一般来讲，省级以上的公务员主管机关拥有自由裁量权，人事部有权作出相应的条件规定。但是行使自由行政裁量权，设定年龄限制，以年龄来划分就业群体是否合理，是否每个岗位都应当有年龄限制的问

---

〔1〕　"公务员报考年龄歧视第一案"，载《温州晚报》2005 年 11 月 14 日，第 14 版；胜勇、华夫："年龄歧视第一案"，载《新闻天地》2005 年第 12 期；杨某建："我为何状告人事部"，载《法律与生活》2006 年第 3 期。

题，每个行业的评价标准不一，关键是年龄应与具体职业挂钩，制定标准必须具有科学性和合理性。人事部的规定应根据实际情况做相应调整，才符合干部人事制度法制化的建设需要。或者最起码，政府为某个年龄段的公民进入公务员体系予以立法限制，应向社会公开及说明理由。在现实中，由于人事部在国家最权威的招录考试中对 35 岁以上的公民进行歧视，在一定程度上致使其他的机关团体、企事业单位对公民进行就业年龄歧视的状况不断加剧。[1]

3. 谢某斌案。71 岁的深圳律师谢某斌于 2001 年 5 月按常规向广东省司法厅提交执业律师换证申请时，广东省司法厅以超龄为由拒绝执业证年审。谢律师申诉未果后，将广东省司法厅告上了法庭。[2] 一审和二审法院均认为我国《律师法》明确规定了准予律师执业的三项条件，及不予颁发律师执业证的三种情形，没有对律师执业年龄加以限制。虽然司法部《关于律师执业年龄问题的批复》增加律师年满 70 岁不再注册的要求，但该复函仅是司法部答复个案所作出的内部指导性意见，且违反了下位法应遵循上位法的原则。故被告应适用《律师法》的有关规定对原告的律师执业证进行年审注册。该案件原告的胜诉可以说是我国有关反年龄歧视司法实践的一次成功。

（二）我国禁止就业年龄歧视的立法思考

对我国来说，禁止就业年龄歧视的理念可以概括为三个方面。一是保障劳动者在宪法和劳动法上的平等劳动权。劳动权为人权的基本内容之一，对其加以保护是国家及政府应当承担的责任。[3] 二是从雇用政策角度保障中高龄者平等就业机会。我国人口红利期即将结束，劳动力短缺问题开始显现，在人口高龄化的趋势下，劳动力供给结构将逐渐从劳动力过剩向劳动力供给短缺转变。在此背景下，促进中高龄人群就

---

〔1〕 杨海莉："'国家公务员报考年龄歧视案'的宪法学思考"，载《唐山学院学报》2006 年第 4 期。

〔2〕 "一律师年审遭拒状告省司法厅'不作为'"，载搜狐网，http://news.sohu.com/01/85/news148088501.shtml，最后访问时间：2020 年 10 月 5 日。

〔3〕 王月明："消除年龄歧视是劳动权平等保护的首要内容"，载《法学》2010 年第 3 期。

业，保障其平等就业机会将成为就业政策的重要课题。三是促进我国社会的和谐稳定。就业年龄歧视将使中高龄者的劳动权、人格权、生存权受到侵害，进一步发展的结果将造成这部分人对社会的不满或丧失信心，从而影响我国和谐社会的建构。因此，通过相关立法禁止就业中的年龄歧视意义重大。

在调整范畴方面，首先，通过劳动法促进长期劳动关系稳定，制定强制性规定来避免老龄员工被随意解雇，从而促进劳动关系的长期化，更加公平地保护每一位员工。[1] 其次，采取禁止年龄歧视与不构成歧视的情形规定相并行的立法。我国禁止就业年龄歧视的立法应将涉及就业年龄歧视的领域扩展至工作条件、工资、社会福利、晋升、教育培训、解雇等相关环节当中。立法时应着重研究如何设置不构成年龄歧视的情形规则，保障用人单位对特殊工种和特殊岗位招聘特定年龄员工的相对自由。劳动力市场有其特殊性，某些工种或岗位应当允许用人单位设置年龄条件，但不构成年龄歧视的情形规则的设置应明确且恰当，防止用人单位利用不构成年龄歧视的情形规则规避法律。最后，在权利救济与机制建设方面，应当设置举证责任转移原则，即受歧视者仅提出表面证据即可，未实施歧视行为的证明责任应由用人单位承担。此外，我国应强化劳动行政机关的纠纷解决机制，扩充劳动者权利救济途径。劳动行政机关内部可设立劳动纠纷调解机构，对就业年龄歧视给予调解，促使歧视纠纷得到快速、高效、经济的解决。[2]

[练习和思考题]

1. 直接年龄歧视与间接年龄歧视有什么区别？如何判断不构成间接年龄歧视的合理性？

2. 从正方与反方两个角度，讨论国家公务员报考资格中设定年龄条件是否构成年龄歧视。

---

〔1〕 丁晓东："重新理解年龄区分：以法律手段应对年龄歧视的误区"，载《法学家》2016年第4期。

〔2〕 陶建国："美国禁止就业年龄歧视的立法及权利救济机制"，载《江苏广播电视大学学报》2009年第1期。

3. 通过课堂讨论深度挖掘社会不同领域存在的各种年龄歧视现象，并分析成因与解决途径。

4. 以我国立法关于强制退休年龄的规定为切入点，从反歧视视角分析强制退休年龄与年龄歧视的关系。

[延伸阅读]

1. 孙文胜："国外老年立法浅析"，载《合作经济与科技》2014 年第 11 期。

2. . 周伟："我国就业中年龄歧视的实证研究——以 1995 ~ 2005 年上海和成都两市 30 万份招聘广告为例"，载《政法论丛》2007 年第 3 期。

3. 刘勇："高龄劳动者就业促进中的法律问题"，载《法学》2012 年第 10 期。

4. 骆正言："论年龄歧视和合理差别——兼谈年龄歧视例外的立法建议"，载《云南大学学报法学版》2012 年第 3 期。

第十章　性倾向与性别认同歧视

[本章主题和课程目标]

本章介绍性倾向歧视相关的概念、同性恋成因与平等保护的关系、性倾向歧视与性别歧视的关系、国际人权法框架下相关国际文件的规定，以及国内相关立法和司法在这一领域的进展。

通过这些内容，你可以熟悉性倾向、性别认同歧视的相关概念、表现、来源、危害，从而可以为推动性与性别领域的多元化做出贡献。

[案例导入]

阅读以下案例并思考相关问题：

中国首例"同性恋矫正"案：2013年8月，男同性恋者小振（化名）迫于家庭压力，上百度搜索关于"治疗同性恋"的信息。重庆心语飘香心理咨询中心在其官网上承诺可以"矫正治疗同性恋"。于是，小振找到了这家咨询中心，交钱之后接受了电击疗法，即在想象自己与男性发生性行为的场面时遭到心理咨询师的电击。小振认为，这种治疗是一种商业诈骗，给自己精神和肉体都造成痛苦，于是起诉这家心理咨询中心，同时作为被告的还有为这种治疗做广告搜索引擎的百度。2014年12月19日，北京市海淀区人民法院判决被告重庆心语飘香心理咨询中心败诉。判决书明确表示同性恋不是精神疾病，认定其"治疗同性恋"的广告属于虚假宣传，责令心理咨询中心在网站上公开道歉，并赔偿原告小振经济损失3500元。百度的推广行为虽然具有广告性质，但鉴于同性恋是否为精神疾病、能否被治愈等问题还没有被普及和得到公众的广泛认知，所以原告对百度的诉讼请求被法院驳回；但法院也告诫百度此后在相关的关键词推广上应给予更加审慎的注意。

1. 法院判决同性恋不是精神疾病的依据是什么？

2. 精神病学对同性恋作为一种疾病的建构是否构成一种歧视？电击疗法体现了知识和权力之间的什么关系？

3. 影响性诉讼在性倾向平等保护领域的作用是什么？

4. 具有网络支配力和垄断地位的搜索引擎，应该如何承担在对待同性恋问题上的注意义务？

第一节　性倾向歧视与性别认同歧视的界定

在国外的一些禁止对性少数歧视的立法中，或者是争取平权的社会运动中，经常可以看到三个有联系但是又有不同的概念，那就是性倾向歧视、性别认同歧视、性别表达歧视。本节首先界定这三个概念。

一、性倾向歧视的概念

性倾向歧视是"基于性倾向的歧视"的简称。性倾向（sexual orientation）指的是在性欲和情欲上持久地被异性、同性，或者不止一种性别吸引的一种状态。一般在说到性倾向的时候指的是同性恋、异性恋或者双性恋。近些年来，一种新的身份类型得到认可，即无性恋（a-sexuality），指对任何一种性别都没有性的欲望。性倾向歧视就是基于性倾向的不合理对待，即某人在同等情况下，因为性倾向而受到不利对待；或者规范、标准貌似中立，却使得某人因性倾向处于不利的地位。

二、性别认同歧视的概念

性别认同歧视是"基于性别认同的歧视"的简称。性别认同（gender identity）指的是一个人在社会性别规范之下对自己属于某个性别的一种自我认同。如果一个人对自己的性别认同不同于自己出生时的生理性别，如生理性别是男，自我认同为女；或者生理性别是女，自我认同为男，就属于性别认同上的弱势群体。需要指出的是，性别认同不一定在男女二分的框架下来进行，有些人既不认可自己是男性，也不认可自己是女性。例如，Facebook 在客户的性别栏里除了男、女之外，还有 54 种性别选项。如无性别（Agender），指的是没有强烈的对某一性别的归属，不认为性别是自己的核心特质；再如泛性别（Pangender），指的是自我认同为各种性别特质的混合体；还有各种跨性别的分类。

性别认同歧视指的是基于性别认同的不合理对待，即在同等情况下，某人因性别认同而受到不利对待；或者规范、标准貌似中立，却使得某人因性别认同而处于不利地位。

三、性别表达歧视的概念

性别表达指的是通过衣服、声音、发型、体态等来表达自己的社会性别。当这种表达不服从于社会主流的性别规范时，一个人就成了弱势群体。所以基于性别表达的歧视是指在同等情况下，一个人因为性别的表达而被不合理地对待。

一些国家在相关的反歧视立法中常常把性倾向、性别认同和性别表达放在一起表述。这三个概念的不同之处在于，性倾向和性别认同都不一定表达出来；此外，性倾向和性别认同可以指代一种身份，而性别表达不指代一种身份。

四、概念与反思

要想更多地了解性倾向与性别认同歧视问题还需要知道更多的相关概念。例如国内外的一些权利倡导者常常用到的 LGBTI 的概念，L 指的是 Lesbian，即女同性恋；G 指的是 Gay，即男同性恋；B 指的是 Bisexual，即双性恋；T 指的是 Transgender，即跨性别，指性别认同或者性别表达和生理性别不匹配的人，包括想要通过手术变性的人，或者性别表达违反主流性别规范的易装者等。I 指的是 Intersex，指的是间性人，指在染色体、荷尔蒙等生理学性征上既不符合男性标准，也不符合女性标准，这些人往往被认为是不男不女或者亦男亦女。在有些文章中，LGBTI 后面还会加一个 Q，Q 指的是 Queer，即酷儿，泛指一切在性和性别方面不符合主流规范的人；或者 Q 指的是 Questioning，指的是性别认同模糊的人。LGBTI 的概念大概体现了一种联合更多人对抗歧视的心愿，团结起来力量大；但是有些跨性别和间性人觉得自己的社群和同性恋面临的很多问题并不一样，常常导致联合行动的时候反映自己需求的声音变得弱小。这些争论也让我们重新看待并反思这些概念的生产，使这一领域的理论品质并不因为它的实践性而降低。

第二节 禁止性倾向歧视的理论基础

同性恋的成因是先天的还是后天的，这种性倾向能够改变吗？这是主流社会在面对同性恋议题时发出的第一个疑问。同性恋作为一种性倾向是否应该得到法律的平等保护？这种平等保护的理论基础是什么？同性恋权利在何种意义上被正当化？罗伯特（Robert Wintemute）教授总结了三种同性恋权利正当性的论辩：第一种是同性恋属于不可改变的身份，因为性倾向是不可选择的，是和种族、性别一样不可改变的身份；第二种是自由选择进路，认为一个人的性倾向是可以选择的，而且性倾向的选择对个人幸福至关重要，是基本选择，像对宗教和政治观点的选择一样，这样的进路一般诉诸表达自由、隐私权等基本权利，强调尊重私生活的权利；第三种进路是性别歧视进路，认为对同性恋者的歧视是一种性别歧视。[1]

一、性倾向平等保护中的"不可改变"及其问题[2]

美国宪法上平等保护理论关于"不可改变"进路的论述体现为这样的逻辑：只有个人选择的才是个人应该负责任的。性倾向和性别一样，是天生的；或者即使不是天生的，也是个人无能为力的，所以不应该对这样的身份承担责任。"不可改变"论证进路依赖于自然科学关于性倾向生物学基础的研究，或者依赖一种常识的论证：如果性倾向是受到主流社会排斥的并且性倾向是可以选择的，那么所有的理性人都会选

---

〔1〕 Robert Wintemute, *Sexual Orientation and Human Rights*：*The United States Constitution*，the European Convention and the Canadian Charter, Oxford：Clarendon Press，1995，p. 17.

〔2〕 郭晓飞："本质的还是建构的？——论性倾向平等保护中的'不可改变'进路"，载《法学家》2009 年第 1 期。

择不会受到排斥的异性恋倾向，而不会选择被压制的同性恋身份。

很多人认为，认可同性恋是"不可改变"的，或者是"先天的"，让人减少了负罪感：同性恋者自身不会觉得同性恋欲望是自己的一种罪孽，同性恋者的父母也不会因为自己的教育失误而内疚。社会主流关于同性恋者经常勾引青少年成为同性恋者的刻板印象也得到了驳斥，同性恋社群也可以更加理直气壮地抵制宗教和心理学领域试图改变他们性倾向的努力。在这个意义上，我们才可以理解为什么美国同性恋平权运动中"生来如此"的口号得到了广泛的共鸣。

关于同性恋成因的问题是一个老问题了。这个问题让主流社会耿耿于怀，以至于这种过分关注已经引起了一些同性恋积极分子的不满，认为这不过是对"病根"的追问，其首先预设了同性恋作为一种"病态"的判断。反过来说，如果不认为同性恋是一种病，怎么会对"病根"问题如此钟情？

生物学和解剖医学的发展给同性恋的"先天说"和"不可改变"进路提供了最强大的支持。影响比较大的是西蒙·列维（Simon Levay）神经解剖学的研究，他于 1990 年对 19 具死于艾滋病的同性恋男尸、16 具异性恋男尸及 6 具性倾向不明的女尸进行研究，发现异性恋男人的 INAH3（大脑中被认为和性倾向有关的结构）比女人的大 2 倍，而异性恋男子的 INAH3 比同性恋男人的大 1~2 倍。同性恋男人与女人的 INAH3 没有显著的差异。然而这项研究并不确定同性恋与异性恋脑结构的区别究竟是导致不同性倾向的原因，还是不同性倾向行为的结果。[1]研究生物科学出身的妇女研究学者林达·博崎（Lynda Birke）分析了列维的预设：在一个老鼠的实验中观察到丘脑下部某部分和性倾向有关，有研究认为女性大脑中 INAH 的某些部分比男性的小，所以列维的逻辑是：男同性恋和女异性恋都对男性有"性"趣，就推论两者的大脑应该有相类似的发展。林达用戏谑的口气问："迷恋金黄头发，或者大二

---

〔1〕　李银河：《同性恋亚文化》，今日中国出版社 1998 年版，第 31~32 页。

头肌，或者对穿皮革的人有偏爱，和脑部结构是否有一定关联呢？"[1]
这就是说生物性的研究本身很难逃离文化语境。人们在选择性对象的偏
好方面有很多种，为什么没有人研究喜欢大眼睛、双眼皮的人和喜欢小
眼睛、单眼皮的人在脑部结构上有什么区别，说明性别在性选择之中是
如此重要，而这种重要程度是自然的还是文化赋予的？

　　还有一项非常著名的遗传学研究是迈克尔·贝里（J. Michal Bai-
ley）和里查德·裴拉德（Richard C. Pillard）的关于双胞胎的研究，他
们的研究结论认为：30%到70%的男性同性恋是基因因素决定的。报告
显示，如果同卵双生的双胞胎中的一个是同性恋，另外一个是同性恋的
几率是52%；如果是异卵双生的，这个几率降低到22%；如果是没有
血缘关系的收养家庭的兄弟，几率降低到11%。但是他们也没有排除社
会因素的影响。[2] 然而，贝里和裴拉德把自我认同为双性恋的人看成
是同性恋，把人分成了非此即彼的存在，把一个连续体看成了两极。美
国著名性学家阿尔弗雷德·查尔斯·金赛（Alfred Charles Kinsey）创
造了这样一个性倾向连续体的七个等级：0级是绝对异性性行为，6级
是绝对同性性行为，其他都是处在两个极端中间的某个状态，如1级偶
有一两次同性性行为，而5级是偶有一两次异性性行为。[3] 性倾向本
身不是非黑即白，而是一个"光谱"，大部分人都是处在中间的某一个
状态。

　　这些验证性倾向生物起源的科学家把他们的结论带到公众面前，但
是并没有告诉大家他们所做的同性恋异性恋两分只是一种化约，好像这
种划分不是他们的实验设计，而是人类的自然种类。科学家们用他们的
经验研究证实了这些概念的稳定性和自然性，而事实上这些概念根本不
是科学所可以界定的，做实验的人不会注意到针对这些概念本身所面临
的"政治斗争"。一旦性倾向光谱式的存在得以认定，所谓的"先天

---

[1]　Birke, Lynda, Unusual fingers: Scientific studies of sexual orientation. In D. Richardson, &
S. Seidman (Eds.), Handbook of lesbian and gay studies. Sage publications, 2002, p. 61.

[2]　Nancy J. Knauer, "Science, Identity, and the Construction of the Gay Political Narrative",
Social Science Electronic Publishing(2016).

[3]　李银河：《同性恋亚文化》，今日中国出版社1998年版，第406页。

说”、所谓的"不可改变"的说法，都会大打折扣。

同性恋的成因究竟是先天的还是后天的，这一争论一直在同性恋研究和同性恋社群中"阴魂不散"，变着花样地出现。上文所列的那些研究不过是同性恋病理学的又一变种而已。这一变种之所以在这个时候出现是有语境的。科学家迪恩·海默（Dean Hamer）在 1993 年所做的研究认为找到了同性恋基因，同性恋基因位于 X（XQ28）染色体上，是通过母系遗传而不是父系遗传。[1] 这样的研究结果和 20 世纪以来科学界基因研究的兴起是有关系的。因为以往我们不用基因来解释的现象如抑郁、酒精中毒都可以和生物学联系起来，所以原来我们眼中的"醉汉"如今就可以被称作"酒精上瘾者"。同性恋基因研究的出现还有一个大背景，那就是美国的同性恋解放运动需要这样的研究成果来作为争取平等权利的基础。所以我们毫不奇怪地看到，上文所列的那些研究成果的制造者都提到了他们的研究对于同性恋解放运动的意义。

这种分析其实已经体现了建构主义的思路，也就是说不把这些科学成果当作一个客观的本体意义上的"真理"，而是看这样的"真理"是在什么社会语境下出现的；是社会运动催生了权利平等的需求，而这种需求希望得到自然科学这样权威叙事的支持。

性倾向因为是不可改变的，或者是先天的，所以应该得到平等保护，这样一种论证是一种谬误。因为即使真的有同性恋基因存在，反对同性恋的保守主义者依然可以提出对基因进行矫正，何况一些先天性的基因也被人类社会认定为先天性缺陷。所以"不可改变"不是平等保护的坚实的理论基础，它并没有对性倾向的污名进行直接的挑战，而是一种回避。从事妇女研究和社会性别研究的历史学教授约翰·埃米利奥（John D'Emilio）对这个进路的批评值得深思："我们怎么可以指望从'我也无能为力'这个立场出发来获得真正的力量？（Do we really expect

---

〔1〕 张宏诚：《同性恋者权利平等保障之宪法基础》，学林文化事业有限公司 2002 年版，第 91、92 页。

to bid for real power from a position of 'I can't help it'?) "[1] 也就是说，同性恋者说自己无能为力，不能改变自己的性倾向，或是把性倾向作为一种无可奈何的事实接受下来，这本身就是一种歧视。

反歧视应该实现一种论证责任的转换。歧视的一方有责任给出更有力的理由，来正当化区别对待；否则，受歧视者就应该得到法律的救济。美国宪法学者凯斯·罗伯特·孙斯坦（Cass Robert Sunstein）认为，对于不可改变特征，也可以合理地区别对待，例如，盲人不可以开车。此外，即使科学家可以发明出来一种把黑人改变成白人的技术，种族歧视也是不可接受的。所以对于反歧视，"不可改变"的说法既不充分也不必要。关键问题是对某些群体不利的立法是否建立在不合理的基础上。[2] 这实际上类似举证责任转移，是一种范式转换，也就是说，不是让同性恋先证明自己性倾向的不可改变性，然后才可以获得平等保护的入场券，司法审查才可以推翻相关的歧视性立法；而是质问政府的歧视性立法，其目的和手段之间是否有关联、成比例，性倾向和正当的立法目标之间是否有关联。

二、性倾向歧视与性别歧视的关系[3]

容易受到性倾向歧视的弱势群体主要是同性恋、双性恋，容易受到性别歧视的弱势群体主要是女性，容易受到性别认同歧视和性别表达歧视的是间性人、跨性别者等不符合主流性别规范的人群。这几种歧视之间有着千丝万缕的联系。

主流社会常常把"娘娘腔"等同于"男同性恋"，常常把"女汉子"等同于"女同性恋"，没有性倾向、性别认同和性别表达的清晰划分。同性恋的存在本身，就使得传统的性别期待成为值得反思的问题。传统上，性生活中的主动和被动角色直接对应于气质上的阳刚和阴柔，对应于社会领域中的"男主外，女主内"，而今男同性恋有可能在性活

---

〔1〕 Jonathan Pickhardt, "Choose or Lose: Embracing Theories of Choice in Gay Rights Litigation Strategies", 73 N. Y. U. L. Rev.（1998）, p. 953.

〔2〕 Cass R. Sunstein, "Homosexuality and the Constitution", 70 IND. L. J.（1994）, p. 9.

〔3〕 郭晓飞："说不出名字的歧视——论性倾向歧视和性别歧视的关系"，载《法制与社会发展》2011 年第 3 期。

动中作为被动角色，于是被认为是对男性自身优越性别地位的一种背叛；而女同性恋有可能在性活动中作为主动角色，那岂不是对更高性别等级的一种僭越？正如安德鲁·卡普曼（Andrew Koppelman）教授所总结的那样：很多美国人在上高中前就知道，如果一个人的行为和他的性别从传统看来不够协调，其中一项危险的惩罚就是同性恋污名加诸其身。一个很明显的文化事实是，同性恋被污名化，和所谓的背离了传统性别模式有着紧密联系。男同性恋被诬蔑为娘娘腔，那意味着不具进攻性和支配性；女同性恋被诬蔑为太具进攻性和支配性。他们都被谴责太具颠覆性。性别不协调和同性恋这两种污名实际上是可以互换的，其中一个很轻易地被用作另一个的隐喻。[1]

因为性倾向歧视和性别歧视紧密相关，有学者建议用"社会性别"（gender）这个概念来统合两者。"社会性别"这个词是和"生理性别"（sex）相对应的，指的不是解剖学意义的男、女两性，而是性别的社会和文化意义，揭示男阳刚、女阴柔的性别规范不是自然的、天经地义的，而是男尊女卑的社会建构的结果。桑迪·法瑞尔（Sandi Farrell）认为同性恋标签主要就是规范个人服从性别规范的羞辱机制，它常常在不知道当事人性生活历史的情况下，仅仅因为不符合传统性别的刻板印象，就把同性恋标签加诸其身。这说明了同性恋标签与"性"的关系没有那么大，而是和维持社会性别等级（gender hierarchy）有更重要的关联。[2] 社会性别这样的交叉进路还有一个好处是具有广泛的整合性。在这个进路下，除了同性恋和女性获得保护之外，一切违反传统性别期待的人都可以在这个模式下寻求平等保护，如间性人、跨性别者等。

有学者走得更远，提出了一种新的反歧视模式——"整体性/不相关"模式（"holistic/irrelevancy"model）。传统的反歧视模式根植于单一的分类，每一个诉讼的人都要纳入单一的独立范畴：种族、性别、年

---

〔1〕　Andrew Koppelman, "Three Arguments for Gay Rights", 95 MICH. L. REV. (1997), p. 1662.

〔2〕　Sandi Farrell, "Reconsidering the Gender-Equality Perspective for Understanding LGBT Rights", 13 Law & Sexuality (2004), pp. 618, 619.

龄、残障等。"整体性/不相关"模式提出要打破这种武断的单一分类，要整体性地考察一个个分类是否和正当的立法动机有关联。[1] 性倾向歧视和性别歧视作为两种歧视性意识形态相互支撑，那就不再是谁可以替代谁，而是完全可以在交叉性进路下并行不悖。这样的模式有后现代的色彩，那就是身份的碎片化和多元化。传统的女性主义法学已经开始转向，在关注女性权利的同时更加敏感于不同群体的女性并非是铁板一块，还要考虑阶级、种族、国家的发展程度等；否则就可能会被指责为发达国家的、白人的、中产阶级的女性主义法学。所以才会出现这样的交叉询问："当我看到类似于种族主义者（racist）的时候，我会问：'父权制（patriarchy）在哪里？'当我看到类似于性别歧视主义者（sexist）的时候，我会问：'异性恋霸权（heterosexism）在哪里？'当我看到类似于憎恨同性恋者时（homophobic），我会问：'阶级利益在哪里？'"[2] 然而这种交叉进路面临的最大障碍就是司法审慎的原则。司法上很难做到对各种不同的歧视类型等量齐观，平均分配注意力是不可能的。所以作为一种学术的声音，交叉进路有洞见；但是作为一种司法实践的建议，其又有局限性。

性别歧视进路遇到的最常见的反驳是，男性和女性都禁止进入同性婚姻，法律并没有对两种性别区别对待，所以不构成性别歧视。1999年欧洲法院对"格兰特诉西南铁路公司案"（Grant v. South‐West Trains)[3] 的判决就体现了这种思路。一个英国女同性恋者格兰特因为没有女性伴侣的旅游福利而起诉自己的单位——西南铁路公司，因为一个男性的非婚女性伴侣可以获得这项福利。格兰特以遭到性别歧视为由来起诉，但是欧洲法院认为这不构成性别歧视，因为公司的政策是性别

---

〔1〕 See Elvia R. Arriola, "Gendered Inequality: Lesbians, Gays, and Feminist Legal Theory", 9 Berkeley Women's L. J. 103（1994），p. 129.

〔2〕 Mari J. Matsuda, Women of Color at the Center: Selections From the Third National Conference on Women of Color and the Law: Beside My Sister. Facing the Enemy: Legal Theory Out of Coalition, 43 Stan L Rev.（1991）. p. 1189.

〔3〕 Grant v. South‐West Trains, Case C‐249/96, E. C. R. I‐261（1998）. 从 2007 年 4 月 30 日起，英国全面禁止性倾向歧视的平等法案生效。

中立的，无论男、女，只有异性伴侣才可以获得这样的福利。

这样的论证策略对美国法律人来说一定是似曾相识的，在著名的"洛文诉弗吉尼亚州案"（Loving v. Virginia）[1] 中，弗吉尼亚州也用类似的策略来论证《禁止异族通婚法》的合宪性。1958 年，一个名叫里查德·洛文（Richard Loving）的白人男子和一个叫米尔德·杰特（Mildred Jeter）的黑人女子在哥伦比亚特区结婚了。当他们回到位于弗吉尼亚州的家的时候很快被起诉了，因为弗吉尼亚州禁止种族间通婚。他们被判 1 年监禁。上诉法院判了他们缓刑，但条件是 25 年内不得返回弗吉尼亚州。洛文在美国公民自由协会（ACLU）的帮助下挑战法院的裁决和弗吉尼亚州的法律，认为其侵犯了自己为美国宪法第十四修正案所保护的平等权利。弗吉尼亚州高等法院采纳了州政府的意见，认为对洛文的惩罚不违反美国宪法第十四修正案的平等保护条款，因为白人和非白人伴侣都平等地因为种族通婚而受到惩罚，黑人和白人都不允许进入跨种族的婚姻，所以没有种族歧视。可是美国最高法院在洛文案中的判决否定了这种论证，法院进入到立法动机的分析，认定《禁止异族通婚法》背后是种族主义（racism）的意识形态。

虽然性倾向歧视和性别歧视关系密切，却不能相互替代，原因有三：首先，受到性倾向歧视不利对待的是男、女同性恋者和双性恋者，而司法上认定的受到性别歧视不利对待的往往是女性；其次，性倾向歧视背后的意识形态主要是"恐同"（homophobia）或者叫异性恋霸权，而不是性别歧视主义（sexism）；最后，更重要的是，性别歧视进路的运用，使得法院失去了批判性倾向歧视的机会，看起来性别歧视比性倾向歧视受到主流更多的重视，可以让性倾向歧视的受害者"搭一下便车"，但是这又把反对性倾向歧视的话语关在了"柜子"（closet）里。如果联想到，在这个世界上，因为性倾向歧视，大量的同性恋者掩藏自己的身份，成为不可见的群体，我们会知道用性别歧视处理性倾向问题更加强化了同性恋"不被看见"的现实。换言之，如果用性别歧视进

---

[1]　Loving v. Virginia, 388 U. S. 1 (1967).

路来禁止性倾向歧视，那么关于同性恋的核心道德争论就被架空了。

这些意见整体上体现为一个思路：不希望性倾向歧视的话语被淹没在性别歧视的框架里，希望司法在性倾向歧视的问题上发出更强的声音，而不是采取回避战略。因为这种回避给人造成一种印象，似乎支持同性恋、双性恋权利的人也没有办法理直气壮地谈起性倾向歧视，而只能用性别歧视"迂回包抄"。

19世纪末期，王尔德把同性之间的爱恋称作"说不出名字的爱"；如今用性别歧视进路来保护同性恋、双性恋的平等权利，可以视作是把性倾向歧视变成了"说不出名字的歧视"。

第三节　性倾向歧视与性别认同歧视的表现形式

一、就业领域的性倾向歧视和性别认同歧视

2014年10月，两名深圳男子因约会而发生纠纷，他们在街头争吵的视频被上传到网上后爆红。此事因为其中一位头戴红帽而被称作"小红帽事件"。"小红帽"指责对方不给自己路费："一百块都不给我。"这句话在网络上广为流传，"小红帽"也随之成为网络红人，获得很多演出机会，并推出网络单曲；另一位主角穆某却被公司解雇。穆某以就业歧视为由将原用人单位告上法庭。原告认为：性倾向不是判断人的品行和能力的标准，而是与工作能力无关的个人隐私。每个人不应因性倾向而受到歧视。被告认为原告没有证据表明被告以性倾向为由解除其劳动合同。离职申请表显示：解除劳动关系的原因是"个人处事"。庭审中，原告提供了一份录音资料，被告公司李经理表示，辞退原告的原因中，"这个视频也是一小部分原因，但不是最主要原因。"在录音资料中，李经理说："公司认为该视频曝光会影响公司形象。"被告律师也在法庭上提到，"是同性恋"和"与同性恋相关的视频在网上传播"是两回事。深圳市南山区人民法院一审判决穆某败诉，因为法院无法确认上述对话录音资料是否确实为原告与被告工作人员之间所进行，故对录音

资料的证明效力不予采信。法院同时认为即便原告提供的对话录音资料真实可信，也仍然未能明确解除劳动合同的原因是原告为同性恋，还是有关原告的网络视频影响公司形象。因此，法院驳回原告诉讼请求。[1]

这个案例被称作"中国性倾向职场歧视第一案"，以之为切片来分析当下我国职场上的性倾向歧视问题非常合适。我国《就业促进法》第 26 条规定，用人单位招用人员，"应当向劳动者提供平等的就业机会，和公平的就业条件，不得实施就业歧视"。在起诉状里，原告认为被告侵犯了自己的人格尊严和平等就业权，不仅造成了经济损失，而且造成了严重的精神损害，"致使原告沮丧、失眠、情绪低落，痛苦难当"。一审败诉之后，原告提起了上诉，二审认可了录音证据的真实性，但是认为录音资料并不足以证明被上诉人系因上诉人的同性恋身份而解除劳动合同。[2]

中国是否存在禁止性倾向歧视的法律呢？2014 年 3 月 20 日，日内瓦当地时间 19 点，联合国人权理事会结束对中国人权状况的第二轮普遍定期审议。具有联合国咨商地位的国际非政府组织性权利行动（Sexual Rights Initiative）、荷兰文化中心（COC Netherlands）提出了有关性倾向与性别认同的陈述，建议中国应该制定反歧视法，包括禁止基于性倾向和性别认同的歧视，确保 LGBT 人群在学校和工作场所都能够被平等对待。中国政府的主要答复如下：接受并已经执行。中国《宪法》明确规定公民在法律面前一律平等，并通过制定各项单行法律禁止可能出现的歧视现象和问题。中国《民族区域自治法》《妇女权益保障法》《老年人权益保障法》《未成年人保护法》《残疾人保障法》《就业促进法》等法律明确禁止基于民族、宗教、性别、年龄、残疾等方面的歧视。中国《劳动法》规定，劳动者就业，不因民族、种族、性别、宗教信仰不同而受歧视。《就业促进法》对反对就业歧视作出了较为系统

〔1〕 潘播："深圳'百元都不给'男子被解雇告公司就业歧视败诉"，载中国日报中文网，http：//cnews. chinadaily. com. cn/2015 - 04/23/content_20519305. htm，最后访问时间：2021 年 2 月 2 日。

〔2〕 感谢"中国性倾向职场歧视第一案"原告律师刘某虎提供的相关文件和资料。

的规定。

值得注意的是，中国反对就业歧视的法律法规中，并没有明确禁止性倾向歧视和性别认同的歧视。《就业促进法》第 3 条规定，劳动者就业，不因民族、种族、性别、宗教信仰等不同而受歧视。一个"等"字显示，这是一个半开放性条款而不是封闭性条款，性倾向和性别认同可以涵括在内；中国政府在关于中国人权状况的普遍定期审议时的表态也可以这么理解。而且从本案原被告双方的争点来看，中国现行法没有明确禁止性倾向歧视，并没有成为被告的抗辩理由。尽管"性倾向歧视第一案"的原告败诉了，但是法院在判决书里也只是认为现有的证据不能证明公司辞退原告的理由是原告（上诉人）的性倾向，而不是以法律没有明文规定性倾向歧视的禁止作为判决原告（上诉人）败诉的理由。

在"性倾向职场歧视第一案"之前，有另外一场诉讼是公司起诉求职者。求职者赵某参加了电视求职节目《非你莫属》，在节目中，得到 58 同城 CEO 的首肯，但赵某最终没有被录取。他认为他被拒绝的原因是自己的同性恋身份，并在自己微博公开声称 58 同城歧视同性恋。58 同城以侵犯名誉权为由把赵某告上法庭。[1] 从积极的角度来看待这个案件，公司并没有觉得歧视同性恋合法合理，而是认为歧视同性恋是很不名誉的行为，否则怎么会认为赵某的说法侵犯了名誉权呢？所以这一部分的结论是，尽管中国法并没有明确禁止性倾向歧视，但是当性倾向就业歧视成为纠纷或者引起舆论关注的时候，一些公司多多少少已经接受了性倾向歧视是不能得到正当化的这一观点。

但从中国"性倾向职场歧视第一案"一审原告穆某败诉的结果看，我们还是看到了立法没有明确禁止性倾向歧视的负面后果——法官的性倾向平等和性别认同平等的理念缺失，与立法上的相关条款的缺失有很大的关系。所以还是应该有明确的立法，禁止性倾向和性别认同的歧视。在穆某案中，一审法官判决原告败诉的理由之一是，不能证明公司

---

〔1〕 李铁柱："同性恋男子入职遭拒，企业歧视？"载《北京青年报》2014 年 2 月 19 日，第 A06 版。

辞退原告的原因究竟是因为原告的同性恋身份，还是因为原告的网络视频影响了公司的形象。二审法院的法官也认为，"小红帽事件"在网络上的广泛流传，并不仅仅因为反映了事件双方系同性恋的事实，更主要的是双方在处理自己同性恋情感需求的方式和人生态度，引发大量负面社会评论。显然，这样的判决理由是不成立的。

美国宪法学家吉野贤治教授揭示了美国主流社会歧视同性恋的"三部曲"：第一个阶段是矫正同性恋，最典型的就是电击疗法——医生在男同性恋想象同性欲望的时候进行电击，使他产生"恶心"反应。第二个阶段是强制同性恋冒充异性恋，最典型的就是美国军队从1993年开始到2011年才废除的"不问不说"政策：同性恋军人只有在不公开性倾向的情况下才能在军中服役。第三个阶段就是强制掩饰同性恋，那就是即使同性恋可以出柜了，也要淡化而不是招摇这样的身份。20世纪80年代，美国一位公开的女同性恋者得到了一个很不错的工作，但是因为大张旗鼓地举办了同性婚礼而遭辞退，并且在提起的反歧视诉讼中败诉。法院的理由是，法律只保护身份，因为这是"不可改变"的，而不保护张扬的行为。[1]在58同城诉赵某侵犯名誉权的案件中，58同城认为："公司内确实有同性恋的存在，公司并不歧视。只是赵某在网络上借此炒作，这与公司的企业文化有些相悖。"[2]显然法官并没有认识到，我们并不是因为性倾向"不可改变"而对同性恋进行平等保护，而是因为职场上对性倾向的区别对待根本没有理由来进行正当性论证。无论同性恋者主动在媒体上公开自己的性倾向，并积极参加同性恋维权的活动，如赵某；还是同性恋者因为被动而不得不使自己的隐私被暴露，如"小红帽"视频中的穆某，都不应该遭遇职场的歧视。两个案件中用人单位都提到了"公司文化"受到影响，这就是吉野贤治教授所说的主流社会强迫同性恋掩饰自己、不要招摇，否则就影响了公司形

---

〔1〕　Kenji Yoshino：*Covering*：*The Hidden Assault On Our Civil Rights*，Random House Trade Paperbacks；Reprint edition（February 20，2007）. 本书的中文译本：［美］吉野贤治：《掩饰：同性恋的双重生活及其他》，朱静姝译，清华大学出版社2016年版。

〔2〕　李铁柱："同性恋男子入职遭拒，企业歧视？"载《北京青年报》2014年2月19日，第A06版。

象。这不是一个合理的区别对待同性恋者的理由，无法得到证成。在"小红帽"事件中，因为一个视频被非法泄露，当事人是同性恋的隐私被公开，作为一个受害者，穆某既没有违法，也没有违纪，即使在道德上遭遇了社会的负面评价，公司可以以此为理由辞退员工吗？同性恋和跨性别者本身就遭受着主流社会的很多道德负面评价，如果以社会的负面评价作为辞退的理由，那就是承认了社会道德污名的正当性。

跨性别者在职场上遭遇的歧视可能比同性恋更加严重。部分的原因在于，有相当部分的同性恋在压力下选择隐藏自己，不公开自己的同性恋身份；但是跨性别者因为在性别气质上与主流社会性别规范不一致而更难以躲避歧视。2015 年 4 月，生理性别为女、喜欢穿男装的跨性别青年小陈，入职贵阳一家慈铭体检中心，担任销售顾问，7 个工作日后，被告知不用来上班了。小陈说："他们说我是同性恋，有损公司形象。"该单位人事部的负责人认为男生和女生在打扮上应该有明显的区别，小陈过于男性化的打扮确实是其遭辞退的原因之一。2016 年 3 月 7 日，小陈向贵阳市云阳区劳动仲裁委员会申请仲裁，要求拿回工资和赔偿金；同年 3 月 14 日获得立案。[1] 在此案中，小陈作为一个跨性别者，被无端猜测为同性恋，这既体现了性倾向和性别身份、性别表达的紧密关系，也体现了该单位对此问题的无知。甚至该单位人事部的负责人在知道此纠纷已经在劳动仲裁委员会立案的情况下，接受媒体采访时依然不掩饰对于性别表达不符合主流的歧视，而不能说明跨性别身份在何种意义上不能胜任体检中心的工作。

2016 年 5 月 10 日，贵阳市云岩区劳动人事争议仲裁委员向小陈送达裁决书：贵阳市慈铭体检中心在裁决生效 10 日内，支付小陈在慈铭体检中心工作 7 天的工资 402.3 元，同时驳回小陈的其他请求。[2] 因为小陈要求认定慈铭体检中心违法辞退的主张并没有获得仲裁委的支

---

[1] 载澎湃新闻网，http：//www. thepaper. cn/newsDetail_forward_1443974，最后访问时间：2016 年 3 月 20 日。

[2] 载澎湃新闻网，http：//www. thepaper. cn/newsDetail_forward_1443974，最后访问时间：2016 年 5 月 14 日。

持，所以其并不认可这样的裁决结果，向法院提起劳动争议诉讼。之后，小陈又向法院提起一般人格权诉讼。贵阳市云岩区人民法院一审认定，劳动者依法享有平等就业权，不因民族、种族、性别、宗教信仰等不同而受歧视。针对被告慈铭体检中心以小陈不按照规定着工装为辞退理由的说法，法院认为不能成立，原因是被告根本未向原告提供工装。所以，被告在没有合理理由的情况下，解除与原告的劳动关系，侵犯了原告的平等就业权，法院判决被告赔偿原告精神抚慰金 2000 元。原告要求被告赔礼道歉的请求，法院没有支持。[1] 法院虽然认定被告侵犯了原告的平等就业权，但是并没有明确判定构成性别认同歧视。小陈不服一审判决，提起上诉。二审法院判定个人的性别认同、性别表达属于一般人格权的保护范围，但是慈铭公司构成性别歧视的主张证据不充分，因此驳回上诉，维持原判。[2]

我们可以通过这个案件来分析性倾向歧视、性别认同歧视与性别表达歧视三者的关系。小陈，生理女性，认为自己是男性，性欲望对象指向的是女性，认为自己的性倾向是异性恋，性别认同上是跨性别。因为这样的身份认同而遭遇的不合理的区别对待，就是性别身份认同的歧视。如果小陈在性别上的自我认同是女性，性欲望的对象是女性或男、女两性，性倾向的认同是同性恋或双性恋，因此而遭受的不合理区别对待就是性倾向歧视。如果小陈没有自我认同为跨性别，而只是在性别表达上与主流社会性别规范不同，因此遭受的不合理区别对待就构成性别表达的歧视。当然，这三种歧视类型的划分不是非此即彼的，有可能在某个案件中同时存在。

法院在判决书中明确认定劳动者因性别重置手术转换性别享有就业不受歧视的权利，体现在高某某诉当当网信息技术有限公司（以下简称"当当网公司"）一案中。高某某被诊断为"易性症患者"，在做了性别重置手术以后休病假，当当网公司以旷工为理由解除了劳动合同。在

---

〔1〕　贵州省贵阳市云岩区人民法院（2017）黔 0103 民初 2174 号民事判决书。
〔2〕　孙国平："性别认同和性别表达歧视之解决——从我国首例跨性别歧视案说起"，载《贵州省委党校学报》2020 年第 1 期。

单位的辩护意见中，赫然出现下列文字：高某某所患疾病为易性症，当当网公司的其他员工也表示无法与高某某一起工作。二审法院在判决书中明确表达了"社会宽容乃法治之福"的观念，认为要尊重变性人的人格、尊严及其正当权利，认定当当公司向高某某发送的函件中提及"精神病人发作，其他员工的恐惧、不安和伦理尴尬，如厕问题"等内容构成歧视。法院认为主流社会习惯于按照生物性别去理解社会，而总会有一些人按照自己的生活体验来表达性别身份，我们要改变态度，容忍多元化的生存方式。[1]

这个判决的表述具有里程碑的意义，清晰展现了对性别身份歧视的批判。然而对性别身份的平等对待，是否仍然要以"易性症"的存在为前提，应该如何看待跨性别的病理化，都远非是这样一个判决所能解决的问题。

二、教育领域的性倾向歧视与性别认同歧视

据民间公益组织"同城青少年资源中心"2014年8月发布的《中国高校教科书中对同性恋的错误和污名内容及其影响调查报告》显示：包括《变态心理学》《心理健康教育》等90本2001年后出版的教科书中，有40%的书将同性恋视为病态，有50%的专业书主张将同性恋治疗成为"正常"的异性恋，而有57.14%将同性恋分为真性、假性和精神性。这些研究观点早在20世纪50年代就已被西方学界摒弃，但至今仍普遍存在于国内教科书中。广东某高校一女同性恋者秋白（化名）向教育部申请公开其对此类教材的监管信息，但在法定期限内未获回应，于是2015年8月她将教育部告上法庭。北京市第一中级人民法院受理了她的起诉。2015年9月10日，秋白收到了教育部邮寄来的政府信息公开申请告知书，以及递交给法院的行政诉讼答辩状。对于公开信息"严重超期"，教育部向北京市第一中级人民法院解释了延迟回复的理由：收发室在处理信件时，误将该信件投递至教育部下属事业单位教育部信息中心，未能及时答复并无回避或拖延的理由，系工作失误而非

---

[1] 北京第二中级人民法院（2019）京02民终11084号民事判决书。

故意。针对秋白要求的"教育部对高校使用教材的监管职能及对高校使用错误、不符合科学的教材监督措施"的政府信息公开申请，教育部回应：高等学校具有编写和选用教材自主权，教育部不承担对高等学校教材编写和选用的审定职责。2015 年 12 月 25 日秋白撤回诉讼，因为"起诉的基本诉求已达到"。[1]

　　这个案件被评为 2015 年中国十大宪法事例，所涉及的宪法问题与表达自由有关。教育部可以在多大程度上干预教材的编写与选定呢？有一种理论认为，表达自由主要保护的是有关价值的言论，而不是有关事实的言论。言下之意，关于同性恋是不是病的问题，是一个事实问题。1973 年美国精神病学会将同性恋从精神疾病的诊断列表中去除，1990 年世界卫生组织也将同性恋去病理化。2001 年 4 月中华医学会精神科学会的《精神疾病障碍分类与诊断标准》第三版（简称 CCMD3）不再把同性恋视为精神疾病；但是在"性指向障碍"中，仍然保留了"自我不和谐的同性恋"，对自己的性倾向感到不安并寻求改变的同性恋者仍然被列为诊断对象。

　　然而从另外一个角度，把同性恋以及各种多元性别的身份或表达视为精神疾病并不是价值无涉的。这种所谓的"病"一直都不缺乏各种社会力量的建构，以及主流排斥边缘的价值渗透，也就是说，科学所谓的"病"和民间所谓的"变态""恶心""道德败坏"有着千丝万缕的联系。所以，很多心理学或者精神科的教材中把同性恋和跨性别病理化并推荐各种所谓矫正性倾向的方法，与其说是犯了一个事实上的错误，不如说是对性倾向与多元性别的歧视。而教育部对秋白的回复，却以程序性的模糊语言完全回避了对这一歧视现象的实质评价。而且从教育部的回复中，我们也看到了态度上的一种张力：一方面，教育部提到了教

〔1〕　徐晓阳："因教材'恐同'起诉教育部中大女生撤诉：基本诉求已经达到"，载澎湃新闻网，http://www.thepaper.cn/newsDetail_forward_1421090，最后访问时间：2016 年 3 月 1 日。刁凡超等："教育部承认答复中大女生'教材歧视同性恋'信息公开申请迟了"，载澎湃新闻网，http://www.thepaper.cn/newsDetail_forward_1400646，最后访问时间：2016 年 3 月 1 日。邢丙银："高校教材'污名'同性恋：教育部拒公开内情，女生起诉或立案"，载澎湃新闻网，http://www.thepaper.cn/newsDetail_forward_1365275，最后访问时间：2016 年 3 月 1 日。

材编写和选用的自主权；另一方面，教育部也承认对高校的教材编写和选用有监管职能："通过组织对学校教学工作评估等手段，将教材建设与选用作为评估指标之一，对高等学校在教材建设、科学选用教材和建立编写选用质量监管制度等方面进行考查，用以评估高校教学质量。"[1] 教育部应该在性别平等和多元性别的平等保护方面承担起更大的监管职责。条件成熟的情况下，应该有包括多元性别的"性别平等教育"的立法。

当然，此类性别平等的立法必然会加强对教材的审查和监管，凸显出进步主义反歧视目标和表达自由之间的张力，使得我们思考这样一个问题：多元价值之间会出现矛盾，无论如何选择都是有代价的。

2020 年修订后的《未成年人保护法》第 40 条第 2 款规定：学校、幼儿园应当对未成年人开展适合其年龄的性教育，提高未成年人防范侵害、性骚扰的自我保护意识和能力。对遭受性侵害、性骚扰的未成年人，学校、幼儿园应当及时采取相关的保护措施。《人口与计划生育法》第 13 条也规定：学校应当在学生中，以符合受教育者特征的适当方式，有计划地开展生理卫生教育、青春期教育或者性健康教育。这些模糊笼统的规定很难满足在多元性别领域反歧视的需要。如果没有教育领域的反歧视，很难应对校园中对同性恋、双性恋、跨性别、间性人的欺凌。相关的立法和督导评估亟待推进。

第四节　禁止性倾向歧视与性别认同歧视的立法与实践

一、禁止性倾向歧视与性别认同歧视的国际文件

《世界人权宣言》第 2 条规定了人人有资格享有本宣言的权利和自由，不分种族、肤色、性别、语言、宗教、政治或者其他见解、国籍或社会出身、财产、出生或其他身份等任何区别。《公民权利和政治权利

---

〔1〕　引用自教育部回复秋白的"政府信息公开申请告知书"（教公开告【2015】第 353 号），感谢秋白所提供的材料。

国际公约》和《经济、社会、文化权利国际公约》的非歧视条款中也都有"其他身份"的表述，同性恋、双性恋、跨性别、间性人等性倾向与性别认同应该在"其他身份"的囊括下获得平等保障。2011 年南非牵头向联合国人权理事会提出了一项决议草案，人权理事会通过了这项决议（A/HRC/17/L.9/Rev.1），要求联合国人权事务高级专员办事处（以下简称"人权高专办"）起草一份报告，"记录基于性取向和性别认同对个人的歧视性法律和做法以及暴力行为"，以贯彻和执行《维也纳宣言》和行动纲领。决议以 23 票赞成、19 票反对、3 票弃权获得通过。这是联合国第一个关于人权、性倾向和性别认同的决议，被誉为"历史性的"。2011 年 12 月，这份调查报告出炉，记录了全球各地区基于性取向和性别认同的侵犯人权行为，包括针对性别多元群体的仇恨犯罪、同性性行为的罪化和基于性倾向和性别认同的歧视。2014 年，巴西、智利、哥伦比亚和乌拉圭牵头向联合国人权理事会提出一项决议草案，27 票赞成、14 票反对和 7 票弃权。人权理事会第二次通过了这项以"人权、性倾向和性别认同"为内容的决议（A/HRC/27/L.27/Rev），要求联合国人权高专办更新 2011 年的报告，以在适用现行国际人权法标准的情况下，交流攻克暴力和歧视的良好方法。[1]

2006 年 11 月 6 日至 9 日，在印度尼西亚日惹市卡扎码达大学召开了一个国际人权法的专家会议，通过了《日惹原则——将国际人权法适用于性倾向与性别认同的原则》（以下简称《日惹原则》），《日惹原则》反映了现行国际人权法的有关性倾向和性别认同的情况，重要的联合国的人权机构都认为各国有义务为所有的人提供有效的保护，使任何人免遭性倾向和性别认同的歧视。这个原则澄清了各国在现有国际人权法之下的义务，在国际人权法相关性倾向和性别认同的问题上给出了一个比较完整、相对一致的理解框架。这些原则大致包括：普遍享有人权的权利，平等和不受歧视的权利，在法律面前得到承认的权利，生命权，人身安全权，隐私权，不被随意剥夺自由的权利，受到公平审判

〔1〕 https://en.wikipedia.org/wiki/LGBT_rights_at_the_United_Nations，最后访问时间：2020 年 12 月 17 日。

权，在拘留期间受到人道待遇的权利，不受酷刑和残忍、非人道以及侮辱人格处罚和对待的权利，不受任何剥夺、出售、拐卖的权利，工作权，获得社会保障和其他社会保护措施权，获得适当生活水平权，获得适当住房权，教育权，获得可能达到的最高健康水平的权利，不受医疗虐待的权利，观点的自由表达权，和平集会和结社的自由权利，思想、良心和宗教自由的权利，寻求避难的权利，组建家庭的权利，公共生活的参与权，文化生活的参与权，促进人权的权利，获得有效赔偿和救济的权利。

其中第二项原则是平等和非歧视权利。《日惹原则》在这一部分强调：基于性倾向和性别认同的歧视包括任何基于性倾向和性别认同的区别对待、排斥、限制和偏袒，这样做的目的和后果是损害或者取消了法律面前人人平等。基于性倾向歧视和性别认同的歧视常常与性别、种族、年龄、宗教、残障、健康或者经济地位的歧视结合在一起。所以在反歧视措施中需要注意应对这种交叉歧视。

反对性倾向歧视比较重要的国际人权法领域的区域级文件还有2000年12月7日发布的《欧洲联盟基本权利宪章》。其中第21条是反歧视的条款："任何基于性别、种族、肤色、血缘或社会背景、面容外貌、语言、宗教与信念、政治或任何其他意见、少数族裔成员、财产、出生、残障、年龄或性倾向之歧视，均应被禁止。"2007年《里斯本条约》签订，该宪章对欧盟成员国具有约束力，从2009年开始执行。

另外一部比较重要的人权法文件是《欧洲人权公约》。尽管公约的文本没有提到性倾向和性别身份的问题，但是在实施的过程中，欧洲人权法院通过判例明确表达了对同性恋权利的保护。其中生命权，免受非人道对待的自由，私生活和家庭生活受尊重的权利，表达、集会和结社自由，结婚权等条款都在保护性倾向平等方面起到重要作用。[1] 有一种人权法的观点认为，不需要为 LGBTI 群体创设新的权利或者特殊的权利，禁止对性倾向和性别认同的歧视只是在保障普遍享有的所有

---

〔1〕 韩尉："论《欧洲人权公约》对同性恋者权利的保护"，中国政法大学 2010 年硕士学位论文。

权利。

欧盟关于禁止在职场上对性倾向进行歧视的重要文件是 2000 年生效的《平等框架指令》。该立法包括了禁止性倾向歧视的条款。根据这个指令，欧盟成员国有义务把指令的条款转化为国内法。欧盟法院裁定对跨性别的歧视是性别歧视的一种。

二、禁止性倾向歧视与性别认同歧视的国外法

截止到 2020 年，全球共有 11 个国家在宪法中有禁止基于性倾向歧视的规定。57 个国家有比较宽泛的禁止性倾向歧视的规定，81 个国家有禁止性倾向就业歧视的规定。[1]

（一）瑞典

瑞典于 2008 年颁布的《反歧视法案》在第一章"总则"的第一部分说明了立法目的。其中第 1 条规定："本法案的目的是反对歧视，或通过其他方式促进平等权利和机会，不论性别、跨性别身份或者表达、种族、宗教或其他信仰、残障、性倾向或年龄。"第 5 条专门介绍了性别、跨性别身份或表达、性倾向等概念，并且规定，试图改变或者已经改变生理性别的人也涵括在性别歧视的范畴里。

（二）英国

英国 2010 年《平等法》规定的禁止歧视的类型包括性倾向和性别重置（gender reassignment）。在这部法案里面，对性别重置的定义是一个人打算、正在或者已经进行了旨在改变生理性别或者其他性别特质的程序（或者是部分程序）。下面介绍英国的一个判例[2]：

在"迪顿诉出版有限公司案"（Ditton v. CP Publishing Ltd，2006）中，原告在就职 8 天后被解雇。原告在面试的时候被问到性倾向的问题且在就职培训时常受到关于性倾向的侮辱，他在被解雇后，被阻止回办公室，收拾物品时再次受到侮辱。法院认为原告的尊严受到了侵犯，公司制造了恐吓、敌对、有辱人格的环境，判决原告得到 77 000 英镑的赔偿。

---

〔1〕　https：//ilga. org/maps-sexual-orientation-laws，最后访问时间　年　月　日。
〔2〕　高文谦："涉及 LGBT 的反就业歧视法比较研究"，载《反歧视评论》2015 年版。

（三）美国

美国在联邦层面上没有禁止性倾向和性别身份就业歧视的立法，但是有些州明确禁止基于性倾向和性别身份的歧视。2012 年，美国平等就业机会委员会作出了一个重要的裁定保障了跨性别者的平等就业权。麦西（Macy）是一个生理男性老兵，并且曾经做过刑事侦探，申请了美国烟酒、火器与爆炸物管理局（ATF）的职位。申请时，麦西被告知很有可能得到这个职位，而当麦西说明了自己"男跨女"的跨性别身份后，被告知这个职位因为资金的原因撤销了。但是麦西后来得知，别人得到了这个工作。一家为跨性别维权的组织"跨性别法律中心"向美国平等就业机会委员会提起了投诉。平等就业机会委员会作出了裁定，认为对跨性别的歧视属于《民权法案》第七章所禁止的性别歧视。2015 年美国平等就业机会委员会又在另外一个案件中作出裁定，对性倾向的歧视也构成《民权法案》第七章所禁止的性别歧视，因为如果不提到性别，就不可能界定性倾向，所以对性倾向的歧视也属于对性别的歧视。

2020 年 6 月 15 日，美国最高法院法官在"波斯托克诉克莱顿县案"（Bostock v. Clayton County）中以 6 票赞成，3 票反对的结果裁决基于性倾向或性别认同的歧视必然构成《民权法案》第七章的性别歧视。波斯托克是佐治亚州克莱顿县的一名雇员，多年来表现良好。2013 年，他参加了一个同性恋垒球联盟并作为志愿者积极推广该联盟。同年克莱顿县对他控制的资金进行了审计，并以他的行为与县雇员不相称为由解雇了他。佐治亚州并没有任何法律保护同性恋和跨性别者免于职场歧视。波斯托克在地方法院提起诉讼，认为自己受到了性倾向歧视，地方法院没有支持他的主张。他向第十一巡回法院提出上诉，第十一巡回法院也没有支持他的主张，裁定《民权法案》第七章不涉及性倾向歧视的内容。这个判决和其他巡回法院的判决产生了冲突，从而为最高法院对波斯托克案和其他类似案件的合并审理奠定了基础。最高法院的多数意见认为："今天，我们必须做出决断，一个雇主是否能够仅仅因为一个人是同性恋或跨性别者而解雇之。答案很清楚。一个雇主如果因为雇员是同性恋或跨性别者而解雇之，那么解雇的原因就是这个人的特征或行为，在另外不同性别的成员身上，这些特征或行为根本不会被质疑。性别在解雇的决定上扮演了必要且无法掩饰的角色，因此是第七章所禁止的。"[1] 最高法院也意识到虽然立法者的立法意图并不包含性倾向和性别身份歧视的内容，但是对于同性恋或者跨性别的界定由于不可能不考虑性别，因此应该被《民权法案》第七章的性别歧视所涵盖。

综上所述，近些年来，联合国打破了对性少数群体人权的沉默——或者发布官方报告，呼吁各国保护同性恋和跨性别者的权益；或者通过平等决议，督促各国确保禁止基于性倾向和性别认同的歧视。欧盟的一些区域人权保障机制以及欧盟很多国家的国内法，都为这一领域的立法作了很好的探索。但是，我们也看到在一些国家，同性性行为还是犯罪，一些宗教原教旨主义和所谓传统文化也常常成为歧视的"挡箭牌"。性倾向和性别认同的反歧视立法，任重而道远。例如，新加坡仍然保留了制裁男性同性性行为的法律，决策者常常以传统文化作为借口来抵制变革。事实上，传统华人文化根本不支持对同性性行为的定罪，恰恰是英国的殖民统治给新加坡带来了制裁同性性行为的法律。对这样的罪名进行"去罪化"处理，恰恰是"去殖民化"需要做的工作。在这个领域，"传统"常常被误用。传统绝非都是负面资产，例如，对同性恋和跨性别的病理化就不是中国传统，我国的扭转性治疗恰恰是来自于西方一些国家的影响。所以，如何看待传统，如何让传统加入性与性别多元群体的现代对话，是一个非常值得深思的问题。

[练习和思考题]

1. 由于本章第一节介绍的概念基本都来自于西方，于是我们不得不面临一个常谈常新的"古今之别"和"中西之别"：同性恋的概念和古代中国指代男性同性间风流韵事的"龙阳之好""断袖之癖"有什么区别？和指代女性同性性行为的"磨镜"有什么区别？而"间性人"和传统的"阴阳人"又有什么区别？

---

[1]　Bostock v. Clayton County, Georgia, 590 U. S.

2. 前几年，中国的同性恋社群关于性倾向和情欲的变动性曾有一个大争论。2006 年在上海的一个研讨会上，一个反歧视法领域的专家也提出了同性恋成因的问题，认为同性恋者维护自己的权利不能回避这样的问题。所以你认为同性恋的成因是什么？性倾向是否可以改变？这些问题对于性倾向的平等保护来说，是个有意义的问题吗？

3. 试分析在性倾向歧视和性别身份歧视案件中用人单位提出的"有损公司形象"的说法。

4. 性别歧视、性倾向歧视和性别认同歧视之间的关系是什么？为什么这几种歧视类型常常会放在一起做研究？这些歧视之间有哪些异同？

[延伸阅读]

1. 李银河：《同性恋亚文化》，今日中国出版社 1998 年版。

2. 郭晓飞：《中国法视野下的同性恋》，知识产权出版社 2007 年版。

3. 周丹：《爱悦与规训：中国现代性中同性欲望的法理想象》，广西师范大学出版社 2009 年版。

4. 褚宸舸主编：《自由与枷锁：性倾向和同性婚姻的法律问题研究》，清华大学出版社 2014 年版。

5. 郭晓飞："本质的还是建构的——论性倾向平等保护中的'不可改变'进路"，载《法学家》2009 年第 1 期。

6. 林红："人类学视野下的性别思考——以间性人的境况为例"，载《厦门大学学报（哲学社会科学版）》2012 年第 3 期。

7. 高文谦："涉及 LGBT 的反就业歧视法比较研究"，载刘小楠主编：《反歧视评论》，法律出版社 2015 年版。

8. 郭晓飞：《性别少数群体平等保护研究》，中国政法大学出版社 2018 年版。

第十一章　其他歧视类型

［本章主题和课程目标］

本章介绍前科、容貌、学历、地域以及基因等其他几种歧视事由的概念、现状、成因、构成要件以及立法现状及实践。这些歧视事由并不是相关国际公约规定的普遍性的歧视事由，各国及地区的立法和实践也有所不同。但这些歧视事由普遍存在，值得研究探讨。通过本章的学习，可以帮助你掌握这些歧视事由的基本概念和理论，并能运用这些理论和概念对这些歧视现象进行分析。

第一节　前科歧视

［案例导入］

2019 年 1 月 1 日起施行的《武汉市客运出租汽车管理条例》第 25 条规定，从事客运出租汽车营运服务的驾驶员，必须无交通肇事犯罪、危险驾驶犯罪和暴力犯罪记录，无吸毒记录，无饮酒后驾驶记录，且最近连续 3 个记分周期内无记满 12 分记录。请问，上述规定是否构成歧视？

一、前科歧视的概念

（一）前科的含义

在日常生活中，我们经常使用"前科"这个词，学术界在理论探讨中也经常使用这个词。但是在我国现有法律文件中却没有"前科"

这一名称，当然也就没有给予法律界定。尽管如此，可能没有人会质疑我国存在前科制度。我国《刑法》第 100 条规定："依法受过刑事处罚的人，在入伍、就业的时候，应当如实向有关单位报告自己曾受过的刑事处罚，不得隐瞒。"《法官法》第 133 条、《检察官法》第 13 条均规定，曾因犯罪受过刑事处罚的，不得担任法官、检察官。此外，我国众多法律中也有类似规定，例如《教师法》《会计法》等。

由于我国法律中没有对"前科"统一下定义，学界的解释也就众说纷纭了。中国学者大都认同下述定义：前科是行为人因犯罪而被法院宣告有罪记录在案的事实。从研究刑法的视角来说，上述定义没有问题。但从禁止歧视的角度来看，上述定义的范围过窄。在实践中，受到歧视的并不仅仅是因犯罪而被记录在案的人，还包括因一般违法行为受过行政处分或行政处罚以及因违反党纪而受到党纪处分的人。甚至学生在学校受到的纪律处分都会给就业、入学等造成障碍。实际上，只要记入人事档案的违法违纪行为，都无法通过就业、入学前的"政审"。鉴于此，从禁止歧视的角度来说，"前科"的界定应该更加宽泛，即凡因违法违纪而被记录在案的事实都属于前科。

（二）前科歧视的定义

尽管宪法规定人人平等，但有前科者在平等就业等权利方面受到不同于无前科者的限制或者剥夺。虽然国家和政府出台了很多安置有前科公民、帮助其就业的措施，但是有前科公民的实际就业状况还是很糟糕，其中最大的障碍是对违法犯罪前科的歧视。我国现行很多法律法规明确限制有前科公民的就业资格。除法律明确限制的职业以外，在实践中，有前科者在从事其他职业时，也会遭到区别对待。由于现行法律无法调整雇主选择劳动者的自由权利，用人单位往往会排斥有前科者。有前科者即使被录用，在同工同酬、平等选任等方面也面临着不平等待遇。

除了就业之外，有前科者也会受到侵犯居住权、限制人身自由等的区别对待。例如，浙江省温州市鹿城公安分局曾于 2007 年实行过一个针对"高危人群"的"两查一管"制度。"两查"是指检查落脚点的人和落脚点的物，通过指纹、身份和物品比对，搜集相关信息和证据，打击犯罪。"一管"就是管理有前科劣迹对象，目的在于"挤压犯罪空间"。根据这一制度，由派出所把"有犯罪记录暂住者"赶出温州。[1]

综合以上的论述，所谓前科歧视，是指针对有前科公民实施的旨在克减、限制或剥夺其法律权利的任何不合理的区别对待措施。

二、前科歧视的界定

构成歧视的主要要件为区别对待、基于法律禁止的领域、基于法律禁止的理由、不利后果和因果关系等。我国对有前科公民就业、入学、提供公共服务等领域的权利限制是基于法律禁止的领域，而且此等限制已经损害到这部分群体公民平等就业、入学等权利。因此，在界定前科歧视时，其核心就是该等权利限制或者剥夺是否构成区别对待以及该等区别对待是否合理。在本节的分析中，我们主要以有前科公民就业权的限制为例基于这两个要件展开，即：其一，对有前科公民就业权利的限制是否构成区别对待；其二，该等区别对待是否合理。

那么立法限制有前科公民的就业权是否符合这两个核心要件呢？接下来将一一展开分析。

（一）立法限制有前科公民的就业权构成了区别对待

法律法规中对有前科公民就业权的限制表明我国社会对具有违法犯罪前科的公民仍然持有相当担心、怀疑的态度，即便违法犯罪的人已经为自己的过错承受过各种法律处罚，一般大众仍无法接受一个有前科的人。在刑事制裁之外，社会藉由法律规定实质上又施与他们另一种"社会生活的制裁"，也就是不同程度的职业自由的剥夺。这种对有前科公民就业资格的限制与剥夺，仅仅以前科作为归类的依据，形成了与无前科公民就业待遇的明显的区别对待。

（二）限制有前科公民就业权利的区别对待是不合理的

出于社会防卫的目的，从而对有前科者的权利进行剥夺或限制，这种做法表面上看有一定的合理基础，但实质上是非理性的。

---

〔1〕 殷国安："质疑温州'两查一管'：将有前科者赶到月球去"，载搜狐网，http：//
news. sohu. com/20070607/n250433798. shtml，最后访问时间：2021 年 1 月 25 日。

1. 对有前科者权利的剥夺或者限制违反了法律责任归责的"责任相称"原则。责任相称原则是指法律责任的性质、种类和轻重，必须与违法行为的性质和危害程度相适应。责任相称原则是法律公正精神在法律责任归结上的体现，其含义包括：①法律责任的性质应当与违法行为的性质相适应；②法律责任的轻重和种类应当与违法行为的危害和损害相适应。对有前科者权利的剥夺和限制，是对违法犯罪行为惩罚的延续，是违反"责任相称"原则的。法院或者权力机关对违法犯罪人所判处的刑罚或者行政处罚，应该是认为已经足以补偿其违法犯罪行为所造成的损害，并为其违法犯罪行为已支付了应受的代价。但是，刑罚或者处罚执行完毕了，对违法犯罪人的惩罚并没有结束。如果他是律师、法官、检察官、教师等，则必须终生放弃他的专业。这种惩罚的延续依然是"有罪推定"，即说明他们还有违法犯罪的嫌疑，预测他们再次违法的可能性高，这是对未然之违法犯罪行为施加的惩罚。

2. 对有前科者权利的剥夺或限制侵犯了宪法赋予他们的平等权。我国《宪法》明确规定："凡具有中华人民共和国国籍的人都是中华人民共和国公民。""中华人民共和国公民在法律面前一律平等。"根据《监狱法》第38条规定："刑满释放人员依法享有与其他公民平等的权利"。有前科者回归社会后，应该得到和其他社会成员同等的待遇。在这个意义上，对有前科者权利的剥夺或者限制，就是对平等的背离，是一种歧视行为。

3. 不符合深化的复归理论，不利于犯罪人真正地回归社会。深化的复归理论承认犯罪人有复归社会的权利，社会有使犯罪人复归社会的义务。把犯罪人教育成为"新人"，使之复归社会，是真正的最高的人道主义。一个平等的不受歧视的就业环境是犯罪人回归社会的重要条件。如果无法保障有前科公民的平等就业权，实际上就切断了他们回归社会的道路，断绝了他们意图彻底悔过自新和回归正常社会的希望。

4. 不符合刑罚人道主义理念。人道主义的思想是整个现代刑法的基础，也是整个法律的基础。人道主义是刑罚价值体系目标中集中反映人类文明进步和最具现代理念的重要内容，其核心思想是首先把犯罪人作为人来看待，尊重和保障他们作为人的基本权利。犯罪人犯罪以后，法律已令其承担了与所犯罪行轻重相适应的刑事责任，这是正义的体现；但让一个刑罚已经执行完毕的人在合法的情况下，并在相当长的时期内，继续承受该项犯罪所带来的种种报复，就有失公正。我们不能把曾经犯过的罪行当作永远进行现实束缚的理由，这对行为人是不公平的，也不符合刑罚人道主义的要求。

尊重和保障人权，也是社会主义法治理念与法治文明的必然要求。然而，对于有前科的公民来说，前科就是其永远无法和正常人平起平坐的"紧箍咒"。尽管绝大部分有前科的公民非常希望能改过自新、重返社会，过正常人一样的生活，但社会甚至家人将他们视为异类，使他们在就业等方面遇到许多难以想象的困难，身心备受煎熬。这极大地损害了他们作为社会生活主体所应当享有的基本人权。如果没有禁止前科歧视制度的救济，长此以往，前科者困厄的境遇只会使人们由对罪犯的憎恶变成对刑罚适用者的憎恶。禁止前科歧视是一种人道、宽恕的措施，其关注有前科公民的人性，尊重其人格与人的价值。这是合乎人道主义的做法。

概括来说，立法对有前科者公民权利的剥夺和限制，仅是根据有前科这一事实对他们实施的区别对待；同时，这种区别对待是不合理的，除出于国家安全的需要和某些职业的特殊需要以外，这种剥夺或限制构成前科歧视。

对有前科公民就业资格的限制或者剥夺应该合理平衡有前科公民的合法权利和社会公众的利益。一方面，为了保障有前科公民的生存和发展，必须平等保护他们的就业权；另一方面，法律也必须保障普通人群的公共利益以及用人单位的用人自主权。鉴于此，合理的拒绝录用行为必须是有前科者仍然具有很大的主观恶性和威胁社会的可能性，难以胜任拟从事的工作。相关就业资格剥夺或者限制必须确实是基于职业、工种或岗位本身特殊性的内容要求。或者说，该种限制应与相对应的工作内在需要相关，确属从事该工作所必须、合理之限制。我国有些限制或者剥夺有前科公民的立法中体现利益平衡的原则，考虑到了职业的关联性。例如《武汉市客运出租汽车管理条例》中将从事客运出租汽车营运的资格要求限制仅限于与行车有关的犯罪记录以及严重暴力犯罪记录，而不是笼统地对针对所有犯罪记录。2020年10月17日修订并于2021年6月1日起施行的《未成年人保护法》第62条规定："密切接触未成年人的单位招聘工作人员时，应当向公安机关、人民检察院查询应聘者是否具有性侵害、虐待、拐卖、暴力伤害等违法犯罪记录；发现其具有前述行为记录的，不得录用。密切接触未成年人的单位应当每年定期对工作人员是否具有上述违法犯罪记录进行查询。通过查询或者其他方式发现其工作人员具有上述行为的，应当及时解聘。"该条规定考虑到密切接触未成年人工作岗位的特定性质，对有特定类型犯罪记录的公民就业进行了限制。但该等限制是对从事密切接触未成年人工作者进行的合理、必要的限制，不属于前科歧视。

三、禁止前科歧视的立法与实践

综合有关国际公约和世界主要国家或地区的禁止歧视立法，客观地说，现在将前科歧视作为歧视种类的国家仍为少数，明确立法反对前科歧视的国家只有加拿大、韩国和美国的少数的州。

在加拿大，1978年《加拿大人权法》禁止基于种族、民族、出生地、肤色、出身、国籍、信仰、性别、性倾向、年龄、犯罪记录、婚姻状况、家庭和残障等多种因素对应聘者进行就业歧视。1973年加拿大不列颠哥伦比亚省首次在《人权法》中禁止在就业中歧视被赦免的罪犯。该省《人权法》第8条第2款规定："刑事判决或简易定罪不应该构成阻碍该个人职业、就业、提拔的合法理由，除非该罪名与本人从事的职业或申请的工作有关。"随后，加拿大很多省的人权法都有类似这样的条款。尽管加拿大也有一些案例表明加拿大对赦免者的保护[1]，但正如加拿大人权委员会在"DD诉不列颠哥伦比亚省"（DD v. The Province of B. C）一案中所指出的，"很多教养服务机构的高级官员提供证据表示赞成雇佣有犯罪记录的人，为减少再犯罪应给他们就业机会

---

[1] Driediger v. Dalke, Marshall and Peace River Block News, Insurance Corp. of B. C. V. Heerspink。

的重要性，但另一方面，也应该承认，事实上，（赞成雇佣有犯罪记录的人）在雇佣前科犯方面想得比做得多。"[1]

韩国于 2001 年制定的《国家人权委员会法》第 2 条规定了禁止歧视的事由。[2] 在列举的应当被禁止的歧视类别中明确提到犯罪记录。

美国有五个州（夏威夷州、堪萨斯州、纽约州、宾夕法尼亚州、威斯康星州）的立法规定不许歧视有犯罪记录的人，除非该犯罪与工作有关。[3]为保障有犯罪记录者获得公平的就业机会，美国的很多州及城市近年来推行禁止询问犯罪记录法案（ban the box）。该法案禁止雇主在求职申请表或者类似求职文件中包含是否有犯罪记录的选项，同时要求雇主在申请阶段不询问求职者是否有犯罪记录。其目的是确保求职者在被问及是否有犯罪记录之前有机会展示他们的就业资格和能力。禁止询问犯罪记录法案起源于 20 世纪 90 年代的夏威夷，最近几年在美国迅速推广——已经有 23 个州以及 100 多个城市和县城采纳了这样的立法，并且在这 23 个州里，已经有 7 个州将禁止询问犯罪记录的义务扩大到私营企业。[4] 例如，纽约市从 2015 年 10 月 27 日起实施一项新的名为《公平就业机会法案》的法律，该法案要求纽约市的大多数雇主在向应聘者发出有条件工作邀约后才能询问、考量应聘者的犯罪记录。2016年，洛杉矶城市议会通过类似法令，在早期招聘阶段禁止雇主询问求职者的犯罪记录。在美国联邦立法层面，2015 年，前总统奥巴马曾要求联邦机构推行禁止询问犯罪记录法案。美国平等与就业委员会（EE-OC）曾就有关问题发出过相关指引（Guidelines）。[5]

---

〔1〕 李薇薇、Lisa Stearns 主编：《禁止就业歧视：国际标准和国内实践》，法律出版社2006 年版，第 628 页。

〔2〕 韩国《国家人权委员会法》第 2 条提出禁止歧视的事由包括：性别、宗教、残障、年龄、社会经济状况、出生地、户籍地、主要居住地、国籍、种族、面貌、婚姻状况、民族、肤色、政治观点、家庭状况、怀孕、犯罪记录、性倾向、教育背景、医疗背景等。

〔3〕 王彬：《就业中的前科歧视研究》，中国政法大学出版社 2009 年版，第 165 页。

〔4〕 柯振兴："美国部分州禁止岗位申请阶段询问犯罪记录"，载美国劳动法观察网，http：//uslaborwob. com/2016/06/news/574/，最后访问时间：2018 年 6 月 25 日。

〔5〕 王彬："美国禁止询问犯罪记录法案的立法与实践"，载《反歧视评论》2019 年 8月，第 1 版。

第二节　容貌歧视

[案例导入]

2006 年 11 月初，秋子应聘到上海昂立教育投资管理咨询有限公司工作，经培训并与公司签订了实习合同与外派合同。后该公司华北大区师训部以其相貌不佳为由，多番推诿，拒不按照合同规定履行劳动合同。请问该公司华北大区师训部的行为是否构成歧视？

一、容貌歧视的概念

容貌，顾名思义，主要是指个人的外表，包括长相、身高、体形、穿着打扮、形象气质等。容貌往往是一个人最先被他人感知的因素，也往往成为一个人被评价和比较的要素。年轻人喜欢用一个网络流行词"颜值"来评价人的容貌。容貌不仅仅影响个人的社交，也影响个人的就业。早在 1994 年，美国德克萨斯州立大学的经济学家夏马梅斯教授和密歇根州立大学的经济学家比德尔教授通过对美国和加拿大几千个家庭资料的调查分析后发现：在其他条件相等时，被访者中被列为"容貌丑"的工作女性每小时薪金要比平均低 5%，而容貌美丽的女性则比平均多收入 4%；在男性中，被列为"容貌丑"的占 9%，收入比容貌英俊的同性少 9%。1999 年，夏马梅斯教授与香港中文大学的张进森、澳洲国民大学的西蒙一起对我国上海女性的容貌与收入之间的关系作了调查分析，发现在其他条件相同的情况下，容貌最好的 35% 的上海女性，比容貌一般或较差的要多收入 10%。[1]

容貌歧视是指因长相、身高、体形等容貌因素取消或损害其平等就业、职业机会或给予不同的差别待遇。在就业领域主要表现为：雇主认为应聘者或职员（主要针对女性）长相普通没有吸引力、身高相对较矮或肥胖而不予录用或解聘；强制劳动者（主要是女性职员）化妆、

---

[1]　韦淇宁："我国就业中的容貌歧视研究"，载《南方论刊》2008 年第 6 期。

禁止劳动者（主要针对男性职员）留胡子，等等。

二、容貌歧视的界定

歧视的基本特征是对人加以区别对待。但是，并非所有的区别对待都构成歧视，"对一项特定职业基于其内在需要的任何区别、排斥或优惠不应视为歧视"。判断是否构成歧视的关键是明确区别对待的条件是否为"职业的客观需要"。首先，雇主的差别对待行为应基于合法的目的。其次，实现目的的手段应该是"适当的、必须的"。再次，要论证目的和手段有必然的联系。不受歧视原则要求用人单位不以与岗位工作性质没有必然联系的劳动者的某些因素对劳动者在求职过程中进行区别对待。[1]因此，容貌是否与工作有内在联系、是否构成衡量求职者工作能力的一个标准，是判断容貌要求是否合理、是否构成容貌歧视的关键。国家和社会必须给每一个人创造公平的就业条件和环境，作为市场主体的企业也应该避免设定对容貌的不合理要求。个人是否适合从事某个岗位，不应该取决于与工作岗位职责无关的相貌特征。[2]

在"秋子诉上海昂立教育投资管理咨询有限公司"一案中，秋子因其头部较大，被用人单位认为不适宜从事教师职业。用人单位的行为是否构成就业歧视的关键就是该容貌要求与教师职业是否有关，是否构成衡量求职者工作能力的一个标准。评定一个合格的英语教师的标准应该是其是否具有良好的师德、足够渊博的学科知识，对教育事业是否具有责任心和对学生是否具有爱心。我国《教师法》第10条对教师资格的评判标准作出了规定："国家实行教师资格制度。中国公民凡遵守宪法和法律，热爱教育事业，具有良好的思想品德，具备本法规定的学历或者经国家教师资格考试合格，有教育教学能力，经认定合格的，可以取得教师资格。"可见，法律没有要求必须具有漂亮容貌的人才可以担任教师，更没有规定教师的头部大小必须在一定范围之内。秋子虽然系

---

〔1〕　周伟、李成、李昊等编著：《法庭上的宪法》，山东人民出版社2011年版，第399页。

〔2〕　周伟、李成、李昊等编著：《法庭上的宪法》，山东人民出版社2011年版，第410页。

先天性脑积水患者，头部较正常人更大，但其他方面的能力和正常人没有区别。秋子接受过高等教育，获得了相应的学历证明，并获得了初级教师资格证和初中英语教师资格证。同时，秋子热心公益事业，具有爱心和强烈的责任心。由于相貌与教师职业素质之间不具有关联性，相貌的优劣，头大头小，不足以肯定或否定一个人是否具备教师资格。因此，用人单位以相貌不适合工作要求为由，拒绝为申请人安排工作岗位，严重侵犯了秋子的劳动权利，构成了容貌歧视。[1]

三、禁止容貌歧视的立法与实践

（一）美国

美国联邦成文法律并未将就业容貌歧视明令禁止，但美国是判例法国家，司法判例是极为重要的法源，并不断丰富和补充着成文法。目前，美国联邦法律系统对于就业容貌歧视的救济是通过将容貌附加于宪法保护的自由权或其他成文立法明令禁止的歧视种类，以涉嫌构成法律明令禁止的性别、残障、种族等歧视来曲线救济容貌歧视。主要借助美国联邦宪法第十四修正案的正当程序条款中的自由保护、《民权法案》第七章的就业性别歧视禁止、就业种族歧视禁止以及《美国残障者法案》的就业残疾歧视禁止来间接规制就业容貌歧视。

与联邦成文法不同，一些司法管辖区已经明确立法禁止就业容貌歧视，如密歇根州《艾利奥特拉森民权法案》《哥伦比亚特区人权法案》以及加利福尼亚州《圣克鲁斯市法令》。

1. 密歇根州《艾利奥特拉森民权法案》。密歇根州的《艾利奥特拉森民权法案》虽然没有直接禁止"容貌歧视"，但明确禁止了基于容貌之身高和体重的就业歧视。与联邦曲线规制容貌歧视不同，在密歇根州《艾利奥特拉森民权法案》下，职员无需借助于其他法律明确禁止的歧视类型，可以直接基于《艾利奥特拉森民权法案》要求规制雇主基于身高或体重的歧视。当然，《艾利奥特拉森民权法案》也规定了抗辩事由，即如果被告提供了足够的证据证明身高或体重是商业正常运作合理

---

[1] 周伟、李成、李昊等编著：《法庭上的宪法》，山东人民出版社 2011 年版，第 400 页。

必要的条件，就可以基于身高或体重对职员差别对待。

2.《哥伦比亚特区人权法案》。密歇根州的《艾利奥特拉森民权法案》已经非常先进，但该法案没有明确提出"就业容貌歧视"的概念。《哥伦比亚特区人权法案》则走得更远，该法案明确禁止基于个人容貌（personal appearance）的就业歧视。该法案对个人容貌进行了明确界定——个人容貌指的是："不管性别，与身体条件或特征有关的任何人的外表，着装的方式或风格，个人仪容的方式或风格包括但不限于头发和胡须的风格。"应聘者或职员在遭受就业容貌歧视时，可以直接基于该法案禁止个人容貌歧视的规定寻求救济。与密歇根州《艾利奥特拉森民权法案》一样，《哥伦比亚特区人权法案》也规定了非主观故意的或是基于商业必要的例外。

3. 加利福尼亚州圣克鲁斯市法令。加利福尼亚州圣克鲁斯市法令明确禁止基于身高、体重、体型特征（physical characteristic）的歧视。事实上，虽然该法案原计划是禁止基于个人容貌（personal appearance）的歧视，但由于当地年轻人整容盛行，公众对于立法保护个人容貌反应强烈。因此，立法者当即作出改变，规定只具体禁止基于体型特征的歧视，而非笼统地禁止容貌歧视。法令对体型特征作出定义，即"与生俱来的或因事故、疾病以及其他身体自然形成的或个人无法控制的原因产生的身体条件或身体特征"。

（二）韩国

韩国 2001 年通过的《国家人权委员会法》规定了禁止歧视的范围和原因。在禁止歧视的原因中，明确列举了"容貌"等身体条件。

（三）中国

容貌歧视在我国大量存在，尤其是在就业领域。我国《就业促进法》第 3 条第 1 款规定劳动者依法享有平等就业和自主择业的权利；第 2 款规定劳动者就业，不因民族、种族、性别、宗教信仰等不同而受歧视，并没有将容貌作为明令禁止的就业歧视类型。在司法实践中，在学者统计的我国 2000～2011 年间共计 92 件与反歧视有关的案例中，容貌歧视只有 9 件；而且这些案件几乎都是败诉或被驳回，[1] 其中有代表性的案例是 2002 年的"蒋某诉中国人民银行成都分行录用行员要求身高条件案"。2007 年"秋子诉上海昂立投资有限公司录用教师长相歧视案"是比较典型的成功案例。该案经劳动部门调解达成和解并共同发表和解声明。

对我国就业中广泛存在的容貌歧视应该如何规制，学者们提出了各种意见，概括为三种路径：一是在相关立法中将容貌歧视列为明令禁止的歧视类型；二是对现行《就业促进法》第 3 条第 2 款"劳动者就业，不因民族、种族、性别、宗教信仰等不同而受歧视"中的"等"做扩大解释，认为立法并非仅仅禁止基于民族、种族、性别、宗教信仰的就业歧视；三是借鉴美国在容貌歧视方面的立法及司法实践经验，将容貌歧视融于性别歧视、残障歧视等明令禁止的歧视类型。[2]

第三节　学历歧视

[案例导入]

一则新闻曾在微博上引发热议："深大章校长：不准歧视我的学生！"深圳某银行招聘，规定应聘者必须来自"211 大学"。学生给章校长写信。第二天，章校长让学校财务处撤回学校在该银行的所有存款，并声明："如果银行再不改，就号召两万多名学生的家长把存在这家银行的钱全部提出来。"涉事银行很快修改了招聘启事。一些人赞赏章校长的行为，痛斥银行搞就业歧视；一些人则认为银行有这样做的权利。请思考：要求应聘者必须来自"211 大学"是歧视吗？

一、学历歧视的概念

（一）学历的定义

学历一般是指求学者的学习经历，即其曾接受何种层次的教育以及

---

〔1〕　周伟："从身高到基因：中国反歧视的法律发展"，载《清华法学》2012 年第 2 期。
〔2〕　王彬、潘金文："美国禁止容貌歧视的立法与实践及其对中国的启示"，载《妇女研究论丛》2014 年第 3 期。

从何种类型的学校毕业或肄业，一般以相应的学历证书或者其他学业证书作为证明。[1] 简而言之，就是人们在教育机构中接受科学、文化知识训练的学习经历。根据教育部的有关文件，学历主要是指一个人最后也是最高层次的一段学习经历，以教育行政部门批准、有国家认可的文凭颁发权力的学校及其他教育机构所颁发的学历证书为凭证。[2] 在我国，学历层次一般分为专科、本科、第二学士学位、硕士研究生、博士研究生等；学习形式包括普通全日制、成人脱产、业余、夜大学、函授、电视教育、网络教育等；证书颁发院校的层次一般有"双一流大学"[3]、"985 工程"院校、"211 工程"院校（2019 年以后，教育部已将"211 工程"和"985 工程"等重点建设项目统筹为"双一流"建设）、教育部直属院校与省属、市属院校等。

（二）学历歧视的定义

日常观念认为学历歧视就是指对低学历者的歧视。纵观我国就业领域中的种种学历歧视现象，存在各式各样不合理的限制或偏见。其中有对求职者低学历层次的歧视，有对其学习形式与学历证书颁发院校的歧视，也包括对其原始学历的歧视。对学习形式的歧视常见为招聘者偏好于全日制高校毕业生而轻视自学考试、成人高等教育与函授电大等其他学习形式的毕业生。对学历颁发院校的歧视常见于招聘者青睐于"双一流大学"、"985 工程"院校或"211 工程"院校的毕业生而轻视其他普通高校的毕业生。对原始学历或者第一学历的歧视，表现为要求求职者的本科学历必须为"双一流大学""985 工程"院校或"211 工程"院

---

[1] 张念宏主编：《教育学词典》，北京出版社 1988 年版，第 288 页。

[2] 《国家教委办公厅关于"学历"、"普教性学校"有关问题的复函》（教学厅[1995] 13 号）。

[3] 世界一流大学和一流学科，简称"双一流"。2017 年 1 月，经国务院批准同意，教育部、财政部、国家发展和改革委员会印发《统筹推进世界一流大学和一流学科建设实施办法（暂行）》；同年 9 月 21 日，教育部、财政部、国家发展和改革委员会联合发布《关于公布世界一流大学和一流学科建设高校及建设学科名单的通知》，正式公布世界一流大学和一流学科建设高校及建设学科名单，首批"双一流"建设高校共计 137 所，其中世界一流大学建设高校 42 所（A 类 36 所，B 类 6 所），世界一流学科建设高校 95 所；双一流建设学科共计 465 个（其中自定学科 44 个）。

校毕业。原始学历不是"双一流大学"、"985 工程"院校或"211 工程"院校等名校，即使最高学历是博士，也一样会被歧视的现象，就是原始学历或者第一学历歧视的一种。

因此，将学历歧视简单规定为对低学历层次者的歧视显然不符合现实情况。在求职过程中遭遇学历歧视的低学历者，是对由低学历层次者、其他学习形式求学者与非"985 工程"院校、"211 工程"院校毕业生所组成的动态群体的统称。对学历歧视的规制不单要强调制约对低学历者的不合理对待，还应当有效保障劳动者避免受到用人单位提出与职位需求无关的学历层次、学习形式与学校层次等方面的不合理要求。

综合以上的论述，我们将学历歧视定义为：学历歧视是指用人单位对劳动者的学历层次、学习形式与学校层次等方面设置了法律规定所允许的条件之外的差别对待条件，包括任何形式的区别、排斥或优惠；且该类条件与求职者的职位需要之间不存在相关性，导致劳动者的平等就业权遭到剥夺或损害。

二、学历歧视的界定

我国学界目前对学历歧视的界定标准尚未形成统一的意见。我们可借鉴在西方国家司法上判断正当职业要求的三段论证明方法来判断是否构成学历歧视。

1. 用人单位设置的学历条件是否基于合法的目的，即是否与岗位需要相关。例如，很多用人单位要求应聘者必须为"985 工程"院校或"211 工程"院校毕业生。这些要求如与应聘者的个人能力无关、与招考职位的需要无关，则应界定为学历歧视。

2. 用人单位设置的学历条件是否是必需的、适当的。对应征职位学历条件的不合理设定比较明显与常见。例如，在招聘中，常常可以看到一些机关部门对求职者的学历层次过分贪高，对一些本科生甚至专科生便能够完全从事的职位，坚持要求非研究生不用。在对学历条件的设置是否必需与适当的考察中，关键在于分析用人单位招考的职位是否存在着对具体学历层次、学习形式与学习院校的客观需要，是否存在着对学历的其他内容，如学制、毕业时间的客观要求。

3. 用人单位所设置的学历条件与其招考目的之间是否存在必然联系。一方面，需要考察用人单位所设置的学历条件是否被绝对化。另一方面，也要考察在招考工作的具体运行环节中，如考题的编制、面试的问答等是否符合职位对学历条件的客观需要。若将学历条件绝对化来衡量一个人的工作能力，条件和需要之间缺乏必要联系，在设置报考条件时提出绝对的硬性的学历条件对某个人或某个群体做出区别或排斥，将很可能导致学历歧视。

这三个标准不是绝对孤立的，而是相互关联的。某一具体的学历歧视现象可能是违反了其中的某一个标准，也可能是同时违反其中的几个，但其所形成的学历歧视的结果却是确定与一致的，即剥夺或损害求职者在就业上的机会或待遇平等。因此，某一学历条件限制是否构成学历歧视应当综合上述三个标准加以判定。

长期以来，一些用人单位招聘中规定求职的应届毕业生来自"985工程"院校、"211工程"院校之风盛行。另外，用人单位对非全日制毕业生的歧视也屡见不鲜。例如，某2017年后的统招非全日制硕士研究生在参加内蒙古鄂尔多斯古杭锦旗和准格尔旗的教师招聘时，均被以"学历不符，非全日制学历"的理由拒绝。海南中学公开招聘中，某非全日制研究生顺利获得录取资格，并经海南中学三次公告进入体检，但最终被取消资格。[1] 用人单位将能力与毕业院校、学习方式简单画等号，其背后也是"图省事"的思想在作怪，懒于对求职学生的能力和素质进行认真细致的考察，构成了对求职学生就业平等权的侵犯。也有一些大学在招收硕士、博士时，执行非"985工程"院校、"211工程"院校本科生不要的政策。其背后的逻辑与用人单位招聘时要求"985工程"院校、"211工程"院校毕业生如出一辙，构成对考生平等教育权的侵犯。

三、禁止学历歧视的立法与实践

在各国禁止歧视的立法以及有关禁止歧视的国际公约中，明确立法

---

〔1〕　经媒体曝光后，内蒙古和海南相关部门均做出相应调整，取消了对非全日制研究生的歧视性限制。

禁止学历歧视的很少。韩国是明确禁止学历歧视的国家，禁止学历歧视在韩国《国家人权委员会法》中有所规定。韩国是一个重视教育和学历的国家，但学历能否成为雇主决定是否雇用或者从事特殊职业的考量因素，取决于学历是否构成真正的工作需要。比较有代表性的案例是陈情人诉韩国食品医药用品安全厅基于学历的歧视案件。在该案中，陈情人主张韩国食品医药用品安全厅和中央人事委员会在公务员特殊招聘时，只重视学历限制应聘资格，构成了基于学历的歧视。陈情人应聘时被要求填写过去的教育经历，甚至包括填写学校名称；某些职位应聘资格只限于硕士以上持有者；需要提供硕士及博士论文摘要，而且要求写入毕业大学名称和论文指导教授的姓名；要求提供从专科大学到最高学历的成绩单。陈情人主张，上述条件限制构成了学历歧视。国家人权委员会决定，被陈情人在应聘申请书里要求应聘人填写学校名称或者只把学历当成特殊聘用的应聘资格是属于侵犯平等权的歧视差别行为。[1]

中国现有的法律法规中列举的禁止歧视的事由并没有包含学历歧视。针对中国普遍存在的毕业生就业的制度性院校歧视（表现为对非"985 工程"院校、"211 工程"院校毕业生就业的制度性院校歧视）和学习方式歧视（表现为对非全日制毕业生的歧视），我国教育部等相关部门多次发文明令禁止。2013 年，教育部办公厅发出《关于加强高校毕业生就业信息服务工作的通知》。该通知要求各地、各高校在组织校园招聘活动时，要加强对用人单位资质、招聘信息的核查，营造公平就业环境。严禁发布含有限定"985 工程"院校、"211 工程"院校等字样的招聘信息，严禁发布违反国家规定的有关性别、户籍、学历等歧视性条款的需求信息，严禁发布虚假和欺诈等非法就业信息，坚决反对任何形式的就业歧视。2018 年，教育部印发《关于做好 2019 届全国普通高等学校毕业生就业创业工作的通知》（教学〔2018〕8 号），再次要求各地各高校加强校园内招聘活动管理，严禁发布有关性别、民族、院校、学习方式（全日制和非全日制）等歧视性信息。2019 年 10 月 9

---

〔1〕 林燕玲等：《反就业歧视的案例与评析——来自亚洲若干国家和地区的启示》，社会科学文献出版社 2013 年版，第 329 页。

日，教育部发布《对十三届全国人大二次会议第 6027 号建议的答复》。[1] 在答复中，教育部明确要求严禁发布含有限定"985 高校"、"211 高校"等字样的招聘信息，严禁发布违反国家规定的有关性别、户籍、学历等歧视性条款的需求信息，严禁发布性别、民族、院校、学习方式（全日制和非全日制）等歧视性信息；不得设置与岗位要求无关的条件，不得将院校作为限制性条件；提高毕业生维权意识。2020 年 2 月，教育部办公厅等五部门联合发布的《关于进一步做好非全日制研究生就业工作的通知》中明确要求，各级公务员招录、事业单位及国有企业公开招聘要根据岗位需求合理制定招聘条件，对不同教育形式的研究生提供平等就业机会，不得设置与职位要求无关的报考资格条件。2020 年 11 月，教育部发布《关于做好 2021 届全国普通高校毕业生就业创业工作的通知》，该通知再次强调用人单位不得将毕业院校、国（境）外学习经历、学习方式（全日制和非全日制）作为限制性条件。虽然教育部的这些通知能够缓解学历歧视问题，但要想有更好的效果，必须上升到法律层面，在相关立法中明确禁止学历歧视。

第四节　地域歧视

[案例导入]

2005 年 3 月，深圳市公安局龙岗分局下属机构龙新派出所在辖区悬挂"坚决打击河南籍敲诈勒索团伙"和"凡举报河南籍团伙敲诈勒索犯罪、破获案件的、奖励 500 元"横幅。2 名河南籍公民以该行为存在地域歧视、侵犯其名誉权为由起诉至法院。请问，被告派出所的行为是否构成地域歧视？

---

　　[1] 《对十三届全国人大二次会议第 6027 号建议的答复》，是教育部收悉十三届全国人大二次会议第 6027 号建议提出的《关于鼓励和引导央企及各省属国企校园招聘给予一般高校毕业生平等就业机会的建议》后，经商人力资源和社会保障部和国务院国资委，于 2019 年 10 月 9 日做出的答复。

一、地域歧视的概念

（一）地域歧视的定义

地域歧视一直以来作为一个热点问题被媒体和网络所关注和讨论。在我国，以一些地方和人群中存在的丑化与歧视河南人的现象为典型。在就业中，不招河南人就是典型的地域歧视，例如备受关注的"河南女孩应聘遭拒案"。在该案中，大学毕业的小闫于2019年7月应聘浙江喜来登度假村有限公司的"法务"和"董事长助理"两个职位。然而，小闫很快收到了该公司拒绝录用的回复，原因一栏只写了"河南人"三个字。小闫认为，浙江喜来登度假村有限公司招聘人员存在地域歧视行为，遂提出诉讼。2018年12月，最高人民法院发布了《关于增加民事案件案由的通知》，该通知对原有的《民事案件案由规定》进行了修改，于"人格权纠纷"的第三级案由"一般人格权纠纷"项下增加一类第四级案由"平等就业权纠纷"。这个规定将平等就业权纠纷确定为一般人格权纠纷项下的独立案由。本案即为典型的平等就业权纠纷。一审法院判决喜来登赔偿小闫1万元，并在媒体道歉。但双方均不服，提起上诉。2020年5月15日，浙江省杭州市中级人民法院二审驳回小闫及浙江喜来登度假村有限公司的上诉，维持杭州互联网法院一审作出的浙江喜来登度假村有限公司赔偿小闫1万元，并在《法制日报》书面向小闫赔礼道歉的判决。

对河南人的歧视只是地域歧视的一个缩影。中国正处在传统社会向现代社会过渡的转型期，各种各样的地域歧视现象相继出现。[1]

所谓地域歧视，我们可将其简单定义为其他人群对某一地域的人的不公平、否定性和排斥性的社会行为或制度安排。

地域歧视在就业领域的集中表现就是不顾工作岗位的实际需要，以劳动者出生的地域为由而拒绝录用。例如公开声称"河南人形象不好、东北人爱闹事、北京人都是大爷"而对这些地域出生的劳动者不予录用。

---

〔1〕 黄国萍、姚本先："和谐社会构建视野下的地域问题探析"，载《中国社会心理学会2006年学术研讨会论文集》2006年第4期。

（二）地域歧视与户籍歧视的不同

地域歧视与户籍歧视有相同的地方，两种歧视的形成都与我国比较特殊的户籍管理制度有关。户籍歧视是指拥有某一户籍的个人或群体，因其户籍原因，受到不公平对待。但地域歧视不同于户籍歧视，主要是由于各地区经济、文化发展上的差异以及把个别人行为放大而形成的歧视。地域歧视和户籍歧视虽然都与户籍制度有关系，但是属于不同种类的歧视。地域歧视更注重出生地域（包括出生地、原籍）的歧视，有些人不是户籍歧视的受害者，但可能是地域歧视的受害者；而有些人则可能同时遭受户籍歧视和地域歧视，无论他们的户籍和出生地域是否一致。

二、地域歧视的界定及成因

（一）地域歧视的界定

地域歧视是歧视的一种，其构成要件也由区别对待、基于法律禁止的事由、不利的后果、因果关系等组成。我国广泛存在的就业、入学等领域的地域歧视现象符合歧视的构成要件。这些区别对待是基于地域的原因，对处于相似情况下之主体进行差别对待。如前来应聘工作的二人，因其中一人来源于某地而不予录用。这种区别对待给受害者造成的损害后果，主要表现在教育、就业等方面平等机会的丧失、权利的减损，以及精神损害。这种区别对待不具有合理的基础，是与职业要求无关的理由，无法证明是基于工作的内在需要而实施的区别对待。

（二）地域歧视的成因

地域歧视的成因，大致有如下几点：

1. 经济发展的失衡。地区差距是客观存在的，地区之间因为资源的争夺而不可避免地会产生各种利益矛盾。地区差距和地区利益矛盾的存在，必然反映在社会心理方面，形成优势地区人群的优越感。如果这种优越感不加节制而过度膨胀，对落后地区和弱势群体的歧视就将难以避免。[1]

---

〔1〕　李庆英："和谐社会不能容忍地域歧视"，载《北京日报》2006年9月18日，第18版。

2. 社会记忆建构。根据近年来学界较为流行的社会记忆理论分析，地域歧视对象的形成可以被视为社会记忆建构的过程。而这种建构中的社会记忆素材时而被强化时而被弱化，时而显现时而隐匿，最终构建了一个被歧视的地域形象。

3. 心理刻板评估。社会心理学把这种地域歧视解释为一种由于社会认知上的偏差而产生的社会刻板印象。当这种认知上的偏差渐渐成为一种群体性的刻板印象后，就会导致在求职就业时进行刻板心理评估，最终导致一种地域歧视的不和谐状态。

4. 地域歧视是"贱贫"心理的体现。我国正处于社会转型期，社会发展出现一系列阶段性特征，各种社会矛盾交织在一起，社会问题比较多。特别是因为贫富差距的持续扩大而造成的"仇富"和"贱贫"心理，使穷人和富人之间的鸿沟拉大。贫穷地方的人到一些经济发达的地方谋生，容易遭到歧视的原因，从某种意义上说就是他们的家乡太穷，富人存在"贱贫"心理。[1]

三、禁止地域歧视的立法与实践

综合有关国际公约和世界主要国家或地区的禁止歧视立法，加之概念及用语之不同，我们找不到明确禁止地域歧视的立法。但是，有些国家的反歧视立法中包含类似的禁止歧视事由。韩国《国家人权委员会法》禁止出生地域（包括出生地、原籍、未成年之前所主要居住区）的歧视。[2] 德国《宪法》禁止任何人因"家乡"而被给与较好或者较差的待遇。[3] 美国《民权法案》第七章禁止歧视的因素中包括禁止基于源生国的歧视。所谓源生国，法案并未对该词进行解释。但从美国国会立法史料来看，"源生国"可以简单地解释为"你或你的祖先来源的国家"。美国最高法院的判例也表明"源生国"是指"一个人出生的国家，或者他或她的祖先来源的国家"。《印度宪法》第 15 条禁止基于

---

〔1〕 李庆英："和谐社会不能容忍地域歧视"，载《北京日报》2006 年 9 月 18 日，第 18 版。

〔2〕 韩国《国家人权委员会法》第 2 条。

〔3〕 德国《宪法》第 3 条第 3 款规定："任何人不得因性别、出身、种族、语言、籍贯、血统、信仰、宗教或者政治见解而受歧视或享特权。任何人不得因残障而受歧视。"

"出身地"的歧视。

虽然我国现有的立法中并没有明确禁止地域歧视，但并不意味着我国法律不禁止地域歧视。《就业促进法》第 3 条在明确规定民族、种族、性别、宗教信仰四种法定禁止区分事由时使用"等"字结尾，表明该条款是一个不完全列举的半开放性条款，即法律除认为前述四种事由构成不合理差别对待的禁止性事由外，还存在与前述事由性质一致的其他不合理事由，亦为法律所禁止。何种事由属于前述条款中"等"的范畴，现阶段在司法实践中一个重要的判断标准是，用人单位是根据劳动者的专业、学历、工作经验、工作技能以及职业资格等与"工作内在要求"密切相关的"自获因素"进行选择，还是基于劳动者的性别、户籍、身份、地域、年龄、外貌、民族、种族、宗教等与"工作内在要求"没有必然联系的"先赋因素"进行选择。后者构成为法律禁止的不合理就业歧视。劳动者的"先赋因素"，是指人们出生伊始所具有的人力难以选择和控制的因素。法律作为一种社会评价和调节机制，不应该基于人力难以选择和控制的因素给劳动者设置不平等；反之，应消除这些因素给劳动者带来的现实上的不平等。将与"工作内在要求"没有任何关联性的"先赋因素"作为就业区别对待的标准，根本上违背了公平正义的一般原则，不具有正当性。在"河南女孩应聘遭拒案"中，杭州互联网法院认为，被告喜来登公司以地域事由要素对小闫的求职请求进行区别对待，而地域事由属于小闫乃至任何人都无法自主选择、控制的与生俱来的"先赋因素"。在喜来登公司无法提供客观有效的证据证明，地域要素与小闫申请的工作岗位之间存在必然的内在关联或存在其他的合法目的的情况下，喜来登公司的区分标准不具有合理性，构成法定禁止事由。[1]

---

〔1〕 杭州互联网法院（2019）浙 0192 民初 6405 号民事判决书。

第五节　基因歧视

［案例导入］

原告于 2009 年 4 月参加了被告组织的广东省佛山市公务员考试并顺利通过笔试和面试，经体检被认定为地中海贫血基因携带者，不合格。后复检，检查项目为地中海贫血基因分析，复检结果为：携带地中海贫血基因。最终被告认定其为：体检不合格。原告因此失去了被录用为公务员的机会。请问：被告的行为是否构成歧视？

一、基因歧视的概念

基因歧视源于英语"genetic discrimination"。联合国教科文组织通过的《关于人类基因组和人权的普遍宣言》第 11 条规定："任何人都不应当因基因特征而受到意在侵犯人权、基本自由和个人尊严的歧视或具有这种效果的歧视。"[1]欧洲理事会通过的《人权与生物医学公约》第 11 条宣布："以基因特征为基础的任何形式的歧视都应该被禁止。"[2]"基因歧视"这一概念不可能包含所有以基因状况为根据的歧视。虽然种族、性别和许多先天残障均是由基因决定的，但以这些因素为根据的歧视行为以及针对这些歧视的法律制度早在人类科学认识基因之前就已存在。而"基因歧视"的概念直到 1986 年才被首次提出，而且它显然不是为了总结以往歧视行为的共同特征，而是用以描述随着基因科技发展而新出现的歧视行为。从各国官方研究报告、立法建议、学术论文和新闻报道对"基因歧视"的使用来看，"基因歧视"指的是根据一个人的基因状况预示他在未来可能患上某种疾病或其他状况这一信息而对其进行的歧视。换言之，是根据"基因倾向性"而进行的歧视。[3]

---

〔1〕　UNESCO, Universal Declaration on Human Rights, Article 11 (1997).

〔2〕　Council of Europe, Convention on Human Rights and Biomedicine, para 77 (1997).

〔3〕　王迁："论'基因歧视'的概念——'基因歧视'法律问题专题研究之二"，载《科技与法律》2003 年第 4 期。

二、基因歧视的界定

基因歧视最早出现在保险行业和就业领域。保险业的"基因歧视"主要体现在公共医疗保险（public health insurance）方面。公共医疗保险具有"社会福利"性质，是公民健康权的延伸，根据"优劣基因"对保费进行区别对待，失去其正当性。在这类"基因歧视"问题上，各国学者都保持较为一致的看法。这也体现在各国的"反基因歧视"立法中，禁止利用基因信息于"公共医疗保险"的精算。如美国的《反基因歧视法》中，禁止将基因信息用于计算"公共医疗保险"的保费。[1]

在就业领域，用人单位以个人基因作为选择的标准是否构成歧视呢？回答这个问题的关键在于用人单位对劳动者的基因选择是否具有合理性。只要用人单位的雇用条件具有合理性，就属于其自由裁量的范围；否则极可能构成歧视而为法律所不容。[2]

歧视通过制造差异破坏人与人之间无差别的平等的道德价值——这正是歧视行为不合理的根源。因而，区别对待应否为法律所禁止的关键乃是依据所处社会的历史、文化、习俗以及大众的通常理解，该行为是否损害了个人平等的道德价值。如果一种区别对待贬低了个人的价值，认为某人或某群体不值得在法律上受到承认和保护，或不值得受关怀和尊重，那么这种区别对待就是一种歧视。[3]用人单位排斥风险基因携带者的行为构成歧视正是缘于其行为损害了该群体成员享有的平等道德价值。[4]

以本节案例导入中的"基因歧视第一案"为例，在该案中，被告拒绝地中海贫血基因携带者进入考察录用程序是否构成对该类基因携带群体的歧视呢？作为面向全国的选拔性考试，佛山市 2009 年度公务员

---

〔1〕　宋凌巧、Yann Joly："重新审视'基因歧视'：关于伦理、法律、社会问题的思考"，载《科技与法律》2018 年第 4 期。

〔2〕　周伟：《宪法基本权利：原理·规范·应用》，法律出版社 2006 年版，第　　页。

〔3〕　李薇薇："平等原则在反歧视法中的适用和发展——兼谈我国的反歧视立法"，载《政法论坛》2009 年第 1 期。

〔4〕　李成："我国就业中基因歧视的宪法问题"，载《法学》2011 年第 1 期。

录用考试的考生来自全国各省、自治区、直辖市。被告将携带地中海贫血基因作为公务员录用体检不合格的一种情形单列出来，并规定专门的检验项目和检查程序，其本质乃是对地中海贫血基因携带者的区别对待。此种区别对待不仅于法无据、于情无理（无视地中海贫血基因携带者与患者在身体条件方面的巨大差别），更直接导致了原籍广西、广东、海南、福建等地中海贫血高发地区的考生在同等条件下有数倍的可能被检出携带地中海贫血基因，并因此丧失成为公务员的机会，损害了这部分考生享有的平等担任国家公职的合法权利，实际上是对原籍地地中海贫血高发地区考生的歧视。[1]

除了在传统的保险、就业领域的应用外，"基因信息"在刑事侦查、收养、房屋贷款、移民等领域也开始有了实际的应用。这使得"基因歧视"问题更加普遍化。同时"表现遗传学"（Epigenetics）的发展使"基因决定论"（Genetic Determinism）再次接受挑战。表现遗传学开拓了基因研究的新方向，使基因研究从单纯地确定生物标记物转向为分析复杂的居住环境、饮食生活习惯等外部因素与基因相互作用的复杂科学关系。那么滥用表现遗传信息而对个人及其家人不公正对待是一种新型的"基因歧视"还是"表现遗传歧视"，也是值得我们思考的新问题。[2]另外，人工智能在基因测序中的应用也会进一步使"基因歧视"问题复杂化。当前在基因科技领域，人工智能已经被广泛应用到"精准医疗"的整个生产链上，从基因数据的收集、录入、管理、到基因测序和位点的分析。在许多跨国数据库项目中，数据采集日趋成熟。但是面对庞大的数据，如何分析出有用的信息，找到基因突变的位点，找到某种疾病的标记，耗时耗力，而人工智能在其中起到了十分重要的作用。随之而来的是"基因歧视"的新形式，比如：采集样本阶段，样本数据中只有一部分人种的数据，经过人工智能的分析必然会将这种数据源

〔1〕 周伟、李成、李昊等编著：《法庭上的宪法》，山东人民出版社 2011 年版，第 640 页。

〔2〕 宋凌巧、Yann Joly："重新审视'基因歧视'：关于伦理、法律、社会问题的思考"，载《科技与法律》2018 年第 4 期。

阶段的歧视体现在最后的产品上。除此之外，人工智能所带来的关于"基因隐私"的问题也发人深思。众所周知，人工智能是建立在"大数据"之上的，一旦黑客成功破译，那就意味着大量"基因信息"将泄露到公众领域，即个人最隐秘的基因信息将公之于众。[1]

三、禁止基因歧视的立法与实践

（一）立法禁止基因歧视模式

禁止歧视模式的主要特点是将伴随科技发展而新出现的基因歧视问题纳入既有法律框架之下予以解决，于性别、种族、残疾等传统事由之外增加基因作为用人单位禁用的雇用标准。美国的 2008 年 5 月的《反基因歧视法》是禁止基因歧视的典型立法。该法禁止人寿保险公司以某人具有对某种疾病的易感基因为由，取消、拒绝对他进行保险或提高保险费用。同时，该法令禁止雇主以遗传信息为依据进行雇用、解聘、升职、加薪，或做出任何与雇用行为有关的决定。有关禁止基因歧视的立法在欧洲比较普遍，这主要由于欧洲各国在 1997 年签订的《人权与生物医学公约》以及欧盟《人权宪章》中都明确禁止"基因歧视"。其中，荷兰的立法活动可以追溯到 20 世纪 90 年代，荷兰由此成为欧洲最早在医疗保险领域禁止"基因歧视"的国家之一。由于历史原因，出于对"基因决定论"（Genetic Determinism）和"优生学"（Eugenics）的恐惧，德国在 2009 年制定了一部专门法律《人类基因检测法》，并且对保险行业和就业领域作出了特别的规定。中东地区，以色列成为唯一对"基因歧视"问题进行专门立法的国家。在亚洲，韩国对于"基因歧视"进行立法。有些国家甚至将"禁止基因歧视"写入了宪法。希腊在其 2008 年的宪法修正案中规定了公民享有保护其基因身份的权利。

在现阶段，基因非我国法律明文禁止使用的雇用标准，但《就业促进法》第 30 条有关禁止用人单位拒录传染病病原携带者的规定为基因选择行为的规制提供了法律解释的空间。[2]《就业促进法》第 30 条规

---

〔1〕 宋凌巧、Yann Joly："重新审视'基因歧视'：关于伦理、法律、社会问题的思考"，载《科技与法律》2018 年第 4 期。

〔2〕 李成："我国就业中基因歧视的宪法问题"，载《法学》2011 年第 1 期。

定："用人单位招用人员，不得以是传染病病原携带者为由拒绝录用。但是，经医学鉴定传染病病原携带者在治愈前或者排除传染嫌疑前，不得从事法律、行政法规和国务院卫生行政部门规定禁止从事的易使传染病扩散的工作。"该条的立法目的在于平衡传染病病原携带者的平等就业权利与公众的生命健康权利，在限制传染病病原携带者职业范围的同时，亦禁止用人单位在非限制职业领域歧视传染病病原携带者。《就业促进法》第30条规定虽未直接涉及人体基因，但按照法律解释的当然解释原则和司法实践，对于该条没有明文规定的基因事项，从立法原则和目的衡量，基因比传染病病原携带者对公共卫生和个人的危害更轻，理所当然地使用该条的规定，也符合法律适用中"举重以明轻"的通常解释方法。如果说传染病病原携带者尚有可能造成疾病的传播，对公共安全和公共健康造成威胁，那么，致病基因只能通过"生育"这种独特的方式按照遗传规律在代际间"传递"。血液、空气、消化道、性接触等常见的传染病传播途径不会导致病理基因的人际流动，病理基因携带者对公共安全不可能造成任何威胁。因而如果歧视传染病病原携带者尚且被法律所禁止，那么，法律没有理由不禁止歧视没有公共健康威胁的致病基因携带者。[1]

　　禁止歧视模式应用简便，但在应对基因歧视中的缺陷亦同样突出。该模式提供的是歧视发生并已造成实际损害的事后保护，着眼于恢复歧视造成的损害而非消除歧视发生的基础。易言之，该模式之禁止用人单位基于某项事由做出的区别对待行为，并不排斥用人单位知晓求职者是否具备该事由。对于性别、种族等外显事由而言，禁止歧视模式如此规定并无任何不妥。但对于内隐的基因而言，单纯禁止基于基因的区别对待无异于纵容用人单位任意获取个人基因信息。[2]

　　（二）基因信息的隐私权保护模式

　　基因信息不仅是个人隐私，而且属于个人隐私中私密性最高的个人

---

〔1〕　周伟、李成、李昊等编著：《法庭上的宪法》，山东人民出版社2011年版，第641、642页。

〔2〕　李成："我国就业中基因歧视的宪法问题"，载《法学》2011年第1期。

数据范畴。这是学界的共识。给予基因隐私保护亦被认为确有立法上的必要。事实上，一些在规制基因歧视方面已有比较成熟立法的国家均对基因信息的隐私保护给予了高度重视。美国 2008 年通过的《反基因歧视法》第 202 条同时禁止雇主拒绝录用特定基因携带者以及索取、购买求职者或其家人基因信息的行为。德国 2009 年通过的《人类基因检测法》第 19 条禁止雇主在缔结雇用关系之前或之后要求雇员接受基因检测或者提供已有基因检测的结果。我国应对乙肝歧视的立法进路与法院审判案例的实践也表明，在不危害公共安全的前提下控制用人单位的信息获取是预防基于内隐性事由歧视发生的有效措施。[1]

　　隐私保护应与禁止歧视配合使用，以基因隐私保护为主，限制用人单位获取个人基因信息，消除基因歧视发生的基础；以禁止歧视为辅助，在基因信息已经外泄的情况下控制用人单位的基因选择行为，共同构建严密的反就业基因歧视法网。[2]

[练习和思考题]

1. 用人单位要求应聘者开具"无违法犯罪记录"证明是否合理？

2. 用人单位要求劳动者具有一定的身高作为录用条件是否构成歧视？

3. 用人单位要求应聘者必须来自"985 工程"院校或"211 工程"院校是否构成歧视？

4. 用人单位"不招河南人"的要求是否构成歧视？

5. 如何禁止基因歧视？

[延伸阅读]

1. 李薇薇、Lisa Stearns 主编：《禁止就业歧视：国际标准和国内实践》，法律出版社 2006 年版。

2. 刘小楠主编：《反就业歧视的理论与实践》，法律出版社 2012 年版。

3. 周伟、李昊、李成等编著：《平等、自由与反歧视的公益诉

[1] 李成："我国就业中基因歧视的宪法问题"，载《法学》2011 年第 1 期。
[2] 李成："我国就业中基因歧视的宪法问题"，载《法学》2011 年第 1 期。

讼——法庭上的宪法》，山东人民出版社，2011 年版。

4. 周伟：《宪法基本权利：原理·规范·应用》，法律出版社 2006 年版。

5. 王彬：《就业中的前科歧视研究》，法律出版社 2009 年版。

6. 叶小琴："公民就业权视域下劳动者前科报告义务的体系解释——以美国雇员案犯罪记录争议为切入"，载《法学评论》2019 年第 2 期。

7. 王迁：《论"基因歧视"及其法律对策》，中国人民大学出版社 2005 年版。

8. 王康："基因正义论—以民法典编纂与基因歧视司法个案为背景"，载《法学评论》2019 年第 6 期。

9. 林燕玲、刘小楠、何霞：《反就业歧视的案例与评析—来自亚洲若干国家和地区的启示》，社会科学文献出版社 2013 年版。

第三编　法律救济

第十二章 歧视的法律责任和救济

[本章主题和课程目标]

本章讨论的内容涉及歧视的法律责任和救济问题。由于就业领域是反歧视的主要领域，因此，本章的讨论主要围绕就业歧视的法律责任和救济问题展开。

[案例导入]

张某著诉安徽省芜湖市人事局录用公务员乙肝歧视案[1]

基本案情：2003 年 6 月，大学毕业的安徽芜湖青年张某著在芜湖市人事局报名参加安徽省公务员考试，报考职位为芜湖县委办公室经济管理专业。经过笔试和面试，其综合成绩在报考该职位的 30 名考生中名列第一，按规定进入体检程序。2003 年 9 月间，张某著在先后两次体检中均因检查出感染乙肝病毒，被认定为体检不合格。芜湖市人事局以口头方式向张某著宣布，由于体检不合格而不予录取。2003 年 11 月 10 日，张某著以芜湖市人事局的行为剥夺其担任国家公务员的资格，侵犯其合法权利为由，向原芜湖市新芜区人民法院提起行政诉讼。

问题与思考："无救济则无权利"，你认为实施歧视行为的主体应当承担怎样的法律责任？法律应当对歧视受害者提供什么样的救济方式？赔礼道歉？消除影响？针对就业领域的歧视行为，法院是否应当判令将受害者恢复职务或者予以录用？或者要求用人单位支付经济补偿？惩罚

―――――――――

〔1〕 更多有关此案的法律文书、媒体报道及评论可参见周伟、李成、李昊等编著：《法庭上的宪法》，山东人民出版社 2011 年版，第 87~137 页。

性赔偿是否可行？

第一节 歧视的法律责任和救济概述

一、歧视的法律责任

法律责任是"法律"和"责任"的合成概念。根据《现代汉语词典》的解释，"责任"一词有两个含义：一是指分内应做的事，如尽责任；二是指没有做好分内应做的事，因而应当承担的过失，如责任人。[1] 在英文中，"责任"一词通常由"duty""responsibility""liability"等来表达。根据《英汉法律词典》的解释，"duty"的含义包括"义务、责任、职责、本分"等；"responsibility"的含义包括"责任、责任感、负担、职责"等；"liability"的含义包括"责任、义务、负担、不利"等。[2] 因此，从语义上来看，法律责任可以界定为由违反法律规定的行为所引起的不利的法律后果。从法学理论层面来看，法律责任可以理解为由特定法律事实所引起的对损害予以补偿、强制履行或接受惩罚的特殊义务，亦即由于违反第一性义务而引起的第二性义务。[3] 相应地，歧视的法律责任可以理解为，负有不歧视义务的主体违反禁止歧视的义务所引起的不利的法律后果。歧视行为实施主体由于实施了法律禁止的歧视行为，因此应当承担特定形式的法律上的强制性责任，表明立法者对歧视行为的否定性评价。这种强制性且不利的法律上的责任对于歧视行为主体具有惩罚和威慑的作用，对于其他行为主体具有教育和警示的作用；而对于歧视受害人而言，具有一定的权利恢复和损失补偿作用。

---

〔1〕 中国社会科学院语言研究所词典编辑室编：《现代汉语词典》，商务印书馆 2012 年版，第 1627 页。

〔2〕 夏登峻主编：《英汉法律词典》，法律出版社 2008 年版，第 309、827、557 页。

〔3〕 张文显主编：《法理学》，高等教育出版社、北京大学出版社 2011 年版，第 122 页。

二、歧视的救济

"救济"一词的通常含义是指用金钱或物资帮助灾区或生活困难的人。[1] "救济"的法律含义和它的通常含义有一定差异。由于法律层面上的"救济"（remedy）是指纠正、矫正或改正已发生的不当行为或业已造成损害或损失的行为。[2] 因此，歧视的救济可以理解为当歧视行为发生以后，通过特定途径对歧视行为进行纠正、矫正，从而使因歧视而遭受侵害的受害人的权益获得恢复或补救的法律制度。

三、歧视的法律责任和救济之间的关系

通过上述概念的分析和比较，可以看出歧视的法律责任和救济是两个既有区别又有联系的法律概念。区别之处在于，歧视的法律责任强调对歧视行为实施者的不利的法律后果的承担，是法律对歧视行为者的否定性评价；而歧视的救济则强调对歧视受害者合法权益的恢复或补救，是法律对歧视受害者的肯定性补偿。联系之处在于两者都是规制歧视行为的手段，且都须由禁止歧视的法律法规设定并通过特定途径实现。在某种程度上，对歧视行为实施者课以的法律责任，大体上总是可以与对歧视受害者的救济相对应。可以说，歧视的法律责任和救济是一个硬币的两面，对反歧视法律的实施具有重要的意义。

第二节　歧视的法律责任形式和救济措施

法律责任的形式，也即法律责任的种类，根据不同的标准，可以做不同的分类。例如，按照承担责任的主体的不同，法律责任可以分为自然人责任、法人责任和国家责任；按照责任承担的内容不同，法律责任可以分为财产责任和非财产责任；按照责任的承担程度，法律责任可以分为有限责任和无限责任；按照责任实现形式的不同，法律责任可以分

---

〔1〕 中国社会科学院语言研究所词典编辑室编：《现代汉语词典》，商务印书馆 2012 年版，第 696 页。

〔2〕 薛波主编：《元照英美法词典》，法律出版社 2003 年版，第 1177 页。

为惩罚性责任和补偿性责任；按照引起责任的法律事实与责任人的关系的不同，法律责任可以分为直接责任、连带责任和替代责任。在法律实践中，最基本的分类是根据法律责任的类型所做的分类，即把法律责任分为民事法律责任、行政法律责任、刑事法律责任和违宪责任四种。其中，民事法律责任是指公民或法人因侵权、违约或者因法律规定的其他事由而依法承担的不利后果。行政法律责任是指因违反行政法律或因行政法规规定的事由而应当承担的法定的不利后果。刑事责任是指因违反刑事法律而应当承担的法定的不利后果。违宪责任是指因违反宪法而应当承担的法定的不利后果。[1] 在涉及歧视的法律责任形式方面，各国的法律规定不尽相同，但基本上体现民事法律责任、行政法律责任、刑事法律责任或违宪责任中的一种或几种。这其中，民事法律责任是最为常见和最为主要的责任形式，其他责任形式作为次要或者补充的责任形式存在。

歧视的救济措施是指歧视行为发生并被法院或其他权力机关确认为违法之后，对歧视行为进行纠正、矫正，使因歧视行为遭受侵害的受害人的权益获得恢复或补救的具体措施。譬如，在就业领域遭受非法歧视的，可以要求予以录用、继续履行劳动合同、补发工资、精神损害赔偿以及惩罚性赔偿等；在教育领域遭受非法歧视的，可以要求予以录取、发给学位证书、损害赔偿等；在公共服务领域遭受非法歧视的，可以要求提供相关服务、损害赔偿等。

本章将着重分析、讨论行为人在就业领域的实施歧视行为可能需要承担的法律责任以及就业歧视受害人可能获得的救济措施。总体而言，就目前已有的就业歧视制度来看，我国的相关法律更多关注就业歧视的法律责任问题；而相比较而言，国外的相关法律更多关注就业歧视的救济措施问题。

一、我国歧视的法律责任

我国现行法律对就业歧视的法律责任规定较为原则性，在实际操作

---

〔1〕 张文显主编：《法理学》，高等教育出版社、北京大学出版社 2011 年版，第 126、127 页。

层面也存在各种问题。目前在我国实施就业歧视所需要承担的主要是民事责任和行政责任两种形式的责任。虽然我国《刑法》在第249条规定了煽动民族歧视罪，但该罪主要指向不特定人或多数人宣扬、鼓动对某一民族予以歧视的行为。[1] 对单纯的在就业领域实施歧视的行为，我国《刑法》未有规定为犯罪的条款。根据罪刑法定原则，本书认为就业歧视在我国不承担刑事责任。另外，虽然我国《宪法》原则性地规定了不得基于性别、民族、宗教信仰等事由进行歧视，但由于我国目前尚未有违宪审查机制，因此，就业歧视行为在我国现阶段没有承担违宪责任的具体规定。

（一）就业歧视的民事责任

《就业促进法》第62条规定："违反本法规定，实施就业歧视的，劳动者可以向人民法院提起诉讼。"这是我国法律第一次明确规定劳动者可以遭受就业歧视为由向人民法院提起诉讼。《就业促进法》第68条也规定："违反本法规定，侵害劳动者合法权益，造成财产损失或者其他损害的，依法承担民事责任。"不过《就业促进法》并未明确规定承担就业歧视民事责任的具体形式。

按照我国现行法律的规定，承担民事责任的具体形式包括：停止侵害、排除妨碍、消除危险、返还财产、恢复原状、赔偿损失、消除影响、恢复名誉、赔礼道歉以及精神损害赔偿等。[2] 其中，停止侵害、恢复原状、赔偿损失、消除影响、恢复名誉以及赔礼道歉等均可以适用于就业歧视的民事责任承担。

1. 停止侵害。停止侵害是指行为人实施的侵害他人的财产和人身的行为仍在继续进行中，受害人可以依法请求法院责令侵害人停止其侵害行为。在实施就业歧视的侵害行为中，如果歧视行为仍在继续，譬如用人单位涉嫌性别歧视的招录广告仍在传播和适用，受害人有权请求法院责令撤除歧视性广告。

2. 恢复原状。狭义上的恢复原状是指将损害的财产修复；而广义

---

〔1〕 张明楷：《刑法学》，法律出版社2011年版，第824页。

〔2〕 王利明等：《民法学》，法律出版社2011年版，第169~172页。

上的恢复原状是指恢复权利被侵害前的原有的状态。适用恢复原状的责任形式须满足两点：其一，须有恢复的可能；其二，须有恢复的必要。在涉及就业歧视的案件中，如果用人单位基于非法的歧视行为侵害劳动者权益，存在权益恢复的可能及必要的，可以请求法院恢复原状。譬如，用人单位基于歧视原因开除劳动者的，劳动者可以请求人民法院予以复职。

3. 赔偿损失。赔偿损失是指行为人因违反合同或侵权行为而给他人造成损害，应以其财产赔偿受害人所受的损害的一种责任形式。这里的损失应当做扩大解释，既包括财产上的损失，也包括人身伤害和精神损害。在涉及就业歧视的案件中，如果歧视行为人实施的歧视行为给受害人造成财产损失或者其他损害的，应当予以赔偿。譬如，用人单位基于歧视理由违法解除劳动合同的，劳动者可以请求赔偿因违法解除劳动合同而遭受的损失。

4. 消除影响、恢复名誉。消除影响是指行为人因其侵害了公民或者法人的人格权，而应当承担在影响所及的范围内消除不良后果的一种责任形式；恢复名誉是指行为人因其行为侵害了公民或法人的名誉，而应在影响所及的范围内将受害人的名誉恢复至未受侵害时状态的一种责任形式。在涉及就业歧视的案件中，歧视行为实施人的歧视行为侵害受害人的人格权或者名誉的，受害人可以请求法院责令歧视行为人在影响所及的范围内为受害人消除不良影响、恢复名誉。

5. 赔礼道歉是指责令违法行为人向受害人公开认错、表示歉意的一种责任形式，主要适用于侵害人身权的情形。单纯的赔礼道歉虽然不会给侵害人的财产带来直接影响，但反映了国家和社会对侵害人的不法行为的强烈谴责。[1] 在涉及就业歧视的案件中，受害人可以请求法院责令具有相当主观故意的歧视行为人做出赔礼道歉。

对歧视行为人课以民事责任的主要作用在于使歧视受害者尽力恢复至没有被歧视的状态。虽然我国现有的法律未能明确规定承担就业歧视

---

〔1〕 王利明等：《民法学》，法律出版社 2011 年版，第 172 页。

民事责任的具体形式和责任范围，但在未来设计相关制度时，应当考虑以下因素：

第一，劳动者遭受的实际经济损失。实际经济损失主要包括缔约费用的支出、薪酬歧视所造成的收入减少以及权利救济的成本等方面的损失。应当支付缔约费用的损失是因为劳动者已参与到雇主的应聘过程，除支付了简历制作费、交通费、住宿费等费用外，还投入了一定的本可用于工作的时间，而雇主以歧视性理由剥夺了劳动者的竞聘资格或者录用资格，使其前期经济和时间投入蒙受损失。薪酬歧视所造成的收入损失是指劳动者因雇主歧视而不能享受同工同酬待遇的经济损失。而权利救济的成本主要包括律师费用、交通费、复印费、咨询费、通讯费等。[1]

第二，劳动者遭受的间接经济损失。劳动者遭受的间接经济损失主要是指由雇主的歧视行为造成劳动者失去特定的工作机会或者职业发展的机会而遭受的经济损失。歧视行为人承担赔偿责任的范围根据就业歧视发生的求职、工作以及解雇等不同阶段而有所变化，应涵盖机会损失（loss of opportunity）、报酬及其增加额损失（likely increments）以及就业市场上一般性机会损失。[2]

第三，劳动者遭受的人格尊严损害赔偿。人格尊严权受到我国法律明文保护。有学者指出，劳动者在就业中受到歧视的，可以认定用人单位侵犯劳动者作为民法上的人所享有的一般人格权，受侵害的劳动者可以提起侵权之诉，要求用人单位承担侵权责任。[3] 一般人格权，是指民事主体基于人格平等、人格独立、人格自由以及人格尊严等根本人格利益而享有的人格权。[4] 在现实生活中，我国目前出现在法院的部分就业歧视案件就是以人格权纠纷形式提出的。依据我国《侵权责任法》第 22 条的规定，侵害他人人身权益，造成他人严重精神损害的，被侵

---

〔1〕　吴万群："论雇主实施就业歧视的赔偿责任"，载《法学杂志》2014 年第 2 期。

〔2〕　Adele Sinclair, Neil Botten, "Compensation for Discrimination: Cause for Concern", Employee Relations, Vol. 17 Issue 8（1995），p49.

〔3〕　林嘉："论我国就业歧视的法律调控"，载《河南社会科学》2006 年第 5 期。

〔4〕　魏振瀛主编：《民法》，高等教育出版社、北京大学出版社 2013 年版，第 643 页。

权人可以请求精神损害赔偿。同时，2001 年颁布的《最高人民法院关于确定民事侵权精神损害赔偿责任若干问题的解释》第 1 条也明确指出人格尊严受到非法侵害，以侵权为由向人民法院起诉请求赔偿精神损害的，人民法院应当依法予以受理。因此，劳动者遭受就业歧视而造成人格尊严损害的，应当予以赔偿。

（二）就业歧视的行政责任

《就业促进法》《劳动法》《残疾人保障法》《妇女权益保障法》以及《就业服务与就业管理规定》等法律和规定均有涉及就业歧视行为的行政责任问题。按照现有的规定，因实施就业歧视行为而承担行政责任的形式包括予以警告、责令改正、罚款以及吊销营业执照等。其中，《就业促进法》中的规定比较原则性。该法第 60 条规定："劳动行政部门应当对本法实施情况进行监督检查，建立举报制度，受理对违反本法行为的举报，并及时予以核实处理。"结合《劳动保障监察条例》的规定，劳动行政部门发现并处理就业歧视行为的程序可能存在以下两种情况：其一，劳动行政部门在其监察执法过程中发现用人单位的就业歧视行为而予以纠正和处理；其二，在接到劳动者等主体的举报后，对用人单位的行为进行认定并作出相应的处理。但是《就业促进法》并未明确用人单位承担就业歧视行为行政责任的具体形式。

《劳动法》第 85 条规定："县级以上各级人民政府劳动行政部门依法对用人单位遵守劳动法律、法规的情况进行监督检查，对违反劳动法律、法规的行为有权制止，并责令改正。"第 89 条规定："用人单位制定的劳动规章制度违反法律、法规规定的，由劳动行政部门给予警告，责令改正；对劳动者造成损害的，应当承担赔偿责任。"第 95 条规定："用人单位违反本法对女职工和未成年工的保护规定，侵害其合法权益的，由劳动行政部门责令改正，处以罚款；对女职工或者未成年工造成损害的，应当承担赔偿责任。"

《残疾人保障法》第 64 条规定："违反本法规定，在职工的招用等方面歧视残疾人的，由有关主管部门责令改正；残疾人劳动者可以依法向人民法院提起诉讼。"

《妇女权益保障法》第58条规定："违反本法规定，对妇女实施性骚扰或者家庭暴力，构成违反治安管理行为的，受害人可以提请公安机关对违法行为人依法给予行政处罚，也可以依法向人民法院提起民事诉讼。"

相比较于上述法律，人力资源和社会保障部的规章《就业服务与就业管理规定》对实施就业歧视行为的行政责任规定相对较为具体。[1]该规定第68条规定了用人单位违反本规定第19条第2款规定，在国家法律、行政法规和国务院卫生行政部门规定禁止乙肝病原携带者从事的工作岗位以外招用人员时，将乙肝病毒血清学指标作为体检标准的，由劳动保障行政部门责令改正，并可处以1000元以下的罚款；对当事人造成损害的，应当承担赔偿责任。第74条规定了职业中介机构违反本规定第58条其他各项规定的，由劳动保障行政部门责令改正，没有违法所得的，可处以1万元以下的罚款；有违法所得的，可处以不超过违法所得3倍的罚款，但最高不得超过3万元；情节严重的，提请工商部门依法吊销营业执照；对当事人造成损害的，应当承担赔偿责任。

二、国外歧视的法律责任

在禁止就业歧视制度相对比较完善的国家，法律对就业歧视行为的法律责任和救济方式有比较明确的规定。

（一）美国

在美国，《民权法案》第七章对就业歧视的法律救济问题作出了较为详细的规定。该法案第706（g）（1）条规定：如果法院认定雇主存在故意歧视的行为，法院可以颁发禁止令禁止雇主有关行为，采取附带或不附带补发工资的积极措施，包括复职或者予以雇佣，以及任何其他衡平法上的救济。[2]

从大的类别上来看，美国《民权法案》第七章为符合条件的就业歧视案件原告提供了四类救济措施，包括行为上的救济措施、金钱上的

---

〔1〕《就业服务与就业管理规定》由人力资源和社会保障部于2018年12月24日第三次修订（人力资源和社会保障部令第38号）。

〔2〕42 U.S.C. §2000e-5（g）（1）.

救济措施、合理的律师费以及诉讼开支补偿。从性质上来看，涉及就业歧视的法律救济有些属于衡平法上的救济（equitable relief），如欠付工资等；而有些则属于法定救济（legal relief），如补偿性损害赔偿等。[1] 不管是哪种类别或者哪种性质的救济，禁止就业歧视法律设立的救济措施有两个目的：一是消除现有的歧视行为以及防止在将来发生歧视行为；二是在尽可能可行的情况下为歧视受害者提供完整的救济使其恢复至犹如没有歧视发生的境地。[2]

具体来看，行为上的救济措施，是法院可以通过法庭命令的方式要求被告为或者不为某项行为。行为上的救济主要包括禁制令（injunction）和肯定性救济（affirmative relief）。其中，禁制令又可以分为消极的禁制令（negative injunction）和积极的禁制令（affirmative injunction）。前者是法院发布法庭命令，禁止被告实施某项行为，如不得发布歧视性广告、不得基于性别原因同工不同酬等；后者是法院发布法庭命令，要求被告实施某项行为，如雇用原告、恢复职务、进行提职等。

金钱上的救济措施包括欠付工资（back pay）、预付工资（front pay）、补偿性损害赔偿（compensatory damages）以及惩罚性损害赔偿（punitive damages）等四种。欠付工资是指由司法机关或者准司法机关作出的裁定，确认雇员有权获得应得但未实际收到的工资或福利。预付工资，又称将来工资，是指当予以录用或者复职不切实际的时候，法院给予遭受就业歧视的受害者金钱上的救济措施。补偿性损害赔偿是为符合条件的原告提供的针对"包括精神痛苦、精神创伤、生活不便、名誉损害等内在的非金钱性损害以及将来的具有金钱利益的损失"的救济措施。[3] 惩罚性损害赔偿是指当被告以恶意、故意、欺诈或放任之方式实施行为而使原告受损时，原告可以获得的除实际损害赔偿金外的损害赔偿金。其目的在于对被告施以惩罚，以阻止其重复实施恶意的行为，

---

〔1〕　Barbara Lindemann&Paul Grossman：Employment Discrimination Law，Part VII（4th ed. 2007）．

〔2〕　Albemarle Paper Co. v. Moody，422 U. S. 405（1975）．

〔3〕　West v. Gibson，527 U. S. 212（1999）．

并给他人提供警诫和保护公共和平。[1] 美国最高法院在"科斯达德诉美国牙医协会案"（Kolstad v. American Dental Association）中阐述了就业歧视案件雇主惩罚性赔偿责任的适用原则：当雇主针对受联邦法律保护的个人实施了恶意的或者不计后果的漠视其权利的歧视行为时，法院可以适用惩罚性赔偿。[2] 在一个性骚扰的案件（Baker & Mackenzie）中，因为受害人受到律师事务所高级合伙人的性骚扰，陪审团判定受害人获得5万美元的补偿性赔偿和710万美元的惩罚性赔偿。这个惩罚性赔偿主要是考虑到该律师事务所没有采取任何措施制止这种性骚扰，并通过此案向社会发出一个信号：歧视和骚扰等违法行为的成本是非常高的。[3]

此外，获得胜诉的原告还有权向法院主张合理的律师费以及与诉讼有关的开支方面的补偿。按照法律规定，与诉讼有关的开支的补偿范围包括案件受理和执行等方面的行政性收费、文件誊本费、复印费、证人出庭产生的开支、法院指定的专家费、翻译费等。[4] 其他花费主要是原告自行垫付的与诉讼有关的开支，比如电话费、停车费、自行调查取证等方面的支出等。值得注意的是，与诉讼相关的开支以及其他花费应当有确切的记录，才能获得法院的支持。

（二）加拿大

在加拿大，一旦就业歧视行为被确认，那么可能获得的法律救济包括：停止歧视行为、恢复职务、给予赔偿以及一定数额的精神损害赔偿（不超过2万加币）。如果法庭认为歧视行为人具有故意或者放任情节，可以对其课以不超过2万加币的惩罚性赔偿。加拿大法律还规定，对于妨碍人权委员会或者法庭调查就业歧视行为的，可以对当事人处以不超过5万加币的罚款。[5]

〔1〕　薛波主编：《元照英美法词典》，法律出版社2003年版，第1120页。

〔2〕　Kolstad v. American Dental Association, 527 U. S. 526 (1999).

〔3〕　蔡定剑、刘小楠主编：《反就业歧视法专家建议稿及海外经验》，社会科学文献出版社2010年版，第72页。

〔4〕　28 U. S. C. § 1920 (2000).

〔5〕　Canadian Human Rights Act.

（三）法国

在法国，2006 年颁布实施的《机会平等法》规定雇主的非法歧视行为无效（void），遭受歧视的受害者可以要求恢复所有在歧视行为之前的权利。譬如，遭受歧视性解雇的，则解雇行为无效，雇员可以要求恢复原职（reinstated），且被视为从来没有离开过原岗位，一切待遇都从解聘之日起连续计算；如果解聘不是因为歧视而是其他原因引起的非公正解雇，则雇员只能要求一定的赔偿而不能恢复原职，赔偿金额是每两年工龄赔偿 6 个月的工资；如果歧视受害者不要求恢复原职，则在获得非公正解雇赔偿基础上获得双倍赔偿。法国的《刑法典》设专节规定歧视罪。若雇主在经济活动、劳动就业、提供物品或服务的过程中有歧视的行为，则将受到 3 年监禁并处 45 000 欧元罚金或者处罚。[1]

（四）德国

在德国，雇主实施就业歧视给雇员造成实际的经济损失的，则雇员可以要求雇主按照实际的损失进行赔偿（damage）；如果雇主的就业歧视行为并未给雇员造成实际的经济损失，则雇员可以要求雇主进行适当的经济补偿（compensation）。[2] 按照德国《一般平等待遇法》第 14 条的规定，如果雇主对工作场所中的骚扰行为没有采取措施或者措施不力，雇员可以自动停止工作直到获得保护，雇员在停止工作期间的工资不受影响。根据该法第 15 条的规定，如果是求职者在求职过程中遭受了就业歧视，但有证据证明即使抛开歧视的原因，该求职者也不会被予以录用，则该求职者可以获得不超过 3 个月工资的经济补偿。

（五）英国

在英国，当劳动裁判所（Employment Tribunal）判定存在非法的就业歧视行为时，可以基于公平公正原则，采取以下救济措施：宣誓当事人权利、提出司法建议、赔偿。其中，赔偿是重要的救济手段。赔偿的

---

〔1〕 冯祥武：《反就业歧视法基础理论问题研究》，中国法制出版社 2012 年版，第 252 页。

〔2〕 Roger Blanpain, HiroyaNakakubo, Takashi Araki（Editors），"New Developments in Employment Discrimination Law"，Kluwer Law International（2008），p88~89.

金额应当足以弥补因不当行为遭受的损失，包括受害者遭受的精神上的损害。（见表14-11、14-2、14-3有关劳动裁判所在2006~2007年度判决的涉及种族、性别和残障歧视的赔偿金额）[1]

在涉及精神损害时，当歧视行为情节较轻微的情况下，劳动裁判所通常要求歧视行为人支付500~5000英镑；歧视行为较严重情况下，劳动裁判所通常要求歧视行为人支付5000~15 000英镑；歧视行为很严重情况下，劳动裁判所通常要求歧视行为人支付15 000~20 000英镑；在极端情况下，劳动裁判所要求歧视行为人支付超过25 000英镑的精神损害赔偿。[2]

表 14-1　英国劳动裁判所判决的涉及种族歧视案件的
赔偿金额（2006~2007年）

赔偿额（英镑）	案件数量	百分比	赔偿额（英镑）	案件数量	百分比
<500	1	1.05	10 000~12 499	10	10.53
500~900	6	6.32	12 500~14 999	2	2.11
1000~1999	11	11.58	15 000~19 999	9	9.47
2000~2999	9	9.47	20 000~29 999	6	6.32
3000~3999	7	7.37	30 000~39 999	4	4.21
4000~4999	6	6.32	40 000~49 999	0	0
5000~5999	5	5.26	>50 000	6	6.32
6000~6999	2	2.11	总计	95	100
7000~7999	6	6.32	最大值	£123 898	
8000~8999	2	2.11	中位数	£7000	
9000~9999	3	3.16	平均值	£14 049	

〔1〕 数据来源于 Employment Tribunal Service Annual Report（2006~2007）.

〔2〕 Roger Blanpain, HiroyaNakakubo, Takashi Araki（Editors），"New Developments in Employment Discrimination Law"，Kluwer Law International（2008），p58~61.

表 14-2　英国劳动裁判所判决的涉及性别歧视案件的
赔偿金额（2006~2007 年）

赔偿额（英镑）	案件数量	百分比	赔偿额（英镑）	案件数量	百分比
<500	4	2.06	10 000~12 499	17	8.76
500~900	5	2.58	12 500~14 999	7	3.61
1000~1999	12	6.19	15 000~19 999	17	8.76
2000~2999	16	8.25	20 000~29 999	15	7.73
3000~3999	19	9.79	30 000~39 999	6	3.09
4000~4999	15	7.73	40 000~49 999	3	1.55
5000~5999	15	7.73	>50 000	2	1.03
6000~6999	15	7.73	总计	194	100
7000~7999	11	5.67	最大值	£64 862	
8000~8999	6	3.09	中位数	£6724	
9000~9999	9	4.64	平均值	£10 052	

表 14-3　英国劳动裁判所判决的涉及种残障视案件的
赔偿金额（2006~2007 年）

赔偿额（英镑）	案件数量	百分比	赔偿额（英镑）	案件数量	百分比
<500	1	0.86	10 000~12 499	10	8.62
500~900	4	3.45	12 500~14 999	11	9.48
1000~1999	11	9.48	15 000~19 999	7	6.03
2000~2999	4	3.45	20 000~29 999	9	7.76
3000~3999	7	6.03	30 000~39 999	5	4.31
4000~4999	8	6.9	40 000~49 999	1	0.86
5000~5999	11	9.48	>50 000	7	6.03
6000~6999	3	2.59	总计	116	100

赔偿额（英镑）	案件数量	百分比	赔偿额（英镑）	案件数量	百分比
7000~7999	8	6.9	最大值	£138 648	
8000~8999	3	2.59	中位数	£8232	
9000~9999	6	5.17	平均值	£15 059	

综合来看，多数国家立法要求就业歧视行为人承担的主要的责任方式为民事责任，行政责任处于补充地位，而刑事责任则为例外情形。在我国，由于涉及就业歧视的立法尚处于发展阶段，相比较而言，法律对就业歧视行为人的行政责任的规定更为多见，而民事责任的承担方式有待进一步的具体化。由于我国目前的法律中尚未将就业歧视行为本身列为刑事犯罪，因而就业歧视行为人无需仅仅因为就业歧视而承担刑事责任。

作为主要的承担就业歧视的法律责任形式——民事责任，尽管各国在法律术语上有所差异，但大多数国家采取了赔偿和补偿相结合的方式来救济就业歧视的受害者。赔偿是指，由于雇主的就业歧视行为给受害者造成了实际的工作利益损失或者经济损失的，雇主应当对造成的实际损失承担完全的赔偿责任。补偿是指，雇主实施了就业歧视行为，但未给受害者造成实际的工作利益损失或者经济损失，那么雇主应当对受害者进行适当的经济补偿。有些国家针对恶意进行就业歧视行为的雇主予以惩罚性赔偿。另外，在大多数国家，就业歧视受害者均可以要求歧视行为人停止侵害以及要求恢复原职。

第三节　歧视的救济机制

歧视的救济机制可以分为私力救济和公力救济。前者主要包括通过协商、谈判等方式与歧视行为实施者达成权益恢复或补救协议;[1] 后者主要包括通过向特定政府机构申诉（行政救济）或者向法院起诉（司法救济）以获得对受侵害的权益的救济。本节主要讨论歧视的公力救济，并且主要讨论在就业领域的歧视的救济制度。

一、我国歧视的救济机制

（一）内地

在我国内地，针对就业歧视的公力救济包括行政救济和司法救济。在行政救济方面，我国目前尚未设立专门的处理歧视和推进平等机会的机构。在国外或其他地区，这样的机构通常谓之平等机会委员会或平等与人权委员会等，功能包括但不限于接受投诉、展开调查、组织调解、提供咨询以及协助完成司法程序等。

按照我国《就业促进法》第 60 条的规定："劳动行政部门应当对本法实施情况进行监督检查，建立举报制度，受理对违反本法行为的举报，并及时予以核实处理。"由于就业歧视行为是《就业促进法》明确禁止的行为，因此，当歧视行为发生后，受歧视行为影响的当事人可以向劳动行政部门提出申诉，要求对就业歧视行为进行劳动监察。此外，《劳动法》《残疾人保障法》《妇女权益保障法》以及《就业服务与就业管理规定》等法律和规定均有规定在就业歧视行为发生后，劳动者可以向有关劳动主管部门或其他组织进行投诉。在司法救济方面，遭受就业歧视的受害者可以向人民法院提起诉讼。《就业促进法》第 62 条规定："违反本法规定，实施就业歧视的，劳动者可以向人民法院提起诉讼。"但从实践层面来看，该条款的规定过于原则性，缺乏对劳动者受到就业歧视的司法救济机制细化的规定。在涉及诉讼主体、案由、歧视原因、举证责任、抗辩事由、法律责任形式等方面，无论是劳动者提起

---

〔1〕 譬如，我国于 2008 年实施的《劳动争议调解仲裁法》第 4 条规定，发生劳动争议，劳动者可以与用人单位协商，也可以请工会或者第三方共同与用人单位协商，达成和解协议；日本于 2001 年实施的《个别劳动关系争议解决促进法》第 2 条也规定，当涉及劳动的争议发生时，争议当事方应当迅速且真诚地自主解决其争议。

诉讼还是法官审理和裁判就业歧视案件，都需要更具可操作性的具体规定。[1]

（二）香港特别行政区

依据现有的香港法律，在就业过程中认为遭受歧视和不平等对待的受歧视者（香港社会以及法律习惯称呼为受屈者）可以通过以下途径寻求救济：其一，就所遭受的歧视行为向所属机构的管理层进行投诉，或向职员会或所属的工会寻求协助；其二，如果通过上述途径无法获得期望的结果，那么受歧视者可以向香港平等机会委员会（以下简称"平机会"）进行投诉。

平机会是香港政府于1996年依据《性别歧视法案》成立的，用以具体执行包括《性别歧视条例》《残疾歧视条例》《家庭岗位歧视条例》及《种族歧视条例》在内的香港反歧视法律。平机会的主要职能和权力包括：致力于消除基于性别、婚姻状况、怀孕、残疾、家庭岗位和种族的歧视；促进男女之间、残疾人士与非残疾人士之间、有家庭岗位与无家庭岗位人士之间及不同种族人士之间的平等机会；致力于消除性骚扰及基于残疾和种族的骚扰及中伤行为；就根据有关法例提出的投诉进行调查，并鼓励纷争各方进行调解；根据法例，就出现歧视的情况及问题，进行主动调查；根据法例，制定和发出实务守则；不断检讨法例的实施情况，在有需要时，拟定修订建议；进行有关歧视和平等机会课题的研究。

平机会的其中一项重要职能，就是根据《性别歧视条例》《家庭岗位歧视条例》《残疾歧视条例》及《种族歧视条例》处理有关歧视、骚扰及中伤的投诉。如受歧视者认为自己受到歧视、骚扰或中伤，可向平机会提出书面投诉，平机会将鼓励有关人士以调停方式来解决纠纷。但是，根据法例，若投诉缺乏实质、无理取闹、不属违法行为，或自该作为作出之日起计的12个月已届满，平机会可决定不进行或终止进行调查个案。

---

〔1〕　林嘉、杨飞："论劳动者受到就业歧视的司法救济"，载《政治与法律》2013年第4期。

受歧视者投诉时应当提交：①有效的身份证明文件副本作核实身份之用；②能证明受歧视者的相关特征（例如残疾、婚姻状况、怀孕、家庭岗位、种族）的文件或数据；③能支持投诉事项（例如雇佣合约、解雇信、与涉事机构的书信往来、事件中所蒙受的不利或损失等）的文件等。

受歧视者申诉后，平机会按照申诉程序进行处理，包括调查和调解。调解具有自愿性质，虽然平机会有法定责任鼓励双方进行调解，但不能强迫任何一方必须依从这个方法处理其投诉。平机会的调查员会客观地协助投诉人处理个案，并探讨各种解决方案，以期达成令投诉及被投诉双方同意的和解条款。资料显示，在平机会处理的投诉中，有超过六成是通过调解处理完成的。[1] 平机会成立20多年来，在香港社会反歧视、促平等方面赢得了社会民众的广泛信赖和良好评价。值得注意的是，平机会并没有职权对歧视、骚扰或者中伤的投诉进行裁决。对上诉事项投诉的裁决需由区域法院审理后作出。

受歧视者如果无法通过平机会的调解取得对投诉的满意结果，那么可以通过司法途径寻求救济。受歧视者可以选择自行向法院提起民事诉讼，或者向平机会申请法律协助。值得注意的是，当受歧视者申请平机会法律协助时，需要由平机会对申请进行评估以决定是否批准。在作出决定时，平机会会考虑多项因素，包括：①个案有否带出一个原则问题；②个案的复杂程度或双方的相对位置会否令申请人难以处理其个案；③证据的强弱程度及胜诉机会；④案件能否确立重要的法律先例；⑤诉讼能否令申请人得到有效的补救，及能否借案件有效地提高公众对平机会的认识及推广平机会；⑥双方的态度及行为，若答辩人或机构不合作，则平机会有较大机会向申请人提供协助；⑦平机会可按个别案件的情况，考虑任何其他相关事宜。无论是否批准，作为提出法律协助申请的前提，受歧视者必须先根据《性别歧视条例》《残疾歧视条例》《家庭岗位歧视条例》或《种族歧视条例》向平机会作出投诉，并且有

---

〔1〕 蔡定剑、张千帆主编：《海外反就业歧视：制度与实践》，中国社会科学出版社2007年版，第418页。

关投诉未能达成和解。

一旦平机会批准受歧视人的法律协助申请，那么平机会可以提供的法律协助包括给予初步法律意见以及在法庭上担任受助人的法律代表人。法律协助可由平机会法律服务科的职员，或由平机会为受助人延聘外间的私人执业律师提供。在费用方面，一旦平机会决定向受歧视者提供法律协助，一般而言会承担相关的诉讼费用。[1]

雇主由于就业歧视行为使受害者权利遭受侵害时，需要通过一定的途径使得受侵害的权利获得恢复或补偿。当受害者无法通过协商、谈判等私力方式获得权利的恢复或补偿时，其需要通过行政或者司法等公力方式寻求权利的救济。

综合来看，在司法救济方面，多数国家或地区将涉及就业歧视的诉讼纳入一般的民事诉讼程序。其中，大多数国家或地区将就业歧视诉讼视为一种侵权诉讼案件，有些国家或地区也将之视为一种违约诉讼案件。虽然是一般的诉讼程序，但就业歧视诉讼在某些方面与其他诉讼案件有一些差异。譬如，关于举证责任的变化。一般来讲，民事诉讼遵循"谁主张、谁举证"的举证责任原则。但在就业歧视案件中，受害者通常是个体的求职者或者雇员，而被告通常是具有一定规模的企业。受害者常常处于相对弱势地位。并且，就业歧视行为人在实施就业歧视行为时，通常也是隐蔽和不公开的。这无疑给受害者举证证明就业歧视的存在增加了困难。基于此，许多国家或地区的反歧视法有举证责任转移（或者称为共同承担举证责任）的倾向。值得注意的是，举证责任转移并非意味着举证责任的倒置。举证责任转移是指原来的举证责任在原告，当原告初步列出歧视的事实后，举证责任发生了转移，由被告举证证明其行为非基于歧视的原因。而举证责任的倒置则是指原来的举证责任在被告。[2] 在我国，就业歧视诉讼属于一般的民事诉讼，法律并没

---

〔1〕《向平等机会委员会申请法律协助须知》，载香港平等机会委员会官网，http：//www.eoc.org.hk/，最后访问时间：2020年11月25日。

〔2〕 李薇薇、Lisa Stearns主编：《禁止就业歧视：国际标准和国内实践》，法律出版社2006年版，第43页。

有给予就业歧视案件的原告特殊的待遇。并且，如果涉及就业歧视的争议属于劳动争议的，还应当先行向有关的劳动争议仲裁委员会申请仲裁。

除了通过法院寻求司法救济以外，就业歧视受害者还可以寻求行政救济。各国或地区比较通行的做法是设立一个专门处理歧视争议的委员会，这样的委员会通常由各国或地区通过法案设立，名称各异，譬如在美国为平等就业机会委员会，在法国为平等机会和反歧视委员会，在英国为平等和人权委员会，而在我国香港特别行政区则为平等机会委员会。在功能上，各国或地区的平等委员会也有较大差异。有些国家或地区的平等委员会具有较大职权，譬如美国，其不仅可以接受有关就业歧视的各种投诉，以自己的名义进行相关调查，组织举行听证会，还可以在与雇主协商无效或雇主拒不改正的情形下，代表歧视受害者向法院提起诉讼。而有些国家或地区的平等委员会则相对职权较小，譬如香港的平机会，其主要职责在于接受歧视受害者的咨询和提供法律援助，在受害者与歧视行为人之间展开沟通与协调等，但不具备最终处理歧视纠纷的能力。类似平等机会委员会这样的机构在一定程度上为歧视受害者维权以及提供权利救济提供了便利，但这些机构同样面临工作效率和案件积压等方面的挑战。[1] 我国目前尚未设立专门的处理歧视和推进平等机会的机构，但学界对类似机构的呼声一直较高。[2] 在未来我国的反歧视制度构建中是否需要设立专门的反歧视机构，以及该机构如何有效地运行，都是摆在立法者以及学者面前的现实课题。

---

〔1〕 譬如在美国，关于平等就业机会委员会处理歧视受害者投诉的工作效率和案件积压问题一直广受诟病，参见 Scott Burris, Kathryn Moss, Michael Ullman, Matthew C. Johnsen, "Disputing under the Americans with Disabilities Act: Empirical", Answers and Some Questions, 9 Temp. Pol. & Civ. Rts. L. Rev. 237.

〔2〕 例如在蔡定剑、刘小楠主编的《反就业歧视法专家建议稿及海外经验》（社会科学文献出版社 2010 年版）以及周伟的《关于〈中华人民共和国反歧视法学术建议稿〉的说明》（《河北法学》2007 年第 6 期）中关于反就业歧视法的立法建议中，均专设一章讨论设立平等机会委员会。

二、其他国家和地区歧视的救济机制

（一）美国

美国的就业歧视救济制度包括行政救济和司法救济。在司法救济方面，就业歧视案件通常作为一般的民事案件来处理。根据美国法院管理办公室统计，在 2005 年美国联邦地区法院提起的民事诉讼案件中，每12 个案件中就有一个是涉及就业歧视的诉讼案件。[1]　在行政救济方面，值得注意的是，美国国会专门设立的机构，即平等就业机会委员会（简称"EEOC"）在反歧视、促平等工作中起到了重要的作用。[2]EEOC 由 5 名委员组成，其中包括主席、副主席各 1 名，总顾问 1 名，他们均由联邦参议院提名和通过，并由总统任命，任期 4 年。

EEOC 的主要职权包括：①执法权，包括处理投诉、开展调查、提起民事诉讼等；②向公众宣传法律，包括提供咨询、培训和有关信息，以及与其他部门合作进行反就业歧视的教育和引导工作；③针对就业歧视的有关问题进行研究并向公众公布研究报告；④在一定范围内有权解释法律。此外，在促进歧视的消除方面，委员会还采取其他多种工作方式，如与各种公共和私人机构展开合作、向歧视案件到庭作证的证人支付必要的费用以鼓励其与歧视作斗争、协助雇主遵守法律的要求、与违反法律规定的雇主或工会达成和解等。

EEOC 处理歧视纠纷的程序包括：①接受有关就业歧视的各种投诉。②进行调查。就业歧视调查可以由受害人或委员会提起。调查开始后，委员会应向雇主发出通知，委员会应根据调查结果决定是否撤销有关指控。在调查过程中，委员会可以查阅和复制有关文件，询问有关人员，雇主有义务向委员会提交有关其雇用行为的报告，保存并提交有关记录。③必要时举行听证会，就特定事项进行调查。④与被投诉雇主或工会协商，解决矛盾。如果有理由相信指控是真实的，委员会应首先通

---

〔1〕　See Barbara Lindemann&Paul Grossman：Employment Discrimination Law，p1（4th ed. 2007）.

〔2〕　EEOC 是依据《1972 年平等机会法》设立的，负责执行美国的《民权法案》第七章有关就业歧视部分和《1972 年平等机会法》的专门机构。

过非正式的方式消除歧视行为。如果被指控方是政府部门，则有关指控必须按照州法律或地方法律提起的法律程序结束 60 天后提起。⑤在协商无效或雇主拒不改正的情形下，可以代表歧视受害者向法院提起诉讼。[1]

（二）法国

在行政救济方面，法国设有平等机会和反歧视委员会。根据法国法律规定，遭受歧视的当事人可以向上述委员会申诉。在受理申诉后，平等机会和反歧视委员会有权独立调查案件事实，并提出消除歧视、恢复平等的具体措施。另外，平等机会和反歧视委员会也可以依职权主动对涉嫌歧视的行为进行立案。在委员会调查歧视案件时，有权要求任何自然人、法人（包括公法人）就其受理的申诉做出解释或者提供与案件有关的信息和文件。委员会可以进行实地考察或者组织听证会。在进行初步调查后，如果委员会认为案件不属于其职权范围或者申诉明显缺乏理由，委员会可以裁定驳回申诉；在申诉的案件应由其他机构受理时，委员会负责将案件移交有关机关；在申诉案件属于委员会职权范围，但涉案当事人无法自行和解的情况下，案件由委员会合议团审议处理。经合议团审议后，案件的处理结果包括：①申诉理由不成立时，裁定驳回申诉；②经调解当事人达成和解协议；③在当事人无法达成和解协议的情况下，建议有关当事人向法院提起诉讼；④向企业、行政机关提出改正建议；⑤当歧视行为构成犯罪时，将案件移交检察机关，由其提出公诉。值得注意的是，委员会对歧视申诉作出的处理意见不具有司法效力。在一方或者双方不接受委员会决议的情形下，案件最终须交由法院裁决。但是，委员会由于解决歧视纠纷较为快捷、平和，并且效率较高，因此越来越为法国民众所接受。[2]

在司法救济方面，法国有其自身的一些特点，表现在：其一，法国

---

〔1〕 蔡定剑、刘小楠主编：《反就业歧视法专家建议稿及海外经验》，社会科学文献出版社 2010 年版，第 128、129 页。

〔2〕 蔡定剑、张千帆主编：《海外反就业歧视：制度与实践》，中国社会科学出版社 2007 年版，第 150~153 页。

的司法系统实行法院双轨制：由普通司法法院审理刑事、民事案件，由行政法院审理涉及国家机关和公权的案件；其二，法国《刑法典》专设一节规定了歧视罪，因而歧视行为在法国可能面临刑事制裁。[1] 具体来看，在普通司法法院，法国的歧视受害者更倾向于通过刑事诉讼的方式获得救济。究其原因，一方面，各种反歧视协会、团体通常希望通过刑事案件来扩大影响力，从而引起全社会关注反歧视问题。另一方面，根据法国法律的规定，刑事诉讼不收取任何诉讼费用，法庭审理采取纠问方式进行，在检察官支持公诉的情况下，原告的诉讼负担大为减轻。法国行政法院审理的反歧视案件主要涉及平等担任公职的权利、平等享受公共服务的权利以及平等负担税负等方面。从 20 世纪中叶开始，法国行政法院通过受理各类反歧视案件形成了较为丰富的判例。[2]

（三）英国

2006 年以前，英国存在三个专门的反歧视机构，分别是依据三个重要的反歧视法律《性别歧视法》《种族关系法》和《残障歧视法》设立的"平等机会委员会""种族平等委员会"和"残障者权利委员会"。其中，"平等机会委员会"旨在解决性别歧视问题。其职能包括：进行性别统计，对相关法律与政策进行研究，为政府和社会提供性别歧视方面的数据信息以及意见和建议等；对性别歧视的受害人提供免费的法律服务，支持上诉等；开展性别平等的宣传工作，通过出版刊物、专题研究等方式，向政府、社会团体和机构进行广泛宣传，提高社会对性别平等问题不良影响的认知等。"种族平等委员会"旨在解决种族歧视问题，其职能包括：发布种族平等标准和行为准则，以协助、指导公共和私人机构制定正确的政策；向政府提供《种族关系法》的实施情况报告；支持反种族歧视的学术研究，利用出版物、媒体等多种形式向社会

---

〔1〕 根据法国《刑法典》的规定，在经济活动、劳动就业、提供货物或服务过程中进行歧视的行为将面临刑事制裁，受到 3 年监禁和 45000 欧元罚金的处罚；当基于歧视而拒绝提供货物或服务的行为发生在公共场所时，处罚加重至 5 年监禁和 75000 欧元罚金；行使公权或者承担公共服务的法人或自然人实施上述歧视行为的，从重处罚。

〔2〕 蔡定剑、张千帆主编：《海外反就业歧视：制度与实践》，中国社会科学出版社 2007 年版，第 154 页。

开展广泛宣传，以引起社会和公众对种族平等问题的重视；接受涉及种族歧视的投诉，对受害人提供法律建议及协助，对涉嫌歧视的公司或机构进行正式的调查并要求其制定改善措施，在特定情况下，有权对涉嫌实施种族歧视的公司或机构提起诉讼等。"残疾人权利委员会"旨在消除针对残疾人的歧视，保障残疾人平等权，其职能主要包括：为残疾人提供必要的信息及指导，发生争议时提供调解服务，必要时提供法律协助或支持起诉；制定残疾人权益保护的行为准则；通过学术研究和出版刊物等方式开展社会宣传；为政府的执法情况提供评估和建议等。

2006 年英国议会通过了《平等法》，依据该法将原有的"平等机会委员会""种族平等委员会"和"残疾人权利委员会"进行合并，成立了新的"平等和人权委员会"。"平等和人权委员会"在性质上属于独立于政府部门的公共机构，由主席、副主席以及若干名委员组成。该委员会在解决歧视问题上依法拥有两大类权力：一是一般权力，包括制定消除歧视的各种条例、提供咨询、获取信息、提供建议等；二是针对具体的涉及歧视问题的强制执行权力，包括实施调查、发出违法通知及要求改进、协商与调解、向法院申请禁令等权力。具体来看，平等和人权委员会的职能有：执行各种反歧视的法律，制定执行法律的具体条例；统一整合涉及就业歧视的各种资料和信息，并向社会公布；对涉及歧视和平等机会等的人权问题展开一般性调查，并向政府和各类机构提出改善建议，必要时，提出质询；处理涉及就业歧视的具体纠纷，安排调解，并为受歧视者提供法律服务；对经调查证实存在歧视或骚扰的案件，向有关单位发出"违法通告"以期制定改善措施，如果歧视情况未能改善，则委员会可以向法院申请禁令，阻止歧视情况的持续等。[1]

在司法救济方面，英国的劳动裁判所负责受理涉及就业歧视的案件。当事人双方对劳动裁判所的判决不满的，可以向劳动上诉裁判所进行上诉。

---

〔1〕 蔡定剑、刘小楠主编：《反就业歧视法专家建议稿及海外经验》，社会科学文献出版社 2010 年版，第 115、116 页。

[练习和思考题]

1. 我国针对就业歧视的救济制度有什么特点？哪些方面需要进一步的完善？

2. 求职者在求职阶段遭受歧视的，能否基于缔约过失主张损害赔偿？就业歧视的受害者是否可以请求精神损害赔偿？法律依据有哪些？

3. 2021 年 1 月 1 日正式实施的《民法典》第 1010 条禁止性骚扰行为，你认为用人单位是否应当对发生在工作场所中的性骚扰行为承担法律责任？

4. 你认为我们国家是否应当设立类似美国平等就业机会委员会的行政机构？上述机构在推进平等就业权利方面的作用如何？

[延伸阅读]

1. [南非] 桑德拉·弗里德曼：《反歧视法》，杨雅云译，中国法制出版社 2019 年版。

2. 周伟：《禁止歧视：法理与立法》，法律出版社 2020 年版。

3. 李子瑾：《禁止歧视：理念、制度和实践》，北京大学出版社 2018 年版。

4. 卢杰锋："职场性骚扰的用人单位责任：从《民法典》第 1010 条展开"，载《妇女研究论丛》2020 年第 5 期。

5. 刘小楠主编：《反就业歧视的机制与原理》，法律出版社 2013 年版。

6. 李薇薇：《禁止就业歧视：国际标准和国内实践》，法律出版社 2006 年版。

7. 卢杰锋："职场性骚扰受害者的法律救济：基于美国法的研究"，载《中华女子学院学报》2020 年第 1 期。

第十三章　平等委员会

[本章主题和课程目标]

本章介绍反歧视的专门机构——平等委员会[1]（Equality Body）。本章内容涉及平等委员会的概念与特点、组织结构、功能与职权。如果你积极阅读并参与课堂讨论，将会对平等委员会的职能及其在反歧视法律实践中的地位与作用有较为深入的了解，并通过对平等委员会制度及其法律实践的分析，进一步审视我国反歧视领域相关现行法律制度中的不足之处，提出完善我国反歧视法律制度的建议。

[案例导入]

1. 荷兰修鞋店女工诉修鞋店老板性别歧视案。在荷兰，修鞋店传统上只雇佣男子工作，曾有一女子进入修鞋店工作，由帮工上升到修鞋工，但老板仍将其作为帮工对待。圣诞节时，该女子得到的礼物仅为男性修鞋工的一半，该女子为此向荷兰平等待遇委员会提出了性别歧视申诉。平等待遇委员会接受申诉后，对申诉事件进行了全面细致的调查，并依据《平等待遇法》对双方的争议进行调解。平等待遇委员会指出该店主在三个方面违背了平等原则：①修鞋只雇用男性，不雇用女性；②男女同工不同酬；③给女性的礼品仅为男性的50%。在平等待遇委员

---

〔1〕　许多国家和地区设立了处理歧视争议的专门机构，比如荷兰的平等待遇委员会、美国的平等就业机会委员会、法国的平等机会和反歧视委员会、英国的平等和人权委员会、我国香港特别行政区的平等机会委员会，等等。这些专门机构为歧视受害者提供多元便捷的服务，包括接受投诉、组织调解或者协助诉讼等。为了方便论述，本章以"平等委员会"泛指这些反歧视专门机构；在涉及特定国家和地区的反歧视专门机构时，则使用该机构的特定名称。

会有理有据、耐心细致的分析下，修鞋店老板终于认识到自己行为的违法性。最终，平等待遇委员会的处理结果得到当事人双方的满意与认可。[1]

2. 香港平等机会委员会曾经在处理一桩雇用歧视纠纷时，因雇主和雇员互不相让而使得调解陷入僵局。当时临近中秋，平等机会委员会的调解人员向雇主建议送一篮水果给雇员，以证明公司重视该雇员对公司的贡献，也表示雇主对他的尊重。此举收到极好的效果，雇员收到果篮后非常感动，最终劳资双方达成和解协议。[2]

3. 香港一名患有自闭症的儿童在酒楼用餐时，遭受到服务员歧视和不礼貌的对待，案件投诉到香港平等机会委员会。香港平等机会委员会认为虽然案情本身并不复杂，也不涉及大额的经济赔偿，但也含有一定的矛盾和冲突。如若问题不能得到及时、有效的解决，势必会使矛盾和冲突进一步扩大。对此，平等委员会没有等闲视之，而是认真处理，提出个性化的解决方法，即要求该案中的服务员当一次义工，为一个智障人士公益组织卖旗筹款。通过这种个性化的处理方式，增进健康人群对残障人群的理解，消除社会偏见，促进社会的宽容。由于措施非常具体和有针对性，且对今后避免类似问题的发生十分有效，因此当事人双方均感到十分满意。[3]

结合以上三个案例，请尝试分析并回答以下问题：①平等委员会是什么机构？②在处理歧视问题上，与司法机关相比，平等委员会具备哪些优势？③在我国内地如果发生上述事情，一般采取什么救济方式？效果如何？④如果需要进一步完善我国相关法律制度，请给出自己的意见，包括具体立法建议。

---

〔1〕　本案例系作者于2006年随中国政法大学宪政研究所访问荷兰期间，与海牙地方政府协会座谈所得。蔡定剑、张千帆主编：《海外反就业歧视制度与实践》，中国社会科学出版社2007年版，第91页。

〔2〕　2011年作者随"亚洲反就业歧视项目组"考察香港时，与香港平等机会委员会座谈获知。

〔3〕　2011年作者随"亚洲反就业歧视项目组"考察香港时，与香港平等机会委员会座谈获知。

第一节　平等委员会概述

一、平等委员会的概念及特点

（一）平等委员会的概念

平等委员会是部分国家或地区依据反歧视法或人权法律建立的专门的、独立性的执法机构，由于其职能主要是受理歧视投诉、监督反歧视法（有的国家称为"平等待遇法"）的执行，因此也被视为是应对歧视的专门救济机构。

当今世界，多数国家或地区在反歧视法治发展领域中的一个共同经验是：不仅要制定一部专门反对歧视的法律，还要建立一个专门负责执行反歧视法律的机构——平等委员会。虽然在不同的国家，这一机构的名称不尽相同，但作为反歧视的专门执法与救济机构，其职责权限却是基本一致的，主要有四方面：①解释及宣传法律；②负责处理歧视方面的投诉并进行调解；③支持/代理歧视案件起诉或主动独立起诉；④监督反歧视法的实施。

各国反歧视法治发展的实践证明，正是由于平等委员会的存在，现实生活中的大量就业以及教育、社会服务等方面的歧视纠纷才得以高效、及时解决。首先，这不仅对各国经济的发展起到了十分显著的促进作用，而且有效促进了劳资双方的相互沟通与谅解，避免了劳资双方矛盾激化所带来的社会冲突，有效维系了社会秩序的稳定；其次，平等委员会对歧视纠纷及时有效的解决，也在相当大程度上避免了事态进一步恶化所可能引发的司法诉讼，有效节省了国家的司法资源；最后，平等委员会通过法律宣传、培训等工作的持续开展，在培养和塑造社会平等意识、提升公众的人权观念方面成效显著。

（二）平等委员会的特点

1. 法定性及权威性：平等委员会是依据各国或地区反歧视法或者人权法律建立起来的反歧视专门机构，专门负责反歧视法的实施与推进。平等委员会的法律地位、组织构成、职责权限、工作程序等均由法律予以明确规定，并且该机构拥有调解纠纷、开展调查、代理就业歧视诉讼甚至包括主动提起诉讼等多项法定权力，其执法行为受到政府、司法机关以及社会的尊重，具有高度权威性。

2. 独立性：虽然平等委员会由政府组织成立，经费开支也来源于政府，但为了保障平等委员会能够公正、严明执法，大部分国家的反歧视法都赋予平等委员会以独立的法律地位——属于公共机构或特殊法人，依法独立于政府，政府无权干涉委员会针对歧视问题作出的各种裁决和制定的相关政策。委员会的经费来源类似法院，由国家拨款；委员会成员的工资待遇和工作条件，由专门的法令予以规定和保障。这些制度有效地保障了平等委员会独立行使职权，并能有效地监督包括政府机关在内的公法人，促进国家反歧视法的统一实施。

3. 专业性：作为专门应对歧视、促进平等待遇的机构，平等委员会在人员配备中注重吸收该领域的各类专家，主要有法律专家、心理专家、工作评估专家等。他们不仅在处理反歧视投诉、调解纠纷方面非常专业高效，而且经过长期的工作积累和大量的实际调查、数据统计分析，发展出衡量和评价歧视问题的一系列有效方法。比如在欧盟国家，通过对大量平等报酬投诉的处理，平等委员会总结出一整套细致的方法和标准，专门用于调查此类案件，评估被告方的行为是否包含歧视性因素。事实证明，这些方法与标准十分精练有效，对迅速解决歧视案件发挥了显著作用。良好的专业性是平等委员会能够正确处理歧视纠纷的保障，也是人们愿意选择到平等委员会解决歧视问题的重要原因之一。

4. 准司法性：严格意义上说，平等委员会不是司法机关，通常其作出的调解或裁决并不具有强制执行的法律效力。但平等委员会依靠对法律的精准理解和把握，对歧视投诉在进行详尽调查基础上做出的高度专业化的解释和判断，加上耐心细致的引导工作，往往令冲突双方感到信服并愿意接受裁决。大量的歧视矛盾由此得以解决，平等委员会也因此获得了极高的社会声望。只有极少数情况下，当事人会另行寻求司法救济，向法院起诉。即使进入到司法诉讼程序，平等委员会作出的调解或裁决也往往会受到法庭的特别重视，被作为"专家意见"来对待。因此，平等委员会的调解或裁决在社会上权威性颇高，被视为具有一定的"准司法性"[1]。

5. 亲民性与主动性：与复杂的司法程序、昂贵的诉讼费用、消极的司法权力相比，平等委员会在为歧视案件提供救济方面的工作方式更加简易和贴近民众，比如免费受理投诉、调解程序简便易行、处理方式更加人性化与多样化等。在解决歧视投诉过程中，平等委员会更注意对当事人心理的疏导，促使事情在和谐的氛围下得以调解解决。这种温和与折中的方式更为普通大众特别是矛盾双方所接受。在就业歧视案件中，由于当事人双方是劳动雇用关系，因此通常情况下，劳动者只是希望以和平委婉的方式解决所遭受的不公平对待，并不希望为解决矛盾而与雇主闹僵甚至丢掉工作岗位。平等委员会工作方式的亲民性恰好满足了就业歧视纠纷的这种特殊需要。此外，生活中大量的歧视纠纷（特别是社会服务方面的歧视现象）看上去事情很简单，不需要动辄到法院去打官司；很多纠纷也并不涉及多少经济赔偿，主要争议在于遭受歧视的一方感觉人格尊严受到了欺辱和侵犯，这种情形下，平等委员会采用人性化、个性化、多样化的解决手段就比司法机关的司法裁决更为有效与便捷。此外，与司法机关的被动性不同，平等委员会拥有主动调查权和起诉权。当发现社会上某种歧视现象具备较大的社会危害性时，平等委员会可以主动展开调查，甚至有权根据需要独立发起歧视诉讼。总之，工作方式上的亲民性与主动性使得平等委员会比司法机关能够更及时、

---

〔1〕 比如按照荷兰的习惯法，平等待遇委员会的裁决在法官审理歧视案件时具有"专家判断"的地位，而且这一点也在荷兰最高法院的司法判例中得到尊重与强调。这就意味着，除非有适当的理由，否则，平等待遇委员会的裁决所具有的"专家判断"的地位不能被否认。近期以来，平等待遇委员会正在努力推动将这一规则由习惯法上升为国家立法。数年来的实践证明，仅对极其少量的裁决，当事人不服而向司法机关提起诉讼。在平等待遇委员会的裁决案件中，约一半的当事人双方均认为委员会的裁决产生了实质性影响。即便是那些没有被裁决为违法的雇主，判决也对他们具有相当的警示作用——他们中有1/3的人在裁决后主动采取新的措施，修改自己的内部规章制度或使招工条件更加平等、透明。仅有25%的投诉者和7%的被告人认为委员会的裁决没有多大作用。蔡定剑、张千帆主编：《海外反就业歧视制度与实践》，中国社会科学出版社2007年版，第107页。

更全面接触到各种就业（以及社会服务领域）歧视问题，在解决一般性歧视冲突方面效果更为显著。这不仅有效化解了社会矛盾，也在相当大程度上节省了国家的司法资源。[1]

二、平等委员会的历史发展

作为反歧视法的专门执法和救济机构，平等委员会是伴随各国反歧视事业的兴起和反歧视法律制度的建立而逐步发展起来的。在反歧视发展起步较早的欧洲，第二次世界大战后，为谋求经济发展而成立的欧洲经济共同体（即后来的"欧盟"），为建立统一的劳动力市场，在1957年《欧共体条约》中首次规定了"男女同工同酬"并禁止"国别歧视"。其后的半个世纪里，伴随欧洲经济与政治的巨大发展，欧洲的反歧视法律实践也不断拓展、深入，由最初简单的反对性别歧视、国籍歧视，扩展到禁止种族、年龄、宗教、残障、性倾向等多种歧视；由消除直接歧视深入到消除间接歧视、性骚扰等较为隐蔽的歧视类型。在欧盟的统一要求下，制定专门的平等法并成立专门的执行机构，也成为各成员国的法定义务。欧盟在2000年颁布了两个非常重要的指令《种族平等指令》和《就业框架指令》。其中《种族平等指令》明确要求各成员国必须建立专门执行机构，通过监督、通报和咨询机制，促进平等待遇，为歧视受害者提供独立援助，包括独立地收集证据、信息和提供法律援助。此项规定被视为这部法律中最具实质意义的内容。[2] 此外，《就业框架指令》的前言第9条也规定："建立有关的机构，建立有效和充足的救济机制，包括提供司法保护。"指令第二章"欧盟救济和执行"第一节"对反歧视权利的保护"第2条规定："成员国应保证有关

---

〔1〕　比如在荷兰，每年的就业歧视案件中，向平等委员会投诉的案件要远远多于司法诉讼。据统计，2001~2005年，荷兰司法系统共受理了20个有关歧视的案件，而平等委员会一年就处理约250个有关歧视的申诉。可见，平等委员会已经成为就业歧视争端的主要解决者和《平等待遇法》的有效执行者。通过接受和处理投诉，平等委员会不仅解决了雇佣双方的争端，为稳定社会关系、促进经济发展发挥了作用，而且在处理案件过程中将荷兰《平等待遇法》的条文具体化、明确化，将法律真正落实到了现实生活中。蔡定剑、张千帆主编：《海外反就业歧视制度与实践》，中国社会科学出版社2007年版，第108页。

〔2〕　蔡定剑、张千帆主编：《海外反就业歧视制度与实践》，中国社会科学出版社2007年版，第48页。

组织或法律规定的有关实体根据国家法律的规定获得相应的法律权力，以便能够保障本指令的执行，并参与或者代表、支持受害者（在受害者同意的情况下），参与各种救济程序。"

在欧盟的统一倡导下，欧盟国家在推进反歧视法律实践中，纷纷建立起各自的反歧视机构。以英国为例，英国的反歧视立法以及执行机构的建立都比较早，但非常分散。英国自 20 世纪 70 年代起通过了三个重要法律《性别歧视法》（1975）、《种族关系法》（1976）和《残障歧视法》（1995），并依次成立了三个专门的执行机构：平等机会委员会、种族平等委员会以及残障者权利委员会，在各自的范围内推进社会平等，消除歧视。进入 21 世纪后，应欧盟指令建立平等法专门执行机构的统一规定，英国政府决定改变之前三部法律及三个平等机构各自为政的情形。2006 年英国议会正式通过《平等法》，并依据此案将原有的残障者权利委员会、平等机会委员会及种族平等委员会三个机构合并，成立新的"平等和人权委员会"，以促进所有人的人权为根本宗旨，通过消除年龄、残障、性别、种族、宗教（或信仰）及性倾向六个领域的歧视现象，推动人权的发展与平等的实现。

再以荷兰为例，为响应欧盟号召，统一各种立法中对平等的不一致规定，全面推进反歧视工作，荷兰于 1994 年制定并实施了《平等待遇法》，并根据这一法律的规定，成立了专门负责监督和实施《平等待遇法》的机构——平等待遇委员会。根据《平等待遇法》的规定，平等委员会的权限主要是：其一，接受关于歧视问题的投诉，针对歧视问题展开调查，举行听证（这些活动可以是接受当事人投诉后开展的，也可以由平等待遇委员会主动发起），并对有关投诉作出裁决。除政府或职业特别要求以外，任何人都负有向委员会作证、提供所知情况的义务。其二，有权将本委员会的工作结果和调查真相向社会和政府有关部门公布，就《平等待遇法》以及其他有关反歧视法律的问题向政府、法院以及社会组织提供咨询、意见，向内务部长提供关于本法的执行情况报告。其三，有权独立地向法院提起诉讼。2012 年，为全面推进荷兰的人权事业，根据国会法律，荷兰人权研究所（简称 NIHR）成立，平等待遇委员会的职权也随后并入这一机构[1]。

此外，欧盟国家以外的许多国家或地区在推进本国人权建设、促进公平的过程中也逐步建立起自己的反歧视专门机构。如美国早在1972年就依据《平等就业机会法》建立平等就业机会委员会，专门负责执行美国《民权法案》第七章有关就业歧视部分、《平等就业机会法》及其他联邦反歧视法律，处理涉及就业歧视事件的申诉、调解和诉讼。

我国香港特别行政区，也已建立起相关机构——平等机会委员会。香港的平等机会委员会成立于1996年5月，是一个法定的极具权威性的独立机构，负责执行《性别歧视条例》（1996）、《残疾歧视条例》（1996）、《家庭岗位歧视条例》（1997）以及《种族歧视条例》（2009）四个法律，在香港的反歧视、促平等事业中发挥着十分重要的作用。

三、人员录用与组织结构

（一）人员录用资格与程序

为保证平等委员会的权威性、独立性及专业性，各国或地区反歧视法对平等委员会委员的录用大多采取以下严格规定：其一，严格的专业资格条件；其二，必须由政府任命；其三，不得被随意解雇；其四，充足的经费支持及良好的待遇保障。

以荷兰为例，荷兰平等待遇委员会由九名委员和九名委员助理组成[2]。其中包括一位主席和两位副主席，他们三人必须具备法官资格；其他委员的任职资格仅仅要求无犯罪记录，没有专业文凭和正式推荐信的硬性规定。但实际上，所有委员都具备专业文凭。为保证委员会的独立性，委员会的全部人员由司法部长任命，同时参考内务部、就业与社会保障部、福利与健康和文化事务部、教育与科技部四部的意见。各种非政府组织可以向政府提名委员候选人，但不得干预选拔任命程序。委员一般任期6年，可以连续任命，委员任职期间非经最高法院依法定程序不得被解雇。委员会的经费来源类似法院，由司法部和以上四部拨

---

〔1〕　https：//equineteurope.org/author/netherlands_etc/，最后访问时间：　年　月　日。

〔2〕　2012年荷兰平等待遇委员会被并入新成立的荷兰人权研究所，研究所由国王任命的12名人员组成，下辖一个50人组成的办公室。

款；委员会成员的工资待遇和工作条件，由专门的法令予以规定和保障，以此杜绝政府利用财政资源干涉平等委员会的工作，破坏平等委员会的独立性。

再以美国平等就业机会委员会为例，平等就业机会委员会有委员五名（其中包括主席、副主席各一名），总顾问一名。他们均由联邦参议院提名并通过，并由总统任命。委员任期 4 年。

在我国香港特别行政区，平等机会委员会设主席 1 人，委员 16 人。主席可以公开招聘，但必须由香港特别行政区行政长官委任。香港平等机会委员会委员来自社会各界，比如有法律专业人士、议员、妇女及残障等社会组织的人士、劳工界人士等。为保证平等机会委员会的独立性，委员不纳入公务员序列。

（二）组织架构

为实现平等委员会的各项职能，各国平等委员会一般都设置几个具体工作机构，相互分工，互相协作，分别从事处理歧视投诉及处理、宣传教育、内部事务行政管理等各项具体事务。以香港平等机会委员会为例，香港平等机会委员会下设四个专责小组，即法律及投诉小组、公众教育及研究小组、社会参与及宣传小组、行政及财务小组。平等机会委员会内各专责小组具体分工如下：

1. 法律及投诉小组：负责投诉的审查、处理和提供法律建议：①依据四个法律对平等机会委员会制定的规则进行建议；②审议调解员向平等机会委员会提交的关于歧视投诉的处理报告；③审议平等机会委员会主席作出的对某个歧视问题终止或不进行调查的决定；④决定是否采取调解以外的协助；⑤向平等机会委员会建议采取调查，作出调查报告；⑥决定对持续性歧视或骚扰采取何种法律程序；⑦审查三个法律的执行情况，必要时向平等机会委员会提出修改法律的建议。

由于法律及投诉小组的成员多为具有法律背景的专家，因此其良好的专业素质、对投诉的认真调查以及客观公正的法律意见，为成功解决歧视投诉问题奠定了基础。

2. 公众教育及研究小组：负责公共教育与培训事务，审查平等机会委员会在此方面的工作计划、培训教材等，并提出相关建议。

3. 社会参与及宣传小组：负责平等机会委员会的对外宣传和联络工作，加强平等机会委员会与社会团体的沟通，审查和批准对社会团体的资助，推动社会各界投入反歧视事业。

4. 行政及财务小组：负责平等机会委员会的开支预算，审查各种帐目，审核平等机会委员会活动年度报告。

第二节　平等委员会的职责与工作程序

一、释法与宣教

（一）释法与规范

作为各国或地区反歧视的专门执法机构，领导国家或地区的反歧视工作，正确实施反歧视各项法律制度并根据需要解释反歧视法律、制定反歧视法的具体执行规则，就成为各国或地区平等委员会顺利开展工作所必需的权限与职责。为此，英国2004年议会通过的《平等法案》中，规定反歧视专门执行机构平等和人权委员会拥有制定执行反歧视法律所需要的各种具体权力；美国1972年《平等就业机会法》中，亦赋予其平等就业机会委员会在一定范围内解释该法律的权力。例如，为了明确处理就业歧视指控及相关问题的程序，美国平等就业机会委员会颁布了《程序条例》（Procedural Regulations）等多个条例，为受理指控、进行调查和调解以及同意起诉或者代表起诉等环节制定了具体的工作程序。为解释禁止就业歧视的法律和条例如何适用于具体的工作场所和情形，美国平等就业机会委员会分别于1965年、1966年、1970年、1980年发布了《性别歧视指南》《宗教歧视指南》《国籍歧视指南》《性骚扰指南》等多项指南，对上述各类歧视的认定标准进行解释[1]，为处理各类就业歧视问题提供了更加细致并更具操作性的重要准则。

---

[1] 孙萌、封婷婷："美国平等就业机会委员会对就业歧视的救济"，载刘小楠、王理万主编《反歧视评论》，社会科学文献出版社2019年版，第84页。

必要的释法与规范，对平等委员会具体落实反歧视法的各项规定、推动国家或地区反歧视法的统一执行，发挥了积极作用。

（二）宣教倡导

消除就业歧视、实现社会公平仅仅依靠法律是远远不够的。从根本上说，平等的实现有赖于整个社会平等意识的提高[1]。因此，面向大众开展深入持久的反歧视宣传和教育就显得尤为重要。各国或地区反歧视法中，都十分重视将宣教和倡导列为平等委员会的重要职责与基本工作。实践中，平等委员会也积极采取各种方式，发挥宣教职能，具体表现为：①积极运用媒体，通过以案说法、召开新闻发布会等形式宣传反歧视法律制度；②面向各种企业、非政府组织以及特定群体等，举办反歧视法讲座和培训；③定期公开出版、发布有关歧视的重要案例、评估报告、有关歧视的各种数据资料等，向社会公开反歧视信息；④面向大众举办丰富多彩的教育、宣传活动，如电视节目、戏剧、公开表演、展览以及各类比赛等，宣传中特别注重以幽默、轻松的方式进行，以消除人们（特别是易受伤害的弱势群体）的对立情绪。这些丰富多彩的手段比起严肃刻板的宣传教育往往更能打动人心，效果也更加显著[2]。

宣教倡导作为平等委员会的最基本职责，能够影响政府、企业与社会大众，唤起社会对就业歧视问题的广泛关注，帮助全社会树立平等意识，塑造宽容、公平的社会环境，发挥了其他职能所无法替代的重要作用。

二、处理投诉，解决歧视争端

作为反歧视法的专门执行机构，解决歧视争端并为遭受歧视者提供

---

[1] 香港平等机会委员会主席林焕光就特别强调宣传和教育对于消除就业歧视、树立平等意识的重要性，他指出："反就业歧视宣传和教育很重要，因为一个社会首先要有平等意识……一个文明社会需要一定的文化理念作支撑，社会的和谐必须以平等为基础。移风易俗、改造人们的意识绝不是一朝一夕的事情……"王春光：《平等就业：部分国家和地区反就业歧视的立法与实践》，知识产权出版社2011年版，第102页。

[2] 比如在香港特别行政区，平等机会委员会就特别注重对青少年的平等教育，他们坚信向青少年从小灌输"平等机会"的观念，有助于他们支持多元共融的文化。为此，平机会与香港三个剧团合作，在学校推出以平等机会、四个反歧视条例和多元文化为题材的多个话剧和木偶剧。生动活泼的宣教方式，受到青少年的广泛喜爱和欢迎。参见香港平等机会委员会网，http://www.eoc.org.hk，最后访问时间：2020年9月18日。

救济，是平等委员会的核心任务与职责。大量的歧视纠纷也正是由此得以解决。实践中，平等委员会受理与解决歧视争端主要采取以下工作程序。

（一）投诉与咨询

1. 接受歧视投诉。为充分保障公民的平等权利，各国或地区的法律大都规定向平等委员会进行歧视投诉的主体范围是非常广泛的；而且投诉的门槛极低，任何公民只要在就业或接受公共服务等过程中，感到自己遭受了歧视（并不要求有直接利益关系），就可以向平等委员会进行投诉。比如，当一位谋求行政秘书职位的男士发现一个招聘广告，而该广告表明此职位仅针对女性时，该男士即可以该广告为依据向平等委员会进行招聘歧视投诉。

如果歧视受害人由于种种原因不愿或不能亲自向委员会投诉，也可以委托自己的亲属、所属工会或某个非政府组织（如某个反歧视组织或人权组织等）代替自己进行投诉。如果歧视行为发生在一个组织内部，则该组织的工会或行业委员会可以直接联系平等委员会对此事进行调查。非政府组织也可以自行向平等委员会进行投诉，在这种情况下，与其他方当事人利益有关的协会或基金会可以作为其他方当事人利益（这种利益必须与该协会或基金会的法律地位、定位等一致）的代表参与进来。

2. 提供法律咨询。除了接受投诉，通过电话、互联网以及会见等多种方式解答民众疑问，提供歧视方面的法律咨询也是平等委员会的一项重要日常工作。日常生活中，有些民众认为自己遭受的歧视只是一种主观感受，并不构成真正的歧视。通过咨询，平等委员会可以为民众答疑解惑，帮助其正确认识什么是歧视，进而采取合适的救济手段，促成矛盾的顺利解决。

此外，许多企业或社会组织也会主动请求平等委员会对本企业或组织内部的规章制度（包括集体劳动合同）进行评估，以确保其与反歧视法保持一致；或请求平等委员会对自己的某一行为是否与法律相抵触因而构成歧视进行评估，以便在各种内部制度或企业行为发生效力之前就消除潜在的歧视隐患。对于此类主动请求，平等委员会通常会予以积极回应，帮助企业或社会组织进行行为评估或与其共同制定反歧视的实务守则，以避免就业歧视问题的发生，促进反歧视法在企业或组织内部的实施。

（二）调查

1. 调查权及其行使。平等委员会接受个人或组织的歧视投诉后，即可针对该案展开调查。有时为全面迅速掌握案情，平等委员会甚至进行现场调查。为保障平等委员会有效行使调查权，各国反歧视法均规定凡与投诉案件有关的任何公民或组织都负有协助调查、提供所知信息或资料的法律义务。部分国家如荷兰更为严格，规定拒绝服从该义务的行为视为刑事犯罪。英国法律规定，平等及人权委员会在调查怀疑涉及歧视的具体事件时，如果证实存在歧视，委员会会向有关机构发出"违法通告"，要求有关机构制定改善措施；如果歧视情况没有改善，委员会甚至可以向法庭申请禁制令，以阻止歧视情况的持续。法国反歧视促平等高级公署在歧视案件调查方面拥有相当强大的调查取证权，对拒不配合调查、作证的有关机构或个人，拥有提请法院实施强制措施的权力。上述种种法律规定，对平等委员会顺利展开歧视案件的调查工作，全面、及时收集有关证据，提供了有力支持和保障，更为歧视争议能够得到公正处理奠定了基础。需要注意的是，为保障公民的隐私权，法律也同时规定平等委员会在行使调查权的过程中负有一定的保密义务，不得随意公开当事人的身份以及其他情况。

2. 听证。一般案件经初步调查结束后，平等委员会将邀请当事人双方到场，召开公开听证会，对双方的证据进行当场质证（如果当事人有特殊要求，也可以不公开进行）。届时，有关证人和专家也会被要求到场。听证会不仅有助于当事人双方全面了解和澄清事实，而且对平等委员会来说也是一个很好的向社会大众宣传反歧视法的机会。

3. 主动调查权。除接受当事人投诉外，针对各种歧视行为或现象，平等委员会还被赋予主动开展调查的权力。一旦发现问题，委员会可以主动出击，必要时甚至可以直接向法院提起相关诉讼。平等法之所以如此设计，是出于更全面、彻底地保护歧视受害方利益的考虑。因为在就业歧视中，受害方是被雇佣者，相比雇主来说处于劣势，为保住工作或者害怕雇主报复，往往在遭受歧视之后不敢采取措施为自己伸张正义。这时，平等委员会的主动调查权就显得尤为必要。当平等委员会认为某一歧视事件比较典型或某种歧视现象比较普遍、具有较大社会危害性时，可以主动发起调查，以推动此类歧视问题的解决，从根本上消除这类歧视现象。

（三）调解与裁决

1. 调解。平等委员会不是司法机关，因此，多数国家或地区的反歧视法都规定在解决歧视投诉问题时，平等委员会应当通过调解方式协助双方解决纠纷，鼓励和说服双方当事人进行协商。一般经过前期的调查与听证，平等委员会掌握了充分的证据材料后，便可召集当事人双方对争议进行调解。

比起法庭诉讼程序，调解的好处十分显而易见，即省钱、省力、迅速便捷，可将受害人的损失降至最低程度。如依照香港有关诉讼法的规定，案件如果起诉到法院，当事人平均需要等待 18 个月后才能接受庭审；而投诉到平等机会委员会后，只要双方同意，调解随时都可以进行。此外，平等机会委员会在调解中并非单纯依赖金钱赔偿的手段解决问题，而是注重采取人性化的方式解决问题，注重使受害人的心理需求得到满足，力求在解决问题的同时也能避免双方关系的僵化。为此，平等机会委员会在歧视冲突调解中，会采取多样化的解决手段，包括对受害人进行复职、金钱赔偿，要求雇主更改公司内部规章或办事程序、进行法制培训或发出道歉信以及其他各种有效方式。

由于调解不以惩罚为目的，而是秉承"复合公义"的理念，力图修复和创造和谐良好的人际关系[1]，因此，平等委员会透过协商而达成的调解方案，往往更能满足歧视投诉双方当事人的利益和实际需要。当歧视冲突发生后，选择向平等机会委员会投诉、寻求协商和调解解

---

〔1〕　蔡定剑、张千帆主编：《海外反就业歧视制度与实践》，中国社会科学出版社 2007 年版，第 419 页。

决，便成为此类问题的首选救济手段。据香港方面的统计，香港平等机会委员会接受的投诉案件中，调解成功率平均超过 70%。[1] 自平等机会委员会成立以来，只有很少的投诉人自行通过法律程序向歧视者提起诉讼，大部分人倾向于选择向平等机会委员会投诉，依靠调解解决问题。在荷兰也有类似的统计。在美国，从 1999 年到 2017 年，委员会对超过 212 500 件案件进行了调解，并取得了高达 72% 的成功率。2017 年委员会共对 9476 件指控进行了调解，其中 7218 件调解成功，成功率达到 76.2%；平均结案时间 105 天，远低于法定的 180 天；调解协议取得的赔偿或补偿金额达 1.6 亿美元；当事人对调解的满意率也非常高，2017 年的调查数据显示，96.5% 的调解参与者表示未来会再次适用委员会的调解机制[2]。这说明，在反歧视法律实践领域，平等委员会的调解已经成为解决歧视争议最为有效的救济渠道。

2. 裁决。在多数国家或地区，平等委员会的调解结果并不具有强制执行力，而且调解方式需要当事人双方同意才可进行。比如香港平等机会委员会在进行调解时，"并不会对所争议的问题进行裁决（这被视作是法院的责任），也不会为当事人提供明确的法律建议或制作规范的法律文书，只是作为组织者对所争议的问题进行调解"[3]。为促进歧视争议的及时解决、强化平等委员会的权威，部分国家或地区的反歧视法进一步赋予平等委员会在调解不成的情况下裁决的权力。如荷兰的平等待遇委员会即拥有裁决的权力。尽管这种裁决依然不具备法律约束力，一旦当事人双方或者其中的一方不服，仍可以向法院提起诉讼，但这丝毫没有削弱荷兰平等待遇委员会的裁决的执行力，更不意味着公众对平等待遇委员会裁决的信任度的降低。事实上，由于选择平等待遇委员会来解决歧视问题比选择司法诉讼更为当事人双方所乐意，而且出于对平

〔1〕 王春光：《平等就业：部分国家和地区反就业歧视的立法与实践》，知识产权出版社 2011 年版，第 99 页。

〔2〕 孙萌、封婷婷："美国平等就业机会委员会对就业歧视的救济"，载刘小楠、王理万主编《反歧视评论》，社会科学文献出版社 2019 年版，第 84 页。

〔3〕 任喜荣："平等机会委员会与平等权利保护——香港的经验"，载《法制与社会发展》2006 年第 4 期。

等待遇委员会的权威性、公正性和专业性的尊重和信赖，因此平等待遇委员会的裁决通常能够得到当事人的自觉执行。委员会的裁决不仅受到社会大众的尊重和执行，在司法系统中也会受到相当的重视，具有很高的权威性。按照荷兰的习惯法，平等待遇委员会的裁决在法官审理歧视案件时具有"专家意见"的地位，而且在荷兰最高法院的司法判例中也得到尊重与强调。

在加拿大，人权委员会对歧视争端不仅有权裁决，而且裁决具有法律强制力。加拿大的人权委员会内设有争议处理、歧视预防、信息中心以及行政管理四个部门。其中争议处理部内设有平等裁判庭，可以针对就业歧视争议举行听证并作出裁决，裁决可以命令雇主改进自己的行为，并可以对违反义务的雇主实施罚款；裁判庭的决定经过法定程序即可获得法院判决的强制执行效力，除联邦法院的司法审查外，此裁决不得上诉到任何法院。

三、支持起诉与独立诉讼

1. 支持起诉。向平等委员会投诉的歧视案件中，若雇主一方拒绝调解或双方无法达成调解最终结果等情形下，为使歧视问题得到最终解决，很多国家的反歧视法都规定平等委员会有权支持歧视受害人提起司法诉讼。实践中，平等委员会可以根据实际情况的需要，采取两种方式支持起诉：①对歧视受害人提供一般法律协助，如给出法律意见及其他法律帮助；②代理受害人起诉。就业歧视争端中，歧视受害者多是政府、企业或社会组织的雇员，与雇主一方相比，在财力、权力、法律资源等各方面均处于劣势。这时平等委员会提供的法律支持和帮助对其意义尤为重大。

比如根据我国香港特别行政区的反歧视条例，在调解不成功的情况下，投诉人可以向平等机会委员会提出申请，要求法律协助；平机会法律及投诉专责小组负责审批是否予以协助。此时，平机会的角色从中立转向倡导、帮助，为投诉人提供不同方式的法律协助[1]，包括自行向法院提出诉讼。需要注意的是，鉴于就业歧视案件的特殊性（大多涉及当事人的隐私与尊严以及有可能失去工作机会），平等机会委员会在是否支持当事人诉讼方面特别慎重，不主张过于积极和主动的表现。特别是在当事人不愿起诉、公开自己案件的情况下，平机会认为不能单纯以追求推动法律或社会进步为由而牺牲当事人利益，去主张、说服或积极鼓动当事人起诉。此外，平等机会委员会不是一个法律援助机构，因此不会接受所有的法律援助申请。一般而言，只有满足下列条件的申请，法律及投诉小组才会批准实施诉讼法律援助：其一，涉及反歧视原则问题的；其二，有影响性的，能够引起社会广泛关注、推动政策或法律改变的；其三，证据充分，有胜算把握的。

事实证明，平等委员会拥有并恰当地行使支持起诉权，对于就业歧视案件的最终解决具有非常重要的意义[2]。

2. 主动、独立起诉。为强化平等委员会的地位并切实有效推进反歧视事业，很多国家或地区的反歧视法律都赋予平等委员会必要时主动并独立提起歧视诉讼的权力。在美国，依据相关法律，平等就业机会委员会在对歧视申诉案件协商无效或雇主拒不改正的情况下，有权独立向

---

〔1〕香港平等机会委员会提供的法律协助计划有：就个案的证据是否足够向申请人提供法律意见，安排委员会律师担任申请人的法律代表，在开始进行诉讼时，安排委员会律师或聘任外间律师代表申请人出庭。平机会会根据以下相关因素，挑选外间律师处理案件：①拥有相关法律问题的专门知识或案件所需的诉讼技巧；②对歧视法例、平机会的程序、措施和策略性关注的熟识；③有否时间给予法律意见或处理案件；④如案件需要聆讯，进行聆讯的法庭级别。若委员会未能就申请人的申请提供协助，申请人仍可向法律援助署申请法律援助或自行提出诉讼。参见香港平等机会委员会官网，http://www.eoc.org.hk，最后访问时间：2020 年 9 月 18 日。

〔2〕以香港为例，自香港平等机会委员会成立以来，从1996 年 9 月到 2010 年底，委员会接受的上万件投诉中，只有554 件投诉向平等委员会申请法律协助；经过委员会审查，批准230 件；而最后由委员会提供法律协助起诉到法院的，仅有 71 件。这是因为在歧视投诉后，大部分当事人信任和尊重平等委员会的法律专家给出的法律意见，愿意在委员会主持下达成和解协议并遵守和执行。而少部分达不成协议的案件，当受害人最终决定通过司法诉讼解决问题并获得平等委员会的法律协助支持后，雇主或侵害方也会再度审时度势，认真考虑司法诉讼的经济与社会成本，因而又会有一批雇主或侵害方态度发生转变，主动要求和解解决问题。因此，最后真正通过诉讼解决的就业歧视问题，已经是少而又少。王春光：《平等就业：部分国家和地区反就业歧视的立法与实践》，知识产权出版社 2011 年版，第 99 页。

法院起诉。荷兰《平等待遇法》第 15 节也有类似规定："委员会可以提起诉讼，要求判决有关行为违背本法案、《男女平等待遇法案》和《民法典》第 7 编 646 条的规定。判决应要求停止违法行为或者纠正违法行为带来的后果。如果上述违法行为的受害者保留其诉讼权利，则委员会不得就该违法行为提起诉讼。"

　　独立起诉权保障了平等委员会在面对歧视案件时，在司法诉讼方面并非完全消极被动，而是一旦认为有必要，就可以毫不犹豫地以主动的姿态积极采取司法手段，对歧视行为独立起诉。这就大大增强了平等委员会执法工作的主动性和权威性。特别是在我国香港特别行政区，与一般支持或代理歧视当事人起诉所不同的是，平等机会委员会的独立起诉也被视为"司法覆核"[1]，可以针对政府，要求法院对某个涉嫌歧视的制度或者政策、措施进行司法审查。在这样的案件中，可以没有具体受害人，委员会仅以某项制度或者政策、措施的制定者为被告即可。

　　在香港，无论是代理或支持当事人诉讼，还是独立提起"司法覆核"，对于其中能够引起社会广泛关注、推动政策或法律改变的，委员会均视其为"策略性诉讼"，力争通过此类诉讼达到最佳社会效果。委员会深知，一个处理良好并且成功的案例会产生极大的社会影响，具有很大的教育和威慑价值，甚至能够直接导致立法机关、政府或有关部门对含有歧视色彩的法律、政策或措施进行修改或禁止。委员会在此类诉讼领域卓有建树，比较有影响的案件包括平等委员会独立诉讼的"高等

---

　　[1]　简体字应为"司法复核"，类似于司法审查制度，指香港法院运用审判权对政府部门的行政决定进行审查，以确保政府行为的合法性与公正性。参见 https://www.doj.gov.hk/tc/publications/pdf/JOYS_3rd_tc.pdf/，最后访问时间：2021 年 2 月 1 日。

中学案"[1]，和代理诉讼的"K，Y，W 诉律政司司长残疾歧视案"[2]。

在"高等中学案"中，香港平等机会委员会认为香港政府对男女学生设定不同升学分数线的旧例规定属于针对女生的"集体歧视"，于是针对政府教育署向法庭提起了诉讼，并最后打赢了官司，迫使教育署修改旧规定，使所有学校在录取学生时对男女生一视同仁，真正落实男女平等。此举不仅大大提升了香港平等机会委员会的独立地位及实际影响，而且对于政府平等政策的制定与执行，具有实质性推动意义。在香港地区反歧视法制进程中，它树立了一个先例，并提供了理解歧视的基础；它通过采取果断措施和交叉援引《消除对妇女一切形式歧视公约》这一国际公约，定义了"什么是特别措施"；它明确了由于这些法律旨在履行国际公约义务，因此其内容必须合乎公约；它明确了权利是赋予每个个体的，政府不能只看到"群体公正"而对每个个体的权利视而不见；它同样明确了对不同群体的区别对待（隔离）是不公平的。

而在"K·Y·W 诉律政司司长残疾歧视案"中，平等机会委员会认为上述问题具有一定的代表性，政府上述做法涉嫌残疾歧视，于是代理上述三原告对政府律政司司长提起残疾歧视诉讼。平机会充分引用了专家证据，证明精神分裂这种疾病的遗传风险极低（约 4%），而且突然发病的情况极其罕见，如此小的患病概率并不会构成对消防部队或海关安全的威胁，不雇用他们的决定不属于被告所声称的真正职业资格的情况。最终法院判决被告败诉，赔偿三位原告共计 282 万余元港币并承担平等机会委员会的费用。另外，为保护原告，应平机会要求，法庭对

---

　　〔1〕 "高等中学案"的基本案情是，若干年前，在香港的升中学考试中，女生即使与男生分数相同或更高，也不一定能获分配进入名校。1998 年，香港教育主管部门第一次公布了影响男女学生招生的分数，高分女生无法进入招收低分男生的学校，而此套体制从 1978 年就开始采用。平等机会委员会认为香港政府的此规定属于歧视女生，遂主动对这一问题展开调查。一次调查显示，该体制挑选了前 30%优秀的男生，同时惩罚了前 30%优秀的女生和后70%的男生。

　　〔2〕 "K，Y，W 诉律政司司长残疾歧视案"的基本案情是，K 向消防部门申请一个救护人员的职位，但因为其母亲患有精神分裂症而被拒绝；Y 申请灭火人员的职位，但该部门因为其父亲患有可能遗传的精神疾病而拒绝了他；W 申请了海关及国内产品税收部门的职务并作为培训生开始工作，但当该部门得知他母亲患有精神分裂症后就辞退了他。

三原告采取了匿名判决。

四、法律监督

(一)调查、研究与评估

1. 调查。如前所述,很多国家或地区的反歧视法赋予平等委员会对歧视问题主动展开调查的权力。而这项权力的行使,在某种意义上,也是平等委员会对政府和社会落实反歧视法进行法律监督的一种方式。在英国,平等和人权委员会不仅有权对关于歧视、平等机会等人权问题展开一般调查,向政府、各种机构提出改善建议,而且有权就有关歧视与平等方面的事务向政府部门或特定机构提出质询。在加拿大,反歧视执行机构人权委员会的监察官员,有权对涉及歧视的企业或政府机关进行审计,有权调查、查阅和复制企业内部有关纪律、账簿等,有权与雇主协商并达成改进协议。当协议不成或雇主拒绝改进时,监察官员应当向委员会汇报,由委员会向雇主发出要求其改进的通知。

在我国香港特别行政区,为了解歧视产生的原因、社会公众对歧视的认识、法律执行的情况以及公众对平等机会委员会工作的态度等问题,平等机会委员会不定期推出各种专项调查,以帮助平等机会委员会进一步校正工作方向、工作标准并采取更切实有效的工作步骤。此外,平等机会委员会在调查研究的基础上,还主动检讨各反歧视条例的条款内容及其执行情况,必要时向政府提出立法及修改建议,或是向社会特别是雇主和管理阶层发布实务守则及有关指引,指示雇主和管理阶层采取必要的方法和程序防止就业歧视的发生,督促他们担负起预防和消除工作场所各种歧视行为的责任[1]。平机会的调查结果向社会公布。

2. 研究。除调查外,进行有关歧视现象的各种统计、对相关法律

---

[1] 如香港平等机会委员会于 2010 年完成的"公众可进出的处所无障碍通道及设施"项目,对香港 60 个由政府或单位的公共设施(方便残疾人行动的无障碍通道及设施)进行调查,涉及住宅区、商场、附属服务机构如诊所等。通过调查发现存在的问题如部分地方仍然没有相关设施,或者有设施但被占用、设施仅有国际标识(而无中文标识)因而难以为所有残疾人识别和使用,等等。委员会最终出版了正式的调查报告,针对上述问题向政府以及有关单位提出改进的建议。参见平等机会委员会官网:http://www.eoc.org.hk,最后访问时间:2020 年 9 月 18 日。

与政策进行研究，为政府和社会提供歧视方面的数据信息以及意见和建议，也是平等委员会的工作内容之一。如英国法律就规定，平等和人权委员会有义务统一整合歧视方面的各种资料和信息，并向社会提供；德国的联邦反歧视局下设机构研究处，专门负责反歧视的研究工作；美国平等就业机会委员会的职责之一是对就业歧视的有关问题进行研究并向公众公布研究报告。反歧视研究和信息的公开发布对于社会大众了解反歧视法律制度，有效监督政府和企业及社会组织认真落实反歧视法的各项内容，起到了积极作用。

3. 评估。评估也是平等委员会的一项重要法律监督方式，不仅可以针对某一涉及歧视的政策或立法进行，也可以就政府部门、企业或社会组织的某类行为或内部规章制度等进行，是一种积极主动且富有针对性的法律监督方式。在加拿大，法律规定在歧视问题上，人权委员会有权评估和监测有关影响到指定群体成员的项目、政策和立法，以确保人权得到了真正保护。英国相关法律中也有类似的规定，平等和人权委员会可以与雇主、服务及教育提供者共同制定反歧视的实务守则。这些守则主要用于解释法律规定，指导实际操作，以帮助商业组织推进平等，避免因采取诉讼解决纠纷而占用大量时间和精力的弊端。

如前所述，现实生活中，许多企业或社会组织也会主动请求平等委员会对本企业或组织内部的一些规章制度包括集体劳动合同进行评估，以确保其与平等待遇法保持一致；或请求平等委员会对自己的某一行为是否与法律相抵触而构成歧视进行评估，以便在各种内部制度或企业行为发生效力之前就消除潜在的歧视隐患，评估的积极作用由此可见一斑。

（二）工作报告与建议

定期完成年度工作报告并向议会或政府汇报，不仅是平等委员会的一项重要职责，也是平等委员会对反歧视法执行情况进行法律监督的一项重要措施。各国或地区反歧视法对此均十分重视，并有明确规定。如德国联邦反歧视局的研究处内设有一个专家委员会，专门负责帮助完成本机构的年度工作报告。按照荷兰《平等待遇法》的有关规定，荷兰平等待遇委员会每年应出版年度工作报告和五年一次的荷兰《平等待遇法》实施报告，并向有关部长和建议机构提交。平等委员会工作报告中的意见和建议，对立法机关改进和完善国家或地区的反歧视立法、对政府各部门制定政策以及做出有关就业导向，以及企业根据国家或地区的法律和政策制定内部规章制度等诸方面，都会产生十分重要的影响。比如，经荷兰平等待遇委员会建议，国家立法中原来对短期居留者过于苛刻的条件要求得到了不同程度的改进；再如，平等待遇委员会建议的关于在工作场所遭受威胁后的诉求程序，也被许多公司在制定内部规章制度时所采用[1]。

［练习和思考题］

1. 平等委员会的法律地位及特点。

2. 平等委员会的人员录用方面一般如何规定？为什么？

3 在欧盟各国，平等委员会是如何建立起来的？

4. 平等委员会拥有哪些职责权限？其具体功效怎样？

5. 平等委员会在处理歧视申诉方面有哪些程序？

6. 你怎样看待平等委员会的主动调查权和独立诉讼权？

［延伸阅读］

一、荷兰《平等待遇法》中关于平等委员会的规定

荷兰1994年颁布（2004年修订、2005年生效）的《平等待遇法》首段即规定："为保护宪法赋予的权利，防止歧视，推动社会的平等参与，根据此法案建立平等待遇委员会。"

第二章　平等待遇委员会

第11节

1. 平等待遇委员会下文简称委员会。

2. 可以建立下属专门委员会来履行其职责。

第12节

1. 委员会可以依书面申请调查是否存在违反本法案、《男女平等待

---

[1] 蔡定剑、张千帆主编：《海外反就业歧视：制度与实践》，中国社会科学出版社2007年版，第109、110页。

遇法案》和《民法典》第 7 编 646 条的行为。委员会可以出版其调查结果。委员会可以主动进行调查以发现在公共服务或一个及多个社会机构中是否存在制度性的歧视，并出版委员会的调查结果。

2. 提出书面申请的主体包括：

a. 个人根据本法案、《男女平等待遇法案》和《民法典》第 7 编 646 条的规定，认为自己是歧视的受害者。

b. 自然人、法人、有关主管部门希望了解他们是否存在本法案、《男女平等待遇法案》和《民法典》第 7 编 646 条所规定的歧视行为。

c. 依据本法案、《男女平等待遇法案》和《民法典》第 7 编 646 条，负责调解歧视纠纷的人员。

d. 工作委员会或者雇员群体组织，认为本法案、《男女平等待遇法案》和《民法典》第 7 编 646 条所规定的歧视行为存在于该委员会或群体组织中。

e. 依据宪法和法律，具有合法权利的联合会或基金，其宗旨或章程就是保护本法案、《男女平等待遇法案》和《民法典》第 7 编 646 条所规定群体的利益。

3. 如果 2d 和 2e 提交的书面申请指明了受害者的姓名，或者委员会主动依职权进行调查的行为与某人有关，则委员会必须通知此人。如果他们已经书面告知委员会其拒绝介入调查，委员会不得强制让他们参与调查和其他有关活动。

第 13 节

1. 委员会可以实施调查，并将调查结果以书面形式送达歧视申诉者、歧视行为的实施者以及相关受害者。

2. 委员会可以在将调查结果送达的同时，向歧视行为的实施者提出建议。

3. 委员会可以将调查结果送达有关的部长、雇主协会、雇员协会、职业团体、公务员、商品或者服务的消费者、有关的建议机构等委员会认为合适的机构。

第 14 节

1. 委员会不得进行调查的情况：

a. 根据第 12 节第 2 款提出的书面申请的事实并不存在。

b. 申请者的利益或者行为的严重程度都明显轻微。

c. 行为发生的时间过久导致无法进行有效的调查。

2. 出现上述情况，委员会应当书面通知申请者，并告知不受理的理由。

第 15 节

1. 委员会可以提起诉讼，要求判决有关行为违本法案、《男女平等待遇法案》和《民法典》第 7 编 646 条的规定。判决应要求停止违法行为或者纠正违法行为带来的后果。

2. 如果上述违法行为的受害者保留其诉讼权利，则委员会不得就该违法行为提起诉讼。

第 16 节

1. 委员会由 9 人组成，包括一位主席，两位副主席。此外还要任命同样数量的助理人选。

2. 主席和副主席应当符合《法官（组织）法》第一条中有关区级法院法官的任职要求。

3. 委员会成员和助理人选由司法部部长征求内务部、社会事务与就业部、教育科技部、福利健康和文化事业部的部长意见后任命。

4. 《法官（组织）法》的有些规定不适用于本法。

a. 委员会的纪律规定由委员会主席决定。

b. 某些对法官的禁止行为不适用于委员会的委员。委员可以会见歧视争议双方、会见争议双方的代理人、律师，并从他们那里获得相关的信息。

5. 委员任期 6 年，可以连任。辞职要求应当向司法部长提出。

第 17 节

1. 委员会应当建立办公室以便于履行职责。

2. 根据委员会的建议，司法部长可以任命、提升、撤销办公室的工作人员。司法部长决定上述调整的条件和情形。

3. 办公室的负责人为秘书长，应当符合《法官（组织）法》第一条中有关区级法院法官的任职要求。

第 18 节

1. 委员会在履行职务过程中可以要求相关部长们指定的公务员提供必要协助。

2. 人们有义务向委员会提供委员会履行职责所需要了解的信息。

第 19 节

1. 委员会的委员和办公室的工作人员有权获得他们认为履行职责必需的信息。

2. 除了政府或职业的保密要求外，任何人有义务在委员会规定的期间内根据委员会规定的方式提供所有真实的信息和文件。当然如果这种义务的履行会使其本人，其二、三代以内的血亲或姻亲，其配偶或前配偶，其同居伴侣或前同居伴侣面临严重犯罪的侵害，则其义务可以豁免。

第 20 节

1. 委员会每年应出版年度工作报告，报告应提交有关部长和相关咨询机构。

2. 此法生效之日起每五年，委员会应当向内务部长提供报告，说明本法案、《男女平等待遇法案》和《民法典》第 7 编 646 条的执行情况。

第 21 节

1. 委员会的工作制度和其他有关规则由议会法令（ Order in Council） 来加以规定，具体包括：

a. 处理案件的方式；

b. 听取各方意见的方式；

c. 公开听证会的方式；

d. 调查结果出版的方式。

2. 委员会成员及助理人员的工资、差旅费、住宿费以及其他报酬由议会法令（Order in Council）加以规定，议会法令也应对委员会成员任命期满后的解雇费用做出相应规定。

二、香港法律中关于平等委员会的规定

1995 年香港《性别歧视条例》第 480 章第 63 条：

（1）现设立一个法人团体，名为"平等机会委员会"。

（2）委员会永久延续，并有法团印章。委员会可起诉及被起诉。

（3）行政长官须委任：

（a）委员会主席一名；及

（b）不少于 4 名但不多于 16 名的委员会其他成员，担任委员会成员，获委任者须为不是公职人员的个人。

（4）委员会的成员组成委员会的管治组织，具有以委员会名义执行委员会职能及行使委员会权力的权限。

（5）委员会成员可属全职或非全职，视行政长官认为合适而定，但主席须为全职成员。

（6）附表 6 的有关条文就委员会及其成员具有效力。

（7）委员会不得被视为政府的雇员或代理人，亦不得被视为享有政府的任何地位、豁免权或特权。

（8）在不抵触本条例条文的范围内，《释义及通则条例》（第 1 章）第 VII 部适用于委员会及其成员的委任。

（9）根据第（3）款作出的每项委任均须在宪报公布。

（10）行政长官会同行政会议可藉宪报公告修订第（3）（b）款，以另一数目代替该款内的数目。

三、孙萌、封婷婷："美国平等就业机会委员会对就业歧视的救济"，载刘小楠、王理万主编：《反歧视评论》，社会科学文献出版社2019 年版。

图书在版编目（ＣＩＰ）数据

反歧视法讲义：文本与案例/刘小楠主编. —北京：中国政法大学出版社，2021.9
ISBN 978-7-5764-0095-3

Ⅰ.①反…　Ⅱ.①刘…　Ⅲ.①劳动就业－劳动法－中国－教材　Ⅳ.①D922.5

中国版本图书馆CIP数据核字(2021)第188400号

书　　名	反歧视法讲义：文本与案例	
	Fan Qishi Fa Jiangyi Wenben Yu Anli	
出 版 者	中国政法大学出版社	
地　　址	北京市海淀区西土城路 25 号	
邮　　箱	fadapress@163.com	
网　　址	http://www.cuplpress.com (网络实名：中国政法大学出版社)	
电　　话	010-58908435(第一编辑部) 58908334(邮购部)	
承　　印	北京中科印刷有限公司	
开　　本	650mm×960mm　1/16	
印　　张	24.25	
字　　数	349 千字	
版　　次	2021 年 9 月第 1 版	
印　　次	2021 年 9 月第 1 次印刷	
定　　价	89.00 元